Todos los libros de Linkgua Ediciones cuentan con modelos de Inteligencia Artificial entrenados por hispanistas. Pregúntale al chat de tu libro lo que desees acerca de la obra o su autor/a.

Para **ebooks**: Accede a nuestro modelo de IA a través de este enlace.

Para **libros impresos**: Escanea el código QR de la portada con tu dispositivo móvil.

Obtén análisis detallados de nuestros libros, resúmenes, respuestas a tus preguntas y accede a nuestras ediciones críticas generativas para una experiencia de lectura más enriquecedora.
La transparencia y el respeto hacia la autoría de las fuentes utilizadas son distintivos básicos de nuestro proyecto. Por ello, las respuestas ofrecen, mediante un sistema de citas, las fuentes con las que han sido elaboradas.

Félix Varela y Morales

Obras

Tomo I

Barcelona **2024**
Linkgua-ediciones.com

Créditos

Título original: Obras.

© 2024, Red ediciones S.L.

e-mail: info@linkgua.com

Diseño de cubierta: Mario Eskenazi.

ISBN tapa dura: 978-84-1126-581-2.
ISBN rústica: 978-84-9007-883-9.
ISBN ebook: 978-84-9007-581-4.

Cualquier forma de reproducción, distribución, comunicación pública o transformación de esta obra solo puede ser realizada con la autorización de sus titulares, salvo excepción prevista por la ley. Diríjase a CEDRO (Centro Español de Derechos Reprográficos, www.cedro.org) si necesita fotocopiar, escanear o hacer copias digitales de algún fragmento de esta obra.

Sumario

Créditos	**4**
Brevísima presentación	**15**
La vida	15
Primera parte	**17**
Proposición I. La Filosofía ecléctica es la mejor de todas	17
Proposición II. El único camino para adquirir la verdad es el análisis mental	19
Proposición III. La común opinión se ha de tener por ley de la naturaleza	20
Proposición IV. Si una obra se le atribuye sin discrepancia a un autor, tanto en su tiempo como después, dicha atribución se ha de juzgar legítima	21
Discurso que el presbítero don Félix Varela hizo el 25 de octubre de 1812 a los feligreses del Santo Cristo del buen viaje en la misa de Espíritu santo, que se celebró antes de las elecciones	22
Instituciones de filosofía ecléctica	25
Tomo I. Lógica	25
Prolegómenos	25
Instituciones de lógica. Primera parte	**35**
Disertación I. Del verdadero concepto de la lógica	35
Disertación II. Del entendimiento	36
Sección I. De su naturaleza y de sus funciones	36
Sección II. De la imaginación	38
Regla segunda	38
Regla segunda	39
Regla tercera	39
Regla cuarta	39
Sección II. De la memoria	39
Regla segunda	40
Regla segunda	40
Regla tercera	41

- Sección IV. De la atención y de la reflexión — 41
  - Regla segunda — 41
  - Regla segunda — 41
  - Obsérvese esta regla: Regla única — 42
- Sección V. Del ingenio y del juicio — 42
  - Regla segunda — 42
  - Regla segunda — 43
- Disertación III. De las ideas — 43
  - Sección I. De la naturaleza de las ideas — 43
  - Sección II. De los signos de las ideas — 45
    - Regla segunda — 46
    - Regla segunda — 46
    - Regla tercera — 46
    - Regla cuarta — 46
  - Sección III. De la corrección de los sentidos — 47
    - Regla segunda — 47
    - Regla segunda — 47
    - Regla tercera — 47
    - Regla cuarta — 47
  - Sección IV. Del análisis mental — 48

Primera parte — 49
- Disertación I. Del juicio — 49
  - Sección I. Del juicio mental propiamente dicho — 49
    - Regla segunda — 50
    - Regla segunda — 50
    - Regla tercera — 50
    - Regla segunda — 50
    - Regla segunda — 50
    - Regla tercera — 50
  - Sección II. De la expresión del juicio o de la proposición — 52
  - Sección III. De los errores de los juicios — 54
    - Regla segunda — 55
    - Regla segunda — 55

Regla tercera _____55
Regla cuarta _____55
Regla quinta _____55
Regla sexta _____55
Regla séptima _____56
Regla octava _____56
Regla novena _____56
Regla décima _____56
Regla oncena _____56
Disertación II. Nociones generales sobre el arte de la crítica _____56
   Sección I. De los hechos históricos_____57
      Noción primaria _____57
      Noción segunda_____57
      Noción tercera _____58
      Regla segunda _____58
      Regla segunda _____58
      Regla tercera _____58
      Regla cuarta_____59
      Regla quinta _____59
      Regla sexta_____59
      Regla primera _____59
      Regla segunda _____59
      Regla tercera _____60
      Regla cuarta_____60
      Regla quinta _____60
      Regla sexta_____60
      Regla séptima_____61
      Regla octava _____61
      Regla segunda _____61
      Regla segunda _____61
      Regla tercera _____61
   Sección II. De los monumentos _____62
      Regla segunda _____63
      Regla segunda _____63

Regla tercera _____ 63
Regla cuarta _____ 63
Sección III. De las obras originales del ingenio _____ 63
    Regla segunda _____ 64
    Regla segunda _____ 64
    Regla tercera _____ 64
    Regla cuarta _____ 64
Reglas para discernir los libros apócrifos _____ 65
    Regla segunda _____ 65
    Regla segunda _____ 65
    Regla tercera _____ 65
    Regla cuarta _____ 66
Reglas para discernir los libros interpolados y viciados _____ 66
    Regla segunda _____ 66
    Regla segunda _____ 66
    Regla tercera _____ 66
Sección IV. Del arte de la hermenéutica o de algunas reglas para la recta interpretación _____ 67
    Regla segunda _____ 68
    Regla segunda _____ 68
    Regla tercera _____ 68
    Regla cuarta _____ 68
    Regla quinta _____ 68
    Regla sexta _____ 68
    Regla séptima _____ 69
    Regla octava _____ 69
    Regla novena _____ 69
    Regla décima _____ 69
Tercera parte. De las demás operaciones de la inteligencia _____ 70
Disertación I. Del raciocinio _____ 70
    Sección I. De las argumentaciones _____ 70
    Sección II. De los sofismas _____ 73
Disertación II. Del método _____ 74
    Sección I. Del método analítico _____ 74

Regla segunda	74
Regla segunda	74
Sección II. Del método sintético	74
Sección III. Del método en el estudio	75
Cuarta parte	75
Disertación I. Del uso y abuso de la razón	75
Sección I. Del estado y naturaleza de la razón humana	75
Sección II. De la autoridad	76
Reglas referentes a la autoridad divina	77
Regla segunda	77
Regla tercera	77
Regla cuarta	77
De la autoridad de los Santos Padres en materias filosóficas Regla única	77
Reglas referentes a la autoridad humana	78
Regla segunda	78
Regla segunda	78
Disertación II. Del abuso de la razón	78
Sección I. Del abuso en relación con los objetos	78
Regla segunda	79
Regla segunda	79
Regla tercera	79
Sección II. Del abuso de la razón por causa de las pasiones	79

Segunda parte. Segunda etapa del pensamiento de Félix Varela (1816-1819) ___ 81

Elenco de 1816	81
De la manifestación de nuestros pensamientos	83
Origen de los errores	84
De los obstáculos de los conocimientos humanos	84
De la naturaleza de las ciencias	85
Nociones de crítica	85
De la argumentación	86
Examen segundo	88
Metafísica	88
De la mente humana	89

- De la actividad del alma 90
- De la inmortalidad del alma 91
- De la unión del alma con el cuerpo 91
- De la separación del alma del cuerpo 91
- De las sensaciones 91
- De la memoria 92
- Tratado de Dios 93
- Examen tercero ciencia moral 93
- Del hombre considerado en sí mismo. Principio ejecutivo de las acciones humanas 93
- Examen cuarto 97
- Del hombre considerado en sociedad 97

Discursos, trabajos y documentos de Félix Varela en la real sociedad patriótica de la habana 102

Carta autógrafa dirigida por Félix Varela a la Sociedad Patriótica de La Habana, solicitando su ingreso en dicha institución. 102

Demostración de la influencia de la ideología en la sociedad, y medios de rectificar este ramo 102

- La precaución 111
- La gratitud 111
- La benevolencia 111
- La templanza 111
- La beneficencia 111
- La conmiseración 112
- La prudencia 112
- La justicia 112
- La fortaleza 112
- La ira 113
- La desesperación 113
- La venganza 113
- La alegría 113
- La tristeza 114
- La inquietud 114
- La inquietud 114
- La modestia 114

Elogio del Excmo. e Illmo. Señor don José P. Valiente y Bravo, pronunciado en la Catedral de La Habana, por don Félix Varela _____115

Elogio de S. M. el señor don Fernando VII contraído solamente a los beneficios que se ha dignado conceder a la isla de Cuba; formado por acuerdo de la Sociedad Patriótica de La Habana, y leído en junta general del 12 de diciembre de 1818 por el presbítero don Félix Varela _____128

Oración pronunciada en el elogio de S. M. al rey padre Carlos IV de Borbón en la ceremonia de exposición de sus exequias funerales en la Santa Iglesia Catedral de La Habana por el presbítero don Félix Varela, catedrático de filosofía en el Real Colegio de San Carlos de La Habana _____140

Tercera parte. Lecciones de Filosofía y otros escritos filosóficos _____ **149**

Lección preliminar dada a sus discípulos por el presbítero don Félix Varela, al empezar el estudio de la filosofía, en el real colegio de San Carlos de La Habana, el día 30 de marzo de 1818 _____149

Lecciones de Filosofía _____151

Introducción _____151

Tratado de la Dirección del Entendimiento _____158

Lección I. De las operaciones intelectuales. Adquisición y naturaleza de nuestros conocimientos _____158

Lección segunda. Modo de corregir las operaciones intelectuales _____172

Lección tercera. De la manifestación de nuestros conocimientos _____180

Lección cuarta. De los obstáculos de nuestros conocimientos _____185

Proposición El amor y el odio son una misma cosa. _____193

Lección quinta. Sobre algunos defectos que suelen cometerse en los discursos 197

Lección sexta. De los grados de nuestros conocimientos _____201

Lección séptima. Del talento, ingenio, juicio y buen gusto _____205

Lección octava. Observaciones sobre los libros y el método de estudiar _____210

Lección novena. Del buen uso de la razón y de sus opuestos el fanatismo y pedantismo _____215

Lección décima. Disputas literarias _____221

Tratado del Hombre _____225

Lección primera. De la naturaleza del alma _____225

Lección segunda. De la actividad del alma _____231

Lección tercera. Sobre el cuerpo humano _____235

Lección cuarta. De la vida del cuerpo, de la acción del alma sobre él y el modo de conocerlo ___240
Lección quinta. De la sensibilidad ___245
Lección sexta. De las relaciones del alma con el cuerpo ___252
Lección séptima. De las inclinaciones del hombre ___263
Lección octava. Diversidad de las inclinaciones de los hombres ___267
Lección novena. De la influencia de las ideas en las pasiones ___270
Lección décima. Influencia de los objetos en las pasiones ___273
Lección undécima. Medios que fomentan y reprimen las pasiones ___278
Lección duodécima. De la luz de razón y derecho natural ___281
Lección décimatercera. De la moralidad o naturaleza de las acciones ___289
Lección décimacuarta. Del sentido íntimo o conciencia ___291
Lección décimaquinta. De las virtudes ___293
Lección décimasexta. Relaciones del hombre con la sociedad ___300
Lección décimaséptima. De la naturaleza de la sociedad y del patriotismo ___303
Lección décimaoctava. Conocimiento que tiene el hombre de su Criador y obligaciones respecto de él ___310
De la religión natural ___313
Comparación de la Frenología con los hechos ___331
La Frenología comparada con la legislación ___333
La Frenología comparada con la religión ___334
Inutilidad de la Frenología ___335

Cuarta parte. Miscelánea Filosófica (1819) ___337

Introducción ___337

Parte I. Principios lógicos o coLección de hechos relativos a la inteligencia humana ___338

Capítulo I. De la lógica ___338
Capítulo II. De nuestra existencia ___339
Capítulo III. Diferentes modos de nuestra sensibilidad ___340
Capítulo IV. De nuestras percepciones o ideas ___341
Capítulo V. Existencia de los seres fuera de nosotros ___342
Capítulo VI. De las ideas de tiempo, movimiento y extensión ___343

Capítulo VII. De los signos de nuestras ideas _____344
Capítulo VIII. Lenguaje artificial y convencional _____345
Capítulo IX. De la deducción de nuestras ideas _____349
Parte II. Cuestiones misceláneas _____355
   Capítulo I. De las obras elementales escritas en verso_____355
   Capítulo II. Diferencia y relaciones entre la ideología, la gramática general y la lógica _____357
   Capítulo III. Reflexiones sobre las palabras de Bacon de Verulamio: «no conviene dar al entendimiento plumas para que vuele, sino plomo que le sirva de lastre» _____358
   Capítulo IV. Ningún idioma puede llenar las vastas miras de la ideología _____361
   Capítulo V. El arte de traducir es el arte de saber_____362
   Capítulo VI. Preocupaciones _____365
   Capítulo VII. Influencia de las pasiones en la exactitud de nuestros pensamientos 373
   Capítulo VIII. Sobre los argumentos sacados de la historia _____375
   Capítulo IX. Límites que deben tener las reglas _____381
   Capítulo X. Raciocinios por deducción y por inferencia _____385
   Capítulo XI. Sobre las cuestiones inútiles _____388
   Capítulo XII. Observaciones sobre el sistema de Gall acerca del cerebro_____391
   Capítulo XIII. Nomenclaturas_____397
   Capítulo XIV. Imitación de la naturaleza en las artes _____401
   Capítulo XV. Reflexiones sobre algunas causas del atraso de la juventud en la carrera de las ciencias_____408
Parte III. Apuntes filosóficos sobre la dirección del espíritu humano _____417
   I. Operaciones del alma _____417
   II. Corrección de dichas operaciones _____424
   III. Talento, ingenio, juicio y buen gusto _____426
   IV. Manifestación de nuestros conocimientos _____427
   V. Obstáculos de nuestros conocimientos. Definiciones _____429
   VI. Principios _____431
   VII. Preocupaciones_____431
   VIII. Sistemas _____432
   IX. Aparato científico_____432

X. Cuestiones	432
XI. Hábitos o costumbres	433
XII. Pasiones	433
XIII. Falta de disposición	433
XIV. Lenguaje	433
XV. Autoridad	434
XVI. Grados de nuestros conocimientos	434
XVII. Observaciones sobre el estudio y el pedantismo literario	435
XVIII. Disputas literarias	436
Parte IV. Dos cuestiones ideológicas	436
Capítulo I. Carta a un amigo respondiendo a algunas dudas ideológicas	436
Capítulo II. El idioma latino considerado ideológicamente	439
Parte V. Observaciones sobre el escolasticismo	441
Observación I. Cómo se introdujo el escolasticismo	441
Observación II. Causas que conservan el escolasticismo y efectos que produce	446
Observación III. Forma silogística	453
Parte VI. Patriotismo	460
Capítulo único. Patriotismo	460

Libros a la carta — **467**

Brevísima presentación

La vida

Félix Varela y Morales (teólogo, sacerdote, investigador cubano).

Hijo de un militar español. A los seis años vivió con su familia en La Florida, bajo dominio español. Allí cursó la primera enseñanza. En 1801 regresó a La Habana, donde, al año siguiente, entró en el Seminario de San Carlos y San Ambrosio. En 1806 obtuvo el título de Bachiller en Teología y tomó los hábitos. Recibió el subdiaconato en 1809 y el diaconato en 1810. Ese mismo año se graduó de Licenciado en Teología. En 1811 hizo oposición a la cátedra de Latinidad y Retórica y a la de Filosofía en el Seminario de San Carlos. Obtuvo ésta tras reñidos y brillantes ejercicios y pudo desempeñarla gracias a una dispensa de edad. También en 1811 se ordenó de sacerdote. A partir de entonces y hasta 1816 desplegó una intensa labor como orador. En 1817 fue admitido como socio de número en la Real Sociedad Económica, que más tarde le confirió el título de Socio de Mérito. Por estos años aparecieron sus discursos en *Diario del Gobierno*, *El Observador Habanero* y *Memorias de la Real Sociedad Económica de La Habana*. Cuando en 1820, a raíz del establecimiento en España de la constitución de 1812, fue agregada la cátedra de Constitución al Seminario de San Carlos, la obtuvo por oposición mas solo pudo desempeñarla durante tres meses en 1821, porque fue elegido diputado a las Cortes de 1822. El 22 de diciembre del mismo año presentó en éstas, con otras personalidades, una proposición pidiendo un gobierno económico y político para las provincias de ultramar. También presentó un proyecto pidiendo el reconocimiento de la independencia de Hispanoamérica y escribió una Memoria que demuestra la necesidad de extinguir la esclavitud de los negros en la Isla de Cuba, atendiendo a los intereses de sus propietarios, que no llegó a presentar a las Cortes. Votó por la regencia en 1823, por lo que, al ser reimplantado el absolutismo por el rey Fernando VII, tuvo que refugiarse en Gibraltar. Poco después fue condenado a muerte. El 17 de diciembre de ese año llegó a Estados Unidos. Vivió en Filadelfia y después en Nueva York, donde publicó el periódico independentista *El Habanero*. Redactó, junto a José Antonio Saco, *El Mensajero Semanal*.

En 1837 fue nombrado vicario general de Nueva York. En 1841 el claustro de Teología del Seminario de Santa María de Baltimore le confirió el grado de

Doctor de la Facultad. En unión de Charles C. Pise editó la revista mensual *The Catholic Expositor and Literary Magazine* (1841-1843). Publicó con seudónimo la primera edición de las *Poesías* (Nueva York, 1829) de Manuel de Zequeira.

Murió en los Estados Unidos.

Primera parte
Primera etapa del pensamiento de Félix Valera
(1812-1815)

PROPOSITIONES VARIAE AD TIRONUM EXERCITATIONEM
(VARIAS PROPOSICIONES PARA EL EJERCICIO DE LOS BISOÑOS, ESCRITAS ORIGINALMENTE EN LATÍN) (1812)

Proposición I. La Filosofía ecléctica es la mejor de todas
DEMOSTRACIÓN. Es la mejor Filosofía la que más nos ayuda a evitar los errores y a descubrir la verdad; pero ésta es la Filosofía ecléctica; luego la Filosofía ecléctica es la mejor de todas. Prueba de la menor: La Filosofía ecléctica elimina todo afecto, todo odio y toda inclinación partidista; esta es la causa principalísima de los errores, luego, etc.

Objeción I. La Filosofía ecléctica no sigue a ningún maestro; éste es un procedimiento probable de error; luego con la Filosofía ecléctica podemos fácilmente errar, y por lo mismo no es la mejor.

Respuesta. Distingo la mayor: Concedo que no seguimos a ningún maestro, en el hecho de no ligarnos indisolublemente a su doctrina; niego que esto signifique que procedamos sin norma y que rechacemos todas las enseñanzas. Lo que la Filosofía ecléctica pretende es tomar de todos cuanto la razón y la experiencia aconsejan como norma, sin adscribirse pertinazmente a ninguno.

Objeción II. La Filosofía ecléctica sigue diversas doctrinas; esto produce deformidad; luego la Filosofía ecléctica es deforme, parecidísima a aquel monstruo que Horacio nos describe en la epístola a los Pisones.

Respuesta. Distingo la mayor: Niego que siga diversas y opuestas opiniones; concedo que sigue diversas opiniones, pero concordantes entre sí. Muy equivocados están los que piensan que los filósofos eclécticos admiten teorías disconformes. Nunca podrá consistir en ese error la tan exaltada libertad de filosofar, sino en librarnos de la servidumbre de cualquier maestro y en buscar exclusivamente la verdad dondequiera que se encuentre.

Objeción III. La Filosofía ecléctica carece de aquellas doctrinas indispensables para comprender a los doctores Católicos que dieron nombre a la escuela peripatética; de este modo no es la más útil de todas; luego tampoco es la mejor.

Respuesta. Distingo la mayor: Niego que no se les pueda entender en lo que se refiere a las sagradas doctrinas; concedo que no se les puede entender en sus inútiles controversias escolásticas.

Abundan demasiado quienes pretenden con este argumento, como si se tratase de un pavoroso fantasma, asustar a la juventud y apartarla de los estudios más recomendables. Lo injustamente que proceden se aprecia advirtiendo que no es posible asentar en principios erróneos las más trascendentales enseñanzas.

A nadie se le oculta, y por mi parte trataré de ponerlo en claro, que la Filosofía escolástica no es más que un cúmulo farragoso de errores, por lo que no puede ser mayor la equivocación de los que sostienen que es el fundamento de todas las ciencias. Los doctores y los Santos Padres merecen muy escasa consideración cuando se enredan en las cuestiones escolásticas y se nos ofrecen como meros filósofos, sin que por esto se nos pueda argüir de impiedad, puesto que no hacemos más que seguir las enseñanzas que ellos mismos nos legaron al reconocer la plena libertad de juicio en todo lo que no se refiera a la fe y a las costumbres.[1] Es de justicia advertir que el confuso amontonamiento de minucias y términos que censuramos no se puede achacar en modo alguno a los Santos Padres, sino a las escuelas de

---

[1] Dejen de atormentarnos los oídos y de ensañarse con nosotros y con nuestras opiniones los que creen que no pueden dar un paso en el estudio de la Sagrada Teología sin el íntegro conocimiento de las mil cuestioncillas escolásticas; a no ser que lo que busquen (me lo temo y sentiría acertar) no sea la Sagrada Teología, que es una ciencia divina, sino una especie de sombra de la Teología, abrazando la nube en vez de Juno, como dice el proverbio. (Bend. Díaz Gamarra en el prefacio a las Instituciones filosóficas.) Por lo que respecta a Santo Tomás creo que se le puede entender a perfección sin estar imbuido en las inútiles minucias de la escolástica. Pero admitamos que en modo alguno eso fuera posible sin tener que recurrir a los peripatéticos. Acudid a ellos en ese caso, manejadlos; y si a pesar de todo no aclaráis vuestra confusión, creedme que nada tan necesario contienen los libros de Santo Tomás que sin ellos la Sagrada Teología no pueda subsistir. Contienen la doctrina peripatética y nada más. Y que se entiendan dichas en son de paz estas palabras acerca de doctor tan eminente, por el que siento en lo más íntimo de mi espíritu un profundo amor y reverencia y a cuya sabiduría no regateo mis alabanzas. Los defectos aludidos son propios, no de los hombres, sino de las circunstancias de los tiempos. Más querría no comprender las minucias escolásticas de santo Tomás que tener que sacrificar para entenderlas tiempo y trabajo y mi capacidad de bien juzgar, perdida entre las absurdas ambigüedades de los aristotélicos.

los peripatéticos que tan terrible peste llevaron a las ciencias. Con razón decía un autor doctísimo: Leo a Santo Tomás para entender a sus intérpretes, pues se expresa aquél con más claridad y sencillez que éstos. Reconozco que los bárbaros vocablos de la escolástica encierran una concisión con la que evitamos muchas veces la ampulosidad de lenguaje, por lo que también los emplean nuestros filósofos. Pero una cosa es admitir ciertas voces y valernos de ellas y otra muy distinta incurrir en los errores peripatéticos. Guardémonos, no obstante, de creer que la naturaleza y utilidad de la ciencia dependen de los términos usados por las escuelas. Sería acaso mucho más útil eliminarlos todos de una vez.

Proposición II. El único camino para adquirir la verdad es el análisis mental

DEMOSTRACIÓN. El recto conocimiento de la verdad solo se consigue si conocemos cada una de las partes del objeto y sus relaciones perceptibles; pero esto no se logra más que por medio del análisis; luego el único camino, etc. Aclaración de la menor: Así como no puedes percibir las partes constitutivas de un cuerpo material, por mucho que las mires, si no las desintegras y examinas cuidadosamente una por una, así tampoco podrás conocer una cuestión sometida a tu inteligencia, si no le aplicas el mismo procedimiento; pero este modo de descomposición no es otra cosa que el análisis mental; luego, etc. Lo mismo que nos reiríamos de quien pretendiese conocer la estructura de una máquina mirándola en su conjunto, sin separar y someter a examen cada uno de sus elementos componentes, nos podremos reír de quienes confían alcanzar la posesión de la verdad, si van bien provistas de un inmenso bagaje de principios y autoridades; pero sin la menor preocupación de observar y contemplar la naturaleza.

Objeción I. El análisis mental impone en la averiguación de la verdad extraordinarios retrasos, con lo que se demuestra que no es el camino acertado; luego es falsa la conclusión. Demostración de la menor: El análisis mental examina cada una de las partes del objeto dado; pero esto exige un tiempo excesivo; luego, etc.

Respuesta. Distingo la mayor: Concedo que impone retrasos aparentes; niego que imponga retrasos reales. Muchos son los engañados por este error.

El análisis mental nos conduce a la verdad en mucho menos tiempo que cualesquiera otros métodos que ilusoriamente aparentan avanzar a mayores pasos, cuando para lo que de hecho sirven es para apartarnos de la verdad en vez de aproximarnos a ella.

Descartes estableció la duda general metódica, y suponiéndose en pleno desconocimiento de todo, partió del principio: pienso, luego existo; y de este pensamiento fue deduciendo lógicamente los demás, hasta completar su sistema.

Objeción II. El método cartesiano está reconocido como utilísimo por un asentimiento casi unánime y por la comprobación de la experiencia; pero parte de las primeras nociones o principios generales; luego el único camino que conduce a la verdad, etc.

Respuesta. Distingo la menor: Niego que tome su punto de partida de los principios generales para deducir de ellos la naturaleza y verdad del objeto; concedo que los utilice para comprobar analíticamente que convienen a dicho objeto. Una cosa es buscar la verdad partiendo de esos primeros principios y otra distinta comprobar su conformidad con las cuestiones que se investigan. No es posible conocer la naturaleza especial de un objeto más que por su desintegración o disolución, y así se aprecia que está de acuerdo con los dichos primeros principios. Todos, al investigar la verdad, se valen del análisis, quiéranlo o no. Sufren grave error si intentan avanzar partiendo de nociones preexistentes, pues ni convienen todos los principios a todos los objetos ni son siempre verdaderos principios los tenidos por tales. Véase a este propósito Condillac, autor, sin duda, el más estimable en el estudio de esta materia.

Proposición III. La común opinión se ha de tener por ley de la naturaleza

(Cicerón. Quaest. Tuscul. lib. V, n. XIII)

Me es muy grato someter a la consideración de los jóvenes esta proposición ciceroniana, sobre cuya excelencia todas las personas cultas están de acuerdo.

La cuestión, objeto del general asentimiento, debe reunir las siguientes circunstancias:

1.ª Que sea admitida por todos, sin ninguna persuasión previa, por una especie de intuición natural.

2.ª Que trate de cosas de gran utilidad e importancia.
3.ª Que no traiga su origen de claros prejuicios.
4.ª Que sea opuesta a las tendencias de las pasiones, circunstancia no necesaria, pero que le añade vigor.
5.ª Que se conserve a través de todos los tiempos, de todos los lugares y de todos los hombres.

Es tal la índole de la naturaleza humana, que los hombres cambian corrientemente de opinión según las circunstancias de tiempo y lugar, de modo que la continuidad del general asentimiento no existe más que cuando se trata de verdades evidentes; por lo que tales verdades deben considerarse como leyes de la naturaleza. Es de recordar, a este propósito, la célebre frase de Cicerón: quot capita, tot sententiae. Así que la común creencia de todas las gentes se ha de tener por irrebatible argumento, pues supone la natural aceptación por parte de todos; luego es ley de la naturaleza.

Objeción I. El asentimiento particular, esto es, el de uno solo, no es causa de certidumbre; pero el asentimiento general no es más que la suma de los particulares; luego tampoco es causa de certidumbre ni constituye ley de la naturaleza.

Respuesta. Niego la consecuencia: la objeción se transfiere del sentido distributivo al colectivo, y por eso es falsa, pues existen en las colectividades humanas muchas circunstancias que no aparecen en el individuo en particular.

Objeción II. Casi todos los pueblos han aceptado innumerables fábulas; esto prueba lo falible del asentimiento general; luego tal asentimiento no es ley de la naturaleza, que debe ser siempre certísima.

Distingo la mayor: En cuanto a lo dicho de «casi todos los pueblos», niego que hayan prestado el asentimiento todos sus miembros, y concedo que se lo prestaron muchísimos individuos. Aunque la ínfima plebe y el vulgo de las gentes creyeran tales cosas, no faltaron quienes las tuvieran por cuentos de niños, por lo que el argumento carece de valor.

Proposición IV. Si una obra se le atribuye sin discrepancia a un autor, tanto en su tiempo como después, dicha atribución se ha de juzgar legítima

Esta proposición, que en realidad fluye de las reglas ya dadas sobre el particular, tiene su prueba en el hecho de que negarla supondría que todos los pueblos, en la sucesión del tiempo, se habían confabulado para engañarse a sí mismos y engañar a los demás; pero esto, habida cuenta de la condición humana, habría que juzgarlo imposible; luego, etc. A nadie, por ejemplo, se le ocurriría poner en duda, si no ha perdido el juicio, que las *Catilinarias* sean discursos de Cicerón, ya que en atribuírselas coinciden la antigüedad y los tiempos modernos.

Objeción. Hay muchas obras atribuidas a un autor por la común opinión que después la crítica ha señalado como apócrifas. Así los trabajos de investigación de los Maurinos han demostrado la falsa atribución de determinadas obras a los SS. PP.; luego, etc.

Distingo la anterior: Niego que tales obras se atribuyesen por el universal asentimiento, de modo que nadie disintiera ni sospechara el error; concedo que se atribuyesen por una opinión vulgar y poco meditada.

Insistencia en la objeción: Según lo dicho no es posible conocer el asentimiento universal y la recta opinión; luego por este método no se puede distinguir la obra genuina; luego la distinción es vana y la conclusión, inútil.

Distingo la anterior: Niego que no pueda ser distinguida por quien la somete a maduro examen y a normas críticas; concedo que no puedan distinguirlas los imperitos. Hemos de reconocer que el tipo de juicio crítico al que he aludido cuesta su trabajo, como consta por experiencia, y que algunas veces se juzga solo por conjeturas probables, en cuyo caso, aun tratándose de una regla cierta, queda sin comprobar suficientemente la conveniencia de su aplicación a una obra determinada.[2]

Discurso que el presbítero don Félix Varela hizo el 25 de octubre de 1812 a los feligreses del Santo Cristo del buen viaje en la misa de Espíritu santo, que se celebró antes de las elecciones

Veritaten tantum et pacem diligite.
Zach. 8, 19.
Amad solamente la verdad y la paz.

---

2 [Versión al castellano de Antonio Regalado González según aparece en Instituciones de filosofía ecléctica, tomo I, Cultural S. A., La Habana, 1952. Varela publicó este trabajo en un pliego suelto y posteriormente lo incluyó en esta obra al final de la parte correspondiente a la lógica.] (Nota de los compiladores.)

Penetrado Zacarías de un celo ardiente por la gloria de Dios, y lleno de un santo regocijo, le habla a la casa de Israel, manifestándole que llega el tiempo en que el Señor convierte los gemidos en cánticos, las penas en delicias, la perturbación en paz eterna. Les recuerda la brecha que abrieron los caldeos en los muros de Jerusalén y el incendio del templo, la muerte de Godolías, el sitio de la ciudad santa: desgracia a que correspondían los ayunos de los meses 4.º, 5.º, 7.º y 10, pero que iban a transformarse en bienes que parecerían increíbles en algún tiempo a las reliquias de aquel pueblo, exigiendo solamente para entrar en la posesión de estas felicidades, que amen la verdad y la paz. ¿Y de qué otro modo deberé yo hablar a un pueblo católico que se congrega para pedir al padre de las luces el acierto en un acto civil, que siendo justo producirá una gran parte de la felicidad pública, y cuyo vicio puede ocasionarle su miseria? Sí, cristianos, yo os exhorto a que améis la verdad y la paz, para alcanzar del Señor los innumerables dones que puede proporcionarnos la elección que va a emprenderse.

La religión es la base y cimiento del suntuoso edificio del Estado, y este cae envolviendo en sus ruinas a los mismos que lo habían fabricado, luego que la impiedad y la superstición, dos monstruos formidables llegan a minar y debilitar aquel apoyo. Entonces su antigua opulencia solo sirve para hacer más horrorosa su caída; se deshace en graves y destructoras masas, que oprimen a sus moradores, cuyo destrozo presenta la espantosa imagen de la muerte, y el espeso polvo que rodea aquellos miserables fragmentos de la prosperidad y gloria ciega y aturde a los que tuvieron la fortuna de escapar de la común calamidad. Una multitud de voces melancólicas se esparce por los aires; pero vanos son los gemidos, vanos los esfuerzos, cierta la desgracia: el espectador sensible de esta espantosa catástrofe se conmueve y aterra aprendiendo prácticamente que solo es prosperidad la que se funda en la virtud.

Tal es la imagen de un pueblo, cuyo infortunio le ha conducido a la irreligiosidad; al paso que una nación fomentada con el fuego sagrado de la religión sube como el árbol fértil para producir copiosos frutos. El amor a la verdad y a la paz, de que nos habla el citado profeta, amor inseparable de la verdadera creencia, es el único principio de la felicidad política. Si la estrechez del tiempo no me lo impidiera os manifestaría esta verdad confesada aún por las naciones idólatras. El Egipto, aquel pueblo pacífico y verdaderamente sabio, que admiran las historias, nos daría una lección importante; allí veríais el acierto en elegir su junta de judicatura, presidida por la paz y amor a la verdad: una quietud pública y un desinterés heroico que causaría vuestra admiración. Podría representaros a Tebas, floreciente por la sabiduría de sus reyes, mereciendo particular consideración los dos Mercurios. Oiríais, sí, al Trimegisto inspirar al pueblo la paz y el amor a la verdad como medio seguro del tino en toda acción popular. Por el contrario, podría manifestaros los funestos efectos de la desunión de los grandes héroes que abatió al pueblo dividido: veríais al gran Milciades, a Arístides y el sabio Foción ser víctimas de la furia popular. Os recordaría aquel ostracismo que privó a las repúblicas de los mejores hombres, por la indiscreción de un pueblo que no amaba la verdad, que no conocía la paz.

Pero estas reflexiones me detendrían demasiado. Yo me ceñiré únicamente a exhortaros a que desatendiendo la voz tumultuosa de las pasiones que encadenan y ponen en una tenebrosa cárcel al espíritu humano, oigáis la voz apacible aunque enérgica de la razón. No consideréis otra cosa que el bien de la patria, y para conseguirlo, haced que la palabra de Dios sea la luz de nuestro camino, según decía el profeta. Dejad todas las miras privadas que puedan presentaros como odiosos los ciudadanos más beneméritos, y como apreciables los más delincuentes. Meditad y reflexionad vuestra elección; no procedáis por un ciego instinto y mera costumbre, que es otro de los principios que inducen a error al entendimiento. Ciudadanos virtuosos y sabios deben ser el objeto de vuestras miras, sean del estado y condición que fueren. De este modo podréis gloriaros de haber contribuido al bien de la patria.

Conservad la paz y el sosiego público que debe caracterizar a un pueblo cristiano. No quebrantéis por pretexto alguno esta tranquilidad, porque induciréis a males mayores que los que queréis evitar. Se engañan mucho los que creen que sirven a la patria con excitar acciones que, aunque justas e íntimamente combinadas con el bien público, unas circunstancias poco felices suelen convertirlas en calamidades y miserias. Estos hijos indiscretos de la patria la devoran. Sacrificad vuestros intereses privados en obsequio de la sociedad. Ojalá se impriman en vuestros pechos estas máximas de la verdadera política, y entonces conoceréis que no es la multitud de enemigos que lleva el vencedor asidos a su carro triunfal, quien trae la felicidad a los pueblos, sino sus virtudes que inspiran unas sabias leyes. Los horrores de la guerra suelen ser la defensa del cuerpo político de los males eternos que le aquejan; mas las virtudes y la religión son el alma que lo vivifica así como el vestido en el cuerpo físico le defiende contra la intemperie y los males externos; mas su animación le viene de un principio interno.

Concluyo, pues, con el mismo Zacarías, exhortándoos a que améis la verdad y la paz: veritaten tantum et pacem diligite. Si lo hiciereis, esperad del Señor los auxilios necesarios para vuestro acierto, y bien de la patria, haciéndoos acreedores a la bendición que a todos vosotros deseo, en el nombre del Padre, del Hijo, y del Espíritu Santo Amén.

[Biblioteca Nacional «José Martí»: Colección Manuscritos, Varela, n.º 3.]

Instituciones de filosofía ecléctica

Tomo I. Lógica

¡Oh Filosofía, orientadora de nuestra vida, que nos permites descubrir la virtud y expulsar los vicios! Sin ti ¿qué sería, no ya de nosotros, sino de toda la humanidad?... ¿Qué tesoros superiores a los tuyos que nos han dado la paz de la vida y nos han liberado del terror de la muerte?

Cicerón, *Cuestiones Tusculanas*, Lib. V.

Prolegómenos

Temo que sean muchos los que, sin duda, llevarán a mal la realización de mi propósito de publicar estas Instituciones filosóficas, haciéndome objeto de sus reservadas censuras y mirando mi obra, que calificarán de inoportuna, con arrugado entrecejo. Y lo temo con mayor motivo ya que casi en nuestros días ilustres autores, no menos destacados por su doctrina que por su autoridad, han acometido la misma empresa sin haber podido llegar a darle cima por adversas circunstancias. Citar sus nombres me parece innecesario y demasiado trabajoso. Sin embargo he de mencionar uno, y no de los menos ilustres, el del insigne Andrés de Guevara, al que deseo rendir la justicia que merece, y por cuyos méritos y excelencias siento tal estimación que no dudo en reconocerlo como una de las glorias de nuestra América.

Tampoco debo pasar en silencio las Instituciones filosóficas, publicadas por el prestigioso arzobispo de Lyon, cuya fama ha repercutido de tal modo que se las conoce y estima extraordinariamente en todas partes por las cualidades con que resplandecen, sobre todo porque aquella admirable claridad de estilo, tan a propósito para la capacidad de los jóvenes, y por mí tan admirada que no tengo palabras bastantes para alabarla.

Pero si he de decir con sinceridad lo que siento, entre tantos libros de elementos de Filosofía con los que han enriquecido hasta ahora los eruditos el mundo literario, no hay uno solo, salvo error de mi parte, rigurosamente adecuado a la juventud estudiosa, de modo que responda de lleno a los esfuerzos de los profesores y a los anhelos de los principiantes, dentro del trienio dedicado a estos estudios. El ingenio de los grandes autores se ha extendido con exagerada amplitud y no ha sabido ceñir a los estrechos límites aconsejables su exuberante erudición y su abundantísima doctrina.

Movido por estas razones y por los deseos de mis amigos, no menos que por los de un hombre de grandes y preclaras virtudes, que me inspira a la más devota veneración y los más sentidos afectos, me resolví a emprender esta obra, carga ciertamente superior a mis fuerzas. No soy yo persona de quien nadie pueda esperar grandes cosas. Me guardaré mucho de dar a la publicidad nada nuevo, nada inusitado, nada en fin que no esté confirmado y defendido por la opinión de los más insignes filósofos con irrebatibles argumentos y con repetidas experiencias. Así, pues, me complazco en declarar que nada de lo que digo en estas Instituciones se me debe atribuir a mí, sino a los ilustres varones que he tomado como guías.

Ruego también a los profesores de Filosofía que tengan muy presente que no es para ellos para quienes escribo, sino para los principiantes que inician el estudio de los primeros rudimentos filosóficos. Me resta solo poner manos a mi obra, a la que sería lo justo renunciar de inmediato si no anticipase estas explicaciones, que estimo habrán dejado en claro mi intención y mis deseos.

Para mejor llevarlos a feliz término creo que no será inoportuno hacer en estos preliminares algunas advertencias a los jóvenes deseosos de emprender el estudio de la disciplina filosófica, con el objeto de orientarlos sobre las circunstancias que deben acompañar su trabajo.

Puesto que no sin razón consideramos la filosofía como puerta de entrada para todas las ciencias, creo que procede anticipar en ella cuanto a todas en común pueda referirse. Todo el que se entrega al estudio de las letras debe tener ciertas disposiciones, unas espirituales y otras físicas. El ánimo del estudioso debe estar sometido a la voluntad de Dios y conforme con ella de manera que en todo el proceso de sus estudios y en todas sus investigaciones la palabra divina sea antorcha que ilumine sus pasos y luz que alumbre su ruta, pues la sabiduría no puede penetrar en el alma perversa ni morar en el cuerpo súbdito del pecado. Este es el mejor camino para adquirir la verdad porque el principio de la sabiduría es el temor de Dios. De esta base deben partir cuantos intentan llegar a la posesión de la ciencia.

Es preciso también robustecer las fuerzas del espíritu para que podamos sobreponernos a aquella pusilanimidad que tanto pesa sobre muchos cuando inician los estudios de una disciplina cualquiera. No faltan quienes aterrados por la magnitud de la empresa, y vacilantes desde el primer momento, echan pie atrás cuando apenas acaban de pisar el umbral de la ciencia, sin atreverse a balbucir otra excusa que la que encierra aquel dicho de Hipócrates: ars longa, vita brevis. Reconozco que el hombre, envuelto en las tinieblas de la ignorancia, no puede llegar al completo conocimiento de todas las cosas y que cuanto logra aprender lo debe al esfuerzo de su trabajo, que fue precisamente lo que pretendió indicar el ilustre príncipe de la Medicina; pero ¿acaso hemos nacido para cosas tan pequeñas que nos puedan asustar las grandes? Dios no permita que quebrante el temor de aquello que más debemos querer. Sea lo ínfimo menester de los ínfimos; pero el hombre, la más noble obra de la naturaleza y su mayor gloria, debe consagrarse a más altos empeños.

¿Qué diríamos de una persona que percibiendo mal las cosas por padecer de los ojos, reacciona cerrándolos aunque esto le cueste chocar con los objetos, tropezar y dar con el rostro en tierra? ¿No la creeríamos falta de juicio si no intenta levantarse y prefiere neciamente sufrir estas contrariedades y las voluntarias tinieblas que la envuelven a recrearse con la escasa luz que su enfermedad le permite? Esta es la exacta imagen del hombre voluntariamente angustiado por creer que no puede llegar a la cumbre de la sabiduría. Conviene, pues, que nos entreguemos al cultivo de las ciencias sin la menor pereza y haciendo caso omiso de aquellas dificultades que pueden servirnos de complicación o de rémora para llevar a término la obra iniciada. Ni haya nadie que piense que se trata de escalar inaccesibles montes, cuyas cumbres rozan los cielos, ni que el diálogo sobre la filosofía haya de parecerse a los antiguos arcanos de los oráculos, venerables para la gentilidad. Ciertamente que la verdad tiene su asiento en sublimes alturas, pero si como es justo, la buscamos con ávido interés, no rehusará venir a nuestro encuentro y mostrársenos ella misma porque, como dice San Agustín, si la verdad no se la desea con todas las fuerzas del alma, en modo alguno se la puede encontrar; pero si se la busca como conviene, no sabe sustraerse ni ocultarse a sus apasionados seguidores.

Se ha de evitar también con cuidadoso empeño el vicio opuesto, a saber, la taimada fatuidad de algunos, completamente impropia del sabio y capaz de sublevar a los hombres de recto juicio. Aparentan los tales no dar importancia a nada, igualando a los gigantes con los pigmeos y los palacios con las chozas; e indecorosamente pagados de su sabiduría (que yo llamaría estulticia), desprecian no sin injuria a los demás, se constituyen en aduladores de sí mismos y con las obras, sino con las palabras, se proclaman y reconocen como los únicos sabios. ¡Oh ilusiones de la imaginación! ¡Oh vanidad de vanidades! Dense cuenta los jóvenes de que van a recorrer un nuevo campo que por entero desconocen y que a este fin les es necesario desprenderse de prejuicios en los que de antiguo están imbuidos, quizás desde su más tierna infancia; y nada mejor para lograrlo que escuchar a sus maestros con la debida docilidad sin poner en duda lo que les digan, por el solo hecho de que esté en completo desacuerdo con la opinión vulgar. He conocido a muchos que al oír hablar por primera vez del movimiento anual y diurno de la tierra, de la fluidez del espacio, de la pesantez del aire, de la ley de la atracción universal y de otras cosas semejantes, se creyeron objeto de un engaño y catalogaron entre los cuentos de niños tales enseñanzas. Que la ayuda divina os permita apartaros con todo celo de esta imprudente manera de proceder. Y precaveos diligentemente, mientras os libráis de este escollo, de no estrellaros contra otro que, opuesto, os amenaza. Me refiero al peligro que corren los que están demasiado pendientes de las palabras de sus maestros y siempre propensos con exceso a seguirlos y a admitir sus doctrinas, algunos de los cuales llegan a tal servidumbre de espíritu que, a imitación de los discípulos de Pitágoras, creen que justifican la verdad de las cosas si pronuncian aquello tan ridículo del magister dixit.

Creo, en fin, que solo se demuestra filósofo y debe ser considerado como tal, quien persigue única y exclusivamente la verdad y la estrecha, por decirlo así, entre sus brazos desde donde quiera que la encuentra; que no se preocupa de los autores de la doctrina, sino de la doctrina misma; que se inclina más ante la razón que ante la autoridad; que concede más valor al peso de los argumentos que a la preponderancia de las teorías a través de los siglos y que a las opiniones de los sabios; que presenta a la aceptación de los demás sus propias ideas no porque sean suyas, sino porque las cree ciertas; y que no toma a ofensa que los otros consideren poco demostrado lo que él estima irrefutable.

Por lo que al cuerpo se refiere, es de extraordinaria importancia someterlo a la debida moderación en el uso de la comida y de la bebida, sin que por eso deba creerse que yo exijo de todos una vida austera. La vergonzosa costumbre de algunos, de comer con exceso y con inmoderada frecuencia, crea tal torpeza en las facultades físicas y las suele embotar de modo que impiden a las del espíritu el cumplimiento de sus funciones. Igual abstención se ha de aconsejar respecto a los placeres, que afeminan el espíritu. Se han de elegir, por fin, el tiempo y el lugar adecuados para el trabajo. Considero las mejores horas de la madrugada. Entonces, apagados todos los ruidos y rumores, en suspenso las habituales preocupaciones de cada día, satisfecha la necesidad del sueño y expedito el espíritu para el trabajo, puede el filósofo encerrarse en su aposento y entregarse con toda libertad y facilidad a la meditación. Estas son las advertencias preliminares que he creído necesarias para los estudiantes.

Historia de la filosofía. Sinopsis Considero tan conveniente, por no decir necesario, dar a los principiantes unas nociones, aunque sean ligeras, de historia de la filosofía antes de empezar la exposición de la disciplina filosófica, que el omitirlas me hubiera parecido un imperdonable delito. Nada hay que tanto me irrite, lo confieso ingenuamente, coincidiendo con cierto varón doctísimo, como el método que algunos tienen de comenzar las explicaciones de esta ciencia sin que los jóvenes, apenas salidos de las escuelas, tengan la menor idea del concepto de la filosofía, de su origen, de su desenvolvimiento, ni de otras nociones que se refieren a su nomenclatura y que no estimo solo como preliminares, sino como indispensables.

Se entiende por filosofía el conocimiento cierto de todas las cosas de través de sus causas más fundamentales, adquirido con la luz de la razón. Por consiguiente, todo lo que el universo comprende, y hasta el propio autor del mismo según la razón lo conoce, es objeto de la filosofía. De aquí se deduce: primero, que todas las ciencias (las naturales, hablando con rigurosa exactitud) pertenecen a la Filosofía; segundo, que algunos conocimientos imprecisos y otras innumerables cuestiones mal explicadas, que el vulgo adscribe a la Filosofía, apenas si tienen nada que ver con ella.

La palabra Filosofía deriva del griego y significa exactamente amor a la sabiduría. Se dice que el primero que utilizó esta denominación fue Pitágoras, que prefirió llamarse filósofo, esto es, amante de la sabiduría. «Cuentan que fue (Pitágoras) a Fliunte, dice Cicerón, y que allí conversó largamente, dando muestra de gran saber, con León, príncipe de los fliasios. Como éste quedase admirado de su elocuencia y de su ingenio, le preguntó cuál era el arte que mejor conocía, a lo que respondió Pitágoras que en realidad, no conocía arte alguno, pero que era filósofo.» Es inconcluso que la Filosofía trae su primer origen de Dios, que con mano providente se la infundió a Adán. Desconocemos en absoluto cómo se desenvolvió y llegó hasta los tiempos de Noé. Después del diluvio muchísimos varones ilustres en todas las partes de la tierra se esforzaron en cultivarla, floreciendo particularmente, entre los hebreos, los rabinos; entre los babilonios y asirios, los caldeos; entre los persas, los magos; entre los egipcios, los hierofantes; y entre los galos, los druidas.

Tanto los fenicios como los griegos recibieron de los egipcios las primeras nociones de la Filosofía. Tales de Mileto, que lo tomó del Egipto, la introdujo en Grecia. En aquellos remotos tiempos fueron los griegos los que más lograron descollar en esta clase de estudios. Dos fueron las principales sectas en que los griegos estuvieron divididos, la dogmática y la académica, debiéndose entender por secta, según Purchot, «cierta muchedumbre de personas que, separadas o divididas de las demás, siguen un determinado género de doctrina bajo la dirección de un jefe o maestro». La palabra secta, se deriva, pues, de uno de los dos términos latinos, secare, cortar, dividir, o sectare, seguir.

La secta dogmática se gloriaba de haber conseguido la verdad, y estuvo dividida en otras dos, la jónica y la itálica. De la jónica fue jefe Tales de Mileto, así llamado, o por haber nacido en dicha ciudad, capital de la Jonia, o porque, fenicio de origen, se naturalizó milesio. Entre sus discípulos figuró Demócrito.

Pitágoras de Samos figura como jefe de la secta itálica. Contó entre sus discípulos a Zenón de Elea, inventor, según se dice, con Meliso de Samos, de la Dialéctica. Tuvo Pitágoras otros muchos discípulos, a la mayoría de los cuales no se les permitía por igual acercarse al maestro ni hablar con él, sino que al principio habían de escucharlo, según viejas referencias, a través de un velo o cortina, lo que no cabe recordar sin indignación, o eran instruidos por los alumnos más aprovechados, que les transmitían las enseñanzas, apoyadas siempre en la autoridad de Pitágoras, de donde aquel ridículo dicho que antes cité, del magister dixit. Este modo de enseñanza duraba dos, tres y hasta cinco años, a voluntad del maestro.

Los discípulos más adelantados podían concurrir ante Pitágoras sin la interposición de velo alguno, y de él aprendían Aritmética, Música, Geometría, Astronomía y Ética. Se dice que no publicó ninguna obra y que se valía en las explicaciones de oscuros símbolos para rodear su doctrina de mayor misterio y veneración. Sócrates, fundador de la vieja Academia, arrastró con su ejemplo a los discípulos de Pitágoras y a los demás filósofos, del estudio de la Física que todos cultivaban, al de la ciencia de las costumbres. La secta académica trae su nombre de Academo, varón benemérito de las letras, que dedicó cierto lugar de los suburbios de Atenas al ejercicio de la Filosofía, por lo que dicho lugar fue llamado Academia, y Académicos los que a él concurrían. Fue opinión de estos filósofos que nada se podía afirmar con seguridad, sino que más bien se había de dudar de todo.

La secta académica se divide en vieja, media y nueva. De la Vieja, como ya dije, fue fundador Sócrates, a quien Platón, del que tomaron nombre de platónicos sus partidarios, filósofos que procedieron como escépticos o pesquisidores, pues aunque creían que la verdad no era conocida, trataban de investigarla. También se llamaron pirrónicos, del académico Pirrón.

Entre los muchos oyentes de Platón sobresalió Aristóteles, cuya doctrina, en el decurso del tiempo, había de extenderse por todo el orbe. De él me ocuparé más adelante. Murió Platón octogenario, justamente en la fecha de su cumpleaños. Sus discípulos y los sucesores de Sócrates constituyeron las sectas de los peripatéticos, de los estoicos y de los epicúreos.

Los estoicos tuvieron como jefe a Zenón de Citio y derivan su nombre del stoa o pórtico de Atenas en el que se reunían y donde Zenón explicaba su severísima doctrina. Mucho más adelante figuró Séneca entre los partidarios de esta escuela. Epicuro fue el jefe de los epicúreos, sectarios de las doctrinas de Demócrito, que Epicuro solía explicar en los jardines de la ciudad, donde corrientemente se reunía con sus secuaces. La doctrina epicúrea la cantó en verso el poeta latino Lucrecio, severa y doctamente impugnado por el cardenal Polignac.

Los peripatéticos, término que se corresponde con el de paseantes, traen su nombre del verbo griego peripare, andar o pasear alrededor, por la costumbre que siguieron de reunirse en el Liceo de Atenas, donde, mientras paseaban, discutían sus doctrinas. Se glorían de tener por fundador a Aristóteles de Estagirita, nacido en Estagira, ciudad de Macedonia, y maestro de Alejandro Magno. Es sorprendente el predominio ejercido sobre casi todos los filósofos por Aristóteles, que ha llegado a convertirse en una especie de dictadura filosófica. Una buena parte de su gloria y de su fama creo que la debe a la grandeza de las conquistas y hazañas de su discípulo.

¡Miserable condición humana! Arcesilas, más rígido que los otros, organizó la Academia Media, sosteniendo que no solo nada sabemos, sino que ni podemos saberlo, por lo que sus discípulos se llamaron acatalépticos, palabra cuya significación corresponde al sentido expuesto. Siguieron a Arcesilas Lacides, fundador de la Tercera o Nueva Academia, Evandro y Carnéades, que ejerció con gran prestigio la enseñanza en Roma y que tuvo por discípulos a Clitomaco, Filón y Antíoco, maestros de Marco Tulio Cicerón. Filón y Antíoco crearon otras dos escuelas, que algunos, entre ellos el ilustre Almeida, llaman la cuarta y quinta, pero su doctrina, como el propio doctísimo Almeida reconoce, nada de particular contiene que las diferencie de Carnéades. Así se desenvuelve la Filosofía hasta la era cristiana.

Después del nacimiento de Cristo, ya en el segundo siglo de la Iglesia, comienza a brillar de nuevo la estrella de la Filosofía con una secta ecléctica, cuya principal figura es Potamón Alejandrino. Los filósofos de este grupo se preocuparon más de investigar la verdad que de prestar acatamiento a los maestros, revisaron las doctrinas de las sectas anteriores a la luz de la razón y tomaron de cada una, sin reparar en su origen, lo que estimaron por cierto. De aquí que, en realidad, no se les pueda denominar secta, pues aunque se diferencian de los demás filósofos y están de ellos como separados, sin embargo no tienen una determinada doctrina a la que dieran nombre y se declararan adscritos.

Estos filósofos fueron seguidos por muchos padres de la Iglesia, entre otros por san Ambrosio y san Jerónimo, y muy en particular por san Clemente

Alejandrino. Sin embargo otros muchos SS.PP. Siguieron a Platón hasta fines del siglo VIII, sobresaliendo en este grupo san Agustín que de modo admirable y con máxima utilidad se sirvió de la doctrina platónica en defensa de la religión cristiana.

Después se fue extendiendo poco a poco la doctrina de Aristóteles en las escuelas hasta generalizarse en ellas por las explicaciones y comentarios debidos al ingenio del angélico doctor santo Tomás de Aquino. Llegó al máximum su predominio cuando los sutiles doctores Duns Escoto y su digno discípulo Guillermo Ocam, ambos ingleses y de la orden de Hermanos Menores, lo impusieron en la escuela franciscana. De aquí proceden las tres sectas, de los Tomistas, de los Escotistas y de los Nominalistas, presididas, respectivamente, por santo Tomás, por Escoto y por Ocam.

Las tres sectas que se acaban de mencionar, y que siguen la doctrina de Aristóteles bajo diferente jefe o intérprete, integran la secta escolástica, que floreció en todas partes hasta que Galileo Galilei, egregio matemático del duque de Etruria, el inglés Francisco Bacon, Barón de Verulam, y el celebérrimo médico español Antonio Gómez Pereira, no pudiendo ya soportar con ánimo tranquilo el yugo aristotélico, trataron de sacudírselo con todas sus fuerzas e instauraron, o al menos iniciaron, la verdadera Filosofía.

Pero la principal gloria en este proceso de restauración le corresponde a Descartes, que hizo una guerra sin cuartel a los partidarios de Aristóteles y enseñó, en cuanto las circunstancias de aquellos tiempos se lo permitieron, una excelente Filosofía. No he de pasar en silencio al insigne presbítero Pedro Gassendi que, versadísimo en el conocimiento de los antiguos filósofos y dotado de preclaro ingenio, nos legó la filosofía de Epicuro ampliada y expurgada de errores contrarios al Cristianismo.

Y ha llegado el momento de citar al inglés Isaac Newton, padre y maestro de la Física, celebérrimo matemático, prez y gloria de las letras, de clarísimo y seguro juicio y de insuperable pericia en la investigación, que merece ser considerado (permítase decirlo) como el primero entre todos, en la explicación de la naturaleza. Lo han seguido después casi todos los autores que han tratado de Física, aunque sin aquel servilismo que era característico de los antiguos filósofos.

En nuestros tiempos los filósofos eclécticos, mejor diría los verdaderos filósofos, parecen apoyar su doctrina en las opiniones de Descartes, Gassendi y Newton entre otros. Trazar la historia de la Filosofía en los últimos años sería demasiado largo. Pero no he de pasar en silencio a Gottfried Leibniz, nacido en Leipzig, Alemania, de fertilísimo ingenio, y al que, en opinión de Guevara, se puede aplicar lo que de Catón dijo Livio, que fácil para todo, ejecutaba cada cosa como si para ella sola hubiera nacido. Lo siguió Wolff, filósofo y matemático alemán.

Para entender la historia de estos autores y sus sistemas, se requiere un no escaso conocimiento de las ciencias físicas, motivo por el que no he de insistir más por ahora en su comentario.

Pasamos, pues, a la exposición de la Filosofía, en la que se distinguen cuatro partes: lógica, que dirige la mente. Metafísica, que estudia las propiedades universales de las cosas y cuanto no es perceptible por los sentidos.

Ética o moral, que se ocupa de las costumbres, y física, que investiga todos los aspectos de la naturaleza.

Instituciones de lógica. Primera parte

Disertación I. Del verdadero concepto de la lógica
Damos el nombre de Lógica a aquella facultad que dirige nuestra mente hacia el conocimiento de lo verdadero. Por lo tanto, cuando el hombre guiado por la luz de la naturaleza investiga la verdad y hacia ella tiende por decirlo así a impulsos del propio instinto de la razón, tiene lugar la Lógica natural o «la natural aptitud y facultad de inquirir lo verdadero». En ayuda de esta lógica natural viene la artificial, que no es otra cosa que «cierto conjunto de preceptos o de reglas obtenidas de una asidua observación y de la experiencia, que nos conducen al conocimiento de la verdad».

Ahora bien, una ciencia cualquiera podrá definirse como «un conjunto de conocimientos debidamente dispuestos, por medio de los cuales se alcanza la verdad en un orden de cosas, en cuanto la humana condición lo permite.» Así, la Medicina, por ejemplo, será la suma de conocimientos referentes a la naturaleza y a la índole del cuerpo humano, a sus enfermedades y a los medicamentos adecuados para curarlas. De lo dicho se deduce la necesidad de la Lógica para la comprensión de las otras ciencias.

En lo absoluto de su necesidad insisten constantemente los escolásticos, hasta el extremo de afirmar que sin ella no puede conseguirse a perfección el dominio de ciencia alguna. Creyendo preferible dar de lado a tal polémica, ya que cuestiones más importantes nos reclaman, trataré de exponer el contenido de la Lógica, no sin invitar antes a que se recuerde lo que tan docta y graciosamente escribió sobre esta materia el erudito e ilustre P. Feijoo. La presentaré, si es que puedo lograrlo, limpia de complicaciones y sedimentos de la escolástica y bien provista de doctrinas depuradas por la crítica, que a la vez considero como las mejores y las más útiles. Los que se han formado al cabo de largos años en las escuelas peripatéticas y se han nutrido y hasta saturado de sus enseñanzas, querían ver aquí tratadas en toda su amplitud las eternas cuestioncillas de las categorías, de los postpredicamentos, de las cualidades de las proposiciones, de las equivalencias, de las conversiones y de las figuras de los silogismos. En la imposibilidad de atender los deseos de todos bastará complacer a aquéllos que, aspirando a lo mejor, se contentan con lo más simple y fundamental. Yo, por mi parte, creo que solo pueden avanzar con paso firme por el camino de la verdad quienes, sacudiéndose el polvo de una inveterada ceguera y prescindiendo de las opiniones de los hombres, tienen para sus pesquisas por impulso y guía a la naturaleza, obra brillantísima del divino Hacedor.

Nadie desconoce que la naturaleza humana quedó desde los mismos comienzos del mundo, infectada por la mancha del pecado original y entregada, lo que no se puede recordar sin profundo dolor, a una gravísima ignorancia; pero en medio de esta desventura permanece como verdad irrebatible que los hombres conservan (y me complazco íntimamente en declararlo) vestigios de la prístina hermosura, que brillan cual rayos refulgentes. Cuando hayamos corregido con la obligada atención nuestra naturaleza y hayamos superado aquellas dificultades que más gravemente la oprimen, podremos recorrer con pie seguro el camino de la verdad y llegar a la meta deseada. A este propósito intenta iluminarnos con sus enseñanzas la Lógica artificial, por cuyo medio se explica que hayan conseguido especialmente su objeto aquellos autores que al escribir sobre lógica escrutaron la mente humana y, sometiendo sus facultades a una especie de escalpelo de disección, pudieron contemplarlas a su placer. En esta clase de autores sobresalen Locke y Condillac.

He de declarar que, en mi opinión, Condillac se deleita y demora demasiado en estos análisis, hasta el punto de que se pueda recordar a su propósito lo que del gran épico griego dice Horacio: quandoque bonus dormita Homerus. Aunque siento por el citado autor una extraordinaria inclinación, no dudaré en apartarme de él muchísimas veces, ya que es discreto precaver en nuestras inclinaciones el peligro del ne quid nimis.

Disertación II. Del entendimiento

Sección I. De su naturaleza y de sus funciones
Siendo fin fundamental de la Lógica conducirnos al conocimiento de la verdad, exige el orden de mi exposición ocupándome, aunque sea sumariamente, del entendimiento, que es la facultad del alma que nos permite captar lo verdadero. Se puede, pues, definir como aquella potencia del espíritu que percibe, juzga, raciocina, etc. Se subordina con extraordinaria frecuencia a la voluntad, y de ella suele depender en sus funciones, lo que seguramente explica la mayor parte de los errores en que incurre, ya que los hombres, enredados en sus pasiones,

pretenden dar fuerza de verdad a lo que más les agrada, y como verdad se lo imaginan con gran frecuencia. Viene ahora a cuento aquello del poeta, cuando alude a lo crédulo que es el amor para sus propias ficciones: Credimus an qui amant ipsi sibi somnia fingut? La mente del hombre encerrada en el cuerpo a modo de cárcel, se sirve de los sentidos, como de ventanas para ver, esto es, para conocer, y de ellos depende casi siempre en sus operaciones, por lo que según estén los sentidos mejor o peor dispuestos para cumplir su misión, así tendrán los actos del entendimiento una mayor o menor garantía de exactitud. Es, además, nuestra mente de tal condición y naturaleza que con la práctica continua del ejercicio llega a adquirir una cierta facilidad, llamada hábito por los filósofos, que se arraiga en razón directa de la persistencia de la costumbre, hasta transformarse en una especie de instinto. Se deduce de lo dicho que el entendimiento es una facultad sometida a las pasiones, a los sentidos y a los hábitos, factores los tres que han de ser enmendados y corregidos para que contribuyan debidamente a la averiguación de la verdad.

Los objetos sensibles impresionan y excitan nuestros sentidos, y el alma, consciente de esta impresión, representa dentro de sí misma el objeto que ha actuado de causa del estímulo, diciéndose entonces que forma ideas. Adquiridas las ideas, las relaciona, advierte su conformidad o su disconformidad y las une o las separa, y entonces se dice que juzga. De las ideas comparadas, esto es, de los juicios, deduce otros juicios, y entonces se dice que raciocina. Por fin, para llegar al descubrimiento de la verdad, el entendimiento dispone un orden para sus juicios y para sus raciocinios, operación que llamamos método. Se reducen, pues, a cuatro las principales operaciones del entendimiento, a saber: idea, juicio, raciocinio y ordenación o método. Idea es la imagen espiritual del objeto, formada por la mente dentro de sí misma, o simple conocimiento del objeto. Juicio es el acto por el que la mente une o separa dos ideas. Raciocinio es la deducción de un juicio, de otro o de otros ya formados. Ordenación es la conveniente disposición de las operaciones mentales para el cumplimiento de sus fines.

Al realizarse estas operaciones, actúan diversamente las fuerzas del entendimiento. De éste provienen, pues, las varias facultades del alma, que sin lugar a dudas se han de considerar subordinadas a la potencia intelectiva y como miembros o aspectos de la misma. Son las más principales la imaginación, la memoria, la atención, la reflexión y la abstracción. De cada una de ellas trataré brevemente a fin de que, bien conocidas y educadas, nunca sean obstáculos para la adquisición de la verdad.

Sección II. De la imaginación
La imaginación es una potencia mediante la cual se representa la mente un objeto sensible, sin que dicha representación afecte a los sentidos. Mientras tengo a un hombre en mi presencia lo conozco por la sensación actual o impresión que mis ojos reciben, pero si los cierro, me parece que continúo viéndolo, o mejor dicho, me lo finjo, y esto es obra de la imaginación. Del mismo modo creo estar viendo una ciudad en la que hace ya años que dejé de residir, y pienso hallarme en ella y tenerla delante de mis ojos, sin que reciba ninguna impresión de mis sentidos, solo en virtud de meras funciones de la imaginación.

Debemos moderar de tal modo su fuerza que no se convierta en un peligro de obsesión o de inutilidad para la mente, por lo que con gran acierto aconseja el ilustre Jacquier a los jóvenes entregados al cultivo de las letras, que no se dejen absorber por esta inclinación hasta el extremo de eliminar toda preocupación por la vida civil, tan importante para la propia vida humana y para las funciones del Estado. Una actividad persistente de la imaginación origina una atención también persistente y debilita el espíritu. He aquí algunas reglas para corregir los excesos de esta facultad.

Regla segunda
«Ninguna cosa, por muy útil que se la estime, debe ocupar persistentemente nuestra imaginación.» La obsesión imaginativa por un motivo dado, aparte de que puede acarrear la locura, trae consigo otros graves inconvenientes: 1) Incapacita el entendimiento para la contemplación de otras cosas quizás más útiles.

2) Perjudica el vigor físico y lo debilita, de lo que se sigue una determinada incapacidad.

3) Hace adquirir a la mente el hábito de fingirse las cosas y de juzgarlas a base de tales ficciones, induciendo a proceder más por instinto que por razón.

Regla segunda
«Mientras la necesidad no lo exija, no debemos representarnos por la imaginación cosa alguna que no exista en la naturaleza.» El defecto apuntado deforma la capacidad de juzgar y convierte a los hombres en esclavos de sus ficciones, lo que es nocivo sobre toda ponderación. De aquí la existencia de los más absurdos sistemas, cuyos errores alcanzan a veces y manchan el valor de los hombres, por otra parte inteligentísimos. Nos obliga, sin embargo, con frecuencia la necesidad a servirnos de la imaginación, por ejemplo, cuando comentamos los poetas o tratamos nosotros mismos de inventar los poemas.

Regla tercera
«Cuando sea necesario imaginar algo, irá por mejor camino el que más interés ponga en imitar la naturaleza.»

Regla cuarta
«No siempre es verdadero lo que la imaginación nos representa, por lo que se ha de someter el juicio de sus funciones a una repetida comprobación de los sentidos y al juicio de los demás.» Si muchos que padecen del cuerpo o del espíritu tuvieran presente esta regla, se guardarían de sostener con tanta pertinacia, contra la opinión de los que les rodean, que ven más que todos y que sus imaginaciones son realidades, y dejarían de ser tortura de los que con ellos conviven.

Las ficciones de la imaginación se parecen extraordinariamente a las percepciones de los sentidos, y por eso hemos de poner el más fino tacto en su examen y corrección.

Sección II. De la memoria

La memoria es la facultad del entendimiento, mediante la cual éste reproduce la idea del objeto, consciente de haberla conocido con anterioridad.

Se distingue de la imaginación: 1) Porque necesariamente presenta el objeto como ya conocido.

2) Porque también reproduce objetos de carácter espiritual, por ejemplo los juicios, mientras que la imaginación solo puede representar objetos materiales.

Se ha de distinguir la memoria de las cosas, que conserva el sentido de las mismas, y la de las palabras, que las retiene literalmente hasta el menor detalle. Debemos prepararnos con gran empeño por la adquisición de la primera, mientras que la segunda apenas si ofrece motivos para despertar nuestro interés. Ténganse presentes, respecto a la memoria, las siguientes reglas:

Regla segunda
«Al tratar de retener la doctrina de los autores, no debemos atenernos en modo alguno a las palabras por ellos empleadas, concediéndoles en todo caso una mínima importancia.» Impresiona la cantidad de males que ha traído consigo la despreciable costumbre de estudiar al pie de la letra. Es un ímprobo trabajo que, oprimiendo la mente, reduce al mínimo las posibilidades de aprender y hace que los jóvenes, habituados a estas nocivas minucias, abandonen la práctica del raciocinio y de toda combinación mental hasta ser incapaces de recordar el sentido de las cosas si olvidan las palabras con las que literalmente las aprendieron. A evitar estos peligros tiende la siguiente regla.

Regla segunda
«No confiemos tan exageradamente el estudio a la memoria, que lleguemos a eliminar el propio raciocinio y el imprescindible trabajo personal, ya que de ese modo solo conseguiríamos recargar la mente en vez de ilustrarla.» Este es el origen de la opinión vulgar que estima muy difícil la coincidencia en un mismo individuo de la memoria y de la agudeza del ingenio, o del entendimiento como algunos dicen, llegando a creerse que la capacidad de la memoria y la del entendimiento se dan en relación inversa, de modo que la persona inteligente sea de escasa memoria, y por el contrario la bien dotada de memoria sea de reducido entendimiento. Obsérvese, como explicación que los totalmente entregados al cultivo de la memoria la aumentan, como es natural, con la práctica, mientras que los que consagran su esfuerzo a las investigaciones y ejercicios intelectuales, desarrollan más la agudeza del ingenio. Para atender convenientemente a las dos facultades, debemos alternarlas en su empleo y usar de la memoria de manera ordenada, acompañando su ejercicio de asiduas meditaciones y encomendándolas especialmente, y con el mayor interés, el recuerdo de aquellas cosas que por su naturaleza lo requieren. Practiquémoslo así.

Regla tercera
«Los medios de perfeccionar la memoria son el ejercicio y el orden.»

Sección IV. De la atención y de la reflexión
Atención es la persistencia de la mente en la observación de un objeto. Mientras atendemos, observamos el objeto dado y detenemos y clavamos en él nuestra mente, prestando a todo lo demás una escasa o ninguna consideración. Un afortunado ejemplo nos ofrece a este propósito Condillac. Cuando nos encontramos en un jardín, dice, atendemos a este árbol o a aquella flor, si los contemplamos con exclusión, de los demás árboles y flores del mismo jardín; y así la propia naturaleza comienza a enseñarnos la práctica del análisis. Las reglas de la atención son las siguientes:

Regla segunda
«No se debe prestar atención a la vez a diferentes aspectos de un mismo objeto ni pasar de un aspecto a otro sin un detenido examen del anterior.»

Regla segunda
«Es todavía más censurable atender simultáneamente a varios objetos distintos, saltando con rapidez de unos a otros.» Muy debatida es a este propósito la cuestión de si los jóvenes deben entregarse al estudio de una sola disciplina o repartir su atención entre varias. Aunque son muchos los partidarios de lo primero, yo opto por lo segundo, de acuerdo con el doctísimo Quintiliano, y a condición de que se proceda con el debido orden. (Véase el citado Quintiliano, *Instituciones Oratoriae*, Lib. I, Cap. XI.) Reflexión es la reversión de la mente a sí misma y a sus propios conocimientos. Cuando reflexionamos sobre algo, lo que hacemos es examinar y comparar las nociones que sobre el particular ya tenemos, contemplándonos en cierto modo a nosotros mismos. Queda, pues, patente que la reflexión se verifica por medio de comparaciones, debiéndose recordar, por otra parte, que la comparación es la confrontación de dos o más objetos. Son aplicables a la reflexión las reglas que se han dado para la atención.

Abstracción es la separación mental de una propiedad de un objeto, del resto de sus propiedades. En las abstracciones seleccionamos y consideramos exclusivamente una propiedad del objeto dado. Así, por ejemplo, en una esfera de oro, podemos fijarnos en su figura y hacernos una idea de su esfericidad, prescindiendo de su peso, de su color y de cualesquiera otras características. Algunos se obsesionan tanto con las abstracciones que casi llegan a cerrar los ojos, y recluidos dentro de sí mismos, violentan y martirizan su energía mental. El grave error en que incurren lo advertirá todo el que piense que la abstracción no es más que un efecto de la atención.

Obsérvese esta regla: Regla única
«Sé parco en las abstracciones y al entregarte a ellas nunca pierdas de vista la naturaleza.»

Sección V. Del ingenio y del juicio
Me ha parecido oportuno dedicar, aunque pocas, algunas líneas a la especial consideración del ingenio y del juicio, a pesar de que el primero no sea más que un producto de la imaginación y el segundo una parte principalísima en el funcionamiento adecuado de la mente, motivo éste de carácter general para la Lógica. Podemos definir el ingenio como la particular habilidad del entendimiento para las funciones de la invención y de la imaginación, por lo que deben considerarse como obras del ingenio todos aquellos sistemas que consisten en una invención de principios, sobre los cuales se fundamenta toda explicación pertinente. Conviene precaver el peligro de atribuir valor de realidad a todas las creaciones del ingenio.

Se ha de entender aquí el juicio, no como la operación de la inteligencia que une o separa ideas, sino como la facultad de formular juicios rectamente o de bien juzgar, por lo que en este sentido se le define la facultad de elegir rectamente y de usar de lo elegido según su mérito o significación. Son reglas aconsejables las que siguen:

Regla segunda
«Las obras del ingenio deben caracterizarse por la simplicidad, por la uniformidad y por la congruencia.» Será simple la obra del ingenio si prescindimos de todo lo inútil y nada imaginamos que no sea en verdad necesario, y si nos dirigimos por el camino más corto, sin que la variedad de cosas no pertinentes

distraiga nuestra atención. Será uniforme, si de los principios establecidos se derivan las obligadas deducciones, sin necesidad de agregar otros principios que las expliquen. Será congruente, si las cosas convienen entre sí de modo que no exista pugna o contrariedad en ellas ni se les atribuya algo que repugne a su naturaleza. Si alguien imaginara que una piedra se eleva a impulso de un leve viento, imaginaría algo contrario a las leyes naturales correspondientes.

Regla segunda
«En el campo de las ciencias es fútil toda obra del ingenio que no tenga por norma la experiencia y la naturaleza.» De aquí se deduce claramente lo despreciable de numerosos sistemas, de Descartes y de otros autores, más fundados en la abstracción y en el ingenio que en el recto juicio.

La rectitud del juicio depende tanto de las circunstancias, de la reflexión y de la experiencia, que solo cabe a este propósito dar una regla.

Regla única.

«Una práctica irreprochable de la lógica es la mejor norma del juicio.»

Disertación III. De las ideas

Sección I. De la naturaleza de las ideas
No dudo que provocará la indignación de muchos el observar que a un tema como el de las ideas, tan por extenso tratado en la generalidad de los libros de instituciones filosóficas, apenas si se le concede en el mío unas breves páginas. Insisto, sin embargo, en prescindir de las innumerables reglas y divisiones de las ideas, limitándome a la exposición de aquellos conceptos que creo verdaderamente necesarios.

La idea, ya definida como la imagen espiritual de un objeto, formado por la mente dentro de sí misma, o simple conocimiento de un objeto, puede ser distintamente apreciada, según que se atienda a la diversidad de cosas que representa o al modo de representarlas. Siendo cierto, como en realidad lo es, que en la naturaleza solo existen cosas singulares, toda idea, por representar cosas de la naturaleza, ha de ser necesariamente singular.

Podemos advertir que algunas propiedades no solo se encuentran en objetos o seres diferentes, por ejemplo, la facultad de andar, que corresponde a los hombres y a las bestias, sino que alcanzan a veces a número extraordinario de seres, como la propiedad de la vida, que conviene a los hombres, a las bestias y a las plantas. Con la abundancia de estos ejemplos, tan frecuentemente desconocidos por nuestra capacidad de observación, la propia naturaleza nos enseña a establecer el análisis, por el cual, separando unas propiedades de otras, llegamos a la distinción de las clases.

Comparadas éstas entre sí, según el mayor o menor número de elementos que comprenden, reciben diversos nombres y dan lugar a los conceptos de género y especie.

Entendemos por género aquella clase de cosas que comprende dentro de sí misma varias otras clases, de las que está formada; y por especie, una de las clases contenidas en el género. La especie solo comprende elementos singulares, que reciben el nombre de individuos. El individuo se viene definiendo por las escuelas de filosofía como lo indiviso por sí mismo, pero dividido por todo lo demás, esto es, diferente y separado de cualquier otra cosa. Un ejemplo servirá de aclaración. Observamos en la naturaleza que muchos seres poseen una capacidad interna de movimiento y que tienen la facultad de andar y de sentir, y nos formamos la idea del animal. Seguimos observando y vemos que los animales difieren entre sí por la estructura del cuerpo y por otras propiedades, y así distinguimos los caballos, los perros, los lobos, etc., llegando a la determinación de las varias clases de animales, separadas unas de otras por grandes diferencias. El animal será el género; el caballo, el lobo, el perro, etc., la especie; y los caballos, perros, lobos, etc., de cada especie, los individuos. La propiedad principal que diferencia unas especies de otras, se llama diferencia específica, por ejemplo, la racionalidad, en el hombre, que le distingue fundamentalmente de todos los animales.

De lo dicho se desprende que entre el género y la especie hay una manera de correspondencia, en cuya virtud lo que es género respecto a un objeto dado es especie respecto a otro. Así, el animal es género respecto al hombre, pero es especie respecto al ser viviente, por estar divididos los seres vivos en animales y plantas. Para la distribución en clases de la totalidad de las cosas, los aristotélicos crearon e impusieron las categorías, que es utilísimo ignorar.[3] Baste saber, en términos generales, que todo lo que existe en la naturaleza, sin depender de otras cosas ni necesitar de ellas para subsistir, se llama substancia. Por el contrario, la adherencia, por ejemplo, de una piedra a otra cuando puede separarse de ella sin alteración de su naturaleza es un caso de accidente. Todo lo que existe se clasifica en substancia o accidente. La substancia es material o espiritual. En esta se hallan comprendidos Dios, los ángeles y las almas racionales. En la material, los cuerpos, que se dividen en animados e inanimados. Animados se llaman si disponen de movimiento progresivo: los animales. Inanimados, si carecen de él: las plantas.

Volviendo ya a la cuestión de las ideas, diré que éstas se dividen en universales, particulares y singulares, según sean aplicables a muchos o pocos objetos. Se entiende por extensión en la idea el número de individuos a los que conviene; y por comprensión, el de propiedades que representa. Así la idea de animal tiene mayor extensión que la de hombre porque conviene a mayor número de seres; pero la idea de hombre tiene mayor comprensión porque representa además de la animalidad la racionalidad.

Sección II. De los signos de las ideas

Signo es lo que nos lleva al conocimiento de otra cosa distinta. Se le llama natural si la capacidad de significación le corresponde por naturaleza, v. gr.: el humo respecto al fuego; arbitrario si procede de convenio de los hombres, v. gr.: el ramo de olivo en representación de la paz; y consuetudinario, si se funda en la costumbre, v. gr.: cuando pensamos que Pedro viene porque hemos visto su perro.

El principal signo del pensamiento es la voz humana. Las manifestaciones de la voz son inarticuladas, como los gemidos, o articuladas como las palabras, con las que se constituyen los idiomas. De las palabras pasaremos a ocuparnos ahora, pues de su exacto empleo proviene la rectitud de los juicios, como muy

---

3   Es en verdad extraño que el muy ilustre Feijoo, que hizo una guerra declarada a las cuestioncillas escolásticas y que tan docta y resueltamente se manifestó por su desplazamiento, estimar necesario el tratado íntegro de los universales, en lo que demuestra, con sorpresa por mi parte, no haberse sacudido demasiado la costra peripatética. Pero, quando que bonus dormitat Homerus. (Véase para más documentación a este propósito Feijoo, *Teatro crítico*, tomo VII, Discur. XII.)

bien asegura Condillac, a cuya doctrina, recogida por mí en parte, agregaré las siguientes reglas.

Regla segunda
«Es equivocado creer que entendemos las cosas porque haya palabras que las representan.» Expresamos muchas veces con palabras cosas incompletamente percibidas. Así se encuentra en el lenguaje de los peripatéticos un fárrago de voces inexpresivas, cuyo sentido, dice el insigne Melchor Cano, me avergonzaría de no entender si lo entendieron quienes se ocuparon de estas cuestiones. De aquí su error el creer que habían adquirido una extraordinaria cantidad de conocimientos cuando en realidad solo poseían una inútil abundancia de vocablos.

Regla segunda
«Se debe aplicar a las palabras una discriminación tan rigurosa como a las ideas, evitando el peligro de la ambigüedad que se deriva de expresar varias ideas por un mismo término.»

Regla tercera
«Se debe empezar por la determinación del sentido de las palabras deduciéndolo o de la naturaleza de las cosas o del contexto.» La primitiva formación de las palabras fue arbitraria, pero ya establecida, el uso les ha dado cierta conformidad con lo que representan. Por esto si todos hablaran con exactitud, bastaría fijarse en la naturaleza de las cosas para percibir el sentido de los vocablos. Su deformación, y el uso impropio de las figuras literarias cambian el sentido de lo que decimos. Es principio fundamental a este respecto forjar, por decirlo así, una significación para las palabras, que el uso generalice y que sea garantía de la recta expresión de los pensamientos.

Regla cuarta
«Se ha de tender siempre a la brevedad y a la sencillez en el empleo de las palabras.» De la observación de esta regla procede, en opinión de Condillac, la exactitud de los idiomas, la abundancia y la conformidad de los pensamientos y la eficacia de todo análisis de las operaciones mentales.

Sección III. De la corrección de los sentidos

Regla segunda

«Es necesario vigilar la salud de los sentidos y precisar bien la distancia de los objetos para no sufrir error en las percepciones.» Por indisposición de los sentidos los enfermos perciben mal los colores, los sabores y otras propiedades de las cosas; y por apreciar mal la distancia de los objetos se equivocan los niños y los ignorantes, como por ejemplo, cuando perciben y creen que la Luna es mayor que las estrellas.

Regla segunda

«En la simultaneidad de las sensaciones las mayores debilitan a las menores, por lo que es aconsejable considerar exclusivamente una sensación dada, con eliminación de todas las demás.» Si vemos un objeto colocado entre otros mucho mayores, nos parecerá pequeño; y si lo vemos entre otros mucho más pequeños, nos parecerá grande. Y al mismo error estamos expuestos en la apreciación de los sonidos, de los sabores, etc.

Regla tercera

«Debemos repetir las sensaciones y someterlas a frecuente examen, tratando de corregir los sentidos con los sentidos, esto es, de someter las percepciones de un sentido a la comprobación de otros sentidos que puedan captarlas.» Si las experiencias concuerdan y los diferentes sentidos convienen entre sí satisfactoriamente respecto a una percepción dada, es muy difícil incurrir en error.

Regla cuarta

«Se deben corregir las sensaciones sometiéndolas no solo a la revisión de nuestros sentidos sino también a la comprobación de otras personas.» Sería un error creer que todos los hombres tienen la misma estructura de órganos y la misma capacidad de percepción, aunque disfruten de una perfecta salud. He conocido a algunos, cuyo buen estado de salud era notorio, que aseguraban percibir la Luna de color dorado cuando la generalidad la percibimos de color argénteo. Existiendo, pues, algunas personas que poseen una especial estructura de órganos, lo procedente es que nos atengamos a las enseñanzas de la naturaleza a través de la capacidad general de apreciación y no de la particular de algunos.

Sección IV. Del análisis mental
El camino para adquirir la verdad es el análisis mental, que Condillac define como la consideración sucesiva de las propiedades de un objeto.

Así como llegamos a percibir la índole y naturaleza de un cuerpo cualquiera si lo descomponemos y si, desintegradas sus partes, las sometemos a un examen especial, del mismo modo podrá nuestra mente alcanzar un conocimiento cierto del objeto de su consideración si lo desintegra, y examina y contempla uno a uno los elementos que lo constituyen. Para poder conocer a perfección las cosas no debemos considerar indiscriminada y simultáneamente todas sus partes, sino que hemos de examinarlas en consideración sucesiva, partiendo de las de más fácil percepción, comparándolas entre sí, uniéndolas y desuniéndolas para observar su conveniencia o disconformidad, hasta conseguir el conocimiento exacto del conjunto. Si tuviéramos siempre a la vista esta doctrina, caería por su propio peso el innecesario y despreciable amontonamiento de palabras que algunos emplean y quedarían de suyo resueltas las mil inútiles controversias que traen su origen de la falta de un análisis bien hecho.

Es la función analítica de tal naturaleza que, si la ejercitamos disponiendo las cosas con arreglo a las normas de una práctica comprobada y sometiéndolas a una asidua observación, nos llevará a los más felices resultados, por lo que siempre me ha de parecer escasa toda insistencia en recomendarla.

Primera parte

Disertación I. Del juicio

Sección I. Del juicio mental propiamente dicho

Cuando la mente une dos ideas o las separa, realiza la operación de juzgar, llamándose el juicio, positivo en el primer caso, y negativo en el segundo. Si decimos que Pedro es docto, el juicio es afirmativo; si decimos Pedro no es docto el juicio es negativo. En el primero unimos las ideas de Pedro y de sabiduría; en el segundo las separamos. El juicio puede ser cierto, probable y dudoso, según lo asentamos en la certeza, en la probabilidad o en la duda de lo que decimos.

Nada debemos afirmar como cierto si no nos consta su certeza, esto es si no conocemos íntegramente su congruencia; y nada debemos negar si no apreciamos con seguridad su repugnancia. El juicio será dudoso cuando tengan el mismo valor las razones en pro y en contra o cuando no se encuentren razones lo bastante fuertes ni para negar. En el primero de estos casos el juicio dudoso se llama positivo; en el segundo negativo.

Se llama probable si, aunque existan más razones a favor de una parte que de otra, no puede, sin embargo, excluirse todo peligro de error. La probabilidad es intrínseca si se funda en el peso y fuerza de las razones y argumentos, y extrínseca si se apoya en la cantidad y calidad de los que han opinado sobre el particular de que se trate. Este segundo tipo de probabilidad carece de valor si está en desacuerdo con el primero. Cinco clases de probabilidad distingue Borrelly; la histórica, la hermenéutica, la física, la política y la práctica. La histórica se fundamenta en el testimonio de los demás y depende de la autoridad de los testigos y de la naturaleza de los hechos. La hermenéutica trata de la interpretación de las ideas y palabras de los autores. De ella me he de ocupar más adelante.

Probabilidad física es la que se deriva de la observación de la naturaleza y de sus fenómenos, respecto a la determinación de las causas. Para conseguir la probabilidad, y aún la certeza, en cuestiones físicas, ténganse en cuenta las siguientes reglas, tomadas de la doctrina de Newton.

Regla segunda
«Solo se deben reconocer como causas de las cosas las que realmente lo sean y resulten eficientes para la explicación de los fenómenos.» Se entiende por fenómeno todo efecto digno de observación, cuya causa no se percibe inmediatamente. Esta regla excluye de la Física innumerables sistemas fundamentados de ordinario en meras posibilidades, como sucede con la casi totalidad de la doctrina cartesiana.

Regla segunda
«Los fenómenos naturales de la misma clase obedecen a las mismas causas.»

Regla tercera
«Las cualidades de los cuerpos que no admiten ni extensión ni reducción, y las que convienen a todos los cuerpos subordinables a la experiencia, deben considerarse como cualidades generales de los cuerpos de la naturaleza.» Juzgo conveniente agregar a estas reglas newtonianas las siguientes del ilustre Osterrieder.

Regla segunda
«Deben investigarse todas las causas posibles de los fenómenos.»

Regla segunda
«Entre todas las causas consideradas como posibles se ha de tomar por verdadera la que resulte indispensable para la subsistencia del fenómeno», porque así queda demostrado que reside en el propio fenómeno y no en nuestro raciocinio.

Regla tercera
«Si no aparece patente la causa de un fenómeno, aún después de haberle sometido a observación, se ha de juzgar como más probable aquella en la que se aprecia una mayor aptitud o razón suficiente para producirlo.» En cuestiones físicas corresponde el primer lugar a la experiencia, el segundo a la razón, y el último a la autoridad. Debemos, no obstante, someter siempre la experiencia al obligado examen de la razón y no proceder con la ceguera que supone todo

sistema mecánico y rutinario. Cuando preferimos la experiencia a la razón procedemos como si tratásemos de deleitarnos con puros artificios de ingenio, y no buscamos lo que es en realidad la naturaleza sino lo que semeja o lo que puede ser.

La probabilidad política es, según el citado Borrelly, la que utilizamos para juzgar de la índole y carácter de los hombres, en razón de sus acciones y de las circunstancias que las acompañan. Se apoya en estos principios:

1.º Debemos observar con diligente atención el mundo político y el encadenamiento de los hechos.

2.º Conviene que seamos parcos de palabras, procurando hábilmente que hablen los demás.

3.º Hemos de prestar especial atención a los hombres en aquella oportunidad y circunstancias que suponemos más propicias para la expresión de sus pasiones dominantes; por ejemplo, al avaro, cuando tiene ante los ojos un objeto de lucro; y al ambicioso cuando es cuestión de honores.

4.º No consideraremos siempre como razón o causa de los hechos la que alega el agente de los mismos. La verdadera causa se ha de deducir de la naturaleza de las cosas y de las circunstancias que las rodean.

5.º Podemos inferir con probabilidad el fin de la acción de la utilidad y placer que se haya seguido para el agente, ya que los hombres obran muchas veces de acuerdo con sus gustos y conveniencias.

Estos preceptos, referidos a las naciones y a los pueblos y unidos a los que se derivan de la probabilidad práctica, dan lugar a la constitución de la ciencia política.

Probabilidad práctica es la que nos permite conocer y predecir las cosas que han de suceder en el desenvolvimiento de la vida humana. Se apoya esta probabilidad en la analogía y conformidad de las cosas y de las circunstancias. Por lo que en circunstancias parecidas ha sucedido, predecimos, bien consideradas las ideas y el carácter de los hombres, lo que en lo sucesivo estimamos probable que suceda. Esta probabilidad será mayor o menor según sean más o menos las circunstancias concordantes. Se ha de evitar como gravemente peligrosa toda precipitación en el juicio. La madura reflexión de los hechos dará también frutos maduros como resultado.

Sección II. De la expresión del juicio o de la proposición

El juicio expresado con palabras se llama proposición. La proposición consta de tres términos, sujeto, predicado y cópula. Sujeto es el término del que se dice algo; predicado, el término que comprende lo que se dice del sujeto; y cópula representada por el verbo ser u otro similar, es el nexo entre los dos extremos, sujeto y predicado. En la proposición Pedro es blanco, Pedro es el sujeto; blanco, el predicado; y es, la cópula.

La proposición se divide en afirmativa y negativa. Es afirmativa cuando el predicado se une al sujeto, y negativa, cuando se separa de él, v. gr.: Antonio es justo, Antonio no es justo. Según que el sujeto alcanza a más o menos individuos o elementos, tiene la proposición mayor o menor extensión, dividiéndose por este motivo en universal, particular, y singular. Ejemplos: Todos los hombres son racionales; algún hombre es racional; Pedro es racional.

Dos proposiciones, una afirmativa y otra negativa, si una de ellas es universal, se llaman contradictorias. En las contradictorias, una es necesariamente verdadera y la otra, necesariamente falsa. Dos proposiciones universales, una afirmativa y la otra negativa, se dicen contrarias, y no pueden ser a la vez verdaderas, aunque sí pueden ser falsas. Proposición disyuntiva es la formada por dos miembros distintos; y condicional es la que expresa una condición.

Es sorprendente la garrulería escolástica sobre las proposiciones y no vale ni la pena del comentario. Paso, pues, a ocuparme de cosas más útiles, continuando por el examen de dos proposiciones que figuran entre las más famosas: la definición y la división.

Definición es la proposición que explica la naturaleza de una cosa o el sentido de un nombre. Se llama esencial cuando explica las cosas por sus elementos constitutivos o por su esencia; y accidental o descriptiva cuando las explica por sus circunstancias o accidentes. La cosa o nombre que se define se llama lo definido. Téngase en cuenta, respecto a la definición, las siguientes reglas: 1.º Debe ser más clara que lo definido, pues resultaría absurdo querer disipar una oscuridad con otra oscuridad y un desconocimiento con otro desconocimiento.

2.º Debe también ser breve y fácil de comprender y de recordar. Sería una mala definición del hombre la que lo considerase exclusivamente como un animal, porque se confundiría con los demás animales. Por esto en las escuelas se viene enseñando que en toda definición debe constar el género próximo y la última diferencia, de lo que puede ser ejemplo la proposición el hombre es un animal racional.

3.º La cosa o nombre definidos han de distinguirse claramente de todos los demás.

4.º Ha de existir reciprocidad entre lo definido y la definición, de modo que pueda substituirse lo uno por lo otro.

5.º Lo definido no puede figurar en la definición.

Condillac declaró una guerra implacable a las definiciones y juzgó víctimas de grave error a quienes las consideran como medio de adquirir la verdad, con escándalo de los escolásticos, que conceden a la definición y a la división el valor de modos del conocimiento. Es muy de tener en cuenta la opinión de Condillac, ya que es cierto que las definiciones se limitan a la representación del objeto y son hechas a la medida de un conocimiento existente, sin que contribuyan lo más mínimo a la averiguación de verdades que suponen adquiridas. Añade el citado autor que las variaciones que establece la definición son meramente verbales, permaneciendo invariable el sentido, que es el que encierra el grado de conocimiento, de lo que se deduce que en realidad dicho grado de conocimiento es el mismo antes que después de la definición.

Aunque esta doctrina me parece digna de la mayor alabanza, he de reconocer que la definición lleva una extraordinaria claridad al examen de las cuestiones y al estudio de todas las ciencias, pues frecuentemente no conocemos bien el sentido de muchas palabras y esto nos induce a juzgar con error de la naturaleza de las cosas. Lo que antes creímos haber entendido se nos ofrece después confuso, originándonos dificultades que será discreto evitar mediante la expresión de nuestras ideas con palabras más exactas. Esto se logra con buenas definiciones, por lo que las recomendamos con máximo interés.

División es la proposición que distribuye una cosa en sus partes correspondientes. Lo que es objeto de la división recibe el nombre de todo. Son propiedades fundamentales de la división:

1.º Que las partes divididas se puedan reagrupar de manera que reconstituyan exactamente el todo.

2.º Que no quede una parte incluida en otra.

3.º Que no peque por superflua, esto es, que se divida el todo en las partes que su naturaleza y la claridad apetecida requieran, advirtiendo que una división exagerada crea confusionismo.

Los aficionados con exceso a las divisiones, defecto que alcanza a hombres doctísimos, son tormento de sus lectores y causan grave daño a la ciencia, pues mientras recargan la memoria del lector u oyente descuidan de esclarecer su inteligencia.

Sección III. De los errores de los juicios
Las causas de los errores de los juicios radican unas dentro y otras fuera de nosotros mismos. Dichas causas de error provienen de nuestro entendimiento, de nuestra voluntad o de nuestras relaciones con los otros hombres, esto es, del trato social. De cada una de ellas me ocuparé brevemente.

El entendimiento nos induce a error de dos maneras: por incongruencia del objeto y por incongruencia del modo empleado para percibirlo. Yerra, en cuanto al objeto, si pretende conocer cosas cuya comprensión está fuera del alcance de las posibilidades humanas, por ejemplo, cuando intenta penetrar los misterios divinos que, como dijo el Apóstol, son incomprensibles; y cuando desprovistos de los conocimientos previos necesarios, acomete arduas cuestiones que los requieren, como sería tratar de entender un caso difícil de Medicina ignorando la Física. El error en cuanto al modo de percibir el objeto consiste en proceder con ligereza, sin la madurez del obligado examen. Hemos de precavernos contra estos peligros con diligente cuidado.

La voluntad, perturbada por sus inclinaciones, nos arrastra muchas veces al error, pues con demasiada frecuencia creemos ver en la naturaleza lo que llevamos en el deseo. Debe cada cual tener tan bien examinada y conocida su propia índole y manera de ser que pueda en todo caso determinar la verdadera pendiente de sus afectos.

Por lo que respecta al trato humano o social, es increíble el perjuicio que nos causa para la adquisición de la verdad. Creemos muchas cosas porque así se creen y han creído por todos; y otras muchas las rechazamos porque tradicionalmente se vienen rechazando por la generalidad. Nos despojamos muy difícilmente de las ideas que nos infiltraron desde la infancia, y en virtud de ellas llegamos a obrar por una especie de hábitos. Hemos sido, en fin, educados de modo que tenemos a gala impugnar y eliminar fulminantemente todo lo que contradice nuestras inveteradas opiniones. ¡Cuántos males traen de aquí su origen! Para obviarlos y para destruir todos los errores a que estamos expuestos, obsérvense las siguientes reglas, algunas de ellas tomadas del ilustre Genuense.

Regla segunda
«No investigues las cosas que te consta que están sobre la capacidad humana de percepción. Si no te constara así, trabaja sin desesperanza, pero insiste muy poco en lo inútil o poco útil y no apartes la atención de lo verdaderamente útil y necesario.»

Regla segunda
«No intentes tampoco ningún conocimiento sin dominar los medios que requiere su investigación y sin estar preparado para adquirirlo.»

Regla tercera
«Puesto que la vida es breve, procura la ciencia útil y necesaria para ti y para la sociedad. De las cuestiones curiosas o livianas, como lo son las meras teorías carentes de toda base real, debes desentenderte en absoluto, limitándote a lo sumo a un examen superficial, y esto solo para que te convenzas de que nada nuevo se puede en ellas encontrar.»

Regla cuarta
«Respecto a las novedades, no conviene ni rechazarlas en absoluto ni seguirlas con apasionamiento, pues lo primero te haría más estúpido y lo segundo más arrogante.»

Regla quinta
«Los juicios formados en momentos de agitación pasional debes someterlos a revisión cuando hayas recuperado la tranquilidad del ánimo.»

Regla sexta
«Rige tu espíritu, porque es de tal naturaleza que manda si no obedece.»

Regla séptima
«Combate las dificultades desde sus principios, ya que es muy difícil preparar una medicina adecuada a males que el tiempo ha hecho crónicos.»

Regla octava
«Concede suma importancia al cultivo de la razón. Donde ella florece es menor el ímpetu y predominio de las pasiones, que se desarrollan más fácilmente con la ignorancia.»

Regla novena
«No desprecies el ingenio de nadie, ni a nadie tengas por un oráculo, pues los imperitos tienen su ciencia y los doctos sus errores.»

Regla décima
«Mientras investigas la verdad no debes seguir con pertinacia los primeros conocimientos adquiridos. Preocúpate también de no ser de tal condición que vayas siempre contra el sentido común, lo que es en extremo ridículo.»

Regla oncena
«En resumen, estos son los únicos medios de adquirir la verdad: la fe, para las cosas divinas, y la razón y la experiencia para las humanas.»

Disertación II. Nociones generales sobre el arte de la crítica
La Crítica, dice Honorato de Santa María, es «el arte de juzgar los hechos históricos y las creaciones del ingenio, de interpretar las letras y el sentido de los textos y de opinar sobre su estilo y sobre sus autores.» En secciones independientes me ocuparé de cada uno de estos aspectos.

Creo de gran conveniencia que adviertan los jóvenes con cuánta sinrazón y con cuánto peligro y menoscabo del arte literario, la crítica, nobilísima función tan grata para los sabios, ha sido utilizada por la maliciosa agudeza de muchos para dilacerar mordazmente las obras más exquisitas y para recargar de oprobios y de injurias a sus autores, provocando con los dispersos chispazos de su mala fe un general incendio en el mundo de las letras, que no podemos contemplar sin dolor.

A nadie, en absoluto, se le oculta lo ajena que es a todo buen sentido filosófico tan perversa tendencia. Ojalá quedase esa verdad indeleblemente grabada en el espíritu de todos, para que, renunciando a cualquier inclinación partidista, buscasen y siguiesen exclusivamente la verdad. Están en el más completo error los que piensan que la crítica esencialmente consiste en la censura y en la impugnación, cuando lo cierto es que algunas veces, aunque pocas por desgracia, un buen sentido crítico nos permite más bien alabar las obras que censurarlas.

Hechas estas observaciones, paso a entrar en materia.

Sección I. De los hechos históricos

Noción primaria
En el discernimiento de los hechos históricos se han de tener presentes, con especialísimo interés los testimonios que dan fe de lo sucedido y la propia naturaleza de los hechos.

Noción segunda
Sobre el número de testimonios véase la opinión de Dennemaye. «Unos, dice, son fuentes o testimonios originales, y otros testimonios auxiliares. Las fuentes o testimonios originales se dividen por su origen en divinos y humanos, subdividiéndose estos últimos en públicos y privados y también por razón de su forma en escritos y no escritos. Entiendo por testimonios originales públicos y escritos los que responden solemnemente a la opinión de toda una sociedad, que los dispone y autoriza, y también los que aun siendo obra de particulares han merecido la aprobación de la generalidad, de modo que se puede admitir que esta los consideró como propios y que quiso que se les reconociese este valor.

«Hay otros testimonios públicos no escritos, o monumentos, como las piedras de significación histórica, las estatuas erigidas por la autoridad pública, las monedas con inscripciones o sin ellas, los edificios notables y otros similares, que se incluyen bajo la denominación de fuentes o testimonios originales públicos no escritos. Entre las fuentes o testimonios originales privados figuran las cartas, los manuscritos y toda clase de medios por los cuales dejan los hombres memoria de los hechos que realizaron o presenciaron, esto es de aquellos en los que fueron autores o en los que al menos tuvieron alguna intervención. En los testimonios auxiliares, por fin, se han de distinguir dos clases. Unos proceden de los testimonios originales públicos o privados; y otros, de una referencia probable, de la común opinión o del público rumor.» (Hist. Eccl. introd.)

Noción tercera
Los críticos señalan dos clases de argumentos: el positivo, que se deduce de la referencia del hecho o de otra clase de testimonio que lo comprueban, y el negativo, derivado del silencio de los autores. Respecto de la interpretación que en el orden histórico podemos dar al silencio de los autores, adviértase que quienes callaron sobre un hecho, o debieron hablar necesariamente por exigirlo la trama de la historia, o por lo menos fue conveniente que hablasen o encontraron razón para callar en la mínima importancia de las cuestiones. También el silencio se ha dividido en absoluto, que alcanza al conjunto de los hechos y de todos sus aspectos, y relativo, que solo se refiere a parte de los mismos. Los hechos, por su parte, se distinguen en corrientes o vulgares, conocidos de todos, y en especiales, solo conocidos de pocos.

Regla segunda
«El argumento negativo absoluto destruye el positivo o lo convierte en poco probable, cuando se trata de un hecho público y notorio, del que, por su significación, los contemporáneos debieran haber dejado referencia.»

Regla segunda
«El argumento negativo absoluto sobre una cuestión, particular poco conocida, aunque caiga dentro de la historia, no destruye el positivo, pero a veces lo debilita.»

Regla tercera
«El argumento negativo absoluto, referido a hechos sobre los que se advierte, si no la necesidad, al menos la conveniencia de que los autores hubieran hablado,

reduce el positivo a la categoría de probable. Sin embargo, si fueran muchos los argumentos positivos, el negativo carecería de valor.»

Regla cuarta
«El argumento negativo absoluto sobre cosas de poca monta, nada significa frente a los positivos.»

Regla quinta
«El argumento negativo relativo carece de valor frente a los positivos.»

Regla sexta
«El argumento negativo destruye toda conjetura cuando falta el positivo, si el silencio se refiere a cosas de notoria significación. Si las cuestiones silenciadas son indiferentes, el argumento negativo se limita a debilitar las conjeturas que, en cierto modo, pueden subsistir.» En cuanto a los testigos, se distinguen dos clases: los presenciales, que vieron por sí mismos las cosas de que dan fe, y los de referencia, que las conocen por haberlas oído contar. De esta cuestión diré algo en general, dejando los comentarios particulares para cuando trate de la naturaleza de los hechos, motivo de la narración.

Cuatro son las cualidades que, según Antonio Eximeno, dan crédito y autoridad a los testigos:

1) Su número.
2) Su integridad moral.
3) Su ciencia.
4) La índole de los hechos narrados.

De todo esto me ocuparé más adelante.

Regla primera
«Pocos testigos coetáneos son preferibles a muchos testigos posteriores.»

Regla segunda
«Un testigo presencial es preferido a varios testigos de referencia si se trata de una persona honesta. Si no lo fuera, y se le siguiese de su narración una utilidad o lucro personal, debe ser rechazado. Tratándose de cosas indiferentes se le

puede, sin embargo, reconocer alguna probabilidad, pero sospechando siempre que por costumbre sea capaz de sentir cierta complacencia en el engaño.»

Regla tercera
«En cuestiones científicas es mayor la autoridad de un solo sabio que la de muchos ignorantes.»

Regla cuarta
«No debe concederse crédito absoluto a un testigo en cosas que le favorecen a él mismo o a su patria. No obstante, si constara su habitual integridad, ha de ser tenido en gran estima, siendo preferible en este caso el testimonio de un nacional al de muchos extranjeros.»

Regla quinta
«Una persona pública, en igualdad de circunstancias, de ciencia y de integridad, merece, en sus testimonios, un crédito superior al de una persona privada.» La razón de esta regla se funda en que tanto menos capaz de mentir hemos de juzgar a alguien cuanto mayor sea la afrenta que se le siga de su mentira; y como la mala inclinación de descubrir defectos en los demás crece en razón directa de su relieve y prestigio, no cabe la menor duda de que a las personas públicas amenaza más este peligro que a las privadas y que por lo mismo han de tener mayor interés en evitarlo. Dije en igualdad de circunstancias porque puede ser tal la perversidad y la ignorancia de la persona pública, que su testimonio ni supere ni iguale al de un particular cualquiera.

Regla sexta
Se ha de investigar cuidadosamente, cuando se trata de un grupo de testigos, si sus testimonios proceden de un mismo origen y sin referencia de una misma persona, pues en este caso no merecen más crédito que el que corresponda a quien les informó. No debemos nunca dejarnos impresionar por el número de los testigos, sin el previo examen de estas circunstancias.

Regla séptima
Igualmente se ha de investigar si la referencia o tradición ha quedado interrumpida por algún tiempo o si comenzó a circular con algunos años de posterioridad a los hechos, porque esto restaría valor a los testimonios.

Regla octava
Por último, tengamos muy a la mira la condición, circunstancias y conveniencias del autor del testimonio, ya que no siempre las cosas se cuentan con la sencillez y verdad que corresponde, sino que pueden alterarse por los dichos motivos.

En cuanto a la naturaleza de los hechos adviértase cuidadosamente la propensión humana, y muy especialmente la de la ínfima plebe, a contar cosas extraordinarias. Adviértase también que las circunstancias de los hechos son unas veces indiferentes y otras, por decirlo así, substanciales, ya que sin ellas o no se hubieran producido o no se hubieran perpetuado. Otra diversidad de las circunstancias consiste en que unas son notorias para todos, hasta para los más rudos, mientras que otras solo se presentan perceptibles a los más sagaces. Respecto a la narración de cosas extraordinarias o maravillosas sépanse estas reglas del ilustre Heicneccius.

Regla segunda
Cuando un solo testigo refiere algo maravilloso, merece escaso crédito aunque no haya razón alguna para que lo presente como sospechoso, sobre todo si, examinada la naturaleza de la referencia, se comprueba la posibilidad de que el testigo fuera víctima de sus propias alucinaciones.

Regla segunda
Será mayor la probabilidad cuando son varios los testigos que narran algo maravilloso, pero no imposible, aunque no coincida en la apreciación de las mismas circunstancias.

Regla tercera
«Es mucho más probable lo que varios testigos fidedignos refieren, coincidiendo en las mismas circunstancias, sobre todo si se trata de testigos presenciales,

de personas públicas o de personas que hablan bajo juramento de verdad.» Obsérvese, por último, que en cosas que rebasan el orden de la naturaleza vale más la autoridad de un sabio que la opinión de muchos ignorantes. ¡Cuántas ficciones no fabrica la ignorancia! Los hombres ven con frecuencia las cosas con arreglo a los principios en que están imbuidos, de donde procede que personas integérrimas atestigüen no pocas veces falsedades, sin que por esto podamos decir que mienten, ya que obran persuadidas por la fuerza de la imaginación y presionadas por el peso de sus prejuicios.

La discoincidencia de los testigos no afecta al crédito histórico si las circunstancias son indiferentes. Cuando se trata de circunstancias esenciales lo perjudica en mucho si son claras y notorias, y muy poco cuando no lo son.

No merecen más que un grado mínimo de probabilidad las narraciones poéticas. *Pictoribus atque poetis*, dijo Horacio, quidlibert audendi semper fuit aequa potestas (Pintores y poetas siempre han disfrutado de una amplia libertad para sus invenciones). De más crédito son dignas las referencias de los oradores. Pero la mayor fe corresponde a las de la historia, presentadas con esa laudable sencillez de estilo que es característica de los autores más ilustres. La razón de lo dicho está en que el poeta, como el orador, obra a impulsos de sus sentimientos, según lo exigen la naturaleza de la poesía y de la oratoria; y el ánimo conmovido es el menos adecuado para juzgar con rectitud. No se ha de tomar lo expuesto tan al pie de la letra que cuanto dicen poetas y oradores lo rechacemos por falso o lo pongamos en duda, ya que esto pecaría de excesivamente ridículo.

Sección II. De los monumentos

Me ha parecido oportuno dedicar algunas consideraciones en esta sección a los monumentos por lo mucho que contribuyen al conocimiento de la antigüedad, tomando la doctrina de Baldmoto y reduciéndola a determinadas reglas.

Monumentos son, dice Baldmoto, los Arcos Triunfales, las Columnas, las Inscripciones, las Monedas, los Pactos, los Edictos, los Diplomas de los príncipes y otros instrumentos públicos.

Los monumentos o concuerdan con la historia o la contradicen o nada prueban, debiéndose determinar en cada caso, por razón de los tiempos y lugares y de otras circunstancias, si son producto de la veneración o de la adulación a los príncipes o del miedo a los tiranos. Bien meditadas estas consideraciones ténganse en cuenta las siguientes reglas.

Regla segunda
«Los monumentos erigidos bajo el gobierno de un tirano, contra la realidad y el sentido de la historia, ni merecen fe ni expresan la voluntad de los pueblos. A los tiranos se les erigieron estatuas y otros monumentos que los pueblos desearían ver devorados por el fuego.»

Regla segunda
«Basta que los monumentos no estén en desacuerdo con la historia para que se les deba conceder un gran margen de crédito.»

Regla tercera
«Si los monumentos están en conformidad con los tiempos, con las personas, con los lugares y con las costumbres y no hay sospecha de que fueran levantados por adulación o servilismo, son dignos de fe aún frente a opiniones adversas de algún historiador», pues en este caso la oposición de uno solo cabe atribuirla razonablemente a sentimientos de hostilidad.

Regla cuarta
«Los monumentos confirmados por la historia merecen insuperable crédito.»

Sección III. De las obras originales del ingenio
«Hay muchos, dice el preclaro Honorato de Santa María, que se impresionan con la bondad de un libro o de un discurso, como si percibieran la suavidad de su olor, sin que sean capaces de explicarse de dónde procede. El crítico va más lejos. Percibe la excelencia de las obras bellas, intuyendo toda su estructura, de modo que las comprende y puede hablar no solo de los sentimientos, sino de las ideas y ciencia que atesoran.» (Animadv. in reg. Et usum Crit. Disst. I, pág. 11.) También yo me he resuelto, enfocando el aspecto lógico con más rigor de juicio, a decir algo sobre la manera de apreciar las hipótesis, obras las más brillantes del ingenio, cuya belleza la generalidad de los filósofos perciben a veces, aunque nunca logran penetrar sus causas. Es la hipótesis la suposi-

ción y ordenación de una teoría o doctrina, de cuyos principios se derivan su desenvolvimiento y cuantas explicaciones requieren su alcance y su naturaleza.

Cuando en una materia cualquiera no percibimos claramente la verdad o no podemos encontrarla, seguimos lo que se nos presenta como más probable y lo disponemos y organizamos en términos tales que su desenvolvimiento nos facilite acercarnos cuanto sea posible a lo verdadero. Véanse a continuación algunas reglas para discernir esa especie de suavidad de olor que caracteriza las mejores hipótesis.

Regla segunda
«Una hipótesis se hará acreedora al asentimiento si tiene por bases la experimentación y la observación. En otro caso no resultará aceptable porque será en gran parte el resultado de ficciones y más bien producto de la imaginación que de la experiencia.»

Regla segunda
«La conformidad de la hipótesis con los fenómenos a los que se refiere le presta un gran valor, pero aun así solo demuestra la posibilidad, no la probabilidad, por lo que se la ha de considerar poco probable si carece de toda otra clase de observación y experimentación.»

Regla tercera
«La simplicidad es el mayor rasgo de hermosura de las hipótesis, si evita las complicaciones de la duda en la determinación de las causas. Así se conforman con la naturaleza que sigue la línea más simple en sus procedimientos.»

Regla cuarta
«Otra condición importante es la uniformidad, ya que resulta poco admisible la doctrina sometida caprichosamente a violentas desviaciones y no asentada sobre principios estables.» Adviértase, en consecuencia de todo lo dicho, que la hermosura que percibimos en algunas hipótesis procede de su conformidad con la naturaleza, esto es, de ser experimentales, simples y uniformes. Aquí está el origen de aquella extraordinaria facilidad de explicación que tales

hipótesis encierran y que tantas veces hemos admirado.[4] En lo referente a la integridad de los libros, se ha de observar que éstos son tanto más genuinos cuanto más se acercan al autógrafo o a su época. Autógrafo se llama el libro original, compuesto por el propio autor. Apócrifo, el que se atribuye erróneamente a un autor determinado. Interpolado, el que contiene mezclada con la doctrina del autor frases o anotaciones de otros. Viciado, o alterado, el que presenta cambios de sentido y de lenguaje respecto al original.

Reglas para discernir los libros apócrifos

Regla segunda
«La obra no mencionada por los contemporáneos, es apócrifa.» Obsérvese a este propósito lo dicho sobre los argumentos negativos.

Regla segunda
«Es muy dudosa la autenticidad de un libro generalmente rechazado por los antiguos, aunque los modernos lo admitan.» Se debe tener en cuenta que los modernos, más adelantados en materia de crítica, en la que los antiguos no fueron versados aunque de ella tuviesen alguna noción, han hecho notables descubrimientos ignorados de la antigüedad. Procede, pues, someter a examen en cada caso las investigaciones correspondientes para discernirles el crédito que les sea debido. En términos generales es válida la regla propuesta.

Regla tercera
«Mientras las referencias dadas por autores conocidos no tengan confirmación en las fuentes o documentos originales, cabe conjeturar, con probabilidad, que se trata de algo no auténtico, por apócrifo o, al menos, por viciado.»

---

4   Esto explica la excelencia de la filosofía de Newton, toda ella simple, experimental y uniforme, por lo que a las hipótesis se refiere, y asentada, por lo demás, en cálculos evidentísimos y en experimentos bien probados. Por el contrario, la filosofía cartesiana se fundamenta de ordinario en meras conjeturas y ficciones, y solo por excepción se atempera a los fenómenos y se somete a la prueba de evidentes experiencias. Por ajustarse tan perfectamente la doctrina de Newton a la naturaleza, podemos descansar en ella con plácida tranquilidad, aunque no siempre logremos penetrar en toda su significación.

Regla cuarta
«Si el conjunto del plan y desenvolvimiento de una obra presenta caracteres e ideas más modernas que lo que a su fecha corresponde, se la puede juzgar, con probabilidad, de apócrifa.»

Reglas para discernir los libros interpolados y viciados

Regla segunda
«Si en un libro figuran opiniones en oposición con el plan y sistema general del autor y poco conformes con sus costumbres, formación, ciencia y virtud, dicho libro se ha de tener por interpolado.» Algunos autores creen que más bien se le debe considerar apócrifo, pero yo me permito disentir de ese criterio porque estimo más probable que una obra con tales caracteres esté solo viciada, en parte, por las interpolaciones; y si a esto se limitan sus cambios, no se la puede tildar de apócrifa, sino de interpolada.

Regla segunda
«La diversidad de estilos en la misma obra revela la interpolación. Discernir los estilos es función de la retórica.»

Regla tercera
«Cuando los varios ejemplares de una obra están en desacuerdo, y cuando en ella figuran neologismos, probablemente desconocidos para el autor, se ha de considerar viciada. En estos casos debemos atenernos a los ejemplares más antiguos o a aquellos cuya exactitud esté más comprobada por una mayor congruencia del contenido. Los humanistas sintieron una desmedida afición por estas averiguaciones; pero no conviene pasar la línea. Debemos precaver el *ne quid nimis*.

Para determinar quién es el autor de una obra ténganse presentes estas consideraciones:

1.º Su conformidad o disconformidad no solo con la doctrina, sino con los procedimientos y estilo de otras obras del mismo autor, reconocidas como legítimas.

2.º Su conformidad o disconformidad con las ideas y costumbres de la época en que vivió el autor.

3.º La opinión que sobre el particular tuvieran las personas doctas de su tiempo.

4.º La posibilidad de que a algunos conviniese atribuir a un autor determinado la obra para aumentar la fama de la misma o para disminuir, por razón de odio, la gloria de un autor cuando la obra en litigio sea despreciable. Así se consideran erróneamente como de los Santos Padres muchas obras que, después, por el admirable celo y diligencia de los maurinos fueron discernidas de las genuinas o verdaderas.

5.º El peligro de las obras reconstituidas por la agrupación de sus fragmentos. Ciertas obras, olvidadas durante largos años sin que de ellas se conservasen más que fragmentos, han venido a ser reconstituidas por el esfuerzo de los compiladores, que hilvanaron las partes dispersas y suplieron sus deficiencias con el propio ingenio. No merecen estos libros absoluto crédito, ya que nada impide que quienes los rehicieron inventasen capítulos y aun libros completos, atribuyendo al autor sus particulares opiniones.

Se ve claramente por la doctrina expuesta que las llamadas obras de Aristóteles lo mismo pueden ser suyas que de aquellos que las desenterraron al cabo de los siglos y las prestaron al público completamente viciadas por las consecuencias de tan largo olvido. Nadie desconoce la ridícula veneración de los peripatéticos por las obras aristotélicas, a las que rinden culto supersticioso, reverenciando en el fantasma que se han forjado del maestro los gustos y caprichos de sus compiladores.

Sección IV. Del arte de la hermenéutica o de algunas reglas para la recta interpretación

Arte hermenéutica se llama, de acuerdo con la etimología griega, la que por procedimientos de observación debidamente establecidos, nos permite deducir de las propias palabras del que habla o del que escribe la significación que les corresponde. Para proceder con paso seguro en orden a la hermenéutica son aconsejables los siguientes preceptos.

Regla segunda
«Debemos conocer, penetrándolo íntimamente, el lenguaje del que habla o escribe, ya que nos será muy difícil, por no decir imposible evitar las otras causas de error.»

Regla segunda
«Conviene someter a cuidadosa comparación los antecedentes y consecuentes de un caso dado.» Quienes presumen de comprender la mente ajena con una rápida lectura o por un golpe de intuición, podrán comprobar los muchos y lamentables errores en que, por necesidad, han de incurrir.

Regla tercera
«Es utilísimo conocer las opiniones y costumbres de la época en que vivió el autor.»

Regla cuarta
«Hay que tener muy en cuenta las conveniencias y relaciones del autor», pues muchas veces indicamos no lo que aparentemente decimos, sino lo que de verdad queremos, tendiendo hacia ello con hábil y callada insinuación.

Regla quinta
«Debemos comparar entre sí las cuestiones análogas o aproximadas de los autores para penetrar mejor su intención y el sentido que han tratado de expresar.»

Regla sexta
«Si un autor sigue con amplia libertad distintas y aun opuestas opiniones, nos hemos de atener a las últimas que haya manifestado.» Por eso es aconsejable corregir los escritos de la juventud de un autor ateniéndonos a los de su vejez.

Regla séptima
«La retractación literal, por llamarla así, no es siempre signo de la retractación mental.» A esta contradicción se ven arrastrados, a veces, en fuerza de circunstancias de tiempo y doctrina, hombres insignes por su saber.[5]

Regla octava
«La manera de pensar de un autor se ha de deducir principalmente de aquellas cuestiones que ha tratado con especial interés y a base de concienzudo trabajo, y no de aquellas otras por las que pasó a la ligera, sin una seria meditación.»

Regla novena
«En las dudas prefiramos, de acuerdo con el ilustre Heicneccius, aquel sentido que no encierra ningún absurdo y que conduce las cuestiones al debido resultado.»

Regla décima
«Las palabras deben ser interpretadas, como dice el citado autor, en su propio y genuino sentido, mientras no se acuse la necesidad de establecer una desviación.» Quien siga estos preceptos logrará hacer una excelente interpretación, esto es una explicación natural y congruente de lo dicho por un autor. Conseguirá también aquella intuición u olfato crítico que le ha de permitir captar y contemplarlo todo como si se hiciera preceder, al modo de Diógenes, de una antorcha que iluminase su camino.

---

5   Bien de manifiesto quedó este hecho para los teólogos en aquella celebérrima retractación del muy ilustre Petavio que, después de haber sostenido y explicado con la brillantez que en él era natural la doctrina de San Agustín sobre la predestinación, vino a caer en la teoría contraria a impulsos de una arraigada manera de pensar, y seguramente sin advertirlo como admirablemente lo razona y prueba el eruditísimo e insigne teólogo Lorenzo Berti.
Se deduce de lo dicho que debemos preferir aquellos autores que, destruidas las objeciones de sus contrarios y colocada la cuestión muchas veces en el fiel de la balanza, han adoptado resueltamente una opinión y la han seguido con firmeza. Este sistema ayuda no poco a comprender a los Santos Padres y a determinar su autoridad en las cuestiones teológicas. Por esto San Agustín tiene una autoridad superior a la de todos los Padres de la Iglesia en cuanto se refiere a la divina gracia, tema sobre el que tantas y tan brillantes controversias sostuvo frente a los Pelagianos.

Tercera parte. De las demás operaciones de la inteligencia

Disertación I. Del raciocinio

Sección I. De las argumentaciones

El raciocinio, o «la operación de la mente en cuya virtud de una o de varias proposiciones deducimos otra», se apoya en este único y universal principio: ninguna proposición puede deducirse de otra que no la comprenda; y se entenderá que está comprendida por la mayor universalidad o extensión de los términos.

Esta regla única y universal, observada por los autores modernos, creo que basta en lugar de las innumerables que colman las instituciones de lógica de los escolásticos. Es preciso, sin embargo, dominar su oportuna aplicación con una práctica ordenada y con una observación atenta. Por lo demás, aunque a veces tengamos a nuestro alcance otras muchas reglas de las que dan los autores de lógica, debemos ser moderados en su empleo.

El raciocinio se expresa por medio de proposiciones. La proposición o proposiciones de las que se deduce otra, se llaman premisas; la deducida, consecuente; y la deducción del consecuente, consecuencia o ilación. Por la naturaleza de la consecuencia los lógicos dijeron de ella que podía ser buena o mala, pero no verdadera o falsa.

El raciocinio y sus proposiciones reciben, según su organización, diversos nombres y constituyen diversas argumentaciones. Argumentación es la congruente ordenación de los pensamientos para probar algo. Similar es la definición del argumento.

De las varias clases de argumentación La más famosa de todas es el silogismo, que consta de tres proposiciones, de dos de las cuales deducimos la tercera. Se llaman: la primera, mayor; la segunda, menor; y la tercera, consecuente. Algunos, quizás con acierto, llaman proposición mayor la más extensa. La mayor comprende dentro de sí misma el consecuente, y la menor indica que dicho consecuente está comprendido en la mayor. En todo silogismo se dan tres términos: el mayor, que figura en la premisa mayor; el menor, que figura en la premisa menor; y el término medio, que une los otros dos y que nunca figura en el consecuente. Ejemplo: mayor... Todo hombre es animal. Menor... Pero Pedro es hombre. Consecuente... Luego Pedro es animal.

En este ejemplo, animal es el término mayor; Pedro, el menor; hombre, el término medio, que figura en las dos premisas, pero no en el consecuente.

Los escolásticos, con arreglo a su costumbre, hablan y no acaban sobre las formas y figuras del silogismo y sobre sus reglas, insistiendo hasta producir náuseas. Tal doctrina mejor es silenciarla que exponerla. Yo me limito a recomendar, de acuerdo con Condillac, la exactitud del lenguaje y el análisis mental, esto es, el examen cuidadoso de la conveniencia o repugnancia de las cosas, de las circunstancias y de las relaciones. Si triunfamos en este empeño, podemos dejar a los silogizantes que silogicen.

Entimena es «una argumentación que consta de dos proposiciones, llamadas una antecedente y otra consecuente». Es, pues, un silogismo al que le falta una proposición, que se sobreentiende con facilidad, por lo que no necesita expresarse. Esta es la razón de que se diga que el entimena está en los labios y el silogismo en la cabeza, ya que la proposición que se omite se ha de haber formado por necesidad en la mente. Ejemplo: Antecedente... Todo hombre es animal.

Consecuente... Luego Pedro es animal.

En este ejemplo se sobreentiende la proposición pero Pedro es hombre, que sería la menor en un silogismo perfecto, de este modo: Todo hombre es animal; pero Pedro es hombre; luego Pedro es animal.

Grande es la utilidad del entimena, aunque no es menor su peligro. Mientras se le emplea rectamente, la vigorosa brevedad que posee, después de eliminar las complicaciones verbales, le permite representar las dificultades como si procediera por un golpe de intuición, y le dota de gran fuerza; pero muchos al deducir los consecuentes incurren en error, arrastrados por la misma brevedad de la argumentación, e infieren lo que de un silogismo perfecto nunca podrían inferir. Es, pues, de aconsejar a los principiantes que se valgan, más que de los entimenas, de los silogismos, mientras no haya adquirido un hábito seguro de discurrir.

A estas dos principales argumentaciones hemos de añadir el dilema y el epiquerema. El dilema es una argumentación cuyo antecedente consta de dos miembros, infiriéndose de los dos alguna contrariedad, v. gr.: El perverso disfruta con los placeres o carece de ellos; si sucede lo primero, es un desgraciado; si sucede lo segundo, también lo es; luego el perverso es un desgraciado.

El epiquerema es una argumentación que incluye la prueba. Véase en este ejemplo: La filosofía es guía de la vida: (prueba) pues perfecciona la razón, que rige la vida, y forma las costumbres, que son su ornato. Pero el hombre debe estimar sobre todas las cosas aquella que rige y modera su vida: (prueba de la menor), puesto que es la que le trae a él y a la república los mayores bienes y la que le libra de los mayores males; luego la Filosofía es lo que el hombre debe tener en superior estima. Esta argumentación y otras propias de los retóricos, corresponden a los libros de retórica, que es donde deben estudiarse.

Deberes de los arguyentes El que defiende escuchará atentamente el argumento y lo repetirá si puede, al pie de la letra, o al menos fijará en la memoria su sentido. Lo debe repetir de nuevo al responder a cada una de las proposiciones. De éstas conceda las que sean verdaderas y niegue las que sean falsas, y cuando la duda lo justifique establezca la distinción, expresando en qué sentido concede y en qué sentido niega. Para evitar que se desvíe la discusión debe hacer caso omiso de las proposiciones no pertinentes a la misma y de cualquiera otra desprovista de interés.

El que impugna proponga el argumento en los términos más breves que le sea posible y procure probar lo que niega su contrario. Si le hacen una distinción, pruebe el miembro negado o deduzca la improcedencia del concedido. Tenga o no fortuna en la resolución del argumento, debe poner fin a la discusión con modestia, ya que los mejores no buscarán en estos debates la victoria sino la verdad.

Querría de todas veras llevar al ánimo de los arguyentes que la crueldad de algunos en las discusiones y las agudezas y gracias de mal tono con las que procuran ganarse los aplausos de la indocta plebe, son recursos enteramente fútiles y despreciables para las personas de recta conciencia y para los verdaderos filósofos. Ojalá estas lides se lleven en plena armonía de las voluntades y con aguda oposición de las inteligencias.

Hay otra manera de argumentación en la que, dando de lado a los formalismos escolásticos, nos valemos de un procedimiento familiar. En ella sobresalió Sócrates, que muchas veces se fingía ignorante para ir arrancando la verdad a los otros con sus preguntas, y alcanzar así la victoria; de donde esta clase de argumentación se ha llamado argumentación socrática.

Respecto a la misma evítese:

1.º No someter a discusión varias cosas a la vez ni saltar indebidamente de unas cuestiones a otras.

2.º No tergiversar los términos.

3.º No abundar más, como suele suceder, en palabras que en ideas.

4.º No incurrir en la ligereza de apenas prestar atención al adversario.

Sección II. De los sofismas

El sofisma es «una argumentación que expresa lo falso bajo apariencias de verdadero». Se incurre en el sofisma:

1.º Por la equivocación de algún término, v. gr.: el can es un bruto; pero el can está en el cielo; luego un bruto está en el cielo; luego está en la gloria. La voz can significa en la primera proposición el animal de ese nombre, y en la segunda una constelación celeste. Lo mismo, la voz cielo significa en la primera el espacio donde están las estrellas, y en la segunda la mansión de los bienaventurados.

2.º Por la petición de principio, cuando se da por supuesto lo que se debía probar, o se explica lo desconocido por lo desconocido o se atribuye una causa falsa a los hechos o, en fin, cuando, trastornado el orden, se repite hasta la saciedad algo que ya ha sido expuesto.

3.º Por una imperfecta enumeración de partes, v. gr.: si se atribuye a todo un grupo la pereza o la perfidia de algunos individuos del mismo.

4.º Por falacia de accidente, cuando juzgamos de la naturaleza de las cosas por lo que solo accidentalmente puede afectarlas. Tal sería el atribuir a la Medicina todos los males que proceden de la impericia de los médicos.

5.º Por atribución absoluta a una cosa de algo que solo parcialmente se refiere a ella, como sería el decir: los etíopes tienen los ojos y los dientes blancos, luego son blancos.

6.º Por abuso de paridad, cuando por el hecho de que dos cosas convengan en alguna circunstancia, colegimos que son semejantes.

7.º Por pretender anular una proposición haciendo objeto de burlas a su autor, lo que sucede con demasiada frecuencia.

Disertación II. Del método

Sección I. Del método analítico
Método analítico, o de resolución, es el que empleamos «para dividir una cosa en sus partes y examinarlas con tal ponderación que aparezca clara la verdad», por lo que también se le llama método de descubrir la verdad. Sus reglas son las siguientes.

Regla segunda
«Determina rectamente lo que se ha de investigar y expresa la cuestión en términos claros y brevísimos.»

Regla segunda
«Considera sucesivamente las propiedades del objeto y compara las relaciones del mismo que te son conocidas, con las que desconoces.»

Regla tercera
«Procede gradualmente en el análisis. Si, no obstante, llegas a un punto que tu entendimiento no puede superar, guárdate de creer en la falsedad de la cuestión examinada, y obsérvala con más detenimiento. Si también fracasaras en ese nuevo esfuerzo, suspende el juicio, porque de otro modo darías la impresión de que tu mente es a la vez medida de lo verdadero y de lo falso, lo que no deja de ser ridículo.»

Sección II. Del método sintético
Método sintético es aquel «por el que proponemos y demostramos a otros la verdad». Demostrar es hablar tan acertadamente para persuadir que ninguna persona razonable pueda negarnos su asentimiento. Debemos impulsar hacia el análisis a la persona con quien hablamos, proponerle la cuestión distribuida en sus partes y servirnos de términos corrientes y conocidos de modo que no se le escape el significado de una sola de las palabras empleadas.

Si evitamos las digresiones y las palabras vacías de sentido; si hablamos poco, estrictamente lo necesario, procurando en cambio que hable aquél a quien enseñamos; y si lo decidimos a que practique por sí mismo el análisis, habremos conseguido exponer y enseñar con garantías de acierto.

Sección III. Del método en el estudio

Quien desee aprovechar en el estudio, practique estas normas:

1.º Despójese de toda clase de prejuicios y hágase la idea de que nada sabe.

2.º No lea muchas cosas a la vez, sino mucho de cada cosa.

Hay quienes creen que saben más si han leído muchos autores aunque no hayan entendido a ninguno, dando la impresión de que tratan más que de leer libros de devorarlos. Y no es que al decir esto reprobemos una abundante lectura a propósito de cada cuestión, sino aquella ligereza de ánimo de muchos que piensan crecerá tanto más su fama cuantas más citas de autores puedan hacer al tratar de una doctrina.

Se ha de evitar no menos la tendencia opuesta, el servilismo de entregarse a un solo autor rehusando la consulta de otros. Lo procedente es confrontar los autores que tratan una misma cuestión, para mejor comprenderla, pero con el cuidado de no pasar de uno a otro sin haber entendido a conciencia al anterior. Consultemos además los resultados de nuestro trabajo con los demás, escuchemos a los más doctos y nada omitamos, por mínimo que parezca, que pueda contribuir a nuestro aprovechamiento en el estudio.

Cuarta parte

Disertación I. Del uso y abuso de la razón

Sección I. Del estado y naturaleza de la razón humana

La razón humana es «cierta luz de la mente del hombre, natural en él y guía de sus acciones, derivada del divino principio de la verdad». Todos advertimos que existe dentro de nosotros un algo que nos alecciona en cada momento de la vida, una especie de fuerza que combate el error y tiende al conocimiento de lo verdadero.

Las actividades de la razón son diversas según la diversidad de las inteligencias. Así la razón divina es superior a todas; y la angélica, superior a la humana. Esta se halla envuelta por las tendencias carnales y sufre graves obcecaciones, a las que, como creyentes, hemos de buscar su explicación legítima en el pecado original, cuyos efectos, nadie, en absoluto, podrá negar con argumentos eficaces, ni aun siquiera los incrédulos, más que traten de hallarles otras explicaciones.

Por esto, frente a cosas que sobrepasan la capacidad de nuestra naturaleza o la facultad de percepción de nuestros sentidos, la mente humana, embotada e inmóvil, siente la necesidad de un guía que la conduzca, función que corresponde a la autoridad divina y, a veces, a la autoridad humana, siempre que ésta se apoye sobre bases sólidas de verdad.

Hay, sin embargo, muchas cosas que caen al alcance de nuestro entendimiento. Respecto a ellas debemos supeditarnos a la autoridad divina, si contamos con su asistencia, y no preocuparnos demasiado si nos falta. De la autoridad humana debemos prescindir, con los debidos respetos, mientras la necesidad de una clara percepción no la aconsejase.

Hemos de reconocer y dejar bien sentado, y así nos lo enseña la propia experiencia, que el entendimiento del hombre es de tal condición que no puede conocerlo todo, enredado como está entre las inclinaciones de la carne, y que necesita de una sabiduría providencial que lo oriente y lo salve de irremediables extravíos. Pero reconozcamos también que dispone de su propia fuerza y eficacia para investigar los hechos de la naturaleza, sin necesidad de ajenas ayudas.

Sección II. De la autoridad

La autoridad es divina si procede de Dios, y humana si procede del hombre. Conocemos la primera por las Escrituras y la Iglesia, y la segunda por el testimonio de los hombres. Cada una, pues, tiene su finalidad: la divina se ocupa de las cosas divinas; la humana, de las cosas humanas. Aunque Dios, creador de la naturaleza, pudiera también enseñarnos respecto a las cuestiones humanas, no nos consta que así lo haya querido; más bien prefirió entregar el mundo a las disputas de los hombres.

La autoridad, cualquiera que sea, nos comunica sus enseñanzas, o expresamente, o de modo indirecto, por indicaciones que hemos de interpretar.

Reglas referentes a la autoridad divina

Regla segunda

«La propia razón nos aconseja que obedezcamos a la autoridad divina en lo referente a la fe y a las costumbres.» Regla segunda «También la razón nos exige que si Dios nos comunica alguna enseñanza sobre cosas estrictamente propias de la naturaleza, la creamos aunque repugne a la experiencia y a la comprensión humanas.»

Regla tercera

«La Sagrada Escritura no fue dispuesta para los doctos en las ciencias físicas, sino para información de los hombres piadosos, por lo que no hay un solo argumento de ella derivado, con excepción de su verdad histórica, que pueda ser incomparable con los sistemas filosóficos.» De la Escritura surge una fuerte argumentación contra ciertos sistemas de Filosofía, en sus explicaciones acerca de la formación del mundo y del Diluvio Universal, porque a este propósito la verdad histórica de la Escritura y dichos sistemas son incompatibles.

Regla cuarta

«Los autores sagrados se acomodaron a la comprensión del pueblo rudo y se valieron, por esto, de un lenguaje vulgar.» Podemos apartarnos de tal modalidad de estilo sin que ello suponga una merma de la fe, sino un empleo discreto de la razón, pues reconocemos en dichos autores la prudencia, y no la ignorancia, como norma de sus escritos.

De la autoridad de los Santos Padres en materias filosóficas
Regla única

«La autoridad de los Santos Padres en Filosofía es la misma que la de los filósofos en los que se inspira.» No tiene, pues, su autoridad la menor importancia cuando se apoya en doctrinas de Aristóteles o de Platón, como tampoco la tiene la de estos filósofos, ya que sus errores son demasiado patentes. Por el contrario, la autoridad de Newton es mayor que la de todos los Santos Padres.

Reglas referentes a la autoridad humana

Regla segunda

«Es nula, respecto a cuestiones sobre la naturaleza, toda autoridad que no se apoye en la razón, y por lo mismo no es la condición del autor sino la verdad de la doctrina la que debe provocar nuestro asentimiento.»

Regla segunda

«La sabiduría del que enseña nos ha de servir de estímulo para sobrepasar las cuestiones con el mayor cuidado antes de admitir su falsedad. El prestigio de los sabios no puede llegar hasta paralizar y oprimir nuestro entendimiento». ¡Oh misérrimos peripatéticos que hacéis resonar la trompetería aristotélica y habláis siempre con la palabra prestada!

Disertación II. Del abuso de la razón

Sección I. Del abuso en relación con los objetos

Muchas cosas dependen exclusivamente de la voluntad divina y han sido establecidas por las eternas determinaciones de Dios. La propia razón nos lo enseña cuando nos demuestra, como veremos en Metafísica, que la naturaleza divina es infinitamente superior a la de todos los seres y que, por serlo, Dios percibe y fija verdades que escapan a la razón humana. Si, compadecidos de nosotros, se ha dignado revelárnoslas, debemos creerlas con inmensa gratitud y profunda veneración. El ignorante atiende con respeto y presta sumiso acatamiento a las lecciones del sabio; ¿y se lo vamos nosotros a negar a Dios, fuente infalible de la sabiduría? De aquí la invitación del Apóstol a nuestra razonable obediencia.

Hay cosas que están contra la razón y cosas que están sobre la razón. Pertenecen a las primeras todas aquéllas cuya repugnancia, después de examinadas hasta en el menor detalle, aparece tan de manifiesto, que se comprueba su absoluta imposibilidad; y a las segundas, aquéllas otras cuya proporción y naturaleza no puede captar la razón humana, aunque comprende que son posibles, atendido el poder de Dios, y en las que cree, ya que el mismo Dios que las revela es la infinita verdad. Ejemplo de las primeras sería esta proposición: el hombre puede con sus propias fuerzas destruir a Dios; y casos comprendidos en las segundas, son todos los misterios de la fe, que, por esto, se dice que están sobre la razón, y no contra la razón.

Entre las cosas de la naturaleza hay muchísimas que reportan muy escasa utilidad y exagerado trabajo, y otras ajenas al plan y propósito del que investiga. Obsérvense estas reglas.

Regla segunda
«Abusa de la razón quien pretende comprender con ella las cosas sobrenaturales.»

Regla segunda
«Creer en las verdades reveladas no arguye debilidad sino sabiduría.»

Regla tercera
«También abusa de la razón el que se entrega con exceso a cosas poco necesarias o inútiles y el que abandona lo necesario para dedicarse a lo superfluo.» Esta regla desplaza muchas cuestiones tratadas por los filósofos, que ocuparon la atención aun de hombres inteligentísimos, como son las mil particularidades sobre la divisibilidad de la materia expuestas por los físicos.

Sección II. Del abuso de la razón por causa de las pasiones
La naturaleza humana, bien ordenada por el Supremo Hacedor, solo rectamente podía juzgar de las cosas; pero después, decaída y maltrecha, juzga con frecuencia bajo la sugestión de las pasiones, contra lo que tenemos que estar muy prevenidos. Se equivocan, pues, por completo los hombres cuando atribuyen a enseñanzas de la naturaleza, lo que solo es producto de la soberbia y de otras pasiones humanas.

De aquí han nacido en los desventurados tiempos en que vivimos las opiniones que muchos llaman ideas liberales, y que yo llamaría simples inepcias, con las que no se pretende otra finalidad que despreciar y hasta pisotear abiertamente los misterios de la fe y cuanto la pobreza de la razón del hombre no puede comprender.

Solo podremos evitar estos peligros (con la ayuda de Dios) mediante una acertada práctica de la Lógica. Para no incurrir en repeticiones, me limito a recordar, a ese propósito, cuanto dije sobre la corrección de los juicios.

Haré, no obstante, una advertencia que nos ayude a distinguir los rectos juicios de la razón de los nocivos impulsos de las pasiones.

Advertencia La voz de la razón es pacífica, constante, ordenada; la de las pasiones, por el contrario, es ardiente, inconstante, precipitada y tumultuosa.

Queda de manifiesto cuánto abusan del nombre de la Filosofía los que, indulgentes con sus propios apasionamientos y entregados a perversas maquinaciones y garrulerías, atribuyen a la ciencia filosófica sus propios y lamentables errores.

Segunda parte. Segunda etapa del pensamiento de Félix Varela (1816-1819)

Elenco de 1816

Doctrinas de lógica, metafísica y moral, enseñadas en el Real Seminario de San Carlos de La Habana, por el presbítero don Félix Varela, en el primer año del curso filosófico, las que expondrán en diversos exámenes veinte alumnos, en el orden siguiente: Examen 1.º Don Miguel André y don Desiderio Solís, colegiales de número, el señor don Ignacio Peñalver, marqués de Arcos, don Manuel Castellanos y don Félix de Hita.

Examen 2.º Don Carlos Matanza y don José María Llanos, colegiales de número, don Manuel González del Valle, don Gabriel Valdés y Peñalver, y don Juan Cascales.

Examen 3.º Don José María Casal, colegial de número, don Gregorio Aguiar, don José María Morales, don Francisco Palacios y don Silvestre Alfonso.

Examen 4.º Don Diego Jiménez, colegial de número, don Basilio Lasaga, don José María Beltrán, don Francisco Ruiz y don José González Carbajal.

Se tendrán dichos exámenes los días 16, 17, 18 y 19 de julio (1816), a las nueve de la mañana.

«Las artes no crean las reglas; ellas no dependen de su capricho, sino que están invariablemente trazadas por el ejemplar de la Naturaleza.» Batteux Prin. Filtos, pág. De la Literatura tomo I, pág. 11.

«La credulidad es el patrimonio de los ignorantes; la incredulidad decidida lo es de los semi-sabios, la duda metódica, de los sabios. En los conocimientos humanos un filósofo demuestra lo que puede, cree lo que está demostrado, desecha cuanto repugna al buen sentido y a la evidencia, y suspende su juicio sobre todo lo demás».

(El mismo autor, tomo IX, pág. 196.)

Examen primero Lógica Del entendimiento y sus facultades 1. Se expondrá el orden con que el alma adquiere sus conocimientos, y desenvuelve sus facultades.

2. Manifestaremos que solo el análisis puede conducirnos a la verdad, y que la exactitud de los conocimientos depende de la buena descomposición y recomposición de las ideas.

3. La Naturaleza nos da las primeras lecciones del análisis, y éstas deben su progreso a las necesidades y facultades del hombre, por lo que la sociedad aumentando en parte las necesidades humanas, es una fuente abundante de conocimientos.

4. Las ideas singulares se adquieren primero que las universales.

5. Expondremos la clasificación de nuestras ideas haciendo ver que los géneros y las especies no son naturalezas universales como creían los antiguos, sino unas meras denominaciones que sirven para hacer expedito nuestro lenguaje y promover el análisis.

6. Se tratará de la atención, abstracción, imaginación, memoria y reflexión, manifestando sus utilidades y los vicios a que están expuestas.

Distribución de nuestros conocimientos según sus objetos 7. Los objetos de nuestras ideas pueden considerarse, o en sí mismos, o en orden a los efectos que producen en nuestro espíritu. Considerados en sí mismos los distribuimos en substancias, propiedades, acciones y relaciones. En orden a los efectos que producen podemos distribuirlos en sublimes, patéticos, bellos, graciosos, útiles e indiferentes.

8. La idea del sublime no depende de la extensión ilimitada únicamente, como creyeron algunos ideólogos, sino del poder, y aquellos objetos son más sublimes, que indican mayor potencia.

9. Patético es un objeto que conmueve el espíritu por medio de la alegría o de la pena, pero conservando cierta tranquilidad que deja expedito el uso de sus potencias y no le impele a esfuerzos extraordinarios. Proviene la idea del patético de los objetos adversos o favorables presentados por unos movimientos algo uniformes, lentos y vehementes. De aquí es que en las artes imitativas como en la pintura, música y poesía se deba usar de unas ficciones semejantes para excitar en nosotros la sensación de un objeto sublime.

10. La idea de la belleza depende de la exacta relación de las partes. La belleza ideal es el principio del progreso en las artes de imitación y debe distinguirse la naturaleza inimitable de la naturaleza física. Diremos la diferencia entre la imitación y la copia, haciendo ver las ventajas de aquélla sobre ésta.

11. En las artes imitativas debe proponerse como fundamento de la imitación la belleza y la bondad a pesar de lo que dice en contrario el erudito Arteaga en sus *Investigaciones filosóficas sobre la belleza ideal* (Sección 3.ª, pág. 50).

12. La idea de la gracia se excita por los objetos sencillos y variados y de movimientos ágiles y adecuados, por lo que hay mucha diferencia entre los objetos bellos y graciosos pudiendo los primeros carecer de toda gracia, y los segundos de toda belleza.

Grados de nuestros conocimientos Según la doctrina de Condillac, aunque sin sujetarse precisamente a ella, expondremos la evidencia de razón, de sentimiento y de hechos.

14. Haremos ver igualmente el mérito de las conjeturas y de la analogía.

15. Se tratará de las suposiciones y de los sistemas, indicando las propiedades y manifestando su inutilidad cuando son abstractos.

16. La probabilidad, una extrínseca y otra intrínseca, debiéndose preferir ésta a aquélla. Manifestaremos las circunstancias de los diversos géneros de probabilidades dividiéndolas con Borreli en probabilidad física, histórica, en dicción (o sea hermenéutica), política y práctica.

De la manifestación de nuestros pensamientos

17. Explicaremos las diversas especies de signos, y cómo el lenguaje de acción analiza los pensamientos.

18. La rectitud del lenguaje consiste en su brevedad, claridad y precisión, que explicaremos.

19. Ninguna palabra expresa un objeto por su naturaleza, sino por el convenio de los hombres.

20. No debemos creer que se entiende todo aquello a que se le ha puesto nombre, pues por lo regular solo tenemos una ciencia de palabras, creyendo que la tenemos de cosas existentes, como les sucede casi en todo a los escolásticos.

21. Todo lenguaje debe ser deducido de la Naturaleza, y conforme a esto manifestamos el sistema filosófico de la gramática general.

22. Al remover el lenguaje de una buena definición, probando que no se debe definir todo, y que las definiciones no son los medios de adquirir la verdad como creen los escolásticos.

23. Creemos que las definiciones muchas veces son perjudiciales, y esto sucede cuando los objetos son simples y claros, o cuando son demasiado compuestos, pues en el primer caso las definiciones oscurecen, y en el

segundo las mejores no valen más que un análisis imperfecto, como enseña Condillac.[6] Sin embargo, se explicarán las utilidades que producen las definiciones en las ciencias.

24. Nada diremos de lo mucho que han escrito los escolásticos sobre las proposiciones, creyendo que todo esto no conduce a encontrar la verdad.

Origen de los errores

25. Nuestros errores más provienen del mismo entendimiento que por precipitación, juzga sin tener los datos necesarios para un análisis que no ha concluido, o por inmoderación quiere investigar objetos que exceden la capacidad humana; otros errores dependen del mal uso de los sentidos; otros de las preocupaciones adquiridas en el trato social; otros de la voluntad, que diciéndose en favor o en contra de un objeto, domina el espíritu y oscurece las cosas más claras; otros por último, provienen del hábito que nos quita la reflexión. Diremos por tanto, que la precipitación, inmoderación, sentidos, trato social, afectos y hábitos son los principios de nuestros errores.

De los obstáculos de los conocimientos humanos

26. La autoridad es el principio de una veneración irracional, que atrasa las ciencias, ocultando muchos su ignorancia bajo el frívolo pretexto de seguir a los sabios. La autoridad divina es la fuente de la verdad, y el que se somete a ella procede con arreglo a la recta razón; pero es muy frecuente el abuso de este principio sagrado, haciéndole servir a las ideas humanas con perjuicio de las ciencias y ultraje de la revelación. Creemos, por tanto, que es ridículo el argumento sacado de la Escritura, en materias puramente filosóficas, a no ser que la verdad histórica del texto sagrado no pueda absolutamente convenir con el sistema filosófico, porque siendo aquel infalible debe rechazarse.

27. Los Santos Padres no tienen autoridad alguna en materias filosóficas, y así debe atenerse únicamente a las razones en que se fundan.

28. Es un principio del atraso de nuestros conocimientos la máxima antigua de que el sabio debe ser hombre de un libro.

29. Atrasa nuestros conocimientos la práctica de no enseñar las ciencias en la lengua nativa, y mucho más cuando se hace en un idioma muerto.

---

6   Orig. De los con. hum., parte 1.ª, sección 3.ª

30. Igualmente es contrario al progreso de las ciencias, la práctica general e irracional de aprender de memoria.

31. Las voces inventadas para cada ciencia, que llaman técnicas, confunden las mismas ciencias, alucinando al vulgo con cuatro terminachos despreciables a la vista de un filósofo que debe hablar en términos que todos lo entiendan, y solamente debe inventar voces nuevas, cuando de ningún modo halle en el lenguaje común palabras que expresen sus pensamientos.

32. También atrasa nuestros primeros conocimientos la práctica de enseñar a los niños mecánicamente, por creerlos incapaces de reflexión, y así vemos que esperan a que lleguen al uso de la razón, del cual es capaz todo hombre desde que tiene algunas con que analizar sus pensamientos.

De la naturaleza de las ciencias

33. Todas las ciencias son exactas.

34. Todas deben aprenderse por un mismo método.

35. Es un error aprender las ciencias por principios generales. Semejantes principios o nada dicen, o dicen lo que todos saben enseñados por la naturaleza, sin darles un aire de importancia de que carecen. Además se hará ver que estos principios muchas veces son contrarios a las mismas ciencias, y demostraremos estos contrayéndonos al célebre principio general de Cartesio.

36. Las ciencias por su naturaleza no tienen cuestiones, y el número de ellas demuestra el atraso en nuestros conocimientos.

37. No pertenecen a la naturaleza de las ciencias los innumerables sistemas y suposiciones de que se han llenado los hombres, sujetando la naturaleza a sus ideas y no las ideas a la naturaleza, y si se dejaran en su sencillez natural, todos los hombres serían capaces de todas las ciencias.

Nociones de crítica

38. Fijaremos la verdadera idea de la crítica, indicando las verdaderas fuentes de donde deduce sus pruebas y la naturaleza del argumento, negativo y positivo, según las diversas circunstancias.

39. Expondremos las cualidades que deben considerarse en los testigos que refieren un hecho, y las reglas que han de seguirse para graduar su mérito.

40. Trataremos de los monumentos, de su autoridad, y de las reglas que deben seguirse en orden a ellos.

41. Se indicará el método de distinguir los libros apócrifos, interpolados y variados.

42. Expondremos las reglas de interpretación, o sea del arte hermenéutico.

De la argumentación

43. Debemos advertir, que cuando tratemos de la argumentación estamos lejos de querer explicar las figuras de los silogismos, sus reducciones, las fuentes de donde se deben sacar argumentos, y todos los demás que en esta materia han dicho los escolásticos. Por tanto, pedimos no se extrañe nuestro silencio, en caso que se toquen estos puntos, y nuestra ignorancia en unas bagatelas que introdujo el capricho, repugnó la naturaleza y resistieron las ciencias.

44. En esta materia no haremos otra cosa que analizar el discurso, haciendo ver cuando está contenido un consecuente en su antecedente, y cuando no lo está. Se notarán con este motivo los sofismas que con más frecuencia suelen presentarse, y el origen de ellos.

45. Por lo que hacen a las disputas, creemos que las que se tienen en forma escolástica, según el orden que las vemos practicar no traen utilidad, y las ciencias no le deben nada a tantos siglos de ergos, como han puesto nuestros doctores[7] pues como dice un filósofo: «semejantes silogismos tienen su principal uso en las escuelas donde los hombres se hallan autorizados para negar sin rubor las cosas manifiestamente ciertas; o fuera de las escuelas para aquellos que aprendieron en ellas a negar sin vergüenza ni escrúpulo las cosas que a su propia vista tienen entre sí la mayor conexión y verdad».

46. Creemos, pues, que para que semejantes disputas trajesen alguna utilidad, era preciso despojarlas de algunas prácticas; v. g. probar la negada aunque esta sea más clara que la luz de medio día, encontrando en esto un recurso todos los ignorantes para defender lo que quieren.

---

[7] No es nuestro ánimo incluir en el número de estos silogizadores a los sabios que hacen uso del método escolástico guardando el verdadero enlace de las ideas y acomodándose únicamente a la costumbre establecida, porque no pueden, o no quieren alterarla. Pero estos son muy pocos, y es mucho mayor el número de pedantes, que tienen un fanatismo escolástico, observando sus fórmulas con tanto empeño, como la ley divina.

Es cierto que debe exigirse que uno pruebe la negada no saliéndose de la cuestión si quiere continuar su argumento; pero que se diga, uno es uno, se niegue, y quieran que se pruebe, es una horrenda temeridad, sin embargo, cosas semejantes vemos practicar y así sale ello.

47. También es muy gracioso el per te, en que los hombres hacen punto de honor el no retractarse, aunque por distracción o ignorancia hayan concedido el mayor absurdo, y en este caso consiste la ciencia en buscar unos términos con que entretener el tiempo, hasta que el que arguye de aburrido se calle, y queda nuestro buen hombre con mucho honor entre los escolásticos, y condenado en el tribunal de la razón a que concurren los juiciosos, que no le perdonan el mal rato.

48. Lo mismo decimos de la estrecha ley de resumir por lo que se ve uno obligado a repetir dos veces (y los circunstantes a aguantar las repeticiones) aunque el que arguye, diga tres o cuatro simplezas que ya se han negado o que a primera vista se conocen. Escudados con esta práctica usan muchos el método pedantesco de los silogismos de entrada, o como dicen nuestros estudiantes los zaguanes, en que los hombres serios y respetables solo por la preocupación escolástica hacen de un pensamiento débil e inconducente un Proteo, a quien le dan tantas formas cuantas necesitan para que dure mucho tiempo, y no callarse pronto que es el fin.

49. Es igualmente muy chistoso aquello de se quedó con la negada entre el cuerpo, creyéndose que todo argumento debe concluir por una distinción para que el argumentante pueda callarse honoríficamente; pero si se niega la proposición aunque se tengan y se manifiesten razones convincentes que prueben que debe negarse, es preciso seguir arguyendo aunque reviente. Reflexionemos que distinguir una proposición no es más que analizarla haciendo ver sus diversas relaciones; que negarla y explicar el motivo de haberlo hecho, es igualmente formar un análisis de ella, resolviendo la duda; y entonces conoceremos cuán ridícula es esta práctica. Vemos callarse con una distinción frívola que no resuelve el argumento, a aquellos mismos hombres que hubieran gritado y pateado eternamente si se les negara esa misma proposición mal distinguida aunque se le dieran las razones más sólidas. ¡Qué preocupación! ¡Lo que es ir a pelear y no a discurrir!

50. Advertimos por último que en semejantes disputas uno va decidido a que sea precisamente cierto lo que defiende, y el contrario a que sea falso, de modo que ninguno va con ánimo de encontrar la verdad. Debían por tanto desterrarse entre los sabios las palabras defender e impugnar mientras se entienda según la práctica admitida. De aquí vemos la pueril persuasión de que un hombre es ignorante porque no ha sostenido contra todos vientos la doctrina que creía cierta, y dicen lo concluyeron.

51. Bien concluida parece que está la razón de los que piensan de este modo. Si a un hombre se le presenta una duda capaz de resolverse por cualquiera que tenga los conocimientos fundamentales de aquella ciencia y no la resuelve, hay motivo para creer que no está instruido; pero cuando se manifiesta una nueva verdad, y se hace ver que lo que teníamos por cierto es falso, debemos alegrarnos, y no cede en descrédito de un filósofo retractar su opinión. ¿No decían los antiguos y repiten sus partidarios, que es del sabio mudar de dictamen? Pues ¿cómo quieren dejar de serlo o no lo son efectivamente luego que suben a las cátedras?

Examen segundo

Metafísica

De la Ontología
1. Los metafísicos han hecho de la Ontología un conjunto de sutilezas y un germen de cuestiones inútiles por creer que existen las cosas que tratan en ella, no siendo esta parte de la Metafísica sino una ciencia de nombre, en que aprendemos solamente las demostraciones generales que se le han dado a los seres de la naturaleza, según el diverso modo de considerarlos. No debemos figurarnos que semejantes voces tienen un objeto existente en la naturaleza, donde no hay sino individuos con propiedades individuales y ninguna general.

2. Las propiedades de las cosas no son algo distintas y separables de ellas mismas sino solamente unas relaciones que tienen entre sí, causando nuestros sentidos diversas conmociones, y en orden a esta diversidad hemos clasificado los distintos atributos que decimos existen en los objetos. Este modo de pensar, que no es nuevo en nuestros filósofos, parece no se ha reflexionado lo bastante

para desterrar la preocupación antigua de que la sustancia es algo que está bajo los accidentes, como si fuera distinta de ellas, y así vemos que se disputa sobre el constitutivo de las sustancias, se dice que son conocidas las esencias y otras proposiciones semejantes, que se leen no solo entre los antiguos sino también en los modernos. El mismo Condillac incurrió en este error, y habla de este sujeto incógnito que está bajo modificaciones y del que según su juicio nunca hemos presentado una definición exacta. Los filósofos no encuentran ese sujeto incógnito porque buscan lo que no hay.

3. Explicaremos las voces naturaleza, supuesto, persona, sustancia, propiedad, accidente, advirtiendo que solo expresan las diversas consideraciones que hacemos de los objetos.

De la mente humana

Su naturaleza

4. Entendemos por mente humana la sustancia que piensa, quiere y gobierna el cuerpo. Investigando su naturaleza debemos guardar el orden de las proposiciones siguientes:

5. El sentido íntimo nos indica que tenemos una sustancia activa que piensa.

6. Que es una, pues el hombre no se compone de muchos individuos. La cogitación no es una entidad distinta o separada de la sustancia cogitable, pues sabemos que de la verdadera filosofía están racionalmente desterradas las entidades absolutas.

7. Esta cogitación es simple, y aún no podemos ni aun fingirle partes. Luego la sustancia que piensa es simple.

Luego no opera por movimiento.

Luego no produce sus operaciones como la sustancia corpórea. Luego es naturalmente activa.

8. Pero llamamos espíritu la sustancia simple que ni se mueve ni opera como la sustancia corpórea, y al mismo tiempo es naturalmente activa.

Luego el alma del hombre es espíritu.

Esta verdad la comprueba el argumento moral de todos los pueblos.

9. Presentaremos esta prueba deducida de la imposibilidad de explicarse las ideas admitiendo que la materia pueda pensar, y que por consiguiente aun

prescindiendo de la repugnancia que envuelven las ideas de materia cogitante, el alma nunca podría ser material.

10. Creemos exacta la demostración que hace Condillac de la espiritualidad del alma, a pesar de las impugnaciones de Daube, y presentaremos la prueba, que según este autor puede darse para manifestar que la materia no piensa, admitiéndola no menos que la de Condillac.

De la actividad del alma
11. Nuestra alma tiene solo una potencia que por la diversidad de los objetos a que se aplica, y del modo de considerarlos, recibe distintas denominaciones. Por tanto es absurdo decir con los antiguos que la voluntad es potencia ciega, y el entendimiento iluminada, que la una es libre y la otra necesaria; que estas potencias se distinguen esencialmente, y mucho más absurdas las disputas de algunos modernos, sobre si el juicio es acto del entendimiento o de la voluntad.

12. El alma siempre está operando, y por consiguiente siempre piensa, aunque no siempre reflexiona, y así podemos formar un juicio prudente sobre la disputa de los cartesianos y lohianos.

13. El alma rige y gobierna al cuerpo, lo constituye en la razón de humano y con él forma el compuesto hombre. Por su naturaleza está destinada al cuerpo, y es su forma; quiere decir su principio directivo y ejecutivo, responsable de los actos humanos, y por consiguiente digna de premio y de castigo. Esta es la doctrina filosófica, conforme a la teología definida en el Concilio vienense, bajo Clemente V, y en el lateranense, bajo León X, en los cuales se condenó el error de los que creían que el alma no gobernaba el cuerpo naturalmente o como se lee en el Concilio de Letrán, que era una sola el alma en todos los hombres como si una sola sustancia espiritual gobernase todos los cuerpos. Sin embargo juzgamos que el alma no vivifica el cuerpo, y que las funciones vitales y naturales son resultados de la misma economía animal. Todos han concedido siempre que el alma no puede impedir estos actos, y nosotros agregamos que no los produce, y siendo ésta una materia que ni directa ni indirectamente pertenece a la fe, ni a las costumbres, que es lo único que los concilios quisieron establecer, juzgamos que nuestra opinión de ningún modo se opone a dichos concilios y que así estamos con todo el derecho de sostenerla, como dictada por la razón y comprobada por la experiencia.

14. Hemos querido explicar con tanta extensión nuestro juicio, porque nos sería muy sensible que algunos, llevados del que verdaderamente se llama fanatismo, censurasen de mal sonante nuestra proposición y nos hiciesen la injuria de creer que de algún modo podíamos disentir del espíritu de la iglesia.

Decimos pues que el alma no da vida, sino que está en el cuerpo mientras éste la tiene, y deja de tenerla cuando se destruye notablemente su organización. No muere el hombre porque el alma se separa del cuerpo, sino que el alma se separa porque el cuerpo muere.

De la inmortalidad del alma
15. El alma por su naturaleza es indestructible, mas la inmortalidad intrínseca depende de Dios que no ha determinado destruirla.

De la unión del alma con el cuerpo
16. Rechazamos los sistemas del influjo físico, causas ocasionales, armonías prestablecidas y mediador plástico, juzgando con Toumeminio que el alma es causa eficiente de los movimientos voluntarios del cuerpo, y el cuerpo causa ocasional de las afecciones del alma.

De la separación del alma del cuerpo
17. El separarse el alma del cuerpo no causa dolores como cree el vulgo, y los más de los hombres mueren sin saber cuándo.

18. El alma separada no se halla en estado violento, y estas expresiones de que se han valido muchos escolásticos verdaderamente son muy absurdas o a lo menos inexactas.

19. El alma no se separa del cuerpo sino por obedecer las leyes de la naturaleza, esto es, de Dios, que opera según los principios establecidos por él mismo, y en la separación nada pierde de su actividad.

De las sensaciones
20. Es falso que las connociones hechas en órganos sensorios se propaguen necesariamente al cerebro para que el alma sienta. Probaremos que esto es absurdo en orden a la existencia de semejante propagación, y en orden a los resultados, pues de ningún modo explican los fenómenos. Manifestaremos los

fundamentos que han tenido los filósofos para creer que las sensaciones se propagan, y se hará ver que son muy débiles. El alma siente en cada parte sensible del cuerpo, esto es en los nervios y membranas y demás partes semejantes. De modo que cuando a uno le duele un dedo allí es donde le duele, y donde el alma tiene noticia del dolor y no en el cerebro, y en esta parte han sabido más los rústicos que los filósofos.

21. El cerebro no es por tanto el órgano del sentimiento.

22. El sentimiento está en todo el sistema nervioso y podemos llamar centro del sentimiento al diafragma, según la doctrina de Buffon.

23. Es por tanto aérea la teoría de Gall sobre el cerebro, considerado como el órgano del sentimiento y de las pasiones. Haremos ver que los datos en que se funda este filósofo, son enteramente insuficientes para formar un sistema sólido.

24. Todas las ideas provienen de los sentidos próxima o remotamente.

25. Manifestaremos que la cuestión tan controvertida entre los cartesianos, lokianos y algunos modernos defensores de las ideas puramente intelectuales viene a reducirse a una cuestión de palabras, pues todos es preciso que convengan, o que digan un absurdo tan manifiesto que no debe perderse el tiempo en su impugnación.

De la memoria

26. En el cerebro no hay vestigios algunos que sirvan para formar las ideas, y menos para recordarlas. Probaremos que dichos vestigios son imposibles atendiendo a su causa, su permanencia, su renovación y el sujeto en que se reciben. Además son inútiles, y semejante sistema prueba a la evidencia hasta qué grado de errores puede llegar el hombre cuando realiza los frutos de su imaginación.

27. La memoria está solo en el alma, y depende de la conexión de las ideas.

28. Explicaremos sin necesidad de vestigios los fenómenos de la memoria: 1.º Su aumento con el ejercicio; 2.º Su disminución y pérdida por enfermedad, y otras causas accidentales; 3.º Facilidad de acordarse de unos objetos y la dificultad de otros; 4.º Las diversas memorias en diversas edades y climas; 5.º La facilidad que tienen unos a aprender de memoria y otros en conservar lo que aprenden.

Tratado de Dios

29. Dios es un ente perfectísimo; nada más podemos decir. Su existencia la publica abiertamente la naturaleza, la comprueba el consentimiento de los pueblos y la evidencian las razones metafísicas. La verdadera filosofía supo siempre cuál era su origen, le confesó y acató, mas los falsos filósofos han querido dirigir sus débiles saetas al trono del Eterno, cuya simplicidad, unidad, justicia y providencia manifestaremos contra los embates de hombres tan alucinados.

Examen tercero ciencia moral

Del hombre considerado en sí mismo. Principio ejecutivo de las acciones humanas

1. La libertad unida a las acciones humanas cuya existencia deducimos analíticamente, según las proposiciones siguientes:

2. Por el sentido íntimo debemos juzgar acerca de la libertad.

3. Para juzgar acerca de la libertad debemos atender a los niños y a los rústicos.

4. Que algunos discutan no prueba nada contra el consentimiento universal.

5. Los que se apartan del sentido común en esta materia lo hacen por ignorancia y malicia, y no por convicción.

Pero el sentido íntimo, la observación de los niños y rústicos y el consentimiento de los hombres prueban la libertad sin que baste a destruir esta demostración el juicio contrario de unos pocos ignorantes y maliciosos.

6. Luego el hombre es libre en sus operaciones.[8] Debemos advertir que hablamos de actos humanos, y no de actos de hombre, que no los produce el hombre con moderación, y asimismo que en esta palabra libre comprendemos las diversas clases de libertad que han distinguido los escolásticos. Distinciones inútiles, sutiles y muchas veces perjudiciales.

La libertad del hombre es conforme a la sabiduría divina, y el fatalismo es un ultraje a la divinidad.

La libertad produce innumerables utilidades, y es el principio del bien social; por el contrario el fatalismo si lo hubiera, sería el destructor de todo lo recto.

---

8 Sigue sin numeración de párrafos en el impreso que se copia hasta el examen cuarto.

Principio directivo de las acciones humanas Llamamos principio directivo a la razón cuyos dictámenes acerca de las verdades evidentes que enseñan al hombre lo justo, forma el derecho natural.

El derecho natural a todos obliga, es evidente, invariable y el fundamento de toda ley humana.

No tiene otra norma que su misma evidencia que enseña lo que conviene o repugna al hombre, a sus semejantes y a su Criador. Son, pues, inútiles las cuestiones de los filósofos acerca de la norma o principio directivo del derecho natural.

Mas como es una deducción inmediata del derecho natural el amor rectificado, podemos establecerlo como norma práctica o secundaria de las acciones humanas, admitiendo en esta parte la opinión de Heineccio.

La ley natural dicta que hay acciones por su naturaleza buenas o malas.

La bondad o la malicia de las acciones no depende del arbitrio de los hombres.

Explicaremos en qué sentido debe admitirse que el derecho natural se ha perfeccionado por la revelación.

Toda acción justa es conforme a Dios, al hombre y a sus semejantes, y todos los actos que miran solo al hombre y a su utilidad personal, con detrimento de la sociedad y del obsequio debido a Dios, es injusta.

No son en realidad útiles personalmente a los hombres algunas acciones que ellos creen tales, arrastrados de las pasiones desordenadas y no es contra el derecho natural refrenarlas.

Por el amor bien ordenado dicta el derecho natural que debe preferirse el Ser Supremo a toda criatura; el alma del hombre a su cuerpo; los justos a los perversos; los consanguíneos y compatriotas (en igualdad de circunstancias) a los no consanguíneos y extranjeros.

El amor a sí mismo debe ser superior al que el hombre tiene a sus semejantes; pues, aunque son de una misma dignidad de naturaleza; concurre la circunstancia de ser propia esta naturaleza individual, y la razón dicta que entre dos cosas una propia y otra ajena, nos inclinemos a la que es propia.

Se puede por tanto matar al injusto invasor, si probablemente no podemos de otro modo libertar la propia vida.

Debe el hombre por derecho natural amar a sus semejantes como a sí mismo, deseándoles que posean todos los bienes; pero no está obligado a privarse de los suyos sino cuando es en desigualdad de bienes, como el que pierde una parte de su tranquilidad porque otro conserve la vida; mas no está obligado a perder la salud v. gr. porque otro la recupere.

El homicidio privado, el hurto, la difamación y la mentira son contra el derecho natural.

El homicidio por justa autoridad pública, lejos de ser contra el derecho natural es conforme a sus principios. El desafío se opone al derecho natural; es prueba de ignorancia, efecto del vicio, trastorno de la sociedad y oprobio de la naturaleza humana.

Explicaremos la naturaleza de la moralidad, la imputación de las acciones y las circunstancias necesarias para ella, como asimismo lo que puede aumentarla o disminuirla.

Se expondrá lo que debe considerarse en toda acción moral, en orden a su objeto, fin y circunstancias.

De la conciencia Dividimos la conciencia siguiendo al docto Heineccio, en buena, mala, recta y errónea, sosteniendo que no debe confundirse, como vulgarmente se hace, la conciencia recta con la buena y la mala con la errónea.

La conciencia es norma que debe seguir el hombre en sus actos. Aunque siempre debe el hombre operar según su conciencia, no siempre opera bien conformándose con ella. El hombre está obligado a seguir la opinión que vulgarmente se cree más probable; pero ha de seguir la que él juzga serlo.

Inferiremos por tanto que el hombre no se justifica siguiendo una opinión porque sea probable en juicio de muchos, siempre que él crea su contraria más probable.

En esta materia nos parece que toda la gran cuestión entre probabilidades y probabilioristas depende sin duda de no haber distinguido lo que es probabilidad de una opinión en sí, por sus fundamentos, y partidarios de lo que es probabilidad respectiva, atendiendo al entendimiento de cada uno, pues la opinión que a Pedro le parece más probable para Juan es menos probable.

De las pasiones Debe distinguirse en toda pasión la propensión, el consentimiento y la ejecución, pues aunque estas cosas por lo regular están reunidas, solo pertenece a la naturaleza de sus pasiones la propensión.

95

Todas las pasiones son buenas por su naturaleza, y en esto hubieran convenido todos los filósofos si se hubieran explicado los términos; pues la cuestión tan agitada entre los antiguos peripatéticos y estoicos, sosteniendo los primeros que hay pasiones malas y los segundos que todas son indiferentes, es de nombre.

Todas las pasiones provienen del amor propio.

La división que se hace de las pasiones irascibles y concupiscibles, no pertenecen tanto a la naturaleza de ellas, como a los efectos que producen, y toda pasión es concupiscible.

Explicaremos la naturaleza de cada una de ellas y la conexión que tienen entre sí.

Es un absurdo querer destruir las pasiones humanas; pero es una obra de sabiduría rectificar el uso de ellas. Lo primero nos haría insensibles e inhumanos, y lo segundo nos conservaría el derecho de racionales.

De las virtudes Explicaremos la naturaleza y división de las virtudes.

Hablaremos con especialidad de las virtudes cardinales indicando sus ramificaciones y los vicios opuestos.

Se explicará lo que es obligación, derecho, oficios perfectos e imperfectos y a lo que está obligado el hombre por cada una de ellas. El hombre fuerte debe ser sensible a los males; pero dominado por ellos. Los que han dicho que deben ser como insensibles, se engañan; pues no solo deben sentir los males sino que deben manifestar su sentimiento, según lo indica la prudencia, y héroe que llora a la vista de las ruinas de su patria, no es débil, sino virtuoso.

El suicidio y el desafío no son actos de fortaleza.

La fortaleza brilla más en sufrir los males que en arrostrar los peligros. Entre las virtudes, solo la justicia distributiva guarda un medio riguroso; las demás consisten en un medio de razón. Daremos la causa de esta diferencia.

El beneficio y la limosna en necesidad común son oficios imperfectos, pues no proceden de obligación que indica pena.

La fidelidad en los contratos es un oficio perfecto.

El secreto que legalmente puede guardarse es un oficio perfecto.

Los oficios perfectos, que son los que propiamente pertenecen a la justicia, se fundan en estas dos máximas: 1.º Dar a cada cosa lo que tiene derecho de exigir de nosotros; 2.º no hacer a otro lo que no quisiéramos se nos hiciese.

Los oficios imperfectos tienen por principio hacer a los demás lo que en iguales circunstancias quisiéramos se hiciese con nosotros.

De la felicidad Los honores, los deleites, las riquezas y la fama no son objetos de la felicidad del hombre.

Dios es la felicidad del hombre.

La felicidad formal consiste en la virtud, y aquel es más feliz, que es más virtuoso.

La felicidad del hombre virtuoso es imperfecta, pero no se da otra más perfecta entre los hombres viciosos.

El bienestar físico no debe confundirse con la felicidad natural, aunque de algún modo pertenezca a ella, pues la virtud se halla muchas veces privada de estos bienes naturales, y casi es imposible presentar un hombre que reúna todo el complemento de la felicidad.

En cualquier estado y condición en que se halla el hombre puede ser feliz, pero la razón dicta que no habiendo una necesidad que le obligue a lo contrario, debe buscar aquel estado que más le tranquilice, y los que desean los males para ostentarse filósofos, se deben reputar por unos entes quijotescos.

Examen cuarto

Del hombre considerado en sociedad

1. El hombre por su naturaleza es[9] sociable, y deben tenerse por unos delirios los pensamientos de algunos filósofos que han creído que el estado verdadero del hombre, es estar fuera de la sociedad.

2. El bien único del hombre, no menos que el bien moral, están estrechamente unidos a la sociedad.

3. A ninguno le es lícito separarse de la sociedad por mero capricho, ni de renunciar sus beneficios.

---

9   De ningún modo entraremos en cuestiones políticas de gobiernos, ni de cosa alguna que tenga relación estrecha con nuestras leyes fundamentales y derechos del soberano, y así suplico a todas las personas que quieran hacerme el favor de contribuir al examen de mis discípulos, que omitan semejantes preguntas, no extrañando en todo caso que yo les mande no contestar cosa alguna en estos puntos. —F. V.

4. Decir que pasa una vida filosófica el hombre que retirado y sin atender más que a sí mismo, vive entre sus semejantes sin interesarse en los bienes de la sociedad, es el mayor absurdo, aunque vemos practicarlo con frecuencia.

5. Explicaremos en qué consiste la naturaleza de la sociedad, y cuáles son sus diversas formas.

6. Los vínculos de la sociedad son la virtud y la ley.

7. Se expondrán las circunstancias que deben tener las leyes sociales y sus diversas interpretaciones.

8. Expondremos las circunstancias que se necesitan para que una costumbre tenga fuerza de ley.

9. En toda sociedad deben renunciar los individuos una parte de su libertad en favor del bien común, y ésta les trae mayores bienes que perfeccionan su naturaleza.

10. Toda sociedad perfecta es el resultado de un pacto que ningún privado puede disolverlo.

11. El hombre está obligado a guardar las leyes de la sociedad en que vive, aunque las crea contrarias al bien público; y solo puede infringirlas cuando se oponen abiertamente a la fe y a las costumbres.

12. Las leyes sociales no pueden tener por principio el interés particular ni la sensibilidad física, ni el deleite, ni el dolor.

13. El principio de las leyes sociales es la recta razón bajo estas máximas:

1.º Preferir el bien común al particular;

2.º No hacer cosa que puede oponerse a la unidad del cuerpo social;

3.º Hacer solo lo que sea posible en favor de la misma sociedad, y según el fin de ella. Las dos primeras máximas inducen un oficio perfecto, la tercera pertenece a los imperfectos.

14. La igualdad de los individuos en el cuerpo social es un ente quimérico, y la misma naturaleza de la sociedad exige las diferencias individuales. Se explicará cómo debe entenderse la verdadera igualdad social.

15. El hombre tiene contraída una obligación estrecha con su patria, cuyas leyes le han amparado, y debe sostener sus derechos y defenderla, de modo que es un absurdo decir, que el hombre es cuidadoso del mundo, como se expresan algunos filósofos irreflexivos.

16. Todo hombre tiene derecho sobre los frutos de su trabajo e industria, y adquiere por la naturaleza un verdadero dominio de ellos.

17. La absoluta comunidad de bienes es un delirio de poetas, contrario a la naturaleza y fomento de la sociedad.

18. La facultad de dejar a sus descendientes los frutos de sus desvelos, le conviene al hombre por derecho natural, y no por mera ley positiva. Debemos aquí advertir que procedemos solo en orden filosófico y puede darse por excusado todo argumento que se saque de las leyes particulares de una sociedad pues aunque estamos persuadidos que todas deben ser conformes al derecho natural, no es de nuestro instituto el conciliarlas.

19. El derecho de gentes no es distinto del natural, sino que es su aplicación a los hombres considerados en sociedad.

20. El estado natural de las sociedades es el de la paz.

21. El principio general del derecho de gentes es la misma ley de sociabilidad, que impele a las naciones a guardar entre sí los deberes que guardan mutuamente los privados.

22. Los pactos de algunas naciones no tienen fuerza obligatoria por sí mismos, respecto de todos, y menos son perpetuos, por lo cual solo pueden constituir un derecho de gentes arbitrario, y libre, pero no necesario y obligatorio.

23. Es un absurdo decir con el autor del libro del espíritu, que las naciones no están obligadas a guardar entre sí justicia alguna, porque deben considerarse en el caso de los primeros hombres antes de haber formado sociedad, pues no solo es quimérico semejante estado, sino que aun cuando lo hubiera habido, en él estarían los hombres obligados a la justicia. Es falso, además, que las naciones pueden considerarse como los hombres aislados antes de formar sociedad.

24. Decir que en la sociedad aquel es más justo, que es más fuerte, es el principio más impío que puede imaginarse.

25. Todo hombre está en la obligación de elegir un estado, y no hay cosa más perjudicial a la sociedad que la multitud de hombres vagantes, que no se sabe a qué clase pertenecen.

26. A ningún privado le es lícito elegir un género de vida que no se dirija al bien de la sociedad.

27. Aunque todos los estados legalmente establecidos en la sociedad son buenos; pero el hombre está obligado a elegir aquel que sea más análogo a su carácter y para el cual tiene mejores disposiciones, y no debe elegir precisamente el que más le utilice, pues no es la utilidad el único móvil del hombre en sociedad.

28. A nadie puede obligársele la elección de un estado particular.

29. Uno de los atrasos de la sociedad proviene de la preocupación de excluir a las mujeres del estudio de las ciencias o a lo menos no poner mucho empeño en ello, contentándose con lo que privadamente por curiosidad pueden aprender, siendo así que el primer maestro del hombre es su madre y que esto influye considerablemente en el resto de su educación.

De la sociedad doméstica 30. Manifestaremos las obligaciones de cada una de las clases de individuos que componen una familia.

31. En particular afirmamos que los padres no tienen derecho alguno para obligar a sus hijos a la elección de un estado determinado, y que este abuso ha producido muchos males a la sociedad.

32. La educación por mero miedo es servil, y despreciable; así como es reprehensible la demasiada libertad que deja al educado posesionarse de los vicios.

33. Los padres están obligados a la instrucción de sus hijos, y en esta parte creemos que debe preferirse el estudio público al privado.

Del hombre considerado en religión 34. Todo hombre está obligado a tener religión y debe seguir la verdadera.

35. Un ateo (si es que lo hay), es un miembro corrompido de la sociedad, que solo sirve para dañarla.

36. Consideremos la religión como virtud, y como un conjunto de verdades y preceptos que creemos y obedecemos, indicando su naturaleza.

37. La religión debe ser conforme a Dios y al mismo hombre.

38. Debe ser útil, como dimanada de la sabiduría divina.

39. La verdadera religión es única y cuando se habla de diversas religiones es abusando de este nombre, pues no deben confundirse los mandatos divinos con las ideas y establecimientos de los hombres.

40. La religión natural por sí es insuficiente, y el hombre necesita de revelación para ser feliz. Sin embargo, no debe creerse que lo que dicta la religión

natural es contrario a lo revelado, pues la ley divina no destruye, sino que perfecciona y aumenta lo que la recta razón ha indicado.

41. El hombre no puede tener felicidad ni aun temporal y momentánea, sino posesionado de la verdadera religión.

42. A Dios se le debe un culto interno y externo.

43. No está al arbitrio del hombre establecer este culto, ni alterarlo, debiéndose sujetar precisamente al que ha prescrito Dios.

44. Manifestaremos las circunstancias del culto así interno como externo.

45. Contra la impiedad de algunos filósofos falsos, defenderemos que la revelación es posible y necesaria conforme a la naturaleza de Dios, y a la necesidad del hombre; que es recta, invariable y cierta.

46. El obsequio que damos a la revelación, es racional y filosófico.

Probaremos que por no tener una verdadera idea de la razón humana han creído muchos, que está como en cadenas cuando se trata de cosas reveladas.

47. La revelación está acompañada de milagros y profecías como unos comprobantes suyos, cuyas circunstancias manifestaremos.

49. Ningún milagro puede hacerse en comprobación de un error.

50. Los seres criados pueden ser causas de milagros impropios y entonces pueden hacerse en confirmación de una doctrina errónea, pues estos milagros impropios no exceden la potencia del arte.

51. Expondremos la naturaleza y fundamento de la religión cristiana.

52. Contra los tolerantes defenderemos que todas las religiones no son buenas, pues únicamente es verdadera la católica.

53. Se explicarán los vicios opuestos a la religión, fijando las ideas de las palabras fanatismo y superstición.

[Antonio Bachiller y Morales: *Apuntes para la historia de las letras y de la instrucción pública en la isla de Cuba*. Cultural S. A., La Habana, 1936. tomo III.]

Discursos, trabajos y documentos de Félix Varela en la real sociedad patriótica de la habana

Carta autógrafa dirigida por Félix Varela a la Sociedad Patriótica de La Habana, solicitando su ingreso en dicha institución.

Habana, dic. 12 de 1816
Excmo. señor y señores de la Sociedad Patriótica.

El Pbro. licenciado don Félix Varela con el mayor respeto ante V. E. y V. T. S. parece y dice que sin embargo de que en el país no puede prometerse ventaja alguna de las cortas luces del exponente, con todo, su celo por el bien público, y el deseo de cooperar en cuanto alcancen sus fuerzas al buen Gral, le han estimulado a rogar a V. E. y V. T. S. se dignen admitirle en clase de miembro de tan digna sociedad, para lo cual.

A. V. E. y V. T. S. debidamente suplica se sirva definir a su solicitud, que es gracia que espera alcanzar de su bondad, Habana y diciembre 12 de 1816.

Félix Varela

[Archivo Nacional de Cuba. Fondo: Donativos y Remisiones, caja 547, signatura o número 24, folio 1.]

Demostración de la influencia de la ideología en la sociedad, y medios de rectificar este ramo

Discurso leído por el presbítero don Félix Varela, catedrático de filosofía en el Real Seminario de San Carlos, en la primera junta de la Sociedad Patriótica de La Habana, a que asistió después de su admisión en dicho cuerpo.
1817

La naturaleza prescribe al hombre ciertos deberes respecto de sí mismo, en los que conviene con todos sus semejantes: la sociedad le impone otros no menos sagrados, que dirigiéndose al bien común, le pertenecen particularmente según el puesto que ocupa en el sistema social. Todos deben aspirar a la ilustración de su entendimiento. Este es un dictamen de la naturaleza. Los que se encargan de la enseñanza pública deben no excusar medios algunos de hacerse capaces de tan arduas funciones. He aquí un precepto de la sociedad. Uno y otro me impelen a proporcionarme los conocimientos necesarios para indicar los pasos del espíritu humano, y exponer las obras del Ser supremo a una porción escogida de la juventud que asiste a mis lecciones públicas.

Por tanto en una época en que a esfuerzos de una mano protectora ofrece esta corporación los más abundantes frutos a la literatura, me he creído estrechamente obligado a acogerme a ella, para recibir las rectificadas ideas que exige el ministerio que ejerzo.

Este es el motivo, Señores, que me trae a vuestra sociedad. He juzgado siempre que el libro maestro de la filosofía es el trato de los sabios, y que nuestros conocimientos adquieren la última perfección, cuando se comunican mutuamente en un cuerpo destinado a fomentarlos. Yo seré en lo sucesivo el órgano por donde lleguen vuestras ideas a la juventud que miráis con tanto aprecio. Nada más análogo al celo que os anima que proporcionaos un conducto tan inmediato para esparcir los verdaderos conocimientos filosóficos, y nada más honorífico para mí que ser yo este conducto de vuestras últimas instrucciones.

La juventud está bajo de vuestra protección. Lo están los maestros. Tengo un doble derecho para reclamar en mi favor, y en el de mis discípulos vuestras luces, siendo un deber respecto del público, lo que en orden a mí no es, sino un efecto de vuestra bondad, que me inspira el más profundo reconocimiento.

Doy, pues, a esta corporación las más respetuosas gracias por el honor que me ha dispensado en admitirme; y en cumplimiento de sus mandatos, pasaré a desenvolver el tema, que su muy digno Director se ha servido darme en estos términos.

Influencia de la ideología en la sociedad, y medios de perfeccionar este ramo.

Reducir las ideas del hombre a su verdadero origen, indicando los pasos con que se fueron desenvolviendo las facultades intelectuales y morales, y la relación de los conocimientos adquiridos, es el objeto de la ciencia que llamamos ideología. De modo que lo que al principio no fue otra cosa que una sucesión de sanciones con que los objetos exteriores obligaron al hombre a poner en uso la actividad de su espíritu, vino a formar un plan científico, que será tanto más exacto, cuanto más conforme a los dechados naturales que sirvieron a su formación.

Es por tanto absolutamente necesario que observemos al hombre y sus relaciones, para encontrar los fundamentos de la ideología. Yo no me detendré en el pormenor del sistema ideológico, hablando a una corporación ilustrada que sin duda percibe estas cosas con la mayor exactitud. Reflexionaré únicamente sobre aquellos puntos que tienen una relación estrecha con el objeto de mi discurso.

En el hombre hay unas sensaciones que producen el deseo de obtener sus objetos, o de separarlos. Estas llamamos necesidades. Un deseo permanente de ocurrir a dichas necesidades, forma la pasión, y en consecuencia el hombre se constituye un ser sensible y apasionado. Sus ideas le dieron uno y otro atributo, y todo el sistema del hombre moral, depende inmediatamente del hombre ideal, si puedo valerme de esta expresión.

Ya me parece que veo, Señores, que vuestro entendimiento sumamente exacto y diestro concluye el raciocinio que yo he empezado a formar. Sí, me parece que os oigo decir tácitamente: supuesto que el hombre moral forma los elementos de la sociedad, y este ser sensible y apasionado es el producto del sistema ideológico, la ideología es la base del cuerpo social.

Cultivemos, pues, un ramo del que ha de nacer el frondoso árbol de la felicidad pública. El hombre será menos vicioso cuando sea menos ignorante. Se hará más rectamente apasionado cuando se haga más exacto pensador. ¡Qué abundantes reflexiones se deducen de este principio! ¿Cuál será el estado del hombre en la sociedad, en que no tenga una directa influencia el sistema de sus ideas? ¡Cuáles las ventajas que puede sacar el conjunto social de la rectificación de cada uno de los individuos! Si conducimos al hombre, por decirlo así, desde la cuna, con unos pasos fundados en la naturaleza, enseñándole a combinar sus ideas, y apreciarlas según los grados de exactitud que ellas tengan, le veremos formar un plan científico el más luminoso, una prudencia práctica la más ventajosa a la sociedad. Pero si por el contrario le abandonamos en manos del pueblo ignorante, y dejamos que sus ideas tomen el giro que el capricho ha querido prescribirlas, entonces la preocupación será el fruto de su desarreglo, la inexactitud el distintivo de sus pasos, la fiereza el impulso de sus operaciones. Le veremos adquirir un conjunto informe de ideas que llamará ciencias; pero su espíritu estará envuelto en tinieblas tanto más densas e incapaces de disiparse, cuanto menos pueda penetrar a lo interior de esta mansión lóbrega de abstracción, vagos sistemas, inexactas nomenclaturas y conocimientos adocenados, la luz benéfica de la verdadera filosofía.

No es la multitud de ideas la que constituye las ciencias; es sí, el orden de ellas el que forma los sabios. Un magnífico edificio nunca pudo provenir de la aglomeración desarreglada de diversos materiales: así también es imposible que el orden armonioso de la ciencia sea el producto de infinitas nociones mal combinadas. Necesitamos que un exacto sistema ideológico ponga orden en nuestros conocimientos, clasificándolos según sus objetos; y de lo contrario las ciencias vendrán a ser unos grandes pesos que agobien nuestro espíritu.

El recto juicio tan deseado de todos, tan interesante al bien público, tan necesario a cada uno de los estados del hombre social, no es sino un efecto del plan ideológico. ¿Queremos juzgar bien de las cosas y sus relaciones? No hay otro medio que el de analizarlas. ¿Queremos analizarlas rectamente? Observemos el orden con que la naturaleza nos fue dando las ideas de estas mismas cosas y relaciones. ¿Queremos aprender a observar? Ejercitémonos en la ideología, en esta ciencia que dividiendo por decirlo así el espíritu del hombre, nos presenta en un cuadro el más bello, la armonía de sus conocimientos, y la relación de sus facultades. La ideología, pues, forma el buen juicio; y en consecuencia ella es la fuente abundante de los bienes de la sociedad.

«Si en todas las ciencias, dice un sabio ideólogo, es preciso proceder "de lo conocido a lo desconocido"», no hay duda que la ideología es la base de todas las demás, porque «no conocemos los objetos exteriores, sino por nuestras ideas»; pues «lo que está fuera de nosotros no se conoce, sino por lo que está dentro de nosotros». Por tanto, para llegar «al conocimiento de los objetos, es preciso aplicarse antes a conocer nuestras mismas ideas, su origen y relación».[10]

Tú, don excelso de la palabra, que el cónsul filósofo te llama el distintivo de la especie humana, tú eres un retrato fiel de los pensamientos, y participas de las mismas perfecciones o deformidades que en ellos se encuentran. El que piensa bien habla bien. Jamás un correcto lenguaje fue el compañero de unas ideas inexactas. Elocuencia, delicias de la sociedad, tú que tienes las llaves del corazón humano, que le das libertad, o le aprisionas según tus designios, tu

---

10 Daube, Essai d'Ideologie. pág. 13.

imperio todo está fundado en la ideología. Enseñas a los mortales, cuando se te suministran ideas bien desenvueltas y ordenadas según los pasos del análisis. Deleitas cuando percibes las relaciones de los objetos con nuestra sensibilidad. Mueves, cuando adviertes iguales relaciones con los intereses del hombre apasionado. Debías prestarme ahora todos tus giros y bellezas en favor de la ideología. De la ideología que te ha despojado de aquel atavío de fórmulas y figuras con que te vistieron los que buscaron tu origen en el capricho de los hombres, y no es en las sendas de la naturaleza. Yo reclamo estos derechos a tu protección en beneficio de tu misma causa. Pero me he excedido; ya oigo tus voces: ellas me advierten que cuando los objetos se prestan por sí mismos, conviene dejarlos aparecer bajo su natural sencillez. La ideología es un resultado de las leyes naturales, y cuando la naturaleza habla, el hombre debe escucharla en silencio.

He dicho, Señores, bien poco de lo que podría exponerse acerca de la influencia de la ideología en la sociedad, pero demasiado para hablar en una reunión de literatos, que por un mero bosquejo de una imagen científica, sabe formar ideas de sus últimos coloridos. Paso, pues, al análisis del segundo miembro del tema propuesto.

Para encontrar los medios de rectificar un ramo de las ciencias, es preciso primeramente observar el estado en que se halla, y las causas que producen este efecto. Me es muy sensible; pero absolutamente necesario exponer que la ideología está entre nosotros en la mayor imperfección. La prudencia no dicta que yo pruebe este aserto, refiriéndome a las personas que habiendo ya salido de las clases ejercen la literatura, porque estoy bien persuadido que entre esta especie de gente hay muy pocos que quieran ver, menor número que vea, y muchos que obstinadamente se opongan a todo lo que no es conforme a las ideas con que fueron educados. Hablaré solamente de la juventud, que aun está en disposición de recibir el influjo benéfico del cuerpo patriótico, si percibimos los males que la aquejan y sus causas.

Tengo probado por experiencia lo que habrán conocido todos los que se hayan dedicado a reflexionar sobre la educación pública, y es que la juventud bajo el plan puramente mecánico de enseñanza que se observa casi en todas partes, adquiere unos obstáculos insuperables para el estudio de la ideología, y es preciso que tenga un gran empeño en olvidar lo que ha aprendido con tantas fatigas. ¡Desgraciada suerte de la juventud! No me acuerdo que haya venido a oír las primeras Lecciones de Filosofía un joven cuyas ideas hayan sido bien conducidas en la primera enseñanza. Se les encuentra inexactos, precipitados, propensos a afirmar o negar cualquier cosa sin examinarla, y solo porque se lo dicen, llenos de nomenclaturas vagas, sin entender una palabra de ellas; tan habituados al orden mecánico de repetir de memoria sin poner atención en nada de lo que dicen, que cuesta un trabajo inmenso hacerles atender; y se hallan en unas regiones absolutamente desconocidas, cuando se les manifiesta que toda esa rutina es despreciable, y que en orden a las ciencias no han dado un paso, siendo perdidos casi todos sus trabajos anteriores.

Tal es la situación, Señores, de la juventud habanera. Yo no temo ser desmentido, la experiencia es muy constante. A los quince años, los más de nuestros jóvenes han sido como unos depósitos en los que se han almacenado infinitas ideas, las más extravagantes, o como unos campos en que se han sembrado indistintamente diversos granos, cuyos frutos mezclados con irregularidad presentan el trabajo más penoso para clasificarlos, rara vez se consigue.

Investigando el origen de estos males encuentro que provienen principalmente de la preocupación que reina en muchos, de creer que los niños son incapaces de combinar ideas, y que debe enseñárseles tan mecánicamente como se enseñaría a un irracional. Nosotros somos, dice el gran maestro del duque de Parma, nosotros somos los irreflexivos, cuando atribuimos a la incapacidad de los niños lo que es un efecto de nuestro método y lenguaje.

Efectivamente, Señores, si conducimos un niño por los pasos que la naturaleza indica, veremos que sus primeras ideas no son numerosas; pero sí tan exactas como las del filósofo más profundo. Hablemos en el lenguaje de los niños, y ellos nos entenderán. Es temerario el empeño de querer que sus primeros pasos sean tan rápidos como los del hombre ya versado; pero es igualmente un error prohibirles que los den, o a lo menos no excitarlos a este efecto.

Se dice vulgarmente que llegando al uso de la razón pensarán con acierto, y que a las clases de filosofía pertenece desenvolver los talentos de la juventud. Preocupación perjudicial, que ha causado grandes daños a la sociedad. El hombre usa de su razón desde el momento en que tiene facultades y necesidades, que es decir, desde que presentándose como un nuevo individuo en el teatro de los seres, inmutan estos sus órganos sensorios, y le hacen percibir las relaciones que ha contraído con el universo. La filosofía empieza para el hombre cuando nace, y concluye cuando desciende al sepulcro, dejándole aún espacios inmensos que no ha recorrido. Los que enseñan no son más que unos compañeros del que aprende, que por haber pasado antes el camino, pueden cuidar que no se separe de la dirección que prescribe el análisis. El verdadero maestro del hombre es la naturaleza.

Estas consideraciones me conducen a pensar que la ideología puede perfeccionarse mucho en esta ciudad, si se establece un nuevo sistema en la primera educación, y dejando el método de enseñar por preceptos generales aislados, y pocas veces entendidos, aunque relatados de memoria, se sustituye una enseñanza totalmente analítica, en que la memoria tenga muy poca parte, y el convencimiento lo haga todo.

No es mi ánimo sobrecargar a los jóvenes con el gran peso de prolijas meditaciones. Tampoco pretendo que un aparato científico, lleno de todos los adornos que suelen ponerse a las obras del ingenio para darlas el mérito que no tienen, venga a deslumbrar los tiernos ojos de la niñez. Muy lejos de esto. Estoy persuadido que el gran arte de enseñar consiste en saber fingir que no se enseña. Yo creo que todas las reglas que con tanto magisterio se suelen presentar, vienen a ser como unas columnas de humo, que las disipa el menor viento, si no están fundadas en investigaciones anteriores, siendo el resultado de unos pasos analíticos, cuya relación se haya percibido.

Las reglas son el término de nuestras investigaciones, y no pueden ser el principio de ellas. Las proposiciones generales resultan del análisis de muchos individuos que forman como una gran cadena, y si el entendimiento no percibe la unión de sus eslabones, todos los axiomas son inútiles, diré más, son perjudiciales, porque alucinan al espíritu con su evidencia mal aplicada, y el hombre será tanto más ignorante, cuanto menos cree serlo. Es preciso concluir por donde ahora se empieza. Esta proposición parecería una paradoja a la vista de hombres poco instruidos, mas yo creo que es una verdad muy clara para vosotros que no ignoráis los trabajos inmortales de los célebres ideólogos.

Los fundamentos de la ideología no pueden darse sino cuando se ha hecho pensar bien al hombre, sin que él perciba que el ánimo era formar un plan ideológico; pues entonces la historia por decirlo así, de sus aciertos compendiada en cortas expresiones, formará su lógica perfectamente entendida porque no será más que lo que él mismo haya hecho.

Entonces, podrá verificarse que los jóvenes cuando pasen a las clases de filosofía vayan a rectificar su entendimiento, esto es, a observar los pasos que ellos mismos habían dado sin saber que los daban, a rectificar algunos de ellos y facilitarse la carrera de las ciencias, y no como sucede actualmente que solo van a aprender lo que es costumbre se aprenda, quedándose sobre poco más o menos con los mismos defectos intelectuales que antes tenían.

Esta regla no es universal; vuestra prudencia lo conoce. Yo haría un agravio a los profesores públicos de filosofía que tanto fruto han dado y están actualmente dando, si dijera esto de todos los jóvenes que han cursado y cursan dichas clases. Yo mismo me privaría del honor que me hacen muchos de mis discípulos, si agraviando su mérito negara la rectitud de sus ideas. Pero esto lo deben a las luces con que la naturaleza quiso favorecerlos, a su aplicación y genio filosófico, y algún tanto a mis cuidados.

Propongo, pues, que la Sociedad mande formar, por alguno de los muchos sujetos instruidos que la componen, una obra elemental para la primera educación. Por mi dictamen, esta obra debe ser la más breve y clara que sea posible. No debe encontrarse en ella ninguna voz técnica, ni palabra alguna que los niños no hayan oído millares de veces todas las divisiones y subdivisiones inútiles deben desterrarse. Por seguir lo que siempre se ha seguido, no caigamos siempre en los mismos errores. Vale más acertar con pocos, que errar con todos.

Reputo esta obra como un ensayo práctico, y base fundamental de la ideología teórica que se aprenderá a su tiempo. Para esto conviene se elijan las materias más interesantes, y que con más frecuencia deben tratarse, a saber, nuestra santa religión y las obligaciones del hombre social.

Estos objetos que forman nuestra felicidad son los mismos más ignorados. Un catecismo repetido de memoria en forma de diálogo, esperando al niño la última sílaba de la pregunta para empezar la primera de su respuesta, es el medio más eficaz para perder el recto juicio sin instruirse en la doctrina cristiana. El Diálogo no es para las obras elementales, y el aprender de memoria es el mayor de los absurdos. Yo no me detengo en probarlo, porque la Sociedad, sobre manera ilustrada, no puede menos que percibir claramente los fundamentos de esta proposición.

Creo, Señores, que ensayados los jóvenes en pensar bien sobre unos objetos tan familiares como dignos, se harán capaces de percibir los principios de la gramática universal, que deben ser el complemento de la obra que propongo.

Me persuado igualmente que con estos ensayos podrán aprender la gramática de su lengua, la del idioma latino y cualquiera otra, sin más trabajo que procurar los maestros, conducirlos por los mismos pasos que les han visto dar en esta primera educación.

La Sociedad, con su acostumbrado acierto, ha prevenido muchos de los medios de rectificación de la enseñanza pública que podrían ser objeto de mi discurso, como causas que influyen notablemente en la ideología. Veo con mucha complacencia que el bello sexo es atendido. La Habana se promete muchas ventajas de este esmero. Dos amigos han desempeñado con la mayor propiedad el encargo que se les hizo en orden a las escuelas de niñas, y su informe prueba bien por lo claro la necesidad que hay de mejorarlas. Tengo entendido, que se ha encargado la formación del plan general de enseñanza a uno de nuestros amigos, que lo es mío por relaciones particulares, y cuya instrucción me es tan conocida que no puedo menos que prometerme los más felices resultados.

De todo lo expuesto se deduce lo interesante que debe ser para vosotros enseñar al hombre a pensar desde sus primeros años, o mejor dicho, quitarle los obstáculos de que piense. Yo he insinuado algunos medios, vuestra inteligencia les dará el valor que tuvieren, y suministrará otros muchos ventajosos, pues yo no dudo que tendréis siempre en consideración la influencia de la ideología en la sociedad, y los medios de rectificar este ramo.

[Félix Varela: Demostración de la influencia de la ideología en la sociedad y medios de rectificar este ramo. En: *Memorias de la Real Sociedad Económica de La Habana*, n.º 7, julio de 1817.]

Fragmentos de las sentencias o instrucciones morales y sociales para la juventud escritas por don Félix Varela y don Justo Vélez a instancias de la Real Sociedad Patriótica de La Habana

(1818)

La precaución
No te fíes de los hombres antes de experimentarlos; pero no desconfíes tampoco sin razón, porque es contrario a la caridad y a la justicia.

La gratitud
No tengas envidia de tu bienhechor, no te esfuerces nunca en ocultar el beneficio que has recibido de él, pues aunque valga más obligar que estar obligado, y aunque un acto de generosidad atrae la admiración; no obstante, la confesión humilde del agradecimiento mueve siempre al corazón y es agradable a Dios y a los hombres. Pero no recibas favor alguno de mano del orgulloso; ni te dejes obligar del interesado o avaro; la vanidad del orgulloso te expondrá al sonrojo, y la codicia del avaro jamás estará contenta.

La benevolencia
La benevolencia produce en nosotros una sensación apacible, y en los demás aprecio: pues todos aman al que desea los bienes para sus semejantes. Sin embargo, es preciso que no degenere en una absoluta condescendencia, y un deseo de que todos consigan lo que apetecen, ora sea justo, ora sea injusto.

La templanza
La templanza pone unos justos límites a todos nuestros apetitos, para que no se opongan a lo que dicta la razón y manda la ley, sirviendo así mismo para conservar la salud. No solo en los manjares, como se cree por lo común, sino también en los deleites de los demás sentidos tiene cabida la templanza. Nos enseña a usar los placeres como medios para aliviar nuestro espíritu, y no como objetos en que debe fijarse nuestra alma.

La beneficencia
La beneficencia nos hace amables; pero será indiscreta si distribuimos los beneficios sin consideración a las personas; pues muchas veces se conceden dones a sujetos que no han de hacer uso de ellos y son inútiles, o a personas que les dan mala aplicación y vienen a ser perjudiciales.

La conmiseración
La conmiseración es como el distintivo de la humanidad, pues solo las fieras no se resienten de los estragos de sus semejantes, ni ponen término a su furor. Pero es preciso no confundir la conmiseración con la debilidad que pretende dejar impunes los delitos y proteger al malvado.

La prudencia
La prudencia indica al hombre lo que debe elegir, practicar y omitir en cada circunstancia. Esta virtud no se adquiere sino por la reflexión continua, que llega a hacernos habituar a juzgar bien. Procuremos conocer las cosas como son en sí, y no como las pintan los hombres; y entonces podremos hacer buen uso de ellas. Sin embargo, es preciso estar al tanto de las acciones de los otros para dirigir nuestras operaciones respecto de ellos.

La justicia
La justicia nos prescribe dar a cada uno lo que le corresponde, y es la virtud que sostiene la sociedad. Debemos, pues, no privar a otro de los bienes, honor y crédito que posee; y tampoco se han de negar los premios y alabanzas que cada uno merece. Así mismo es preciso corregir los defectos y castigar los delitos; pero de un modo arreglado a la prudencia, en términos que siempre se produzca un bien, que el castigo no exceda al delito, ni el premio al mérito.

La fortaleza
La fortaleza sostiene al hombre en los peligros: le enseña a sufrir los males; a no vacilar en la abundancia de los bienes; y a emprender grandes obras. Pero es preciso que no degenere en temeridad, o mejor dicho, en barbarie; pues hay muchos que creen que son fuertes, porque se exponen a todos los peligros sin necesidad, y buscan, por decirlo así, los males, para ostentar que pueden sufrirlos. Otros destierran de su alma la compasión: otros aspiran al bárbaro ejercicio de sus fuerzas contra sus semejantes, como lo harían entre sí los animales más feroces; y esto creen que es la virtud de la fortaleza. ¡Qué engañados viven! Toda virtud es racional, y no puede inspirarnos operaciones tan brutales.

La ira
La ira convierte al hombre en una fiera, privándole de todo el uso de su razón. Basta decir esto para entender que debe ser reprimida. Sin embargo, hay una ira santa, que es la que excita al espíritu arreglado la vista del crimen y la obstinación del criminal. En tal caso, debe arreglarse por la ley divina y humana, para no perder el amor natural que debemos a todo hombre, por el odio que merece el vicio. Amemos el malo, aborrezcamos su maldad: pero mientras no se corrija, manifestemos el rigor que merece.

La desesperación
La desesperación siempre es irracional, y jamás tiene fundamento. El hombre débil, el hombre de un espíritu bajo es el que no puede sufrir los males y se desespera. Siempre la desesperación proviene de ignorancia, pues no se advierten los medios de evitarla, o proporcionarla, y en consecuencia el espíritu se embrutece.

La venganza
Prueba la venganza un alma débil y rastrera, porque verdaderamente los males recibidos no se destruyen con hacer otros iguales al que los causó: y es una necia complacencia la de no sentir los males porque otro también los siente. Pero no se debe inferir de aquí que el que hace un daño se quede impune; pues hay el recurso de aplicarle la pena que merece, no por venganza, sino por corrección, para evitar que haga mayores daños.

La alegría
La alegría exalta el alma, y es como el gran resorte de sus operaciones; mas cuando es excesiva llega a trastornar el espíritu, y da cierta ligereza opuesta a la madurez y buen juicio. Conviene reflexionar sobre la inconstancia de la alegría en el mismo acto en que la experimentamos: esto servirá para moderarla, y hacernos menos sensible su pérdida.

La tristeza
La tristeza debe moderarse con todo empeño, porque un alma triste es un alma decaída o abatida; y en el abatimiento no pueden ejercerse acciones grandes. Debemos considerar un espíritu triste como un cuerpo desfallecido, que apenas puede ejercer las acciones más sencillas.

La inquietud
Mira el origen de la inquietud que traes, y las desgracias de que te quejas, y verás que provienen de tu propia locura, de tu amor propio, y de tu desarreglada imaginación. Corrige tu interior, y no te digas: «Si tuviera hacienda, poder, y reposo, yo sería feliz». Advierte que estas cosas tienen sus inconvenientes y dañan a los que las poseen. No tengas envidia al que goza una felicidad aparente; porque no conoces sus penas secretas. La mayor sabiduría es contentarse con poco; porque el que aumenta sus riquezas, aumenta sus cuidados.

La inquietud
El hombre ingenuo desprecia los artificios de la hipocresía, se pone de acuerdo consigo mismo, y jamás se embaraza en sus operaciones: tiene bastante valor para decir la verdad, y le falta para mentir. El hipócrita opera de un modo contrario a sus sentimientos: está profundamente escondido: da a sus discursos las apariencias de verdad; mientras que la única ocupación de su vida es el engaño. Es incomprensible para los necios; pero está muy descubierto a la vista del prudente. ¡Oh insensato hipócrita! las fatigas que pasas para ocultar lo que eres son más grandes que las que costaría conseguir lo que quieres parecer.

La modestia
Pon freno a tu lengua, para que las palabras que salgan de tu boca no alteren tu sosiego y te proporcionen discordias. Cualquiera que habla con gusto de las faltas ajenas, oirá con dolor hablar de las suyas. No te alabes a ti mismo, porque no granjeas sino el menosprecio. No procures hacer ridículos a los otros, porque es peligroso empeño. Una burla picante es la ponzoña de la amistad; y el que no puede contener su lengua, no vivirá con quietud. Un grande hablador es el azote de las concurrencias; se aflige el oído con su locuacidad; y generalmente

enfada y molesta, porque es su lengua como un torrente en que se aniega la conversación.

[José Ignacio Rodríguez: *Vida del presbítero don Félix Varela*. Segunda edición. Arellano y Cía. La Habana, 1944.]

Elogio del Excmo. e Illmo. Señor don José P. Valiente y Bravo, pronunciado en la Catedral de La Habana, por don Félix Varela

10 de marzo de 1818[11]

Consiliarius, vir prudens et literatus.
Consejero, varón prudente y letrado.
Paralip. Lib. I, Cap. 27, v. 32.

La muerte inexorable acaba de arrancar del seno de la Patria a uno de sus hijos más amantes. En vano esta augusta madre le estrechaba entre sus brazos, en vano se empeñó en conservarlo; fue preciso que cediera al árbitro de la naturaleza que prescribe el fin de los mortales, y adorando sus divinos decretos siempre justos, siempre santos, ha perdido un hombre digno de todo aprecio, y solo le queda el consuelo de conservar los frutos de su talento y de sus fatigas. El voto de los buenos y las miradas de los patriotas siguen las sombras fugitivas del sabio que entra y se esconde en la región de la inmortalidad. Los ayes lastimeros resuenan por todas partes, ellos atraviesan los dilatados mares, y llegando a nuestro suelo, a nuestro suelo digo, donde están manifestados los beneficios del hombre público que acabamos de perder, encuentran mil voces

---

11 Elogio del Excmo. E Illmo. Señor doctor José Pablo Valiente y Bravo. Caballero Gran Cruz de Isabel la Católica, ministro togado del Consejo y Cámara de Indias, Asesor general de Cruzada, y de la Superintendencia y Dirección general de correos, caminos y canales, Vocal de la Junta Militar de Indias, del gremio y claustro de leyes de la Universidad de Sevilla, individuo de número de aquella Sociedad Patriótica y secretario de su diputación en Madrid, socio honorario de La Habana, etc., pronunciado en la iglesia catedral de La Habana, por el presbítero don Félix Varela, maestro de Filosofía en el Real Seminario de San Carlos, el día (10 de marzo de 1818). Con superior permiso. Habana. Oficina de Arazoza y Soler, impresores honorarios de Cámara del Gobierno y de la Real Sociedad patriótica, 1818.

que, animadas por la gratitud, y dirigidas por el justo aprecio, corresponden unánimes, y repiten los ecos del lamento.

La memoria de un mortal que sacrificaba sus intereses privados por los públicos; que dirigía con sus consejos, siempre juiciosos, la agitada nave de la nación, en las circunstancias más peligrosas; la memoria, repito, de un nuevo Simónides que poco ha disfrutábamos, y en un momento hemos perdido, exige que, en medio de las justas lágrimas, le apliquemos el elogio que la Escritura Santa hace a Jonatán, consejero de David, pues todos conocen que el Excmo., e Illmo. Señor don Pablo Valiente y Bravo, cuya pérdida lamentamos, fue un consejero prudente y letrado. Consiliarius, vir prudens et literatus. Tomando la palabra por todos los buenos ciudadanos a quienes animan estos mismos sentimientos, yo repetiré que hemos perdido un Jonatán, un consejero prudente y letrado.

Yo no le tributaría estos elogios, si aquella alma grande estuviera aprisionada con las cadenas de la carne. La Escritura Santa me lo prohíbe expresamente, pero cuando ha llegado al ocaso tranquilo de su vida, cuando reposa en el sepulcro, no me atrevo a regar algunas flores sobre la losa fría que la cubre, pues el mismo espíritu del Señor enseña, que al fin del hombre se manifiestan sus obras, y que el día de la muerte es el verdadero día del nacimiento.

Dispensadme, señores si en medio de los trofeos de la muerte y en la santa tristeza que inspiran tan lúgubres ceremonias, mi lenguaje debe traslucir un ánimo complacido. Dispensadme si yo tengo la imprudencia de interrumpir la pena de los amigos del señor Valiente, manifestando sentimientos de alegría en medio de sus gemidos. Yo lo confesaré, mi espíritu, al paso que se penetra en el sentimiento de una pérdida tan notable, se regocija en el señor al ver que la Patria aun tiene hombres dignos de alabanzas que lleguen al túmulo en la ancianidad, sin haber manchado su carrera civil, ni haber faltado un momento a las necesidades del reino. Sí, la España ha visto descender al sepulcro al Excmo. E Illmo. Señor Valiente con aquella misma tranquilidad con que le veía entrar en las grandes asambleas para sostener sus derechos. El amor a su patria, la fidelidad al Soberano, el interés por todo lo justo, la buena amistad, formaban su carácter, y este hombre grande, alejándose de la religión de los mortales, no se ha llevado consigo todos estos bienes, sino que los deja en su memoria para que sirvan de estímulo a sus compatriotas. Este fúnebre aparato me parece erigido para el hombre, y no para el magistrado; aquél ha muerto, este vive, y vive en sus obras, vive del modo más digno, pues como decía el Cónsul filósofo, con la muerte del hombre no perecen sus dictámenes, y ellos conservan perpetuamente la memoria de un consejero prudente y letrado.

Aras Sacrosantas, donde acaba de ofrecerse el Cordero de Dios, que quita los pecados del mundo, yo no me atreveré a profanaros desde la cátedra de la verdad. Illmos. prelados de la Iglesia,[12] cuya presencia me infunde el mayor respeto, yo no cometeré el crimen de quebrantar la ley santa de sus doctores. Hay justos y sabios; pero sus obras están en la mano de Dios, y el hombre ignora si es digno de amor o de odio, quedando estas causas inciertas para el futuro; el Eclesiástico me lo enseña. No he olvidado las lecciones del Apóstol, que nos manda a suspender todo juicio acerca de la justicia de los mortales, reservándolo al ser Supremo. Yo hablo del Excmo. Illmo. Señor don José Pablo Valiente y Bravo considerándolo como un hombre público, por lo que presentan sus acciones civiles, y al mismo tiempo uno mis preces a las que públicamente se hacen en este día para que el Dios de las misericordias, en cuya presencia, como dice el Profeta, no se justificará ningún viviente, lave con su sangre y perdone sus defectos a que la fragilidad humana haya arrastrado al sabio a quien yo elogio.

Pero, ¿qué digo, señores? ¿Soy yo el que elogio al Illmo. Valiente? ¿No son sus obras las que deben elogiarle? Yo me limitaré a presentar algunas de sus operaciones públicas, haciendo ver que procedió como un varón prudente y letrado, y esta sencilla narración formará todo mi discurso.

No hablaré de sus primeros estudios, ni del genio y talento que manifestó en todos sus actos literarios. La Universidad de Sevilla se gloria de tenerle por discípulo, y de contarle en el número de sus doctores. En ella sirvió por espacio de siete años la cátedra de derecho patrio que obtuvo con admiración general a los veintiuno de edad. Sería inútil referir los elogios que se prodigaron por todos los sabios a este joven, anciano ya en sus conocimientos; cuando la voz pública que le dio a conocer, no ha cesado de acompañarle hasta el sepulcro. Las prensas nos trasmitieron entonces los frutos del ingenio y del juicio siempre sólido del joven abogado del colegio de Sevilla, incorporado después en el de Madrid. Sus

---

12 El Illmo. Señor Diocesano, asistente, y el Illmo. Señor don Salvador Samartín, dignísimo obispo de Chiapa, celebrante.

escritos manifestaron que reunía las circunstancias que en sentir de un sabio deben tener los que se dedican al estudio de las leyes. «Si hay algún mortal, dice, cuyo ánimo generoso esté adornado con una sabiduría fuerte y gloriosa; que se haya adquirido una suma prudencia para causar y conservar la felicidad de la república, que conozca fácilmente lo justo, lo honesto, lo decoroso, y todos los medios de investigar la verdad; por último, que tenga impresas en su espíritu las costumbres de su patria, éste es un buen jurisconsulto.» Estas palabras son un bosquejo del señor Valiente. Reunía sin duda estas prendas tan recomendables, y ellas no pudieron estar ocultas por mucho tiempo. El digno ministro Gálvez las advirtió muy pronto, y admirando a este letrado apreciable, dijo que deseaba darlo a conocer al mundo, y lo recomendó especialmente para que S. M. se dignase concederle la plaza de oidor de la Audiencia de Guatemala, que obtuvo y desempeñó con sumo aplauso.

Empiezan ya señores, los esfuerzos del protector de la América. Un genio sublime, un genio rectificado, va a desenvolver todos sus recursos, todas sus luces en favor de un suelo capaz de todo lo grande, todo lo digno. Guatemala ilustre, Guatemala, yo te usurpo tus derechos; tú debías continuar ahora los elogios del señor Valiente. Tú, con la energía que comunican las obras grandes cuando se presencia, manifestarías entre otras cosas que el émulo fue discípulo de Lavoisier. ¡Qué no emprende un alma grande! ¡Cuáles serán los límites del espíritu humano cuando le dirige la naturaleza y no la preocupación, y cuando le anima el amor a la verdad y el interés por la patria! Mejor diré: ¡hasta dónde se extiende la sabiduría de los mortales, cuando el padre de las luces, de quien desciende todo don perfecto, atendiendo a las buenas intenciones, se digna concederle la disciplina y la ciencia que le pedía su Profeta! Yo admiro, señores, al profundo jurisconsulto, que en medio de las dificultosas funciones de la toga, se dedica, como superintendente director de la casa de la moneda, a investigar todos los medios de su adelantamiento. Él hace ensayar los metales, medita sus afinidades y el valor de sus ligas, en una palabra, él se asocia a los más débiles químicos mineralogistas, y obtiene por fruto de sus desvelos un nuevo método de ensayar las monedas de oro, cuya práctica adoptada desde entonces y mandada observar por orden expresa del Soberano ha proporcionado grandes ahorros. ¡Qué frutos produce la meditación de un sabio! Pasan las obras de la fuerza, permanecen las de la inteligencia; cesan los bienes que produjo el poder, no se extinguen los del talento. Dos años permanece este gran hombre en aquel país, y en tan corto tiempo hace conocer su profunda instrucción en todos ramos. Él se manifiesta sublime no menos en la jurisprudencia que en la economía política.

Él...¡Pero qué! ¿Intentaré yo traer a la memoria todos los bienes producidos en Guatemala por el hombre público a quien elogio? Ver un género de oración en que hablando como el orador de Roma, me sería más difícil encontrar el fin que el principio de ella. Yo paso con pena dejando a un lado las infinitas acciones del señor Valiente mientras estuvo en Guatemala, y quiero considerarle para ser su admirador en la Audiencia de México.

Me sería igualmente imposible enumerar los méritos que contrajo este letrado para aquellos habitantes, y en la necesidad de pasar en silencio muchas de sus acciones públicas las más interesantes, yo recordaré solamente una, que del todo le pertenece y cuya gloria no divide con nadie. Si yo no estuviera persuadido de que los objetos por sí grandes tienen toda la sublimidad en la misma sencillez, y que nada deben al orador que los presenta, éste sería sin duda el lugar de mi discurso en que me vería más complicado. Pero, por fortuna la vida pública del señor Valiente no necesita adornos oratorios para aparecer grande y decorosa; y el hecho de que yo voy a hablar es uno de los que más le distinguen. Los extensos conocimientos políticos y económicos de este padre de la patria le hicieron ver muy a lo lejos la calamidad que amenazaba a México por falta de granos y pérdida de todo género de cosecha, males que no estaban al alcance de espíritus ligeros, y cuyo remedio no hubiera proporcionado un alma tímida y sin recursos. Pero el señor Valiente trayendo a la memoria las sabias disposiciones de José para libertar al Egipto del hambre, y confiando en la asistencia del señor que no desampara a los que le invocan, discurre medios, los practica, consigue los fines; México es libre. Estas cosas se suceden con la mayor rapidez, y millones de almas sustentadas y libres por las disposiciones del señor Valiente, dirigen sus votos al cielo y reconocen en el fiscal de aquella audiencia, un varón prudente y letrado. Su crédito vuela velozmente conducido, no por la adulación, sino por la justicia: en todas partes se le alaba, y yo me figuro la casa de este sabio como la de Quinto Mucio, a la cual ocurre una multitud de personas de todas clases por oír dictámenes de prudencia y literatura; mil padres de familia le elogian, mil pobres le bendicen. En hora buena que Gorgias Leontino, desmintiendo los sentimientos de la verdadera filosofía, haga levantar una estatua para eternizar su memoria; el señor Valiente, más filósofo que aquel gentil, y animado de los sentimientos cristianos, no quiere dejar en México otros monumentos de su gloria que los frutos de su prudencia, los efectos de su instrucción, siempre amable, siempre interesante, él deja con sentimiento universal aquel territorio, para consagrar sus desvelos al nuestro.

Los dignos y juiciosos comerciantes y hacendados de nuestra Habana, me prestarán toda la materia en esta parte interesante de mi oración. Ellos, admirando los innumerables bienes producidos en esta isla por la prudencia y conocimiento de este sabio, pidieron con constancia al soberano se dignase conservarlo en el empleo de intendente que desempeñaba con tanto acierto. Ellos probaron hasta la evidencia que los intereses del rey y del vasallo pedían la continuación de un hombre que sacándoles de la nada los llevaba a la opulencia. Con cuánta satisfacción dirijo mi vista, señores, a este monumento levantado al mérito por la amistad. Yo oigo la voz de los sensatos que repiten justamente, justamente. Otros cenotafios, construidos por la necesidad o por la adulación, se adornan con prendas extranjeras, que en nada honran la memoria de sus héroes; pero el que vemos no es más que una imagen de lo que disfrutamos. Bastaría haber puesto: el señor Valiente ha muerto para que los buenos ciudadanos que presenciaron sus fatigas y los políticos que admiraron sus talentos, explicaran estas ideas diciendo: el protector del comercio de La Habana ha muerto, el que fomentaba su agricultura ya no existe, el que puso los cimientos de la felicidad en esta isla se ha desaparecido; pero su memoria permanece grabada en el ánimo de los apreciadores del mérito.

Es nada tener grandes empleos, es mucho merecerlos, es cosa admirable desempeñarlos dignamente. El sabio a quien yo elogio es un dechado de estas máximas. Satisfecho con el testimonio de su conciencia y el voto de los buenos, él se expone a todos los riesgos, él arrostra todos los peligros de una caída civil, por desempeñar dignamente sus encargos, siendo fiel a la confianza que merecía del Soberano y a los intereses del pueblo que lo había hecho su depositario. En todo manifiesta su prudencia y sus conocimientos, y me hace recordar que el sabio es animoso y fuerte según las divinas letras. La envidia, esta pasión baja y cruel, que, como dice un célebre orador, perdona algunas veces a la virtud, pero jamás a los talentos, no se atrevió a disputarle esta gloria.

Yo temo, señores, que mis palabras tengan el aspecto de un artificio oratorio, más bien que el de una manifestación de la verdad. Debo, pues, contraerme a hechos públicos e innegables, para que aún los críticos más delicados justifiquen mi conducta. Nadie podrá negar que cuando nuestro comercio estaba casi arruinado y próximo a aniquilarse por la prohibición que había de hacerlo con las naciones extranjeras y aún con nuestras provincias de América; el hombre público de quien yo hablo, el varón prudente y letrado a quien yo elogio, se tomó sobre sí el grave peso de la infracción de las leyes, del odio, del egoísmo, de los cargos y acusaciones de la envidia, de los esfuerzos del poder, y despreciándolo todo, abrió nuestros puertos a los extranjeros, para que con ellos nos entraran las inmensas riquezas. Nuestra agricultura tomó un giro incalculable, el estímulo se esparció por todas partes, innumerables brazos, agitados con una actividad premiada obligaron a nuestro suelo a darnos los copiosos frutos de que es susceptible. Cuando los hacendados carecían de instrumentos y utensilios necesarios para el trabajo en el campo, este hombre útil los proporcionó con abundancia y a ínfimo precio, dando las órdenes más juiciosas para evitar todo monopolio.

Él contribuye a la introducción de la caña de Otaity, que acababa de traerse, animando a todos para su cultivo. La prosperidad de esta isla vuela con las alas de la protección, y el Arístides de La Habana espera tranquilo las resultas, creyendo firmemente que un gobierno justo, un rey padre de su pueblo, no desaprobaría una conducta que produjo tantos bienes. En efecto, el Soberano, apreciando los talentos y patriotismo de tan digno jefe, no solo aprueba sus disposiciones, sino que le manifiesta su real complacencia. Yo dejo a los hábiles economistas que calculen la prosperidad que produjo y está produciendo esta acertada disposición de este sabio. Entre tanto yo solo diré que Epaminondas despreciaba el número de sus detractores, diciendo que le bastaba la batalla de Leuctras para conservar su fama la posteridad: el señor Valiente, con una modestia cristiana, pudo recordar este paso de su vida, esperando que los habitantes de La Habana, en consideración a un servicio tan distinguido, le condonasen los defectos que acaso se le escaparon por la fragilidad humana.

Este varón prudente y letrado, es digno de nuestra memoria y gratitud por otros muchos títulos. En las circunstancias calamitosas de la guerra, cuando se veía esta ciudad más amenazada por el enemigo, influyó considerablemente en las operaciones acertadas del gobierno y fortificación de esta plaza, siendo atendidos sus dictámenes con el mayor interés y practicados con el mayor éxito. A sus conocimientos y actividad se debió la conservación de los caudales del rey que se esperaban de Veracruz, y que hubieran sido apresados por los buques enemigos si este buen patriota y leal vasallo no hubiera empleado todos los medios para libertarlos, armando buques nacionales para que salieran a su defensa, y dando las órdenes más juiciosas para conseguirlo. El comercio y la agricultura recibieron entonces mucha protección por los buques que armó el celo infatigable de tan digno Intendente.

Brillan sus conocimientos en el arreglo de todas las oficinas, las aduanas con especialidad reciben un nuevo orden, y el cobro de los derechos se hace del modo más prudente y útil, no menos al erario que al comercio. Así se expresan en su recomendación los comerciantes y hacendados.

La deuda de la Real Hacienda se extingue rápidamente, los caudales esparcidos por el pueblo forman su prosperidad, todo muda de aspecto; el contento reina y nadie ignora la mano que lo trajo. El Dios de las misericordias se digna esparcirla sobre su pueblo; él da la prudencia, él da la sabiduría, porque él solo la posee. Yo no miro ya al señor Valiente, que fue un hombre sujeto a las miserias del corazón humano; yo miro solo el instrumento del Dios de Abraham, de Isaac y de Jacob, cuya sabiduría se dirige a los fines con fortaleza, disponiendo los medios con suavidad, según se expresa la Escritura Santa.

Este Dios excelso es el que constituía a los varones prudentes de Israel. Este formó a Jonatán, y éste dio al hombre a quien yo elogio las prendas que le distinguen. Nada tuvo que no lo hubiera recibido conforme a la expresión del Apóstol, y si todo lo recibió, de nada debió gloriarse.

Yo creo, señores, que el Illmo. Valiente se hallaba penetrado de estos sentimientos, y sin investigar los secretos de su alma que solo Dios los sabe, la justicia pide que yo lo suponga atendiendo a sus operaciones públicas. Yo le veo dirigir todos sus esfuerzos para fomentar la Casa de Beneficencia; 7.000 pesos de sus fondos se consagran a este objeto, su vigilancia es incesante, o su protección es continua, y una juventud protegida por este buen padre, forma su mayor gloria.

Mas ¡oh tú, humanidad desgraciada que yaces en el lecho del dolor: no reclames por más tiempo el elogio del mortal que te dispensaba sus cuidados, ni reprendas mi omisión! Tus voces lánguidas, pero esforzadas, se hacen ya perceptibles, y yo publicaré en tu nombre los méritos de su protector. Efectivamente, señores, el hospital de San Ambrosio fue objeto de los desvelos del Excmo. e Illmo. valiente. A este digno jefe debe su arreglo, su organización, su aumento y todo lo que pudo conducir a hacer más llevadera la suerte de los desgraciados enfermos. Yo no necesito explanar unas verdades que nadie ignora, ni recomendar unos hechos que han merecido públicas alabanzas. Solo pediré al señor que hace dichoso al que atiende al necesitado y al pobre, según la expresión del Profeta, que se digne derramar su misericordia sobre el hombre que en esta sola acción atendió a tantos necesitados y alivió a tantos pobres.

El celo de este varón prudente y letrado, se extendió igualmente a la enseñanza pública. ¡Qué obstáculo no removió para este intento! ¡cuál fue su solicitud para conseguirlo! La Sociedad Patriótica, de quien fue digno Director, presenció todos estos pormenores, y los aplausos que justamente le tributaron los padres de familia. La escuela de Belén adquirió bajo su protección un aspecto el más ventajoso, y las escuelas particulares no experimentaron menores ventajas. En un tiempo en que la educación pública se hallaba abandonada y en la cuna, este genio protector la establece, la anima y tiene la gloria de dar los primeros pasos. Él dirige sus miradas a la Real Universidad, informando al Soberano acerca de sus estudios, y principalmente los del derecho; extendiendo sus reflexiones a la práctica de esta facultad. Él no omite medio alguno de rectificar y promover la enseñanza de las ciencias.

Este hombre público, dotado de prendas tan raras como apreciables, se adquirió una reputación tan bien fundada en esta ciudad, que pudo contar con los bienes de los más acaudalados sin reserva alguna. Este crédito le sirvió para proporcionar al rey cuantiosos donativos, y para colectar en calidad de empréstamos sumas millonarias, que difícilmente hubiera conseguido otro jefe menos acreditado. Esta reputación le sirvió para la nueva fábrica de la Iglesia de Jesús del Monte, recibiendo de los vecinos de aquel lugar, infinitas señales de reconocimiento. Yo no concluiría, señores, si quisiera manifestar los frutos que produjo este varón prudente y letrado en los catorce años que sirvió la Intendencia de La Habana. Yo le considero ya en su partida para la Península, con el fin de ocupar una de las plazas del Consejo de Indias que S. M. le había concedido. Yo me figuro a sus amigos dirigiendo votos, no como los del poeta lírico en favor de la nave conductora del Mantuano, sino como los que dirigía el Profeta para dar gracias al Señor por sus beneficios, y pedirle hiciera salvos a los rectos de corazón.

La nave se apresura, él llega, Cádiz le ve, Cumbres mayores, lugar de su nacimiento, le espera, él corre a protegerles, su templo arruinado se reedifica y aumenta; sus aguas son conducidas por costosas cañerías a los parajes más cómodos; una escuela de primeras letras se establece, arregla y dota; todo esto se hace de los fondos del señor Valiente, que tiene la complacencia que acostumbra en emplearlos en beneficio público. Él se hallaba en medio de las demostraciones de la sensibilidad patriótica, cuando el Dios inescrutable, cuyos caminos están en el mar, y sus veredas en las grandes olas, quiere probarlo por la tribulación. La envidia se alarma, las preocupaciones se autorizan, la voz de una plebe descompasada ahoga los dictámenes de los sabios, el desorden reina y la tempestad descarga toda sobre el señor Valiente, atribuyéndole los males de la peste destructora a aquel que no había hecho sino bienes. El sabio, el prudente consejero se ve ultrajado, la virtud gime en las prisiones, mientras el odio sorprende los tribunales. Mas ¡oh Dios de piedad! Tú a proporción de las aflicciones con que pruebas al hombre, le das también sus consuelos para levantar su espíritu. El Profeta me lo enseña, tú le diste la tranquilidad a esta alma grande; tú le comunicaste la fortaleza y la moderación para sostener la justicia sin quebrantar la caridad. Él sabía muy bien que, como enseñaba un filósofo gentil, es fuerte el que rechaza la injuria, y no el que se atreve a hacerla; pero no fueron éstas sus normas, tu ley santa fue entonces la luz que guiaba sus pasos, él leyó con acatamiento y júbilo las palabras del Profeta en que tú le reservas la venganza y la retribución; para decirlo de una vez, tú le sacaste victorioso.

Si el espíritu del señor Valiente no se hubiera guiado por estos sentimientos, él hubiera querido morir en la peste de Cádiz, como el sabio Pericles en la de Atenas, primero que experimentar el desagrado del pueblo español que tanto amaba. Pero este hombre fuerte confía en la misericordia del Señor, esperando que el tiempo haría patente la justicia de su causa. Su elocuencia nativa, sencilla, insinuante y sublime, desenvuelve un fondo inagotable de conocimientos. Él manifiesta que poseía en alto grado los elementos de la crítica más delicada para la investigación de los hechos.

Él explana las ideas más exactas de jurisprudencia y los dictámenes más sólidos que deben seguirse en semejantes casos. Él examina con una física nada vulgar todas las teorías inventadas para la explicación de los contagios, y emplea una química luminosa para determinar las afecciones atmosféricas, las combinaciones de sus gases, y su influencia en la economía animal. Todos admiran los conocimientos de este digno consejero, y patentizada su inocencia, el gobierno que nunca había dudado de su justicia, aunque había accedido legalmente a su calificación, determinó que no solo se le pusiese en entera libertad, devolviéndole sus bienes y papeles, por absoluta falta de motivos en la acusación, sino que era forzoso y de rigurosa justicia, darle una satisfacción pública por medio de un impreso, para que se hiciera notoria su inocencia y se asegurase su crédito para toda la posteridad.

Mas llegamos, señores a considerar a este hombre célebre cuando sus beneficios no se limitan a ningún lugar ni provincia, sino que se extienden a toda la nación. En la desgracia de nuestro augusto Monarca, su fiel vasallo, su noble consejero, va a demostrar que la España tiene espíritus fuertes que hablan a sus opresores con la misma entereza que Dios al tirano Dionisio. El señor Valiente, como secretario de la junta presidida por S. A. el Infante don Antonio, extendía todos sus acuerdos con la mayor firmeza, y en ella hablaba sin temor ni reserva manifestando claramente las intrigas del enemigo, a los oídos de Mirat, que tenía allí mismo sus emisarios. En la triste noche del dos de mayo permaneció en el Real Palacio con riesgo para su vida, para extender el acuerdo, concluyéndolo en la madrugada para que amaneciese fijado a la vista del pueblo.

El rey intruso pretende que el consejo dé las células competentes para su jura. «Tratóse el punto, dice el señor Valiente, y al ver yo en los ocho votos que me precedían y en la tristeza de los demás, las señales ciertas de una inevitable deferencia, llegada mi vez, tomé la palabra y fui tan dichoso que por absoluta uniformidad se excusó el Consejo.» Me parece señores, que veo a Demóstenes manifestando los ardides de Filipo, me parece que le veo increpando a los emisarios de Jerjes. El consejo de Indias se ha convertido en los Eforos de Lacedomonia; obra es ésta de un gran genio; obra de una gran prudencia, obra es de Valiente; y solo de Valiente. El pueblo se desvelaba por conseguir una copia del informe que extendió este sabio, y una multitud de buenos ciudadanos sin conocerle ni tratarle le estrecharon entre sus brazos con lágrimas de reconocimiento.

El que se decía secretario de Estado hizo mil tentativas para ganarse a este ilustre español, ya fuera por los premios, ya fuera por las amenazas. Mas ¡qué frágiles recursos! Entre todo un pueblo a quien deslumbraba el oro, rinde la fuerza y dobla su rodilla delante de la estatua de Nabucodonosor, tres jóvenes adoradores del verdadero Dios permanecen erguidos, y prefieren las llamas a la ignominia; éstos son los dechados que mira el señor Valiente, él quiere ser fiel a su religión, siéndolo a su rey, a su patria y a sus deberes. Las amenazas no se hicieron para las almas grandes, ellas son los resortes de los débiles para atraerse a su partido a otros más débiles; pero con relación a los espíritus elevados, vienen a ser como frágiles represas en grandes ríos, que solo sirven para acumular su poder haciendo que venzan los obstáculos y envuelvan entre sus olas enfurecidas los que tuvieron la temeridad de reprimirlos. El señor Valiente no había aprendido a temer con vileza, y en la ancianidad, después de treinta años de magistrado, cubierto no menos de virtudes patrióticas que de honores civiles, era muy tarde para ensayar las primeras lecciones en la debilidad ignominiosa.

Desde este momento, el consejero prudente y letrado de quien yo hablo obtuvo los primeros puestos, y con ellos la confianza de la nación. ¡Yo no sé qué relaciones misteriosas tienen entre sí los verdaderos sabios! Yo admiro la naturaleza que los conduce por un mismo camino, al paso que deja extraviar los espíritus superficiales! El señor Jovellanos, este sabio a todas luces, este talento destinado a cosas grandes, forma planes que atraen la admiración de todos los políticos, y estas ideas sublimes se encuentran del todo conformes a la memoria que el señor Valiente había puesto en manos del secretario. Desde entonces tuvieron una estrecha alianza estos dos genios superiores y trabajaron unánimes en favor de la patria.

Fue llamado el señor Valiente por el gobierno que necesitaba sus luces cuando él se hallaba enfermo y extenuado. Pero él no tiene otros males que los de la patria a quien se ha consagrado. Emprende el penoso camino de doscientas leguas haciendo gastos cuantiosos en una época en que alcanzaba el erario en sumas considerables. Sería interminable mi discurso, señores, si quisiera observar al Excmo. Valiente en las innumerables circunstancias en que manifestó su patriotismo, prudencia y literatura. Él mereció siempre la confianza del pueblo, y entrando en las Cortes se portó con la energía y la elocuencia de Esquines, diputado de los atenienses. Él sostuvo los derechos de su patria y los de su rey, sin temor a las amenazas de muerte que repetidas veces se le hicieron. Verdaderamente un sabio no se gana por la fuerza: el entendimiento del hombre es tan poderoso, que si no se le convence son perdidos todos los recursos. Yo admiro la firmeza del Illmo. Valiente; yo admiro su constancia... Mas ioh sombra augusta, yo respeto tus mandatos, yo imito tu prudencia, yo sigo tus consejos luminosos! Me prescribes que estos momentos de tu gloria queden reservados y no recuerden a las naciones el ultraje que en el acaloramiento recibió la virtud.

¡Sí, tú amas a tu patria, y no quieres que tus cenizas exciten memorias poco favorables! El Soberano premió tu heroísmo, y antes lo habían premiado todos los buenos.

Puesto en el trono de sus mayores el señor don Fernando Séptimo, tuvo en consideración repetidas veces las luces del señor Valiente, y de su real orden se le consultó para dar instrucciones al señor don Pedro Labrador, ministro plenipotenciario español en el Congreso de Viena. Yo quisiera tener ahora el acierto necesario para manifestar los méritos del señor Valiente con relación a las Américas. Este hombre célebre contesta con la mayor firmeza en favor del comercio libre de estos dominios; él hace reflexiones profundas acerca de las leyes de Indias, combina las relaciones políticas y mercantiles con un tino propio de un espíritu ejercitado, y su papel, su apreciable papel, es el fruto más sublime del talento. No fueron menos interesantes sus dictámenes en otros muchos puntos los más delicados de nuestra situación política. El Soberano atendiendo a los extensos conocimientos que tenía en todos ramos, le destina a la junta militar, y este Miliciades se hace célebre no menos cimentando la paz que proyectando la guerra.

Pero los hombres grandes, decía un sabio orador, son como unos préstamos que la naturaleza se digna hacer al género humano por cierto tiempo, y el término de la carrera del señor Valiente ha llegado. Yo me lo figuro dirigiendo sus miradas hacia todas partes, y llenándose de complacencia de encontrar siempre objetos que le recuerden sus fatigas por la patria. Su imaginación le presenta a la América, y él se despide protestándola que hasta los últimos momentos defendió sus derechos y procuró su prosperidad. Entre tanto implora las misericordias del Altísimo, pide el perdón de sus pecados, y duerme en paz.

Genios protectores de las almas grandes: recoged los adornos para el sepulcro de un sabio. No es Artemisa la que va a levantar el portentoso mausoleo, que expresa más la habilidad de los artistas, y la opulencia de quien lo erige, que las virtudes del rey que contiene; es la patria quien va a rendir un homenaje al mérito y un tributo a la virtud. Recoged de los mismos escritos del señor Valiente los epitafios que deben honrarle. Poner por una parte:[13] los buenos me oyeron con extraordinario gozo, y los degenerados me respetaban y procuraban aquietar al verse tan descubiertos. Escribid por otra: cuando hablé lo hice siempre sin mengua de afecciones o de personalidades. Fijad en otro puesto: el supremo Consejo de Indias llevado de mi fortaleza, tuvo resoluciones que lo honran y le pusieron en inminente peligro.

Colocad en otro pasaje: al ministro del rey José pudo pesarle su indecente tentativa, porque en confianza silla a silla oyó lo que era propio de un digno español.

Vos, Dios eterno, en cuya mano está la suerte de los hombres, fuente inagotable de la felicidad, dignaos comunicarle a vuestro siervo, por las preces que en este día os dirige vuestra Iglesia; y vosotros católicos, reunid vuestros votos para alcanzar la misericordia divina en favor del consejero, varón prudente y letrado que hemos perdido, del Excmo. e Illmo. doctor don José Valiente y Bravo., que en paz descanse. Así sea.

Elogio de S. M. el señor don Fernando VII contraído solamente a los beneficios que se ha dignado conceder a la isla de Cuba; formado por acuerdo de la Sociedad Patriótica de La Habana, y leído en junta general del 12 de diciembre de 1818 por el presbítero don Félix Varela

Praesenti tibi mautros largimur honores
Iurandasque tuum per nomen ponimus aras
Nil oritirum alis, nil ortum tale fatentes.

---

13 Todas estas palabras son sacadas de la representación del señor Valiente, excusándose de volver a las Cortes.

Horat. Epist. lib. 2 ep. I. v. 15.

La isla de Cuba, libre en el comercio, fomentada en la agricultura, reanimada en las artes, y protegida en los progresos de su ilustración por la augusta mano del señor don Fernando VII, no puede ser insensible a tantos beneficios. Ella demuestra respetuosamente su gratitud, y presenta a los hombres uno de los casos extraordinarios, en que los votos de un pueblo llegan a su soberano sin ser devueltos en la espesa nube de la adulación, que por desgracia rodea los tronos de los reyes. El de S. M. C. es un centro feliz de donde salen los radios benéficos, que atravesando los dilatados mares, han conducido la prosperidad a unos fieles habitantes dignos de tal Príncipe. En un corto espacio de tiempo, y en medio de innumerables y delicadas atenciones, parece que su real beneficencia ha querido entrar en lucha con el amor de estos vasallos, y salir siempre con ventajas. Mas perdonad, Gran rey, si un pueblo que funda su gloria en obedeceros, se esfuerza sin embargo en oponer a vuestra liberalidad nuevos motivos para ejercitarla, y no quiere cederos en una alternativa tan nueva como decorosa. Un rey Benigno, que se complace en hacer felices, no deja escapar la más ligera circunstancia en que pueda esparcir sus bondades; un pueblo fiel aspira en todos momentos a merecerlas. ¡Qué cuadro tan interesante! Cuando los dones que concede un monarca benéfico, recaen sobre un pueblo que aún se resiente de su antigua ignominia, deben mirarse como unos castigos honrados que no alejan la humillación, y unas cadenas que ponen la generosidad sabia y piadosa a los espíritus débiles e inconstantes; pero cuando estos beneficios se distribuyen a un pueblo noble que no tiene crímenes de qué arrepentirse, entonces comunican el placer más puro al recibirlos, y sin dar al príncipe magnánimo seguridades que no necesita, le hacen disfrutar la dulce complacencia de ser verdaderamente amado. El augusto nieto del gran Carlos III, es este rey digno de elogios; y la Isla de Cuba, este pueblo venturoso. La Sociedad Patriótica de La Habana ha querido cumplir una de sus primeras obligaciones, manifestando ligeramente los motivos de su reconocimiento y publicando lo mucho que debe, a un rey tan piadoso, el comercio de esta Isla, su agricultura e ilustración. Cuando los atenienses hicieron resonar por todas partes el nombre de Attalo y obligaron a sus magníficos edificios y suntuosas murallas a repetir sus alabanzas, este rey prudente quiso substraerse a los elogios y aclamaciones, manifestando solo por escrito sus beneficios en favor de aquellos ciudadanos. Estamos persuadidos que S. M. C. excede en modestia a aquel príncipe asiático; pero si los atenienses no contuvieron sus sentimientos de gratitud y formaron las legiones (atálicos) para perpetuar la memoria de un príncipe extranjero, los habitantes de esta Isla, mucho más protegidos que los de Atenas, no formarán legiones particulares; pues ninguno cede el honor de llevar el nombre de su ilustre monarca, y la época del actual reinado estará identificada con la del bien general.

    La naturaleza puso en la entrada de un apacible golfo que baña a los opulentos países del tesoro del Nuevo Mundo, una isla afortunada en que imprimió sus carismas. No quiso mandar a ella la víbora venenosa ni la cruel langosta; separó las fieras devoradoras como extrañas de la mansión de la paz; prohibió se acercasen el huracán furioso, el pesado granizo y la escarcha destructora; al mismo rayo le puso justos límites: reprimió el volcán abrasador, para que no vomitara sus mortíferas lavas sobre el país de su cariño; hizo brotar ríos numerosos que serpenteando por los risueños prados comunican la fertilidad y se detienen de mil modos, pues parece que dejan con pesar un suelo privilegiado. El Sol prometió acompañarla siempre, mas sin hacerla sentir los rigores que sufre el tostado africano. Por todas partes, una tierra hambrienta convida al hombre a entregarle copiosas semillas, ofreciéndole pagar con usuras. Un mar benigno baña sus costas; y hendiéndolas por diversos parajes, forma puertos en que respeta las naves, como para convidarlas a que vuelvan. La miseria se ahuyentó hasta las heladas regiones, no hallando cabida en el país en que reina una eterna primavera. En esta Isla deliciosa habita un pueblo generoso. Hijo de la abundancia, desconoce las pasiones que inspira la escasez. A él se acercan todas las naciones del orbe, y las luces adquiridas con este trato, no alteran sus nobles, y sencillos sentimientos. Tal fue, Señores, la obra de la naturaleza: observemos cuál ha sido la del ilustre Monarca a quien elogiamos.

    Este pueblo que obtuvo de la naturaleza un derecho a la prosperidad, experimentó siempre obstáculos en su adelantamiento; no por las paternales intenciones de sus príncipes, sino porque, o así lo exigían los tiempos, o lo dictaba la ignorancia de los verdaderos principios de la economía política, desconocidos por entonces. El comercio fue siempre obstruido en una época en que se creía que los extranjeros, trayendo sus manufacturas y géneros mercantiles, venían a robar el oro, y no a producirlo. El reinado del señor don Felipe V, digno de eterna memoria, confirmó, sin embargo, estas ideas adversas, con la estrecha prohibición de entrada de buques extranjeros, y el pacto que hizo con la Inglaterra de permitir que viniese una sola nave cada un año. Esta acción, madre del comercio, que en tales asuntos, de dos siglos a esta parte, ha visto con más claridad que ninguna otra, buscó su interés y el nuestro, eludió de mil modos el tratado arruinador y al fin fue preciso declarar una guerra al pabellón inglés y otra más sangrienta, aunque sin pensarlo, a la prosperidad de la nación española.

La Isla de Cuba sufrió grandes calamidades, y si la naturaleza no hubiera contrarrestado con sus abundantes dones los daños que causó una mala política, seguramente se hubiera convertido el país de la abundancia en el de la miseria. Varios jefes recomendables, que supieron entrar en las justas intenciones de los Soberanos, y no en la letra desoladora de la ley, han concedido en todos tiempos franquicias al comercio, para no ver que bajo unos reyes piadosos, cayera en la indigencia un pueblo fiel, digno de mejor suerte.

Un rumor funesto se esparce nuevamente y consterna los ánimos de los activos comerciantes y del agricultor infatigable. El comercio extranjero, se dice, va a cesar y con él será sepultada la felicidad de esta isla. En vano sus tierras fértiles producirán copiosos frutos, en vano se fatigará el artista laborioso y el negociante experto; sus productos reducidos a un corto círculo carecerán de aquel aumento incalculable que da a las riquezas el comercio. La Sociedad Patriótica que no pierde de vista la prosperidad del pueblo a quien se ha consagrado, advirtió muy pronto los funestos efectos de unas nuevas tan diversas; vio temblar la mano del que esparcía la semilla previniendo la pérdida de los frutos en la disminución de los valores; observó al digno capitalista titubear en sus empresas, por el temor que le inspiraba un porvenir tan aciago: y finalmente advirtió que el extranjero no se atrevía, sino con mucho riesgo, a enviar sus efectos a un país que no prestaba seguridad. Todo inspira ruina, y un desaliento universal se apodera de los espíritus.

Pero en estas circunstancias lamentables, llegan al trono del más piadoso de los reyes, las más justas de las súplicas, y es inútil decir que fueron atendidas. S. M. con un solo rasgo de su beneficencia levantó del polvo a un pueblo abatido. En real orden de 9 de enero de 1818, se leen estas palabras dignas del bronce:

S. M. previene que no se haga alteración alguna en el sistema de ventajas mercantiles que están gozando los habitantes de esa ciudad e isla con tanto beneficio de esos fieles y beneméritos vasallos y satisfacción de S. M.

No parece tan grata la risueña aurora después que en la noche oscura ha peligrado el desgraciado navegante, como se presentaron estos destellos de la real beneficencia a la vista de un pueblo consternado. ¡Qué nuevas voces se han dejado de oír en una isla que tanto las deseaba! Llegó la época de consolidar nuestra felicidad bajo la protección del más benéfico de los príncipes. Todo se anima, el vigor se esparce y La Habana presenta una imagen de la antigua Fenicia. El laborioso habitante de las riberas del Támesis prepara con diligencia sus mercaderías; otras muchas naciones lo imitan: mil proas surcan los mares, y el horizonte de La Habana cubierto de hinchadas velas, que transportan las riquezas de lejanos países, presenta el cuadro más delicioso y excede en magnificencia el decantado mar Tirreno. Todos se acercan presurosos, atraídos de una nueva prosperidad, que con un solo decreto han adquirido los dichosos cubanos. Esta es, dicen, una isla afortunada a quien la naturaleza dio los medios de ser feliz; y un Príncipe magnánimo ha hecho que lo sea.

En breve tiempo nuestro puerto presenta un bosque de mástiles adornados con las banderas de todas las naciones, que flamean tranquilas, bajo la protección de un rey benigno, y en el país de la filantropía, La Habana renueva en su tráfico y opulencia aquella antigua y celebrada ciudad de Gaza; y todo se debe a la inmortal resolución que será grabada, no en lápidas, sino en los ánimos de un pueblo reconocido. La Sociedad Patriótica lee una y mil veces aquellas honoríficas expresiones: con tanto beneficio de esos fieles y beneméritos vasallos y satisfacción de S. M. ¿Quién calculará esos beneficios? ¿Quién podrá prever la futura prosperidad de esta isla, fundada con benéfico decreto? ¡Cuál debe ser la satisfacción de un Soberano, que en un solo instante ha consolidado la abundancia y esparcido el contento entre tantos vasallos! Las acciones de los antiguos héroes de la Grecia, encomendadas al mármol, cedieron al tiempo, que descargando su pesada mano sobre aquellos monumentos, los redujo a polvo, que esparcido en la inmensa región de los siglos, no deja el menor vestigio, pero su nombre es transportado por la voz de los pueblos y aun en nuestros días respetamos su memoria. No de otra suerte el augusto nombre de Fernando VII, será conducido a la más remota posteridad por un pueblo que acaba de recibir los mayores beneficios. El Imperio de Aurelio Severo Alejandro nunca fue tan ilustre, ni se le tributaron tantas alabanzas, como cuando concedió grandes excepciones y franquicias a los negociantes para que concurriesen voluntariamente a establecerse en Roma; y el reinado de nuestro buen monarca, siempre recomendable, lo será mucho más por haber fomentado del modo más enérgico el comercio de La Habana. ¡Cuántas casas, de extranjeros como nacionales, se han establecido desde el instante feliz en que S. M. se dignó permitirlo! ¡Qué aumento ha tenido la riqueza pública! ¡Qué enorme ingreso el erario! ¡Qué días tan dichosos se promete la isla de Cuba, si el cielo conserva los del augusto Príncipe que tan benignamente la protege! Espíritus irreflexivos o mal intencionados, alejados del trono del más benéfico de los reyes: no atentéis dirigir al centro de la prudencia, las asechanzas del privado interés o de fines que no pueden tener cabida en esta feliz y casi singular localidad. No, no es tiempo ya de hacer gemir al comercio de La Habana, bajo las reglas de un giro exclusivo, que en un tiempo pudieron ser acomodadas, y que al presente serían tan impracticables como ruinosas. No cubráis por más tiempo con los velos respetables de la equidad, al horroroso monstruo del egoísmo: están ya muy patentes sus giros y maneras, y no pueden ocultarse a un monarca ilustrado. Cuando condujereis la desolación a nuestros campos, cuando hayáis sumergido en la miseria una multitud de almas, cuando nuestro comercio aniquilado solo exista en un corto número de individuos, entonces veréis agotada una de las grandes fuentes de la felicidad de esta isla, que consiste en el aumento de valores producidos por un comercio general.

Permitidme, señores que contrayéndome solo a nuestra Isla y sin extender mis ideas a ningún otro punto de América cuyas relaciones exijan distinto orden de cosas, aplique las palabras de un ilustre consejero que ocupó uno de vuestros asientos, y cuya memoria unida con la del celo por nuestro bien, da un nuevo mérito a sus juiciosos pensamientos. «Es un delirio, escribía el señor Valiente, querer persuadir que el comercio y la navegación de España interrumpida a cada paso con guerras, es capaz de sentir los dominios de América y de extraerle sus frutos. En un solo año que no tengan salida, sienten un atraso de fortuna, de imposible o difícil reparación, porque o siguen los gastos o cesan los trabajos, y en cualquiera de estos caminos se pierde el hacendado o cosechero. Aún gozando la España de paz no puede proveer a sus tiempos oportunos, y sus fábricas propias, solo pueden hacer la base del cargamento con frutos que no satisfacen la principal necesidad de aquel país y con géneros venidos del extranjero, con retorno y aumento de derechos.

»Las grandes y frecuentes entradas de dinero de Indias, sin embargo de que España es un mero canal por donde pasa, han hecho que la moneda valga poco. En este caso las manufacturas y todo se encarece, y costando mucho la de nuestras pocas fábricas, aun prescindiendo de la calidad y el gusto, no pueden por ahora concurrir con las ajenas. El interés del contrabando convida a los unos, la necesidad de surtirse obliga a los otros, y de aquí el inmenso gasto de guardacostas y dependientes que por lo regular son unos auxiliares: el asombroso cúmulo de causas criminales, las prisiones, los costos, los destierros, la miseria de las familias, la perdición de los hijos e hijas de los reos ausentes y en trabajos y un sin fin de males que gravan sobremanera el estado, empeñándose en el respeto y cumplimiento de unas leyes causantes ellas mismas de tanta calamidad.

»Impedida la navegación por la guerra, y nosotros sin marina real que proteja la mercante, no debíamos tentar expedición alguna, porque es rara la que en tales tiempos no peligra cayendo en poder del enemigo. ¿Qué harán entonces doce o más millones de hermanos nuestros, pendientes de los surtidos de España? Se entregarán como yo los he visto muchas veces a la desesperación». Hasta aquí el sabio ministro que he citado.

Elogio eterno al monarca generoso cuya voz ha calmado el huracán de tantos males que amenazaban esta isla. Descendió por primera vez el decreto benéfico que por tantos años ha sido anhelado por estos habitantes, cesaron los temores del comercio, llegó el tiempo en que la agricultura prospere y las artes florezcan bajo tales auspicios.

Mas no era bastante para un Príncipe benéfico conceder la libertad del comercio: quiere aún protegerle con nuevos medios y declara libre de derechos la introducción de oro y plata amonedada para promover la compra de nuestros frutos y facilitar el pago de los derechos reales. Hasta ahora el extranjero entraba perdiendo una parte de su capital solo por llegar a nuestro puerto, y el mismo dinero que debía servir para pagar los derechos pagaba un derecho. Esto no podía menos que perjudicar el comercio recayendo el daño últimamente en los consumidores, que es decir, en el pueblo. La Isla de Cuba sin los situados del reino de México es preciso que se surta de un numerario considerable, cual necesitan sus urgencias y ningún medio era más juicioso que el de permitir la libre introducción del oro y plata amonedado. Estas reflexiones se harán más sensibles si atendemos a que en esta isla se desconoce el recurso de los papeles de banco. Es cierto que en el sistema luminoso de los economistas modernos está demostrado que no es solamente la moneda la que forma la riqueza de una nación; pues el comercio y las artes, no menos que la agricultura son principios productivos de los capitales; pero también es evidente que el dinero constituye por decirlo así un efecto más permutable, y cuya influencia es más directa en todos los ramos de agricultura y comercio. Por tanto, aunque el acopio excesivo de moneda en un pueblo se opone a los progresos de la riqueza pública, también la falta de numerario es un principio de atraso en el comercio y agricultura, por faltar el resorte más sencillo que pone en acción estos diversos ramos. La moneda, en los principios económico-políticos, debe mirarse como uno de tantos efectos mercantiles que concurren a formar los capitales de un pueblo; y mientras algunos economistas consideraron la moneda en la balanza del comercio como signo y no como una verdadera riqueza, se promovieron ideas erróneas, que en contraposición al sistema antiguo, en que solo el oro y la plata constituían valores, han producido daños no menos considerables que los de aquellos primeros tiempos.

¡Oh, puerto de Baracoa que hasta ahora no has figurado en el gran mundo del comercio, y que bajo la protección de un rey piadoso, quizás las generaciones futuras te verán semejante a Tiro! Prepara una acogida amistosa a la nave extranjera, que henchida de tesoros, va a colocarlos en tus riberas: prepara, sí, tus costas donde el infatigable negociante, el artista laborioso y el sabio pensativo han de renovar la imagen de Atenas y reproduciendo las riquezas de un suelo fértil te han de conducir a la opulencia: convida a las tierras vecinas para que a porfía remitan sus frutos, pues infinitas manos se preparan a su extracción derramando en recompensa inmensos caudales; saluda festivo al extranjero y hazle entender que la piedad de un Príncipe, que es tu dueño, no solo le concede libre entrada, sino que le exime del pago de la mitad de los derechos. Alégrate con tu futura felicidad, pero en monumento de entera gratitud escribe en tus rocas el nombre respetable de tan Gran Monarca para que en los tiempos futuros el viajero lea y admire: Fernando VII, por un solo rasgo de su natural bondad, hizo feliz a Baracoa.

La protección de S. M. se ha hecho sensible igualmente en la ciudad de Matanzas, propendiendo a su fomento con la aprobación de todos los medios juiciosamente proyectados para un fin tan plausible. Es muy interesante el particular empeño que demuestra S. M. en animar a los fieles vasallos al adelantamiento de una ciudad capaz de las mayores ventajas. Desea este buen Soberano que se pongan en acción todos los resortes posibles, para extender y aumentar en todos sentidos la población de Matanzas, esmero digno del mayor reconocimiento. Las grandes poblaciones, escribía el célebre ministro de Enrique IV, deben mirarse como el sepulcro de la riqueza nacional; pero este pensamiento del Gran Sully no es aplicable a las ciudades de una nación mercantil o fabril donde los frutos aumentan sus valores, y por recíprocas transmutaciones debidas al extranjero se multiplican considerablemente los capitales, así del agricultor como del comerciante nacional. Matanzas con el tiempo presentará una nueva Habana, y será tan útil a los intereses de la Isla y de toda la España como la ciudad que habitamos.

¡Feliz reinado que ha sido la fuente de tantas prosperidades! Pasemos, Señores, a considerar los beneficios del Católico Monarca en favor de la agricultura de esta isla. Mas ved aquí el punto en que quisiera correr un velo a las antiguas calamidades, si ellas no fueran precisas para hacer resaltar con más brillo las inestimables joyas que una mano benéfica ha esparcido sobre un suelo dichoso.

Soberbias olas del Tíber que envolvisteis las víctimas de la miseria agrícola, manifestada por el célebre Manucio; quizás nuestros ríos hubieran imitado vuestra fiereza, sepultando al desgraciado labrador que en el suelo de la abundancia moría de hambre, si la mano poderosa de un príncipe no hubiera roto las cadenas de la agricultura, y no hubiera desatado los robustos brazos que ligó una mala política. Aquel padre de familia que por precio de sus copiosos sudores solo recogió la miseria para sus hijos en la pérdida de sus frutos decretada por la arbitrariedad y escuchada por la ley, aquella esposa, compañera no menos en los afanes que en la desgracia; las copiosas lágrimas de aquella porción apreciable del pueblo, cuya vida llamó Tulio, libre de la codicia y observadora de sus deberes, conmueven nuestro espíritu. El rústico, ¡qué asombro!

el amable rústico vio salir del santuario de la ley los rayos destructores de su fortuna, y la espesa nube que extendida sobre sus campos, los sumergió en una noche eterna. Pero al fin, la voz de la libertad que sale de unos labios bienhechores se deja oír en todas partes. Sembrad vuestro tabaco, vendedlo a vuestro arbitrio, poned precio a los frutos de vuestro sudor y sed los jueces acerca del mérito de vuestros bienes. La ley renuncia un derecho que la deshonra; bajo un Príncipe bondadoso no hay lugar a opresiones ni a monopolios.

El respetable anciano que habita el humilde terreno que le vio nacer y que ha sido testigo de sus penas, apoyando su cuerpo trémulo sobre el fuerte báculo, se reanima y aún se atreve a elevar un rostro en que el tiempo ha puesto los caracteres de la prudencia, y la virtud los del mérito; levanta sus pesados párpados para mirar en el ocaso de sus días al alto cielo que derrama tantos bienes: se dirige después hacia el horizonte venturoso por donde resuena la grata voz de libertad, y últimamente fija su vista sobre el robusto joven a quien ha dado el ser. Anímate, le dice, un Príncipe que ha sabido el primero conciliar los intereses del trono con los derechos del vasallo, quiere que sea feliz. Bendícele. Mas no te detengas, apresúrate, subyuga al toro feroz, agita al perezoso buey, abre, sí, la tierra con mano firme; pues un numen benéfico sigue tus pasos y derrama el rocío de la protección real sobre el surco que forma tu penetrante arado. Dueño de los frutos de tu trabajo por la naturaleza: lo serás también por la piedad de un Príncipe que no sabe contradecirla. No, no temas, la ley armada no vendrá a arrebatar de tus manos los dones que la tierra tu madre ponga en ellas. Para vivir, no será preciso quebrantar la ley ni exponerse a la ignominia. Reúne, pues, tus amigos, esforzados, renovar los felices pastores de la Arcadia.

¡Que no tenga yo, Señores, la energía de aquella musa tudesca que cantó las glorias del emperador José II, libertando desde la servidumbre y llevando la felicidad a los campos de la Bohemia![14] Hijo ilustre de Maron, reanima tus yertas cenizas, ven sí, yo te convido: no a publicar sobre las riberas del Tíber los beneficios de César, que vencedor del desgraciado Bruto, reparte los campos de Cremona entre sus fieros soldados; no a conducir el piadoso Eneas desde la abrasada Troya hasta las costas lavinias, sino a formar el justo elogio de un Monarca que esparce sus dones con generalidad y no quiere mezclarlos con las tristes imágenes de la desgracia. El valimiento de Polion y de Quintilio

---

14 Idilio de la Sra. Duquesa de Giovane.

Varo fue la causa de tu fortuna; pero rodeada por todas partes de la desgracia de tus compañeros, no pudo ser completa. La isla de Cuba, cuyos campos todos libres presentan la imagen de la antigua Bética, ofrece más digno objeto a tus sublimes versos. ¡Oh, si tú cantaras las bondades de Fernando VII! Los propietarios de terrenos monstruosos, que hasta ahora no lo eran sino en el nombre, pues no tenían el derecho de repartirlos y enajenarlos a su arbitrio, se hallan en plena libertad y han llegado a ser verdaderos dueños por la real concesión de 1815. Yo no tendré la imprudencia de recomendar los bienes incalculables que promete a la agricultura y fomento de la isla un decreto tan sabio, cuando hablo a una Sociedad que dirigió siempre sus miras a este fin, y examinó con la mayor delicadeza todas las relaciones de un objeto tan interesante. Yo creo que vuestra imaginación, adelantando a mis palabras, ha visto ya sustituidos los deliciosos jardines y las opulentas fincas rurales, a los sombríos bosques, morada lúgubre del ave nocturna y a los pantanos que en sus hálitos vomitan la muerte.

No son estos únicos los medios de que se ha valido S. M. para proteger nuestra agricultura. Entre otros beneficios, cuya enumeración sería infinita, se sirve conocedor que las tierras y fincas vendidas a censo reservativo paguen una sola alcabala, destruyendo aquel pasado derecho de la doble alcabala que tanto oprimía a los propietarios. Se extiende más la real beneficencia, y determina si las tierras y fincas estuvieren a veinticinco leguas de la capital, y se determinasen al cultivo de café, tabaco y azúcar, estén libres aún de la simple alcabala. Declara igualmente el algodón y las máquinas e instrumentos necesarios para su cultivo, libre de todo derecho, así real como municipal, y de todo impuesto y del diezmo perpetuamente. Aprueba las juiciosas providencias y útiles proyectos formados para la composición de caminos para facilitar la agricultura de innumerables modos. Al ver tantos beneficios concedidos en medio de las grandes necesidades del estado me parece que oigo de los labios del señor don Fernando VII las palabras que honraron los del gran rey don Alfonso el Sabio: yo atiendo más a las lágrimas de mis pueblos que a las armas de mis enemigos.

Pedro el Grande se cubrió de gloria y fue el objeto de las bendiciones de un pueblo agradecido, por haber invitado a los negociantes extranjeros y sabios de todas las naciones a ocupar unas tranquilas moradas en su imperio. Él convirtió de este modo la inculta Rusia en el país de las luces y de la prosperidad. ¿Serán menores los elogios que se atributen en la isla de Cuba al Monarca de las Españas, cuando la acogida y las mayores seguridades al extranjero, para que ayudando nuestros brazos fomente la agricultura y reanime las artes? Yo me detendría gustoso a observar la prudencia que brilla en cada uno de los artículos de la real cédula de 21 de octubre de 1817. En ella se ven conciliados los intereses de la nación y los del extranjero que nada tiene que temer cuando un rey benéfico le pone a cubierto de todos los males que puedan sobrevenirle por la guerra o por otro accidente funesto. Al mismo tiempo, la isla de Cuba observa que de tal suerte se han ligado las utilidades del nuevo colono con las del suelo que viene a cultivar, que es casi imposible que se desaten unos vínculos que dictó la razón e impuso la autoridad justa. Pero dispensadme, Señores, que yo pase en silencio las innumerables ventajas que prometen a nuestra agricultura y comercio unas providencias tan sabias; pues si quisiera detenerme en el análisis de cada uno de los objetos interesantes que presenta el elogio del señor don Fernando VII, haría interminable mi discurso.

Mas no, yo no olvidaré que al albergue de la tierra joven puesta bajo la protección del gobierno, y también a aquellas tristes mansiones donde ha buscado un asilo la miseria y un consuelo la humanidad desgraciada, penetraran los rayos benéficos de la felicidad esparcida por un rey amado. Sí, la Casa de Beneficencia y los hospitales están exentos de la amortización en sus imposiciones; la piedad tiene un nuevo atractivo para ejercitarse, y la pobreza un nuevo socorro.

¡Y qué!: ¿omitiré yo la recordación de los beneficios concedidos a esta sociedad, cuando vuestro ánimo impaciente ya por manifestar su gratitud acusa mi demora? Lo diré, Señores, y lo diré francamente; el Monarca protector de la literatura de la Isla de Cuba, es un émulo glorioso de sus augustos antecesores en los beneficios concedidos a las ciencias. Madrid vio florecer las artes y las letras por los esfuerzos de Fernando VI, a quien debe la fundación de la real academia, del jardín botánico y otros talleres de Minerva; pero La Habana ha conseguido iguales ventajas y espera hacer iguales progresos, bajo los auspicios del Séptimo Fernando. Un tres por ciento sobre los ramos municipales se concede para fomentar los establecimientos literarios y para los demás objetos apreciables en que se ocupa la Sociedad. Esta suma se pone en vuestras manos. Señores, corresponded a las benéficas intenciones del Príncipe a quien merecéis tanta confianza. Los trabajos de Lineo serán conocidos e imitados por la juventud de La Habana, las artes deberán sus progresos a la ilustre ciencia que coronó las sienes de Lavoisier; el comercio y la agricultura experimentarán el benéfico influjo de los trabajos de Smith; todo promete prosperidades y las generaciones futuras repetirán el nombre de Fernando VII como principio de tantos bienes.

[Memorias de la Sociedad Patriótica de La Habana, n.º 25, tomo III, 31 de enero de 1819.]

Oración pronunciada en el elogio de S. M. al rey padre Carlos IV de Borbón en la ceremonia de exposición de sus exequias funerales en la Santa Iglesia Catedral de La Habana por el presbítero don Félix Varela, catedrático de filosofía en el Real Colegio de San Carlos de La Habana

12 de mayo de 1819
Selo Deus meus, quod probes corda et simplicitaten diligas.
Lib. 1. Paral. C. 29. v. 17.

Yo sé, Dios mío, que tú pruebas los corazones y amas la sencillez.

Sombras plañideras que habéis fijado vuestra mansión en este santo templo para lamentar los trofeos de la muerte y las desgracias de la ilustre España: sombras melancólicas que en la lúgubre noche interrumpiendo el más profundo y religioso silencio habéis hecho que estas sagradas bóvedas repitan con desmayado acento los augustos nombres de ISABEL, MARÍA LUISA Y CARLOS: aciagas sombras que agitando con vuestros ayes una atmósfera henchida ya de los cantos tristes de la hija de Sión pronunciabais nuevos males cuando el amor nacional apenas había extinguido con trémula mano la tea fúnebre en la pérdida de la digna esposa del gran Fernando: separaos por un instante; alejaos de este cenotafio erigido a la memoria del amable CARLOS; permitid que los rayos consoladores de la esperanza atraviesen el frío mármol, y que las yertas cenizas puedan reanimarse por el calor benéfico de la piedad cristiana: permitid que mi voz, menos interrumpida por vuestros lamentos, presente al antiguo

Soberano de las Españas con aquella misma paz y sencillez de espíritu que le caracterizaba: permitid que yo ponga en sus labios, fríos ya por los rigores de la muerte, las palabras que en otro tiempo dirigió al Dios de las misericordias un rey formado según su voluntad: yo sé, decía David, yo sé, Dios mío, que tú pruebas los corazones y amas la sencillez.

Cuando un conjunto de circunstancias las más interesantes parece debían fijar mi atención en estas tristes ceremonias, mi espíritu se transporta y corre atento la espaciosa Iberia. Yo observo un pueblo numeroso anegado en pena y cubierto de luto... la tristeza crece por momentos... Nuevas y enormes mazas tenebrosas caen deleznables sobre los altos Pirineos, y deslizándose por sus escarpadas faldas rellenan los valles, cubren los pueblos, sumergen las ciudades, enlutan el magnífico palacio no menos que la humilde cabaña, inspirando el desconsuelo al noble y al plebeyo, al pobre y al rico, al joven y al anciano. Todo recuerda aquella región tenebrosa que describe Job, en que habita un horror sempiterno... Envuelta en estas densas tinieblas corre por todas partes la infausta voz murió Carlos; voz terrible que cual rayo destructor viene a herir el corazón de un rey educado en la escuela del sufrimiento, pero a quien la divina Providencia aun no había hecho probar un cáliz tan amargo. La muerte llevando asida a su funesto carro esta nueva prenda que acaba de arrebatar al amor de los españoles, recorre los pueblos conduciendo la desgracia. Este monstruo, alimentado con las lágrimas del huérfano, los gemidos de la viuda y los suspiros del esposo, blasona en este día sus triunfos, y paseándose por nuestras provincias mira con denuedo las almas sensibles en quienes difunde la aflicción.

¡Oh juicios del Eterno siempre incomprensibles! Desaparecen las cosas humanas como el humo ligero que se deshace agitado por el viento: la virtud solo es constante. El hombre pasa en imagen, según la expresión del Profeta, y en vano se conturba. Oíd. Reyes, y entended: instruíos los que juzgáis la tierra. El augusto Carlos ha pasado en imagen: él es víctima de la muerte: él es un polvo miserable. Religión divina, único principio de los verdaderos bienes y de la paz del alma: tus consuelos le fortalecían, y ellos animan a una nación que recuerda la amabilidad y sencillez de su espíritu, siempre pronto a seguir el bien, aunque no siempre dichoso en que se le presentase.

Yo no elogio a un hombre: yo pido por un rey. Sí; yo pido al rey de los reyes, que puso el cetro en las manos de Carlos, derrame sobre su siervo el raudal de sus misericordias, y perdone las fragilidades humanas, al paso que dirija mi entendimiento para presentar con acierto algunas de las muchas obras que en un reinado de veinte años hizo en favor de su pueblo. Fue un hombre, y como tal sujeto a las miserias: fue un rey, y bajo este aspecto si los resultados no correspondieron siempre a sus rectas intenciones, por lo menos es innegable que poseyó un corazón habitualmente bueno. Dios, autor de la verdad, no permitas que yo la ultraje profanando el sagrado ministerio. Lejos de mí la vana lisonja que sin honrar al elogiado cubre de oprobios al panegirista. Las piedades de Augusto se elaboraron en la misma tribuna en que se había presentado la cabeza ensangrentada de Marco Tulio, y el cruel maxiniano encontró orador que les describiese con el encanto de la naturaleza; pero un rey católico, el bondadoso Carlos que nunca quiso hacer correr la sangre sino enjugar las lágrimas, no necesita estos vanos elogios. Yo no lo presentaré como el dechado de las perfecciones, sino como a un rey amante de su pueblo, dotado de una alma franca y sencilla, digno de nuestra gratitud por lo que hizo, y de una justa consideración por lo que dejó de hacer: un rey que atendiendo a los sentimientos de su espíritu, podía decir con el Profeta: yo sé, Dios mío, que tú pruebas los corazones y amas la sencillez.

El Soberano cuya memoria nos ocupa subió al trono que acababan de dejar las virtudes del Gran Carlos III. La viva imagen de un modelo tan digno le acompañaba en todos los momentos, y aspirando cuanto le era posible a su imitación, dirigía sus miras al fomento de aquellos ramos que influyen más en la prosperidad del reino, y que hubieran producidos los frutos más abundantes, si la perfidia, este monstruo que se alarma contra todo lo bueno, este principio de la ruina de los Estados, este origen de las desgracias de los hombres, siempre fértil en funestos recursos, no hubiera destruido con mano asoladora lo que edificaba en favor de su pueblo un rey piadoso. Yo me atreveré a decir del cuarto Carlos lo que un sabio orador dijo del buen Germánico: él tuvo un defecto y fue ser muy bueno para una corte tan corrompida.

Uno de los primeros ramos en que manifestó el deseo que le animaba de proporcionar la opulencia a un reino digno de ella, fue el de las artes de tejido de lienzos que se hallaban sumamente oprimidas por las ordenanzas gremiales. Tuvo S. M. muy presente los perjuicios que acarrean a la industria fabril, todos los reglamentos opresores de los fabricantes; y en consecuencia se sirvió mandar: que cada uno pudiera tejer sus lienzos, y venderlos a su arbitrio, que solo la obligación de fijar el sello de la fábrica para seguridad de los compradores, y estímulo de los mismos fabricantes. Los industriosos artistas quedaron libres de las innumerables pruebas con que atentaban contra su mérito, y a veces producían su ruina, bajo el pretexto de calificar su instrucción: ¡Qué elogios no se tributaron a unas providencias tan humanas, y tan conformes a los principios de la más exacta economía! Por todas partes se vieron renacer los fértiles vástagos de la industria que estaban oprimidos por la arbitrariedad y una multitud de familias llevadas de la indigencia a la abundancia, bendecían la mano que había producido tantos bienes. Las fábricas españolas recibieron la libertad que envidiaban a las extranjeras, y la nación vio con júbilo fomentar este principio sumamente productivo, que ojalá no hubiera malogrado infinitas circunstancias hijas del desorden, y contrarias a las intenciones de un rey amante de su pueblo.

La envidia resintiéndose de una protección tan justa, empuña nuevos dardos con que herir al hombre laborioso, corre tras él en toda su vida, y aun le persigue cuando después de innumerables fatigas se acoge al descanso del sepulcro; quiere arrancar de su pecho el consuelo de saber, que después de sus días su amada esposa, y sus queridos hijos recogerán los frutos de sus trabajos. Las viudas de los apreciables artistas se vieron despojadas del derecho de conservar las tiendas públicas, que habían sido el teatro de los desvelos de estos hombres beneméritos. Unos lamentos tan justos como penetrantes llegan a los piadosos oídos del amable soberano e inmediatamente previene, que estas desgraciadas conserven las tiendas de sus maridos, aun cuando se casen con personas de otro ejercicio, derogando en esta parte las ordenanzas gremiales. ¡O Dios! excelso, Padre de los huérfanos, y juez de las viudas, según os llama el Profeta, vos inspirasteis al buen Carlos tan nobles sentimientos, y le hicisteis vuestro ministro para enjugar las amargas lágrimas, que hacía derramar la cruel codicia. Vuestro nombre a quien todo se debe, sea bendito, y el de CARLOS permanezca en los labios de la viuda favorecida, y del huérfano alimentado.

La bondad que distinguía a este rey piadoso no permitió igualmente los males con que un falso celo quería reprimir los talentos más sublimes en las artes, pretendiendo, que los más hábiles profesores estuvieren sujetos a los exámenes gremiales, y que el privilegio de no sufrirlos, se entendiese solo para los tejedores de lienzo.

Esta conducta rastrera y miserable, no era propia de un reinado en que un príncipe generoso gobernaba a un pueblo magnánimo. Las luces fueron atendidas, el hombre que merecía por sus conocimientos la aprobación de un público ilustrado, no sufrió la injuria de que se le sujetase a pruebas en que la rivalidad ejerce todo su imperio. La mano benéfica de CARLOS, rompió estas cadenas con que pretendía oprimir la perfidia al mérito, y fue el objeto más digno de la gratitud de los amantes de las artes.

Recorramos aquellos tiempos en que innumerables personas dedicadas a la colección del salitre, no tenían otro premio sus trabajos, que la pérdida de sus haberes, y las desgracias de sus familias: oigamos aquellas voces presagiadoras de tantos males, que se percibían por todas partes manifestando el atraso de la nación si no se tomaban providencias enérgicas para fomentar un ramo del cual dependía el surtido de la pólvora, y el lleno de otras necesidades que agobiaban a España: traigamos a la memoria, repito, estas críticas circunstancias, y observemos el empeño con que S. M. se sirvió ocurrir a estas urgencias concediendo exenciones, prerrogativas y plena libertad a los salitreros, animándoles en su ejercicio, procurando por todos medios remover la calamidad del Estado, y proteger a los miserables. No experimentaron menores pruebas de su real beneficencia los fabricantes de betunes, cuando se les puso en plena libertad para ejercer su arte y vender los productos sin restricción alguna. Estas providencias tan necesarias al bien común, y que tanto influyen en la riqueza pública, en el fomento de la marina real y mercantil, serán siempre un motivo del mayor elogio, y harán grata la memoria de este príncipe.

El apreciable CARLOS, que había protegido las artes, se dedica a fomentar el comercio, advierte, que la escasez de buques nacionales era un inconveniente que retardaba el comercio, y para remover este obstáculo, concede S. M. en el año de 1790, justos premios y prerrogativas a todos los que construyesen dichos buques, y permite la introducción de maderas, cáñamo, lino y todo lo necesario, sin pagar derecho alguno, extendiendo este privilegio a las islas Baleares y a las canarias. Un decreto tan benéfico dio un impulso general al comercio y a la marina mercantil. Se emplearon en útiles trabajos innumerables brazos que permanecían como atados por falta de estímulo, y la nación española concibió la lisonjera esperanza de ver algún día su comercio establecido en buques propios, semejantes al que causa la prosperidad de los ingleses.

Para fomentar S. M. la pericia de su marina y el comercio de la nación, permite el uso de buques extranjeros y que los pilotos de su real armada pudiesen navegar en los buques españoles mercantes: respecto de los oficiales dice S. M., no solamente lo permitiré, sino que me será muy agradable usen de este medio de adquirir mayor instrucción. Expresiones propias del benéfico CARLOS, signos de un ánimo que sencillamente busca el acierto.

Las relaciones con los Estados Unidos de América, eran unos de los objetos que ocupaban su real ánimo, considerando los bienes que podían redundar a la España de establecer sólidamente una correspondencia y amistad con un pueblo laborioso y mercantil. Sus deseos se cumplen, y el comercio recibe un aumento incalculable. Yo dejo a la consideración de los políticos un asunto cuyas relaciones son casi infinitas, y que yo nunca podría desenvolver completamente; pero cuyas utilidades son tan palpables que no necesitan nuevas pruebas. ¿Qué ventajas ha sacado la nación española de organizar su correspondencia con la de Norte América? ¿Qué hubiera perdido no haciéndole? He aquí, señores, unos pensamientos dignos de la pluma más sublime, y que bien analizados formarán siempre el elogio del SEÑOR DON CARLOS IV, y le presentarán como a un rey deseoso del bien de sus vasallos.

Yo no puedo pasar en silencio sus esfuerzos en el fomento de las minas de carbón de piedra: considerando este ramo de gran utilidad para la nación, y queriendo proporcionar el bien de particulares no menos que el público, declara S. M. que no siendo el carbón de piedra ninguna especie de metales ni semimetales, pertenecían las mismas a los propietarios de los terrenos en que se encontrasen; y para animarlos al trabajo en ellas, les permite su comercio dentro y fuera del reino concediendo igualmente muchas utilidades a los descubridores pero bien conciliados con los derechos de propiedad que tenían los dueños de los terrenos, y con el bien general del pueblo. ¡Qué armonía tan exacta! ¡Qué justicia se observa en estas determinaciones! ¡Qué utilidades tan abundantes! Protegido el comercio por tan sabias providencias, empieza a sufrir los funestos efectos de un monopolio que enriqueciendo una pequeña parte del pueblo arruinaba todo el resto. Pero no, no son estos dobleces, hijos del crimen, ni estas intrigas, hijas de la codicia, capaces de hallar cabida en el corazón sensible de un rey que había fijado su esperanza en el Dios de la verdad que ama la sencillez. Inmediatamente quedan destruidas todas las maquinaciones de la avaricia, y la equidad se restablece. Humano para todos, él no lo es para el crimen, aunque a veces indulte al criminal. Ordenes juiciosas, providencias enérgicas, y una justa severidad, removiendo tantos males, colmaron de gloria al magnánimo CARLOS.

Este príncipe, digno de nuestra gratitud, no estaba satisfecho con haber promovido las artes y el comercio: era preciso fomentar la agricultura. Los efectos de una guerra asoladora, y las calamidades de un pueblo heroico que había sostenido no con menos valor que fidelidad, se hacían muy sensibles al corazón de CARLOS. Premia al mérito, protege la virtud, consuela al miserable, levanta al abatido y liberta la porción más apreciable del pueblo de las pesadas cargas que la oprimía con atraso de la agricultura. «La contribución conocida con el nombre de servicio ordinario y extraordinario y su quince al millar, dice este piadoso Soberano, hace mucho tiempo que la miro como contraria al fomento de la agricultura y al bien general de la nación, por recaer con gravamen progresivo sobre una clase apreciable de vasallos que no siendo la más afortunada, es sin embargo la que goza menos gracias.» «Ved unos sentimientos propios de un rey protector de la agricultura y verdadero padre del desvalido que acaso no merece las ligeras miradas del soberbio cortesano. Disueltos los vínculos que detenían las manos del agricultor, y removidas unas contribuciones que aumentaban las desgracias de los pueblos, parece que los campos, a favor de la industria del hombre, quisieron corresponder a los justos deseos del benigno CARLOS. Por todas partes se multiplican los frutos; y el labrador, satisfecho con tal abundancia, hace resonar en medio de las más justas aclamaciones el nombre del Soberano a quien tanto debe, y pide al eterno distribuidor de los dones que le haga dichoso.» Para promover mucho más la agricultura, pone S. M. un particular empeño en la formación de caminos y puentes, venciendo todos los obstáculos que la naturaleza oponía para que se comunicasen libremente el principado de Asturias con el reino de León y las demás provincias. Al celo de un español que descendió al sepulcro colmado de méritos más que de honores, se le presentó un dilatado campo en que ensayar su patriotismo y talento, llenando los deseos del Soberano a quien tenía el honor de servir. Estas obras serán un eterno monumento de la actividad y honrarán la memoria del reinado del SEÑOR DON CARLOS IV. Excusado es decir que hablo del sabio e infatigable Jovellanos; pero nombrándolo, no puedo menos que hablar de un instituto que recuerda sus desvelos y la bondad del Príncipe que supo no malograrlos. Observó S. M. detenidamente los frutos que se deben a los esfuerzos de Felipe y en la creación del Seminario de nobles y de la Academia española, y a los de Fernando VI fundando la real Academia de nobles artes: quiso imitarles; y no solamente aprueba el Instituto asturiano en que se ven florecer las ciencias del modo más brillante, sino le fomenta dotando una cátedra de química, y haciendo otras demostraciones muy sensibles del alto aprecio con que miraba tan útil establecimiento.

Pero un objeto más sublime atrae a mi espíritu, la humanidad y la religión misma toman parte en el justo elogio del benéfico CARLOS. Una multitud de hijos de la naturaleza dirigen sus votos al cielo en favor de un Soberano a quien deben la vida civil. La humanidad viene a depositar estos desgraciados en los brazos de un gran Príncipe: la religión viene a inspirarle los caritativos sentimientos de un alma cristiana. A uno y otro imperio cede el corazón de CARLOS, y con los más tiernos y paternales afectos acoge a los expósitos y les concede todos los privilegios de la legitimidad, poniendo fin a una cadena de males casi interminable. Mas no es mi ánimo formar la historia de todas las acciones que le hacen digno de nuestro reconocimiento. Los españoles fueron testigos de la bondad constante que manifestó en todas las épocas de su reinado, a que dio fin por la abdicación de la corona en su augusto hijo el SEÑOR DON FERNANDO VII.

Faltaba esta última prueba del sencillo y recto ánimo de CARLOS. No es la muerte quien lo despoja de la corona: es su razón y el amor a sus vasallos. Solo quiso reinar mientras creyó que podía ser útil; pero luego que sus achaques y avanzada edad no le permiten vigilar sobre la nación según exigían las circunstancias críticas y peligrosas en que se hallaba, él renuncia la gloria de un reinado y lleno de opulencia, satisfecho con el placer de no impedir unos bienes que ya la naturaleza y la política no le permitían proporcionar a su pueblo. ¡Qué heroicos sentimientos! La gloria del mundo desaparece a los ojos del sencillo CARLOS: vence en este momento las pasiones que encadenan el corazón del hombre inspirándole el deseo de la superioridad sobre sus semejantes, y le hacen que se juzgue apto para todo siempre que venga unido con la idea del dominio: él reprime en su pecho los fuertes sentimientos de la vanidad humana. Otros grandes príncipes han llevado la victoria hasta las más dilatadas regiones; pero el gran CARLOS se ha vencido a sí mismo. Sin el esplendor de los decantados héroes ha tenido mayor fortaleza, porque sabía que Dios prueba los corazones y ama la sencillez; y penetrado de estas ideas no quiso ya otro reino que el de la tranquilidad de espíritu y el de la virtud.

Yo no hablaré de las penas con que el Todopoderoso quiso probar el alma de este rey anciano para purificarle antes que descendiese al sepulcro; pues hallándose estas cosas íntimamente unidas con las calamidades de la España causadas por sus agresores, renovarían ideas de horror y exterminio, ajenas de la paz del Santuario. Sufrió CARLOS, y sufrió constantemente hasta llegar a los momentos en que pagando una deuda a la naturaleza debía hacer el sacrificio de su vida en manos de su criador. Yo me lo figuro aproximándose al sepulcro con pasos serenos; yo oigo sus voces dirigidas a la nación que había gobernado. «Españoles, dice, recibir mis últimos alientos y vosotros a quienes consagré todos los de mi vida. Vuestras ciudades no conservarán magníficas estatuas ni otros monumentos de la soberbia humana que os recuerden mi existencia; pero sí conservaréis la memoria de la amabilidad con que siempre quise ser el padre de todos. Ojalá hubiera yo podido hacer todo el bien que deseaba: imputad a la perfidia el crimen de haberme privado de esta dicha. Mi túmulo no se adornará con los sangrientos y horrorosos trofeos de la guerra; pero sí le rodearán las risueñas olivas de la paz. Españoles, voy a entregar a la tierra un corazón que siempre fue vuestro: sed felices; yo muero tranquilo.» El levanta con mano firme la pesada losa que debe cubrirle hasta el día de la resurrección, y al entrar en el lóbrego sepulcro dirige al cielo sus miradas, profiriendo las palabras del Profeta: yo sé, Dios mío, que tú pruebas los corazones y amas la sencillez. CARLOS descansa; y vos, Dios de piedad, concededle el perdón de sus defectos y el premio de sus fatigas. —Así sea.

[Archivo Nacional Cuba. Fondo: Donativos y Remisiones, legajo 602, signatura o números 35.]

Tercera parte. Lecciones de Filosofía y otros escritos filosóficos

Lección preliminar dada a sus discípulos por el presbítero don Félix Varela, al empezar el estudio de la filosofía, en el real colegio de San Carlos de La Habana, el día 30 de marzo de 1818

La verdad, la virtud, les decía el Padre Varela, serán los objetos de nuestras investigaciones. La naturaleza, esta madre universal de los mortales, guiará nuestros pasos, rectificando nuestro espíritu oscurecido por las preocupaciones, extraviado por la costumbre, e inerme por la irreflexión.

Nuestro ser ocupará el primer lugar en el estudio que emprendemos; y saliendo después, por decirlo así, de nosotros mismos, observaremos ligeramente el hermoso cuadro de las demás criaturas. Ellas nos conducirán muy pronto al conocimiento del Criador, y advirtiendo nuestras relaciones con este Ser infinito, aparecerá la Religión santa con un nuevo brillo, a la luz de la Filosofía. Veremos nacer aquí los vínculos sociales, y los deberes del hombre respecto de sí mismo, de Dios y de sus semejantes.

El examen detenido de los cuerpos merecerá entonces nuestra atención. Contemplaremos las propiedades que convienen a todos, y las que son propias de algunos de ellos, las leyes que guarda la naturaleza, las fuerzas que emplea, el auxilio que puede proporcionarse el hombre por medio de las máquinas, y todo lo que pertenece al movimiento, alma del universo.

Pasaremos luego a la consideración de cada especie de cuerpos; y basta decir que todo cuanto percibimos será objeto de nuestro examen. No solo el conocimiento de las cosas, sino también su aplicación a las necesidades de la vida privada y social, debe ocupar a un filósofo; y éste será nuestro principal empeño. En dos años concluiremos este estudio; pero será preciso continuar seis meses más, para acomodarnos a la práctica autorizada, pues no siempre puede hacerse todo lo que se debe.

Los progresos filosóficos exigen docilidad sin abatimiento, y un carácter firme sin orgullo, constante sin pertinacia, generoso sin afectación, y franco sin ligereza. Mis esfuerzos se dirigirán a inspirarlo, y yo espero que no serán en vano.

Mis discípulos tendrán una plena libertad de discutir, y proponer sus pensamientos del modo que cada uno pueda. La emulación rara vez llega a ser racional, y por lo regular degenera en un encubrimiento de pasiones despreciables. Ella no entrará en mis clases, si yo no soy muy desgraciado. Entre nosotros nadie sabe, y todos aspiramos a saber. Los conocimientos que se adquieren son bienes comunes, y los errores no son defectos mientras no se sostienen con temeridad.

Hay un idioma greco-latino-bárbaro-arbitrario, que llaman «escolástico», y unas fórmulas y ceremonias que dicen se deben enseñar en las clases de Filosofía. Yo no enseñaré nada de esto, porque no soy maestro de idioma, ni de formulaje, sino un compañero que va facilitando a los principiantes el estudio de la naturaleza, la cual no es de ningún idioma, ni admite reglamento. Los inteligentes conocen que yo puedo decir mucho más... El que arrostra la costumbre encuentra pocos aprobadores; mas yo renuncio el honor de ser aplaudido por la satisfacción de ser útil.

Sé que algunos se compadecen de mis discípulos por considerarlos sin las disposiciones necesarias para continuar el estudio de las ciencias, y para lucir en los actos públicos. Si las ciencias son el conjunto de los delirios de los hombres, de voces hijas del capricho, de prácticas y reglamentos mecánicos; desde luego confieso que mis discípulos no están dispuestos para estudiarlas, antes al contrario tienen el obstáculo que presenta la razón rectificada a todo lo que nada vale. Mas si las ciencias naturales son el agregado de conocimientos exactos, sugeridos por la naturaleza; si la sagrada es la reunión de verdades reveladas y mandatos divinos explicados según el espíritu de la Iglesia en su constante tradición; si la jurídica es el conocimiento de lo justo, de lo honesto, y de las leyes fundamentales del Estado, y conservadora de los mutuos derechos; mis discípulos no encontrarán tropiezo en una carrera que viene a ser una continuación de los pasos ideológicos en que están versados. Por lo que hace al lucimiento, lucir en voces raras, y acciones compasadas, es lucir en juegos de aire.

Por tanto, sin darme por ofendido, aseguro a semejantes compasivos que no les agradezco su buen afecto, y les prometo no enmendarme jamás. Si embargo, yo debo confesar, que muchos de ellos proceden de buena fe, pues se conforman a sus ideas, y esto puede disculpar de algún modo el ultraje que hacen a la razón y a la Filosofía. Otros conocen la verdad; pero son débiles para seguirla. Sus relaciones sociales exigen una conducta contraria, y en la imposibilidad de hacer otra cosa, ellos ceden a su interés. Otros lo hacen por no perder en un momento lo que adquirieron en muchos años. Estos no son muy buenos. Yo también he perdido, aunque no mucho. Pierdan conmigo, y dividiremos igualmente las verdaderas ganancias. De lo contrario, ellos siempre perderán para las ciencias, aunque por desgracia ganen para los hombres.

[José Ignacio Rodríguez: Vida del presbítero don Félix Varela. Segunda edición. Arellano y Cia. La Habana, 1944.]

Lecciones de Filosofía

> Yo no escribo sino para los ignorantes. Como ellos no hablan la lengua de ninguna ciencia, pueden con más facilidad entender la mía, que está más a su alcance que ninguna otra, por haberla sacado de la naturaleza, que les hablará como yo.
>
> Condillac, Loj. Cap. IX

Introducción

Salen por quinta vez al público mis «*Lecciones de Filosofía*» sin omitir cosa alguna de lo que contienen mis ediciones anteriores, pero corregidas y considerablemente aumentadas. Dirán acaso muchos que no están al nivel de los conocimientos del día, principalmente en la parte ideológica, por no encontrar en ellas los nuevos sistemas, o más bien la renovación de los antiguos, que con tanto empeño defienden y combaten los filósofos de nuestro siglo: mas yo suplico a los que así piensen, que consideren que las obras elementales deben presentar sencilla y ordenadamente lo que se sabe, y no lo que está por averiguar en las ciencias; y que la erudición filosófica de los maestros, es el mayor obstáculo al progreso de los discípulos.

Estos se confunden con la multitud de cuestiones que indispensablemente se suscitan, y a veces llegan a ser unos meros impugnadores de ideas ajenas, sin haber ordenado las propias; entréganse al placer de contradecir, sin cuidarse mucho del deber de aprender para hacerlo con propiedad.

No pretendo decir con esto que todo lo que se encuentra en mis lecciones está demostrado, pero me atrevo a afirmar que hay muy poco en ellas que no lo esté, y aun en mis opiniones he procurado fundarme en hechos y verdades admitidas y demostradas. Espero que no se encontrará en mi obra una mera teoría, una mera hipótesis, un sistema inventado y no encontrado. Dirase acaso que al presentar este corto número de mis opiniones, convendría por lo menos dar noticias de las contrarias, y aun impugnarlas; mas yo respondo nuevamente que semejante plan no me parece propio para obras elementales, donde deben reinar la brevedad y la claridad, y que me parece mucho más útil presentar los fundamentos de una opinión en términos que se perciban en todas sus relaciones; y cuando los discípulos se encuentren en este ventajoso estado, podrán leer en otras obras y oír de sus maestros la exposición de diversos sistemas, y podrán admitirlos o impugnarlos con solidez, porque ya sabrán manejar sus ideas, y comparándolas con las nuevas que se les presenten, advertirán fácilmente la inexactitud de unas o de otras.

Sin pretender dirigir a los maestros, espero que no llevarán a mal una insinuación que es fruto de la experiencia de algunos años que consagré a la carrera de la enseñanza, y redúcese a hacerles observar que, mientras más hablen menos enseñarán; y que por tanto un maestro debe hablar muy poco, pero muy bien, sin la vanidad de ostentar elocuencia, y sin el descuido que sacrifica la precisión. Esta es indispensable para que el discípulo pueda observarlo todo, y no sea un mero elogiador de los brillantes discursos de su maestro, sin dar razón de ello. La gloria de un maestro es hablar por la boca de sus discípulos.

He dicho que solo intento que los maestros observen que los progresos de sus discípulos no corresponden a sus esfuerzos en largas discusiones, porque acaso muchos no lo notarán, como no lo notaba yo al principio, bien que como por instinto nunca pude avenirme a explicaciones dilatadas. Sin embargo, en lo últimos años en que enseñé Filosofía en el Colegio de San Carlos de La Habana, donde escribí y expliqué estas lecciones, seguí un plan más estricto, que consistía en llamar la atención de mis discípulos ofreciéndoles no mortificarlos con largos discursos, e indicándoles que por otra parte yo conocería muy pronto si había merecido su atención. Explicábales enseguida la materia que me proponía que aprendiesen, poniendo mucho cuidado en no divagar, y en ser claro y preciso, y después eligiendo uno de ellos le exigía que me considerase como su discípulo y que me enseñase aquella lección. Yo procuraba hacer mi papel preguntando si no estaba muy clara la explicación, y cuando me encontraba enseñado por mi discípulo, quedaba satisfecho. De este modo conseguía mayor fruto con menos trabajo, pues la experiencia prueba que mientras un profesor hace una dilatada explicación de su doctrina, están sus discípulos, unos casi dormidos, otros haciendo reír a sus compañeros con alguna travesura, y otros que tienen deseos de aprender se hallan sumamente disgustados, porque acaso no entendieron una parte de la explicación y pierden la esperanza de entenderla, porque el maestro sigue divagando, como es indispensable que suceda cuando se quiere hablar mucho sobre un punto cuya explicación exige muy pocas palabras.

La exposición que acabo de hacer del método que seguí en la enseñanza, tiene por objeto el dar la razón del que se observa en esta obra, que fue escrita para enseñar según aquél. Los profesores que no le sigan, suplirán con la abundancia de sus conocimientos lo que echen de menos en mis lecciones, mas espero que éstas servirán siempre a sus discípulos, para retener lo sustancial de sus explicaciones.

En la lección sobre las disputas literarias he manifestado la inutilidad y los inconvenientes de las que propiamente podemos llamar escolásticas, y en una nota he indicado que acaso mis observaciones parecerán inútiles, pero que desgraciadamente no lo son en España. Si entonces hubiera tenido noticias del plan que acaba de presentar Mr. Cousin, como ministro, para la reforma de los estudios en Francia, seguramente hubiera hecho alusión a ella generalizando mucho más mis observaciones; pero estaba ya impresa dicha lección cuando supe por los papeles franceses el restablecimiento de la forma silogística en las escuelas de aquel reino, exigiéndose su estudio como condición necesaria para el Bacalaureato.

Tiempos hace que Cousin se ocupa de revivir todo lo antiguo, y habiéndolo ya hecho respecto a las doctrinas, creyó sin duda que debía hacerlo respecto a las formas. Parece pues, que retrocederá la Francia, o a lo menos sus escuelas públicas, al siglo trece; y el conde de Marcellus presagia con placer este acaecimiento, y considerando el primer paso de Mr. Cousin como uno de los más preciosos frutos de la restauración, felicita a su patria en un artículo que ha tenido por conveniente publicar bajo su firma.

También en Inglaterra está algo de moda el retroceso al escolasticismo, siendo una prueba de ello el crédito con que corren los «Elementos de Lógica» por Whately, Arzobispo (protestante) de Dublín, quien se ha dedicado, según dice, por espacio de diecinueve años, a la reforma o introducción de esta clase de estudios. No puede darse una Lógica más rigurosamente escolástica, y así es que en su prólogo no ha podido menos de insinuar los argumentos que los filósofos modernos han presentado contra las que podremos llamar pautas escolásticas, pero no ha tenido a bien responderles.

El contagio va cundiendo, y en consecuencia se ha hecho en Boston en el año 1839 una reimpresión de la Lógica de Whately, sin duda con gran probabilidad de una buena especulación.

No será, pues, muy extraño que mis lecciones desagraden a algunos, que acaso entren en la moda de antiguar, y que las crean defectuosas por no explicarse en ellas la forma silogística, con todos sus agregados; cuya inutilidad he demostrado en una obrita que publiqué bajo el título de *Miscelánea Filosófica*.[15] Estos malcontentos podrán fácilmente llenar el vacío que tanto les molesta, y ejercitar, esto es, atormentar a los estudiantes con la explicación de todas las fórmulas, sin que para ello les perjudique lo que aprendan en esta obra, a no ser que su lenguaje sencillo les haga más repugnante el Bárbara Celarent y en este sentido pueda servir de obstáculo a la pautada enseñanza que se quiere renovar. Confieso que me ha causado la mayor admiración el retroceso que se quiere dar a la verdadera Lógica, confundiéndola con un conjunto de reglas mecánicas, y de sutilezas inútiles. Sin embargo, he examinado nuevamente la materia, leyendo la obra de Whately con toda imparcialidad, y procurando deponer toda preocupación, mas confieso que mi estudio solo ha servido para ratificarme en la opinión que había formado, y que cada vez estoy más convencido de la inutilidad de semejantes reglas. Yo no puedo avenirme a pensar por pautas, y a formar discursos como se construyen bancos. El que no pueda andar sin muletas es cojo, y no queda duda en ello; y así es en el entendimiento el que necesite ocurrir al Bárbara para formar un silogismo perfecto.

He dejado la parte ortográfica enteramente al cuidado de mi amigo don Juan de la Granja, editor de la obra, cuyos conocimientos y práctica me inspiran toda confianza; y así espero que tendrá por lo menos una de las perfecciones más necesarias en los tratados elementales, que es la corrección.

Noción de la filosofía y de las principales sectas filosóficas Los conocimientos adquiridos por la razón forman las ciencias naturales, y todas se comprenden bajo el nombre de Filosofía, o amor a la sabiduría, que se debe a la afectada

---

15 Espero publicar dentro de poco tiempo una nueva edición de la *Miscelánea Filosófica*, extendiéndome mucho más en el artículo sobre forma silogística, y agregando otros sobre varios puntos muy interesantes.

modestia de Pitágoras, quien dijo que él no era sabio, sino amante de la sabiduría o filósofo. Este es el orden del nombre de una ciencia tan antigua como el género humano, pues desde que hubo hombres se dirigieron por la luz de la razón para adquirir conocimientos, y fueron filósofos antes de pensar en serlo.

En este sentido se aplica la palabra filosofía a toda clase de conocimientos adquiridos por un recto uso de la razón, y así se dice Filosofía de la Historia, de la Legislación, de la Elocuencia, etc. Aunque todas las ciencias naturales pertenecen a la Filosofía, siendo tantas y tan extensas, se ha convenido en no comprender bajo este nombre más que la Lógica o la ciencia de dirigir el entendimiento; la Moral, o la ciencia que rectifica las costumbres; la Metafísica, o la que trata de los seres espirituales; y la Física, o el tratado de los cuerpos, considerándolos en cuanto a sus propiedades sensibles, y a las leyes que siguen en sus operaciones.

La primera de estas ciencias puede dividirse en dos, llamando Ideología la que trata del origen y enlace de nuestras ideas, y Lógica la que fundada en la Ideología manifiesta los defectos de nuestros conocimientos. Comúnmente se confunden ambas, porque tienen tanta conexión, que puede decirse que forman dos partes en una misma ciencia.[16] Aunque toda Filosofía es natural, suele darse este nombre a la Física, llamando simplemente Filosofía a la *Dirección del Entendimiento*. En este caso se aplica a la ciencia el adjetivo natural, no por el modo de adquirirla, sino por su objeto, que es el conjunto de los cuerpos a que damos el nombre de naturaleza.

Entre los hebreos tuvieron los filósofos el nombre de rabinos, entre los babilonios y asirios el de caldeos, los persas los llamaron magos, los egipcios hierofantas, y los antiguos franceses les dieron el nombre de druidas.

Tales, milesio, habiendo aprendido la Filosofía en Egipto, la enseñó en Fenicia y Grecia. Los griegos la cultivaron con esmero, dividiéndose en dos sectas, que fueron la dogmática y la académica.

Los dogmáticos creían haber encontrado la verdad en todos los asuntos que trataban, y formaron dos sectas, la jónica y la itálica. El maestro de la secta jónica fue Tales y su principal discípulo Demócrito.

---

16 Yo las trataré reunidas bajo el título de *Dirección del Entendimiento*, así como la Metafísica y la Moral, en el *Tratado del Hombre*.

Pitágoras, samio, fue maestro de la secta itálica, y tuvo por discípulo a Zenón Eleas, quien se dice que formó la Dialéctica, o ciencia de disputar, en consorcio de Meliso, samio. Tuvo Pitágoras otros muchos discípulos, que no podían hablar con su maestro sino con un velo intermedio, y eran instruidos por otros de los más aventajados, los cuales usaban para fortalecer sus doctrinas, la expresión el maestro dijo, y este dicho se tenía por un convencimiento.

Sócrates atrajo a todos los filósofos de su tiempo al estudio de la moral, y fue fundador de la antigua Academia, cuyo nombre le vino de que Academio dio un lugar en los arrabales de Atenas, para que se formasen las juntas filosóficas, y por tanto dicho paraje se llamó Academia, y los filósofos, académicos. Estos, a distinción de los dogmáticos, enseñaron que nada debía afirmarse, sino que se debía dudar de todo.

La secta académica se dividió en antigua, media y nueva. El maestro de la antigua fue Sócrates, como hemos dicho, al cual sucedió Platón, y por eso se les dio el nombre de platónicos, y el de escépticos, o investigadores, porque aunque creían que no habían encontrado la verdad, procuraban buscarla. Se llamaron también pirrónicos, por Pirrón, célebre académico.

Murió Platón a los 80 años de su edad, el mismo día en que había nacido, y sus discípulos formaron las sectas de los peripatéticos, estoicos y epicúreos.

Zenón de Citio fue el maestro de los estoicos, llamados así porque aprendían en la Estoa, que era un portal de Atenas. Séneca fue uno de los principales discípulos.

Los epicúreos tuvieron por maestro a Epicuro, que enseñó la doctrina de Demócrito, y solía tener sus juntas en los huertos. Lucrecio escribió la doctrina licenciosa de Epicuro en versos latinos, y ha sido refutado posteriormente por el sabio cardenal Polignac.

Los peripatéticos tienen este nombre porque se ejercitaban en el Peripato, que era una gran sala, donde tenían sus disputas paseándose. Su maestro fue Aristóteles, natural de Estagira, el cual por haber enseñado al grande Alejandro, se hizo célebre en su tiempo.

Arcesilao formó la Academia media, enseñando que no solo no se sabía nada, pero ni podía saberse. Sus discípulos por este motivo tomaron el nombre de acatalépticos o indecisos.

Lácides formó la nueva o tercera Academia, y le siguieron Evandro y Carnéades. Este enseñó en Roma con gran celebridad, teniendo por discípulos a Clitomaco, Filón y Antíoco, maestros de Marco Tulio Cicerón.

En el siglo IV de la Iglesia, Potamón, alejandrino, estableció un género de Filosofía más libre, en que cada uno buscaba la verdad, sin jurar en las palabras de ningún maestro, y estos filósofos se llamaron eclécticos, porque elegían libremente lo que juzgaban más cierto. Muchos padres de la Iglesia fueron eclécticos, entre los cuales se encuentran San Ambrosio, San Jerónimo, y con especialidad San Clemente Alejandrino. Otros santos padres siguieron la doctrina platónica, y entre ellos el principal fue San Agustín.

Después se introdujo en las escuelas la doctrina de Aristóteles, por haberla rectificado Santo Tomás de Aquino en el siglo XIII, Juan Duns Escoto, y Guillermo de Ocam en el siglo XIV, formándose las tres escuelas, tomista, escotista y nominal. Ocam, maestro de esta última, se empeñó mucho en las voces, haciendo ver que los nombres generales no tienen objetos existentes en la naturaleza, sino que son obra de nuestro entendimiento, por eso se llamaron sus discípulos nominales. Estas tres escuelas formaban la secta escolástica, que seguía la doctrina de Aristóteles, explicada por diversos maestros.

Galileo, célebre matemático en Etruria, Francisco Bacon, conde de Verulamio, en Inglaterra, y el médico español Antonio Gómez Pereira, fueron los primeros que sacudieron el yugo aristotélico. Sin embargo, la principal gloria de la libertad filosófica se debe a Cartesio, que en Francia dio los primeros elementos de una nueva Filosofía. Igualmente es digno de memoria el célebre Pedro Gassendi, que estableció un sistema de átomos, o pequeñas partículas para explicar mecánicamente todos los efectos de la naturaleza, y por eso sus discípulos fueron llamados atomistas.

Después de estos filósofos apareció el gran Newton, hombre privilegiado por la naturaleza para investigar sus arcanos, y para quien todo elogio es insuficiente. Expuso de un modo nuevo las leyes generales en que se funda la gran máquina del Universo; y siendo la gloria de Inglaterra es la admiración de los filósofos.

La Alemania presentó en el campo de la filosofía al gran Leibnitz, cuyo talento universal parece no conocía límites. Wolff, su discípulo, fue émulo de su celebridad y ambos honran a su patria.

Estos últimos tiempos han presentado un número respetable de hombres célebres, cuya historia, aun en compendio, ocuparía volúmenes enteros. Por otra parte, reinando la libertad filosófica, no han constituido secta, que son las únicas de que me he propuesto dar idea. La historia de la ciencia es muy distinta de la de sus cultivadores, pero exige conocimientos cuya anticipación sería contraria al método de unas lecciones.

Tratado de la Dirección del Entendimiento

Lección I. De las operaciones intelectuales. Adquisición y naturaleza de nuestros conocimientos

Los objetos que nos rodean producen diversas sensaciones; pero ¿de qué modo sabemos que éstas tienen una causa exterior, y que no deben su existencia a los mismos sentidos? ¿Cómo sabemos que existe la naturaleza? He aquí lo primero que vamos a investigar.

Si el hombre solo tuviera el sentido de la vista, percibiría colores más o menos vivos, más o menos claros, ocupando mayor o menor espacio en sus ojos; pero ¿algunas de estas circunstancias demostraría que los colores tienen una causa externa? ¿No podrían ser producidos por una acción interior de los mismos ojos? En un cuadro se pintan varios objetos con distintos colores y sombras, mas no por eso existen fuera del mismo. Es cierto que por medio de las sombras se nos representan diversas distancias; pero esto sucede después que estamos habituados a observar el modo con que reflejan la luz los cuerpos, cuya distancia conocemos ya por otros medios muy distintos. La prueba más evidente es el mismo engaño que sufrimos cuando un hábil pintor nos hace creer que un simple lienzo es un hermoso jardín o una espaciosa galería. Los colores indicarían causas más o menos fuertes, pero no más o menos distantes; al contrario todos se presentarían como existentes en los mismos ojos, y producidos por ellos, o por alguna causa interior. Luego la vista no puede indicar por sí sola, ni el tamaño ni la forma exterior de los cuerpos; porque estas propiedades no se conocen sino advirtiendo la diversa distancia de las partes, y la vista, como hemos dicho, no indica distancias.

Las mismas consideraciones, y aún con más razón, podemos hacer en orden al olfato, al gusto y al oído, que nunca nos conducirían a conocer que hay cuerpos distintos del nuestro. Mas el hombre está dotado de un sentido que le pone en comunicación con la naturaleza y que hace útiles todos los demás: éste es el tacto. Luego que el hombre advierte una resistencia, infiere que es producida por un ser distinto de su mano que le obedece. Al experimentar esta resistencia advierte una sensación en su mano pero no en el ser que resiste; y como solo conoce las partes de su cuerpo por la sensación, y por el dominio que ejerce en ellas, la carencia de ambas cosas le persuade que existe otro cuerpo fuera del suyo.

Aplicando la mano sucesivamente a las partes de este objeto, experimenta en todas ellas un nuevo tacto y una nueva resistencia, y esto le da el conocimiento de la movilidad de su mano que antes no hubiera conocido sino como unos esfuerzos interiores de los músculos para ejercer una acción casi mecánica, cuyo objeto no se percibiría, viniendo a ser como los movimientos de un hombre dormido.

La movilidad de su mano le conduce al conocimiento de la extensión de los cuerpos, pues del movimiento que ejerce experimentando siempre contacto y resistencia, infiere que hay partes unas fuera de otras, que es en lo que consiste la extensión. Conocida ésta, deduce la forma exterior, que no es más que la distinta colocación de la superficie, o lo que es lo mismo, la diversa extensión.

Fácilmente descubre después el hombre, que las sensaciones de los demás sentidos dependen del objeto que ha producido las del tacto, pues moviendo los cuerpos, o produciendo alguna alteración, que el tacto mismo indica, se mueven y alteran las imágenes en los ojos, se disminuyen, aumentan o desaparecen los colores, sucediendo lo mismo en los demás sentidos. Refiere entonces todas las sensaciones a objetos exteriores, y éstos nacen para él, siendo el tacto el que ha sacado al hombre de sí mismo, y le ha arrojado sobre la naturaleza. Del estado de aislamiento pasa al de relaciones, y empieza a desenvolver todas sus facultades intelectuales.

Luego que advierte que las diversas sensaciones que había experimentado tienen un mismo principio, las observa, las combina según advierte que dependen entre sí, y forma ciertos grupos de sensaciones, y éstos le representan ciertos objetos. Una fruta que antes hubiera sido un color en los ojos, un sabor en el paladar, un olor en la nariz, una impresión en el tacto, sin que conociera el hombre la relación de estas sensaciones ni su verdadera causa;

esta fruta es ya un cuerpo sólido, colorado, sabroso, oloroso. Los demás seres producen otros tantos conjuntos de sensaciones, y ved aquí las primeras imágenes, o las primeras ideas que forman al hombre, pues no es un número de sensaciones aisladas e independientes, sino referidas a un objeto.

Si observamos lo que la naturaleza nos presenta en los niños, seguramente nos convenceremos de que nuestras ideas se adquieren en el orden que acabamos de manifestar. Recurren al tacto para todo: apenas se les presenta un objeto, cuando quieren cogerle, y si pueden le conducen a la boca, le acercan a los ojos, le mueven en todas direcciones, le palpan por todos lados; y en una palabra, demuestran que el tacto es su maestro, y que a las sensaciones de este sentido quieren referir todas las demás, para obtener últimamente la idea del objeto. Mientras no están habituados a referir las sensaciones de la vista a las del tacto, esto es, a conocer que tal imagen de la vista corresponde a tal extensión en la naturaleza, no forman idea de las distancias, o por lo menos se equivocan con frecuencia.

Obsérvese que un niño cuando empieza a lo que llamamos gatear, se dirige a un objeto que desea, pero muchas veces antes de llegar a él extiende la mano para cogerle, sin duda porque le cree próximo; advierte su engaño, y continúa su movimiento, y suele sufrir este engaño dos o tres veces antes de llegar a su objeto. La vista, pues, no le ha enseñado a conocer las distancias, a pesar de que este sentido está mucho más ejercitado que el del tacto, pues el niño desde que nace ve a gran distancia, cuando no tiene movimiento de traslación, y por consiguiente no ha aplicado el tacto a investigar las distancias a que no alcanzan sus manos. Algunos niños la primera vez que ven la Luna extienden la mano para cogerla, porque no forman idea de su distancia, ni de su magnitud, y se les presenta como podría presentárseles una naranja que tuviera en la mano su madre, teniéndolos en los brazos.

Para un recién nacido no hay absolutamente distancia alguna: él ve todos los colores, pero no sabe que hay objetos; es un ciego para la naturaleza; solo ve en sus ojos. De aquí proviene que no los fija, pues no siente la necesidad de darles dirección. Es cierto que a esto contribuye la debilidad de los órganos, pero ésta no puede ser la única causa, supuesto que observamos, que a pesar de ella mueve los ojos mecánicamente en todas direcciones, y no hay duda que los fijaría si tuviera deseo de hacerlo.

¡Con cuánta claridad percibiríamos todo el orden de la adquisición y formación de nuestras ideas si pudiésemos acordarnos de lo que hicimos desde el momento que nacimos hasta que entramos por medio del lenguaje en el trato de los hombres! Ahora nos persuadimos de que nuestras primeras ideas han sido generales, esto es, que un niño al nacer ve un conjunto de seres, y que luego va observando, poco a poco, a cada individuo, como nos sucedería si entrásemos en una sala muy adornada, donde hubiera un gran concurso. En mi concepto esto es un error. Nosotros formamos al pronto ideas de un conjunto de objetos colocados a diversas distancias, porque ya estamos habituados a referir las impresiones de la vista a las del tacto; mas el niño no percibe que aquellos colores están en distintos individuos; la naturaleza, como hemos dicho, no existe para él, y únicamente percibe una afección de sus órganos, que aún no conoce como tales, porque ignora que reciben de otros sus impresiones.

Luego que empieza a comparar sus sensaciones, y a salir de sí mismo por medio del tacto, su primer conocimiento es el de un solo cuerpo, un solo individuo; después conoce otro, y así sucesivamente hasta conocer un gran número, que se aumenta hasta que teniendo más edad, conoce todos los seres que más nos afectan. Si el niño no empezara a referir sus sensaciones a un solo individuo, jamás conocería ninguno, y si fuera dable que viviera cien años, al fin de ellos ignoraría que estaba rodeado de otros cuerpos.

¿Cómo había de conocerlos si refiriese el color de un dije, por ejemplo, que tuviese en la mano, a su ama de leche, la figura de ésta al dije y así indistintamente refiriese las sensaciones a diversos objetos de aquéllos que son su verdadera causa? Mientras más consideremos esta materia, más evidente se hará que nuestros conocimientos empezaron por el de un solo individuo; que todas nuestras primeras ideas son individuales, y que la idea de conjunto es muy posterior. No conocemos la naturaleza si no conocemos individuos; ella no se compone de otra cosa que de un árbol, un hombre, una piedra, en una palabra, de seres independientes. No hay un ser en la naturaleza que incluya todos los árboles o todos los hombres.

Pero estos objetos inmutan de diverso modo cada uno de nuestros sentidos; pues todos no tienen el mismo color, figura, peso, etc., y estas diversas inmutaciones que causan en nosotros, nos manifiestan las diversas propiedades de los cuerpos; esto es, la diversa capacidad que se halla en ellos, para causarnos diversas sensaciones.

Del análisis, y de la síntesis, y los resultados de ambas, o sean las definiciones Como los objetos de la naturaleza son casi infinitos, y sus propiedades innumerables, no podemos fijar nuestra atención en todas estas cosas a un mismo tiempo, y nos vemos precisados a irlas considerando una después de otra, y esta sucesiva consideración de los objetos y sus propiedades, se llama análisis.

Esta operación es la única que puede darnos conocimientos exactos de las cosas; pues así como ninguno formaría idea exacta de una máquina, sí no observara detenidamente cada una de las partes por sí sola, y después la reuniera para conocer sus relaciones y modo de operar; así ninguno tendría una buena idea de un objeto cualquiera que sea, sí no considera primeramente cada una de sus propiedades, descomponiendo, por decirlo así, y volviendo a recomponer o a considerar el objeto, según está compuesto en la naturaleza. Dicha recomposición se llama síntesis. La descomposición y recomposición intelectual de los objetos, son el único medio de conocerlos bien.

Conocido de este modo el objeto, nos forma una serie de ideas que manifiestan sucesivamente las principales propiedades, y estas ideas expresadas forman las definiciones que no son más que el resultado de un análisis que manifiesta las propiedades de un objeto. De aquí podemos inferir, que proviniendo las definiciones de la descomposición y recomposición de las ideas; si estas operaciones no se han hecho con exactitud, en vano nos empeñaremos en definir las cosas. También se infiere que conocemos las cosas antes de definirlas, y las definiciones solo sirven para expresar brevemente lo que conocemos, y conservarlo mejor.

De los conocimientos que no provienen de análisis ni de síntesis Es evidente que siendo el análisis y la síntesis una descomposición y recomposición, no pueden efectuarse en objetos simples. Para convencernos de esta verdad, obsérvese que toda respuesta explicativa equivale a una definición que es el resultado de un análisis, y cuando no podemos dar una respuesta de esta clase, es prueba de que no podemos analizar. Ahora bien, si se nos pregunta ¿qué es sentir? ¿qué es querer? ¿qué es pensar? y últimamente ¿qué es ser?, no daremos una respuesta verdaderamente explicativa. ¿Concluiremos de aquí que no tenemos conocimiento alguno de lo que es sentir, querer, pensar y ni aún de lo que es ser? Este sería sin duda un gran pirronismo.

Infiérese, pues, que hay conocimientos que no se adquieren por análisis; sino por su misma evidencia, que hace innecesaria, y aun imposible aquella operación.

Si consideramos detenidamente esta materia, advertiremos que todos los conocimientos de una sensación se adquieren sin análisis; pues cuando sentimos frío o calor, cuando vemos un color y oímos un sonido, el conocimiento que dé cada una de estas sensaciones, no es por cierto el resultado de un análisis, ni podemos analizarlo. Solo refiriendo las sensaciones a un objeto podemos analizar éste, enumerando aquéllas.

Cómo forma el alma el conocimiento de sí misma.

Cómo proviene de los sentidos este conocimiento, y todos los de cosas espirituales. Cómo sabe que el cuerpo no piensa Examinemos ahora cómo forma el alma el conocimiento de sí misma. Es claro que no le forma por imagen alguna; porque no teniendo color, figura, ni tamaño, no puede representarse por imagen. Además, el conocimiento de sí misma no puede ser el de una cosa distinta de ella, y lo es todo lo externo, y por consiguiente toda imagen. Resulta pues, que el alma se conoce a sí misma en sí misma; y que es conocedora y conocida. De lo contrario sería necesario suponer dos sustancias, una que conozca, y otra que sea conocida, en cuyo caso, aquella no tendría conocimiento de sí misma sino de la otra. Tenemos pues, que toda sustancia que se conoce a sí misma es una, y de aquí cómo forma el alma el conocimiento de su unidad. Pero si esta unidad fuese solo relativa, quiero decir, si el alma aunque una, estuviese compuesta de partes, como el cuerpo humano que es uno y sin embargo consta de muchos miembros, cada parte sería una sustancia como lo es cada miembro del cuerpo humano, y nos encontraríamos en la misma dificultad. Infiérese pues, que el alma tiene una unidad absoluta, esto es, una total carencia de partes, o una verdadera simplicidad. He aquí cómo sabe el alma que es una sustancia simple cogitante, pues no tendría conocimiento de sí misma si no lo fuese.

El alma separada del cuerpo formaría este conocimiento de un modo que no puede ahora concebir, porque habiendo estado unida a él desde el momento en que fue creada, siempre ha recibido las impresiones de éste, y tiene ya un hábito natural de unir imágenes sensibles a todos sus pensamientos, aunque sean de cosas espirituales. Aun cuando pensamos en Dios, se nos presenta alguna imagen de sus obras, y a veces las letras con que está escrito este nombre divino en el idioma que nos es familiar o con el que pensamos, pues jamás lo hacemos sin hablar, ya pronunciando las palabras, ya oyéndolas internamente. El sentido íntimo o conocimiento de nosotros mismos ha sido siempre ocasionado y excitado por alguna imagen sensible. Sabe el alma que existe porque se siente pensar, y como nunca pensó separada del cuerpo, y desde que está unida a él, no puede desentenderse de las impresiones de éste que acompañan, como hemos dicho, todos sus pensamientos, resulta, que el sentido íntimo siempre es causado por impresiones corpóreas. No quieren decir otra cosa los que afirman que la idea que forma el alma de sí misma y de otras sustancias espirituales, le viene de los sentidos, pues no creo que haya quien diga que las cosas espirituales pueden ser pintadas o representadas por imágenes, ni tampoco hay razón para negar que excitada una idea por los sentidos, puede el alma por el sentido íntimo de esta conducirse en formar idea de sí misma como sustancia cogitante que es decir espiritual.

Comparándose el alma con el cuerpo que habita, se advierte una gran diferencia, siendo éste una sustancia compuesta de partes. Infiérese, pues, que el cuerpo no puede tener sentido íntimo o conocerse a sí mismo (según las observaciones anteriores); y como toda percepción de un objeto exterior debe producir sentido íntimo, pues no podemos conocer un objeto sin saber que lo conocemos, resulta, que el cuerpo no puede conocer los objetos exteriores. Luego no puede tener conocimiento alguno; luego no puede pensar.[17] De la naturaleza de las primeras ideas que formamos de los cuerpos Se engañan mucho los que dicen que las primeras ideas son nociones simples, pues son las más complicadas que tenemos, y después procuramos simplificarlas considerando separadamente cada una de las sensaciones. Mientras no hemos referido un gran número de sensaciones a un objeto, no le conocemos; pues un cuerpo

---

17 Volveremos a considerar esta materia en el *Tratado del Hombre*. Por ahora nos ha sido preciso anticipar esta demostración de la espiritualidad del alma, y de la impotencia del cuerpo para pensar, porque así lo exige el objeto que nos proponemos, que es indicar cómo adquiere el alma el conocimiento de sí misma y de la naturaleza. Claro está que no puede tratarse del modo de adquirir dicho conocimiento sin saber lo que es el alma y lo que es el cuerpo.

no es un saber, ni un olor, ni otra alguna sensación por sí sola. Podemos saber por la resistencia, que hay un objeto exterior, mas no que este objeto es un árbol o un hombre. Toda la naturaleza nos es desconocida mientras no formamos conjuntos de sensaciones.

Si por idea se entiende el conocimiento de una sensación, yo convendré en que es el conocimiento más simple; pero también convendrán todos conmigo, en que este conocimiento no es el de ningún objeto de la naturaleza, y que podría tenerse ignorando el hombre que hay otros cuerpos distintos del suyo. Después que conocemos los cuerpos se puede decir que formamos idea de su color, pero si ésta hubiera sido la primera, no hubiéramos podido decir su color, sino idea de color, que hubiéramos creído que era una acción de nuestros ojos, y nada más.

¡Qué absurdo cuando algunos han dicho que la idea es una imagen del objeto, y al mismo tiempo han enseñado que es el conocimiento más simple, que nada afirma, o niega! ¿Hay algún objeto en la naturaleza cuya imagen por más inexacta que se suponga, no sea representada por muchas sensaciones? ¿Podrán referirse muchas sensaciones a un objeto, como a su causa, sin afirmar que le convienen? No tenemos idea alguna de un árbol; si no sabemos que existe como árbol, si no hemos reunidos muchas sensaciones refiriéndolas todas a un principio.

Sin embargo, comúnmente decimos, idea de color, de sonido, pero debe entenderse que entonces no se habla de representaciones de objetos de la naturaleza, sino de un conocimiento, que en el estado actual después de haber ejercido varias operaciones, le referimos a un cuerpo exterior, pero que antes hubiéramos creído que existía en el nuestro. Adoptaremos este lenguaje, teniendo siempre presente esta doble significación de la palabra idea, esto es, conocimiento de una sensación en nosotros, o de su causa que es una propiedad de un cuerpo; y conocimiento de un cuerpo. Bien se echa a ver que solo esta última acepción corresponde rigurosamente a la palabra idea, que significa imagen.

Atención, abstracción y juicio Nuestra mente conmovida por las ideas de diversos objetos, o de diversas propiedades, suele detenerse en considerar una sola cosa, como si no existieran las demás, y este acto de dirigirse el alma a un solo objeto, le llamamos atención.

La atención que damos a una propiedad, excluyendo todas las demás, y considerándola como si existiera por sí sola, o como si fuera una cosa distinta del mismo objeto que se nos hace sensible, se llama abstracción, derivando este nombre del verbo latino abstrahere, que significa quitar de una cosa: pues cuando decimos, por ejemplo, verde, consideramos este color como si existiera por sí solo, sin estar en ningún cuerpo determinado, lo que es imposible, porque decir color verde, es lo mismo que decir, capacidad que tiene un cuerpo para excitar en nosotros la sensación a que hemos dado el nombre de color verde.

Cuando expresamos un objeto por una de sus propiedades, que se nos hace sensible, o cuando observando otro objeto advertimos que se halla en él o no dicha propiedad, se dice que juzgamos. Por ejemplo, las expresiones hombre blanco, dan a entender, que el hombre se nos hace sensible por la propiedad de la blancura; y cuando decimos hombre no blanco, damos a entender que nuestra mente no ha encontrado en aquel hombre la propiedad de la blancura.

Es fácil percibir que a todo juicio procede o acompaña un gran número de conocimientos que forman un todo, en el cual queremos que se observe una propiedad con preferencia a las demás. No podemos formar ideas de un hombre blanco sin percibir una multitud de propiedades, que le constituyen como animal racional, entre las cuales atendemos con preferencia al color. Este no es un ser distinto del hombre, ni le hemos conocido separadamente para unir después ambas ideas, sino que desde el principio advertimos que la blancura se hallaba en el número de las propiedades que constituyen el hombre blanco.

Generalmente se dice que el juicio es la reunión o separación de dos ideas, mas esto es inexacto. Muchas veces creemos haber reunido dos ideas, porque hemos reunido dos palabras, pero no advertimos que el lenguaje expresa separadamente lo que percibimos reunido, y así no debe creerse que esta reunión es obra posterior a nuestras ideas. Las dos voces que en el lenguaje parece que expresan dos objetos unidos por alguna otra palabra que indica su relación, verdaderamente no indican otra cosa que una idea, expresada en uno de los términos, y aclarada por el otro; mejor dicho, contraída a una sola parte de ella misma. Decimos el hombre es racional, y en esta proposición se cree que se ha reunido la idea de racionalidad a la de hombre. Pero ¿quién no advierte que es imposible haber formado antes la idea de hombre sin la de racional? No formamos idea de hombre sino cuando tenemos ya conocidas las principales propiedades, tanto en la parte corporal, como en la intelectual; pero cuando nos vemos precisados a hacer que se observe la propiedad de pensar, llamamos la atención pronunciando la palabra hombre, la cual expresa todo el objeto, o el conjunto de propiedades, y después agregamos racional, para indicar que ésta es la propiedad que queremos que se observe.

Condillac opina que el juicio es una doble sensación, en lo cual creo que se ha equivocado. Cuando decimos hombre blanco, no hay una sensación que represente todo el hombre, y otra la blancura. ¿Quién no advierte el gran conjunto de sensaciones a que es preciso atender para formar idea de hombre? El juicio, lejos de ser un acto en que la mente forma una composición, ya sea de ideas, ya de sensaciones, es por el contrario el acto en que empeña en simplificar una idea complicada, o en hacer que se atienda a una sola propiedad de las muchas que incluye la idea que ha formado de un objeto.

Clasificaciones La misma naturaleza nos hace observar propiedades en unos objetos, que no se encuentran en otros, y así vamos clasificándolos, o formando diversos conjuntos que se distinguen por alguna propiedad. De este modo hacemos una clase de cuerpos blancos, otra de cuerpos negros, etc. Constituidas estas clases ponemos un nombre general que convenga a todos los individuos, y así decimos árbol, piedra, cuyos nombres son aplicables a todos los árboles y a todas las piedras. Esto llamamos generalizar las ideas, o clasificarlas. Las clases formadas de este modo por nuestra mente, tienen diversa extensión, pues bajo la clase de animal, por ejemplo, se comprenden otras muchas en que puede subdividirse, como son los perros, caballos, etc., pues a todos conviene la palabra animal, y sin embargo, forman distintas porciones. Las clases que comprenden bajo de sí otras, se llaman géneros, y las comprendidas se llaman especies, y así animal es género; y perro, caballo, etc., son especies de animales.

Estas palabras que expresan las clases formadas por nuestra mente, no tienen un objeto en la naturaleza, pues como hemos dicho, no hay un objeto que sea todos los hombres, todos los árboles; de modo que cuando pronunciamos la palabra hombre, nos figuramos siempre un individuo determinado, y de otra suerte no formaríamos idea alguna, pues hablando con todo rigor no hay absolutamente ideas generales, supuesto que no hay objetos y propiedades que lo sean. Las palabras nos recuerdan que hemos formado una clase, pero esta misma clase no la percibimos, sino representándonos un individuo compuesto de otros muchos a la manera que un bosque se compone de muchos árboles, pero no tiene una existencia distinta a la de éstos. Siempre que nos empeñemos en dar un objeto a estas palabras generales, nos figuramos un individuo, como un hombre determinado, una piedra, y desaparece de nuestra mente la idea de clase. Podemos decir que los términos son generales, porque se aplican a muchos individuos, mas las ideas no lo son, pues toda idea es la representación de un objeto, o por lo menos de una propiedad, y ambas cosas son siempre individuales. El color de un cuerpo, aunque sea semejante al de otro, no es el mismo, pues no hay color universal, y así las demás propiedades, que como hemos dicho no son otra cosa sino la diversa actitud de un cuerpo para inmutar nuestros sentidos.

Los términos, según que convienen a mayor número de objetos, suponen en ellos menor número de propiedades. La palabra hombre se aplica a menor número de individuos que la palabra animal, y ésta se aplica menos que la palabra cuerpo; mas la primera es la que expresa mayor número de propiedades, pues seguramente tiene muchas más el hombre que el animal, y éste que los cuerpos insensibles. El número de individuos a quienes se aplica un término, se llama su extensión, y las propiedades que expresa forman su comprensión. El término hombre tiene menor extensión, y más compresión que el término animal.

Se infiere claramente que para saber si uno de estos términos generales es exacto, no tenemos otro medio que su confrontación con los individuos a quienes se pretende aplicar; y por esto dice muy bien, entre otros, el célebre Destutt Tracy, que las ideas generales deben corregirse por las individuales, y no al contrario, según se creía antiguamente. Yo no convengo con este sabio en admitir ideas generales, pero sí en que para averiguar si nuestras clasificaciones han sido exactas, o si atribuimos a algunos seres propiedades que no hemos observado en ellos, es preciso ocurrir a la observación de los mismos individuos. Parecerá acaso absurdo decir que hay términos generales, y no ideas generales, cuando todo término significa algo, y por consiguiente alguna idea, de modo que si el término es general, también lo es su significado, que no es otra cosa que la idea. Sin embargo, esto no es tan cierto como se cree comúnmente: todo término significa algo, pero este algo no es siempre un objeto existente fuera de nosotros; es a veces una mera operación de nuestra mente, y una operación que por sí nada representa, sino que nos recuerda que la hemos ejercido cerca de varios objetos. Si examinamos lo que pasa en nuestro interior cuando oímos una de estas voces generales, nos convenceremos que no pueden representarnos un objeto genérico. Luego que oímos, por ejemplo, la voz animal, nos parece que vemos un caballo o un perro, en fin un individuo de alguna de las especies que nos ocurre casualmente, y enseguida nos figuramos muchos animales, porque nos acordamos de que el término es aplicable a muchos. Sin embargo, por más esfuerzos que hagamos no podemos representarnos todos los animales como si estuvieran delante de nosotros. Nos parece que vemos una gran porción; pero el figurárnoslos todos es absolutamente imposible. Esto sucede aún en números menores de objetos: decimos, v. g., un millón de pesos, y nos representamos un gran conjunto, que si lo observáramos detenidamente podía darnos idea de un millón de objetos; pero tener en realidad esta idea, digámoslo así, detallada y simultánea, es imposible. Cada cual puede hacer los esfuerzos que quiera, mas yo creo que no conseguirá la representación simultánea de tan gran número de objetos. El montón forma un individuo, y éste es el que percibimos, y después analizamos, pero jamás los tenemos todos presentes. Véase, pues, cómo los términos generales no representan un objeto general, sino una operación que podemos ejercer sobre un gran número de objetos, número que nos es desconocido, y por consiguiente no tenemos su imagen o su idea en nuestra mente.

Del raciocinio Cuando ya hemos formado la idea de un objeto, y por consiguiente conocemos gran número de sus propiedades, basta que se nos presente una, o algunas de ellas en otro objeto para inferir las demás, y formar la idea de la identidad de ambos objetos. Luego que vemos a un hombre, aunque no hable, ni dé signo alguno de su racionalidad, inferimos que la tiene, porque estamos acostumbrados a observar que un cuerpo de tal figura, etc., supone lo demás que constituye al hombre.

Del mismo modo cuando oímos una palabra que ya hemos aplicado a un objeto que conocemos, se nos representa éste con todas sus propiedades. Nos dicen v. g. árbol, y en el momento nos representamos un cuerpo dotado de órganos, de tal figura, de tal color, o mejor dicho nos figuramos uno de los muchos seres que hemos observado, a los cuales hemos aplicado la palabra árbol. Podemos decir es un árbol; luego es un cuerpo, y he aquí un raciocinio o un discurso. Este raciocinio consistiría solo en meras palabras, y no en una operación real de nuestra mente, si al golpe pudiésemos ver todo el objeto y percibir todas sus propiedades cuando oímos la palabra árbol, pues entonces nada podíamos inferir porque nada estaría oculto; a la manera que si uno tuviese tres hombres en su presencia, no inferiría que tenía delante uno de ellos, sino que desde el primer momento vio que lo estaba.[18] La debilidad de nuestra inteligencia nos impide percibir de golpe, y vamos poco a poco analizando el nombre, aunque sea de los más conocidos, para recordar las propiedades que indica. De aquí proceden nuestros discursos, cuando queremos reconocer la naturaleza de una cosa, oído su nombre, o cuando después de conocida queremos que otro la perciba, y lo inducimos a que analice una palabra, presentándole otra que indica las propiedades que incluye.

También inferimos muchas veces la existencia de un objeto o de una propiedad, por su conexión con otros objetos o propiedades conocidas, aunque éstas no le pertenezcan, ni formen parte de su idea. Vemos una pintura, e inferimos que hubo un pintor, por la mera conexión de un efecto con su causa; mas no porque convengan en propiedades. Si nunca hubiéramos visto pintar a los hombres, inferiríamos que la pintura tenía una causa, mas no que ésta era un hombre; una idea no forma parte de la otra. Su conexión les viene de lo que hemos observado.

Yo creo, pues, que hay dos clases de raciocinios, una cuando del análisis de un nombre inferimos la existencia de alguna parte o propiedad de su objeto, y en esta clase de raciocinios lo deducido se contiene en la idea de donde se deduce; otra cuando inferimos una cosa de otra, no porque la contenga, sino por la estrecha conexión o dependencia que hay entre ambas. Podemos llamar a los primeros, raciocinios por deducción; y a los segundos por conexión. Cuando decimos v. g. el caballo es un animal, luego es un viviente, formamos un raciocinio por verdadera deducción, pues la palabra animal expresa un objeto que, entre otras propiedades, contiene la de vivir. Si decimos, respira luego vive, hacemos un discurso por mera conexión, pues el acto de respirar no incluye en sí todas las demás funciones que constituyen la vida, pero sí tiene una estrecha dependencia de ellas. La palabra vida comprende mucho más que la palabra

---

18   Dios no discurre, porque todo lo tiene presente, y lo conoce a la vez.

respiración, y sin embargo no podemos decir vive, luego respira, supuesto que puede contenerse la respiración por largo rato sin interrumpir la vida. Se ve claramente en este ejemplo que no es siempre la mayor comprensión de una idea la que nos sirve de norma en los discursos, pues vemos que de la idea de vida no podemos inferir siempre la de respiración, y sí al contrario, a pesar de ser la primera idea más comprensiva que la segunda.

Sin duda ocurrirá a algunos que en el ejemplo anterior se halle la deducción de una proposición general sobreentendida, y que el discurso se forma en estos términos: todo el que respira vive: este hombre respira; luego vive, pero en esto hay alguna equivocación. Primeramente, no admitiendo yo ideas generales, tampoco puedo admitir proposiciones que se llamen generales, en cuanto a que representen una de estas ideas, y solo sí en cuanto a que expresan una operación que hemos ejercido en muchos objetos, o un término aplicable a todos ellos. En segundo lugar, aún admitiendo que la inferencia se hiciese de esta proposición general, ¿qué expresa ella sino la conexión que hemos observado entre el acto de respirar y la vida? Yo creo que ni en el discurso anterior, ni en ninguno semejante, le ocurre a nadie formar proposiciones generales; pero aun suponiendo que se formasen, ¿sería esto otra cosa que recordar la conexión que siempre se ha observado entre respirar y vivir? Tenemos pues demostrado que el raciocinio se ha hecho por mera conexión, y no por inclusión de ideas.[19] Se dice comúnmente que el raciocinio es la deducción de un juicio de otro, y yo mismo he enseñado esta doctrina; mas en el día pienso de un modo totalmente contrario. El juicio es la simplificación de una idea, la expresión de una sola propiedad, y podemos decir la idea más simple, si por idea no entendemos la imagen de un objeto existente en la naturaleza. El juicio nada incluye, y de él nada puede sacarse. Solo en los raciocinios por conexión puede verificarse que un juicio nos conduzca a la inferencia de otro, y en este sentido creo que es exacta la opinión común, mas no porque el mismo juicio envuelva la idea que inferimos, como se dice y sostiene. El raciocinio no es más que el acto de inferir la existencia de un objeto o de una propiedad, por el análisis de un hombre, o por la conexión con otro objeto o propiedad que conocemos.

Imaginación, memoria, reflexión y entendimiento Sin que los objetos sensibles estén actualmente inmutando nuestros sentidos, la mente se forma una

---

19 Véase la *Miscelánea Filosófica*.

idea de ellos, como si los estuviera viendo y tocando; en términos, que le parece a uno que ve las calles y casas de la ciudad en que antiguamente habitaba, y que ve a un amigo suyo que está muy distante. Esta operación se llama imaginar.

A la idea actual de un objeto, podemos agregar la de haberlo conocido antes, y ésta se llama memoria, que se distingue de la imaginación en que puede darse acerca de un objeto que actualmente inmuta nuestros sentidos, como cuando vemos a un hombre y nos acordamos de haberle visto en otro paraje.

Muchas veces repetimos todas las operaciones que hemos ejercido para conocer un objeto, y procuramos observarlas detenidamente para asegurarnos de su exactitud, y a esto llamamos reflexionar.

A la facultad de ejercer todas las operaciones indicadas en esta lección, damos el nombre de entendimiento.

Lección segunda. Modo de corregir las operaciones intelectuales
Conocemos los objetos exteriores por las impresiones que causan en nuestros sentidos. De aquí se infiere la necesidad que tenemos de corregirlos para formar ideas exactas; pues consistiendo la exactitud de una idea en su conformidad con el objeto, si los sentidos forman representaciones inexactas, no pueden menos de serlo las ideas.

Es preciso observar el estado de sanidad de los sentidos, y la distancia de los objetos; pues varía mucho la sensación que causa un objeto cuando está distante, de la que produce cuando está próximo; y si decidiéramos por estas dos sensaciones, tendríamos que atribuir a un objeto diversas naturalezas.

De aquí se deduce que la naturaleza no es una misma para todos los hombres, aunque todos convengan en la generalidad de los objetos. Todos ven plantas, hombres, piedras, etc., pero seguramente todos no ven lo mismo en cada uno de estos objetos. La naturaleza no es para cada uno de nosotros sino la causa de nuestras sensaciones, y a éstas es a las que hemos dado los nombres de color, sonido, sabor, etc.

En los cuerpos nada hay semejante a nuestras sensaciones; solo tienen la aptitud para causarlas, según la diversa disposición de nuestros órganos.

Si naciese un hombre dotado de un sentido más, sin duda tendría, como observó Condillac, otra clase de ideas, que jamás podría explicar a sus semejantes; así como en vano se empeñaría cualquiera en hacer que un ciego formase ideas de los colores. Negaríamos la existencia de semejantes sensaciones, como negaría el ciego la de los colores, si fuera dable que viviese en un pueblo de ciegos. En semejante pueblo un hombre con vista pasaría acaso por un iluso. Puede asegurarse por lo menos que no lograría persuadir a nadie.

Los sentidos nos dan a conocer la naturaleza, mas ésta no contiene solamente lo que ellos nos presentan. Se equivocan mucho los que creen que basta para negar la existencia de una cosa el no poder figurársela. De este modo se han radicado muchos errores, y no se han percibido muchas verdades a pesar de tener sólidos fundamentos.

Tengamos presente que una sensación mayor, disminuye, y aun destruye a otra menor, y así cuanto fuere posible debemos atender, a cada una de las sensaciones, sin compararlas con las otras. Si quisiéramos determinar el tamaño de un cuerpo, solo por la sensación que nos causa cuando lo vemos entre otros sumamente grandes, nos parecería muy pequeño.

Debemos repetir las sensaciones corrigiendo un sentido por los otros (v. g. la vista por el tacto) y cuando todos los sentidos convengan, es muy difícil que haya error. Muchas veces estamos precisados a corregir nuestros sentidos por los de otros; pues todos no percibimos los objetos de un mismo modo; antes por el contrario, puede asegurarse, que presentando un paño verde a la vista de muchos hombres, no hay dos que lo vean de un mismo color verde, sino que uno lo ve más subido que otro. Lo mismo debe decirse respecto de los demás sentidos, pues no habrá dos personas en quienes éstos sean enteramente iguales. Condillac presenta un ejemplo muy claro para manifestar esta doctrina. Si a uno que se halle encerrado en una casa, le abren repentinamente una ventana que mire hacia un campo ameno, y vuelven a cerrarla con la misma velocidad, no habrá formado idea exacta de todo lo que ha visto, ni la formará aunque se repita la operación varias veces. Del mismo modo, si dejando abierta la ventana, dicho hombre se halla como elevado, queriendo ver todo a un tiempo, sin fijar la vista en nada, aunque permanezca un día entero en esta situación, no tendrá idea exacta de todo el campo, y esto será fácil conocerlo, si se le pregunta sobre alguna de sus particularidades, pues todas les serán desconocidas.

En orden a la abstracción, debemos tener gran cuidado de no practicarla sino cuando fuere absolutamente necesaria; pues como en realidad no existen los objetos abstraídos como nos los figuramos, si abundan las abstracciones, nuestras ideas vienen a ser de objetos fingidos. Esta es la causa de un gran número de extravíos del espíritu humano; porque abstrayendo mal, o juzgando como existente por sí el objeto que solo existe en la abstracción, se establecieron infinitas disputas insignificantes y totalmente aéreas, que se hubieran resuelto meditando un poco sobre la naturaleza, considerando que en ella todo existe reunido, y que la propiedad que abstraemos no puede nunca formar un objeto realmente separado. Debemos tener presente cuando hacemos una abstracción, que ésta no será exacta, si la propiedad que queremos abstraer no la hemos observado bien, cerciorándonos de su existencia en el objeto, y de sus relaciones.

Por lo que hace al juicio basta decir, que es el fruto de la atención y que será temerario si lo pronunciamos antes de haber atendido bien al objeto, para conocer si tiene o no la propiedad que juzgamos. Por tanto, no debe estar sujeto a otras reglas que a una práctica racional, que nos acostumbre a no juzgar de las cosas antes de haberlas examinado bien.

En el análisis debemos proceder siempre de lo conocido a lo desconocido; pues las mismas propiedades que se nos van manifestando, nos conducen al conocimiento de las que ignoramos, porque todas ellas tienen cierta dependencia en la naturaleza. Sabiendo por experiencia que un cuerpo es muy pesado, inferiremos que contiene mucha masa; y como el espacio que comprende un cuerpo ha de estar ocupado, o por la masa del mismo cuerpo, o por sus poros, inferiremos que según se aumenta la masa, se disminuye la totalidad del espacio vacío, o de los poros, y sacaremos en claro, que el cuerpo de que se trata no es muy poroso, pues tiene mucha masa. De modo que presentándole a un hombre dos porciones iguales, de muchos cuerpos diferentes, como v. g. De oro y de leña, si se le pregunta cuál de estos dos es más poroso, con tomarlos en las manos y advertir su diverso peso, el análisis que acabamos de hacer le conduciría a decir que el oro es menos poroso, porque pesa más.

Podemos alucinarnos en nuestro análisis si no procuramos deducir de las propiedades conocidas, las que estén de tal modo enlazadas con ellas que las unas no pueden existir sin las otras.

En el ejemplo anterior, si del gran peso infiero que hay mucha masa procedo bien, porque los poros o vacíos no pesan, y así es absolutamente necesario, que donde hay mucho peso haya mucha masa; pero si de la masa quiero inferir que hay gran número de partes, procedo mal; pues aunque es cierto que la masa es una reunión de partes, pueden ser éstas mayores o menores, y un número no muy considerable de partes, que tengan una magnitud sensible, puede formar una gran masa, no habiendo ningún inconveniente en que la naturaleza (como dice Newton y explicaremos en otro lugar) haya producido distintos órdenes de partes sólidas, unas mayores que otras para componer los cuerpos.

Para disponer bien un análisis debemos empezar por las propiedades más sensibles, y seguir al enlace de cada una de ellas hasta donde podamos, sin distraernos por entonces con ninguna de las de diverso orden; pues de lo contrario aunque examinemos todas las propiedades, nuestro entendimiento se confundirá y nuestras ideas no son perceptibles si las manifestamos con la misma confusión. Si el que quiere analizar a un hombre después de haber observado su estatura, pasa a observar su talento, y de esta observación pasa a examinar su color, después su agilidad, luego su hermosura, enseguida sus virtudes, y continuare de este modo dando saltos, aun cuando llegue a examinar todas las propiedades, no diremos que ha formado un buen análisis, ni que hay claridad en sus ideas, pues habiendo confundido objetos tan diversos, costará mucho trabajo repetir esta operación.

Todo debe estar enlazado, y nuestras ideas han de formar una gran cadena, cuyos eslabones se unan perfectamente sin confundirse. Luego que en el análisis falta una de las ideas intermedias que nos condujeron al último conocimiento, aunque éste sea verdadero, no podrá ser sólido y constante; pues no percibiendo nuestro espíritu el orden de sus operaciones, tiene cierta desconfianza, y cree que ha acertado por casualidad. En este caso se disuelve y trastorna todo el plan de nuestras ideas; así como se interrumpiría la cadena faltando uno de sus eslabones.

Por tanto, volviendo al ejemplo que nos habíamos propuesto, el que quiera analizar bien a un hombre, debe empezar por las propiedades más notables de su cuerpo, y seguir el orden que entre sí tienen; esto es, ir observando las que dependen unas de otras, para pasar siempre con enlace de lo conocido a lo desconocido. Después debe hacer lo mismo con respecto a las del alma, de modo que por conclusión del análisis puede formarse un bosquejo exacto de dicho hombre.

También conviene tener presente que debemos acomodar nuestros análisis a la clase de conocimientos que pretendemos adquirir, y así muchas veces despreciamos algunas circunstancias mínimas que, sin embargo, de estar enlazadas con las principales, nos confundirían por su multitud, y su conocimiento de ningún modo podrá sernos útil. Si el que describe a un hombre, presentándonos su figura, quisiera expresar las más ligeras prominencias de su cutis, y el número de sus cabellos, tomaría un trabajo despreciable que solo serviría para confundirnos. Es preciso, pues, tener un gran cuidado en la elección de las propiedades que debemos analizar; y esto lo deduciremos, según se ha dicho, de la clase de conocimientos que apetecemos tener del objeto. De aquí se infiere que si alguno por capricho o por cierta utilidad particular, quiere tener una idea exactísima del rostro de un hombre, hará bien en observar sus más ligeras prominencias, pues al conocimiento que él se ha propuesto conseguir, conviene esta menuda observación, que en otras circunstancias sería ridícula.

El clasificar nuestros conocimientos, es darle toda su claridad y exactitud; pero si formamos un gran número de clases, vendrá a sernos perjudicial nuestra clasificación, pues siendo ésta un acto de nuestra mente, y no un objeto de la naturaleza, que solo contiene individuos, nos será más difícil conservar y distinguir dichas clases, que los mismos objetos en estado de confusión. Supongamos que a la vista de un gran conjunto de hombres, queremos clasificarlos por todas sus propiedades, formando una clase de cada una de ellas; y que así los distinguimos por su color, estatura, edad, vestidos, nación, etc. Siendo infinitas las propiedades que pueden hallarse en dichos hombres, vendremos a formar un número infinito de clases, perteneciendo un mismo individuo a distintas clases por sus diversas relaciones, v. g. a una por sus vestidos, a otra por su edad, a otra por su empleo. En esta multitud de actos de nuestro espíritu, nos hallaríamos mucho más confundidos, que en la simple vista del conjunto de hombres. Debemos, pues, no formar clases inútiles, y solamente conviene hacer aquéllas que sean necesarias a nuestro intento, observando en este punto lo que dijimos antes acerca del análisis.

La imaginación es un medio de conservar nuestros conocimientos, porque ella en cierto modo nos repite las sensaciones que causan los objetos, aunque ya no existan. Sirve también para aumentar nuestras ideas, pues hacemos ficciones, y producimos, por decirlo así, nuevos objetos, valiéndonos de los primeros conocimientos adquiridos. De este modo nos figuramos un bosque de oro, aunque nunca lo hayamos visto, sirviéndonos de la idea de monte y de la de oro que tuvimos por los sentidos. Pero la imaginación que aumenta nuestros conocimientos, suele ser perjudicial a nuestras operaciones intelectuales.

Para evitar este daño, conviene no tener una cosa siempre en la imaginación, por más útil que sea; porque esto, además de fatigarnos, y dañar muchas veces la salud, ocupa de tal modo nuestra mente, que no la deja reflexionar con acierto. Acostumbrada a figurarse el objeto de aquel modo, ya no lo examina, sino que está como en quietud sin adelantar un paso, y así conviene hacer esfuerzos para dar treguas a nuestra imaginación.

En las ficciones debemos siempre observar la naturaleza para imitarla, y no figurarnos que todo lo que nos presenta la imaginación es verdadero. Sucede muchas veces que habiendo fingido nosotros mismos un orden de ideas, de tal modo nos acostumbramos a repetirlas, que después insensiblemente vamos creyendo que sus objetos existen en la naturaleza. Por esta causa muchos filósofos que hicieron suposiciones arbitrarias para explicar los efectos naturales, suscitaron disputas acerca de ella y poco a poco vinieron a persuadirse de que explicaban la naturaleza cuando solo explicaban sus ideas, por mejor decir, sus caprichos.

La memoria nos conserva los conocimientos adquiridos, y podemos dividirla en dos clases siguiendo a Quintiliano. A la una llamaremos memoria de cosas, porque conserva las ideas de las cosas existentes en la naturaleza, y lo necesario en cada asunto; a la otra llamaremos memoria de palabras, que repetimos sin atender muchas veces a su sentido. No hay cosa más ridícula. El hombre que aprende a repetir de memoria las palabras de un autor, no se distingue de un loro que ha aprendido a relatar un romance.

Es preciso advertir que nuestros conocimientos se fijan en el espíritu por medio de la atención y cuando queremos conservar las palabras de un autor, por más cuidado que pongamos, atendemos a ellas mucho más que a la doctrina, pues parece que descansamos en el trabajo de dicho autor, que suponemos habrá examinado lo que ha escrito.

De aquí no debe inferirse que siempre sea ridículo conservar algo de memoria, pues por mero recreo pueden aprenderse algunos lugares de los poetas y oradores insignes, si se hace sin poner mucho empeño en ello, ni creer que se sabe poesía y oratoria por estar provisto de esos retazos. Asimismo en las materias en que tiene fuerza la autoridad, como en las jurídicas y las teológicas, no es reprensible que uno conserve aquellos textos, cuyo uso es frecuente, mucho más en la Sagrada Escritura que tiene una autoridad infalible. Lo que decimos es, que cuando se trata de aprender, es un absurdo empeñarse en conservar las palabras a la letra; y sin duda que si uno se figurase que era un sabio porque era capaz de repetir a la letra muchas autoridades, merecería que le tuviéramos lástima. Un hombre que sabe muchos textos de memoria es una biblioteca ambulante, mas si no reúne la reflexión y tino mental, solo servirá para libertarnos del trabajo de buscar los libros, pero su entendimiento tiene tanto mérito como el estante en que están guardados dichos libros.

La memoria se cultiva ordenando las ideas, como están sus objetos en la naturaleza, y ejercitándonos en repetirlas. Todos saben por experiencia, que cuesta mucho trabajo aprender de memoria lo que no se entiende, y también es muy difícil repetir cosas inconexas, como una lista de apellidos. Esto prueba que el orden y enlace de las ideas son el principal auxilio de la memoria.

Se observa por lo común que los que tienen mucha memoria suelen no tener mucha comprensión, y al contrario, lo cual proviene de haberse ejercitado los unos más en la memoria que en la meditación, y los otros mucho más en ésta que en aquella, pues todos nuestros actos se facilitan con el ejercicio. Sin embargo, es innegable que el temperamento y disposiciones corpóreas influyen mucho en esta diferencia.

El aprender de memoria descansando en el trabajo que tuvo el autor, nos sirve de gran atraso, pues nadie puede caminar con pies ajenos en materias científicas, y así aun cuando el autor sea bueno, nosotros seremos unos pedantes. Además, es innegable que conservando las ideas de un autor, hemos sacado el mejor fruto de su obra; y como quiera que esto puede conseguirse con menos trabajo y en menos tiempo que si aprendiéramos de memoria, es la mayor temeridad mortificarnos sin ser preciso. Cada uno piense lo que quiera; mas yo cuando para darme a entender que un individuo ha aprendido muy bien las doctrinas de tal o cual autor, me dicen que lo sabe de memoria, interiormente respondo: es probable que no lo entienda, y es cierto que trabajó inútilmente.

La exactitud del raciocinio depende absolutamente del análisis de la idea de donde queremos inferir otra, y así no pueden darse más reglas que las indicadas para analizar bien. Todas las que se han establecido sobre esta materia son enteramente inútiles, pues o suponen un análisis exacto, y entonces (como dice el célebre Tracy) llegan tarde, porque ya hemos discurrido bien sin ellas; o no lo suponen, y en este caso nada valen, porque no pueden hacernos percibir lo que no hemos analizado.[20] Sin embargo, conviene advertir las principales causas que nos hacen creer que hemos analizado y discurrido bien, cuando en realidad estamos muy equivocados. Cierto deseo inconsiderado de decidirlo todo, aún lo más difícil, la precipitación o impaciencia que no sufre un examen prolijo, y a veces, como advierte Locke, se contenta con la primera prueba, sea o no exacta; la evidencia de ciertas verdades, que nos inclina a tener por cierto y a no analizar todo lo que percibimos que tiene alguna relación con ellas. He aquí las principales causas de nuestros malos discursos, porque lo son de un mal análisis. Especialmente en los raciocinios por conexión de ideas es preciso examinar si ésta es necesaria, o solo posible, pues de aquí provienen muchas equivocaciones. Luego que advertimos con otra, queremos inferirlas mutuamente, y la naturaleza se burla, por decirlo así, de nuestra imprudencia, presentándonos después las cosas de un modo muy distinto.

En nuestras reflexiones debemos repetir los discursos que habíamos hecho; pero con gran cuidado en atender a todas las circunstancias, aunque nos parezcan suficientemente observadas, y que no necesitan nuevo examen. Asimismo es preciso ir muy despacio repitiendo nuestros conocimientos en el orden en que los adquirimos, y clasificándolos según sus relaciones. Muchas veces sucede que la reflexión nos confunde en vez de aclararnos las ideas, y esto proviene de haber empezado atropelladamente por cualquiera de las partes del objeto, y haber pasado de unas ideas a otras, sin orden ni combinación. Esta es la causa porque después de haber reflexionado mucho tiempo, nos hallamos confusos y como aturdidos, desconfiando hasta de los conocimientos más claros que teníamos, en términos que la reflexión nos perjudica en vez de aprovecharnos. En cada momento hemos conocido, que el medio de saber, es seguir la naturaleza, y que ésta nos enseña a observar detenidamente y en orden los objetos; en una palabra, nos enseña a analizar.

---

20   Sobre las reglas escolásticas he tratado detenidamente en la *Miscelánea Filosófica*.

Lección tercera. De la manifestación de nuestros conocimientos

Las acciones y las palabras son los medios de que se vale el hombre para manifestar sus ideas. De uno y otro modo se analizan los pensamientos, pues el que acciona, no hace otra cosa que expresar por partes las diversas propiedades del objeto sobre el que piensa; y el que habla une a cada palabra una de las ideas que tiene en su mente.

De aquí inferimos, que así las acciones como las palabras, deben disponerse en el orden analítico en que se adquirieron las ideas. Cuando uno sabe accionar en dicho orden, es muy fácil entenderle; así como el que habla disponiendo en el mismo orden sus palabras, tiene un lenguaje claro.

Para rectificar las acciones, es preciso haber observado el modo con que se expresan los hombres, según la pasión que los anima, pues aunque uno disponga sus movimientos conforme a las ideas, si dichos movimientos no son aquéllos que la naturaleza inspira en semejantes circunstancias, de ningún modo podrá ser correcta su acción.

Las palabras deben conservar sencillez, brevedad, claridad y precisión, pues un lenguaje con estas circunstancias, siempre será perceptible. Debemos por tanto no usar más palabras que las necesarias para presentar el objeto, y cuanto fuere posible han de evitarse las voces compuestas, a menos que su composición no sea muy clara y usada. La claridad consiste en colocar las voces en un orden que no puedan causar confusión, admitiendo diversos sentidos, o dándole al entendimiento mucho trabajo para comprender sus relaciones. La precisión consiste en buscar palabras que convengan exclusivamente al objeto que se quiere manifestar, o a lo menos, que lo presenten del modo que lo hemos percibido.

Advirtamos que aunque es cierto que las palabras fueron inventadas, y se han aplicado libremente después de conocer los objetos, sin embargo, siempre que nos ponemos a discurrir lo hacemos aplicando voces, y parece que interiormente oímos uno que nos habla, de donde proviene que muchos hablan solos y distraídos. Esta observación nos hace conocer la necesidad que tenemos de corregir nuestro lenguaje, por las relaciones estrechas que median entre las ideas y las palabras, siendo imposible analizar sin palabras, o algunos otros signos que vayan demarcando los pasos que damos en la investigación.

Muchas veces sucede que teniendo algo en el entendimiento no podemos expresarlo, y se dice con frecuencia que uno lo entiende, pero no puede explicarlo. Este mal trae su origen de confundir las ideas antes de manifestarlas, o de quererlas expresar todas a un tiempo, no guardando el orden en que las adquirimos. Si estos hombres confusos en su expresión se pusieran despacio a manifestar las ideas como las fueron adquiriendo, veríamos que su lenguaje era claro, siempre que sus pensamientos lo fueran; porque siendo las palabras una repetición fiel de las ideas, es imposible que estando bien ordenados los pensamientos, no lo estén las voces.

Si uno al leer se atropellara, y leyera dando saltos, por decirlo así, en términos que sin acabar un renglón pasara a otro, y tan pronto leyera lo que está al fin del párrafo como lo del principio o lo del medio, sin duda que nadie lo entendería. Pero ¿acaso se infiere de aquí que este hombre moderándose no podría leer bien? Pues lo mismo sucede en nuestro lenguaje, cuando vamos repitiendo mal las ideas que están bien ordenadas en la mente, como las letras y las palabras en lo escrito. Por tanto, debemos concluir, que cuando el hombre no puede manifestar sus pensamientos, es, o porque no piensa bien, o porque se precipita en la manifestación de sus ideas, no guardando el orden que tienen en su entendimiento.

Los signos son un verdadero compendio de las ideas; ellos no expresan todo lo que hemos observado, sino lo principal; o mejor dicho, nos indican solo la existencia del objeto, para que nuestra mente recuerde sus propiedades. Decimos hombre, e inmediatamente empezamos a recordar todo lo principal que se observa en los individuos de nuestra especie.

Si quisiéramos expresarlo todo en el signo, éste sería ininteligible, y nunca conseguiríamos nuestro intento, antes por el contrario causaríamos gran confusión. Siempre el signo deja un segundo trabajo al entendimiento, que es el de analizarlo, y de la exactitud de este análisis proviene, como hemos dicho, la de nuestros discursos, pues de este modo conocemos la verdadera relación de los signos. Si no tuvieran esta brevedad, no podríamos manejarlos, ni se conseguirían las grandes ventajas del Álgebra.

Me parece conveniente insertar lo que sobre esta materia he dicho en la Miscelánea Filosófica, exponiendo la siguiente proposición: el arte de traducir es el arte de saber.

Esta máxima sacada, sino a la letra, por lo menos conforme a la doctrina de Condillac, ofrece algunas dificultades, y da motivo a muchas consideraciones ideológicas. Traducir no es más que hacer una sustitución de signos, y esto parece que no puede practicarse si anticipadamente no se conocen unos y otros para saber los que pueden sustituirse, y así a primera vista no se cree que la traducción puede enseñarnos cosa alguna, pues al contrario, es preciso saber para traducir, y no traducir para saber. No hablamos aquí precisamente de la traducción de uno a otro idioma, sino de la que se hace presentando unos signos que conocemos, en lugar de otros más oscuros, pero que tienen exacta correspondencia con los sustituidos.

Para formar juicio de la exactitud de la máxima que hemos expuesto, y de los límites a que debe reducirse su aplicación, advirtamos, que en el estado actual de nuestros conocimientos, los adquirimos todos por sensaciones, y ligados estrechamente a unos signos, es imposible pensar sin el auxilio de éstos. Por más esfuerzos que hagamos para excluirlos, jamás podremos conseguirlo, y la experiencia prueba que siempre que pensamos, nos parece que oímos hablar, y muchas veces proferimos palabras sin advertirlo, y se dice que hablamos solos. Luego se infiere que pensar es lo mismo que usar los signos, y pensar bien, es usar bien de ellos. Pero, ¿de qué modo aprenderemos a hacer buen uso de los signos? Observando su correspondencia, el valor de cada uno, y sus diversas aplicaciones, todo lo cual constituye la gran ciencia de la traducción ideológica.

No es preciso conocer antes el objeto en todas sus relaciones, para aplicar los signos, y aun tengo por cierto que repetidas veces ignoramos la naturaleza de dicho objeto, y llegamos a investigarla por los mismos signos que vamos sustituyendo. Deben distinguirse dos casos, el uno en que nuestro entendimiento investiga por sí mismo las propiedades de los seres; el otro, en que las deduce por un signo que se le presenta. En el primer caso, seguramente los signos no dan ideas, sino que sirven como unas demarcaciones para fijar los pasos que vamos dando; y esto no puede hacerse si el entendimiento no percibe la propiedad del objeto, a la cual aplica el signo, pues sería lo más absurdo pretender que hacemos aplicaciones antes de advertir el objeto a quien se hacen; mas en el segundo caso, los mismos signos dan ideas, siendo innegable que la práctica de sustituirlos facilita a nuestro entendimiento la inteligencia de algunos de ellos, que se le presenta con oscuridad. Un signo compuesto envuelve relaciones, que unas a otras se confunden, y fatigan nuestro espíritu, por lo cual conviene separarlas; y esto no se consigue sino por medio de signos más sencillos, que por práctica sabemos que corresponden al signo complicado que nos molesta. Repito siempre que por práctica hacemos estas sustituciones, porque es claro que una de las grandes ventajas de los signos consiste en ahorrar al entendimiento el trabajo de repetir a cada instante el análisis que hizo para conocer los objetos. Repetido el signo, ocurren prontamente a nuestro espíritu muchas nociones particulares, que todas ellas reunidas forman la idea total, o imagen del objeto, y que seguramente no recordaríamos, si no tuviéramos este auxilio. Se infiere, pues, que por medio de los signos abreviamos los procedimientos intelectuales, formando unos conjuntos de innumerables nociones, que ya no pueden confundirnos, porque constituyen como unas masas separadas, quedando reducidas a un corto número de individuos intelectuales, si puedo valerme de esta expresión, las infinitas ideas que desenlazadas, presentarían una dificultad insuperable al entendimiento. Haciendo la sustitución de signos, la hacemos de estos conjuntos, que no son otra cosa que las imágenes de los mismos objetos; y por consiguiente, analizados los últimos signos que resultan de la traducción, sabemos los objetos que componen el total que queríamos conocer. Si prescindiendo de la práctica en el manejo de los signos, hubiéramos querido analizar el objeto detenidamente, como si nada supiéramos acerca de él, y careciéramos de medios abreviados para analizarlos, seguramente hubiéramos tenido los mismos resultados, pero con mucho más trabajo. De esto tenemos una prueba bien clara en el álgebra. Un profesor puede muy bien investigar la fórmula necesaria para tal o cual caso, y también el modo de aplicarla; pero sin embargo, se tienen fórmulas conocidas, que en el momento se aplican, y queda resuelto un punto difícil a primera vista, sin que casi cueste trabajo al matemático.

    Pero no está reducida toda la ciencia de la traducción ideológica a encontrar las verdaderas relaciones de los signos, y las ideas que cada uno de ellos envuelve, o lo que es lo mismo, su valor; se necesita además saber el orden con que deben presentarse, no solo para que expresen los objetos como son en sí, y según están colocados en la naturaleza, sino también del modo que sea más a propósito, para que el entendimiento pueda clasificarlas, y observar con exactitud toda su armonía. Esta es la razón porque decía Condillac que una ciencia no es más que un idioma exacto, como si dijera, un idioma despojado de todas las ideas accesorias e inconducentes, que el uso de los pueblos ha querido agregar al verdadero plan de nuestros conocimientos; un idioma que no limitándose a expresar las cosas por los resultados de operaciones intelectuales, indica el orden con que se practicaron éstas, demuestra su origen y enlace, sus perfecciones y sus vicios; en una palabra, un idioma que pone en verdadera relación al hombre con tales o cuales objetos de la naturaleza.

Efectivamente, si observamos lo que son las ciencias para nosotros, conoceremos que se reducen a un conjunto de nuestras relaciones con una u otra clase de objetos, pues a la verdad, toda la naturaleza no es para nosotros más que un conjunto de causas de innumerables sensaciones. El hombre naturalmente refiere a sí mismo todos los objetos, y dice que los conoce cuando sabe la relación que tiene con ellos, y los llama fríos, calientes, duros, blandos, etc. No hay duda que muchas veces parece que solo atendemos a la relación que tienen los objetos entre sí, y no con nosotros, como sucede a la geometría que compara la superficie de un triángulo con la de un paralelogramo de igual base y altura, deduciendo que una es la mitad de la otra, o la de una esfera con la del cilindro circunscrito, manifestando que son iguales; pero aun en estos casos el hombre no constituye su ciencia sino observando las sensaciones que le causan el triángulo, el paralelogramo, la esfera y el cilindro; y advirtiendo el orden con que su entendimiento ha ido investigando dichos objetos, y el uso que puede hacer de ellos, como si dijéramos las relaciones de utilidad, que se hallan entre éstos y el mismo hombre.

Se infiere, pues, que es preciso para que el arte de traducir sea el arte de saber, que la traducción ideológica se haga sin perder de vista el orden con que nuestra mente ha percibido los objetos, pues no basta presentarlos como son en sí, o mejor dicho, como creemos que son, si no se procura que el lenguaje esté conforme al orden de nuestras operaciones intelectuales.

Esta doctrina de Condillac nos conduce a observar la gran diferencia que hay entre saber y tener muchas ideas. Sabe el que es capaz, por decirlo así, de formar su conocimiento nuevamente, indicando las operaciones que había practicado para adquirirlo, y percibiendo toda la relación de ellas; pero basta para tener muchas ideas, haber oído mucho sobre una ciencia, y tener en la memoria un gran número de proposiciones exactas que pertenezcan a ella.

Lección cuarta. De los obstáculos de nuestros conocimientos
No hablaremos de los errores a que pueden conducirnos los sentidos, y el mal uso de las operaciones intelectuales, por haberse tratado este asunto en las lecciones precedentes. Otras causas debemos examinar ahora, y éstas son las preocupaciones, pasiones, hábitos o costumbres, falta de disposición, lenguaje, definiciones, principios, plan sistemático, aparato científico, multitud de cuestiones, y autoridad, pues todo esto influye en el atraso de nuestros conocimientos.

Preocupaciones Las preocupaciones son ciertas ideas que tenemos acerca de una materia antes de haberla examinado analíticamente, y así la palabra preocupar equivale a ocupar antes de alguna cosa, como lo manifiesta la composición latina.

Estas preocupaciones regularmente vienen del trato social, pues al hombre le es muy duro confesar que es falso lo que ha oído decir y ha tenido por cierto desde la infancia. Asimismo provienen otras veces de investigaciones mal hechas, cuyos resultados de tal manera están fijos en nuestro espíritu, que casi es imposible desarraigarlos; y por esto vemos que algunos hombres, cuyos estudios mal ordenados les han conducido a un plan de ideas, continúan pensando de este modo, por más esfuerzos que se hagan para atraerlos al verdadero método de discurrir.

Hay otro género de preocupaciones que consiste en cierta timidez, por la cual sin haber examinado una cosa, ni haber oído decir a nadie que es impracticable, la tenemos por tal respecto de nosotros, figurándonos una multitud de dificultades insuperables que realmente no existen, y desconfiando de nuestras fuerzas intelectuales antes de haberlas experimentado. Por eso conviene tener cierto valor literario, si podemos llamarle así, que sin degenerar en arrogancia, nos sostenga en nuestras investigaciones, pues de lo contrario sucederá que tendremos por imposible una cosa muy fácil, y que después nos pese no haber aprendido.

Suele suceder también que nos obstinamos en negar, o sostener lo que nunca hemos examinado, y esto no por timidez, sino por vana confianza, creyéndolo tan averiguado, que lo contrario nos parece ridículo e imposible, como vemos que niegan los hombres del vulgo el movimiento de la tierra, la distancia de los astros, y se negaba antes la existencia de los antípodas. Presentadas las diversas clases de preocupaciones que pueden servirnos de obstáculos en nuestros conocimientos, se infiere claramente que el verdadero filósofo cuando empieza una investigación, debe figurarse que nada sabe sobre aquella materia, y entonces debe poner en ejercicio su espíritu, hasta ver todos los pasos que puede dar, según enseñaba Cartesio.

Pasiones Todo hombre se conduce por algún bien, y si trabaja por conseguirle, es por la pasión que tiene hacia él; de modo que un hombre sin pasiones quedaría reducido a un ser inerte, para el cual ni las ciencias, ni las artes podrían tener el menor atractivo, ni merecer el menor estudio. Mas si las pasiones son desarregladas, trastornan todas nuestras ideas, no permitiéndonos que observemos los objetos sino bajo ciertas y determinadas relaciones, fingidas las más veces a nuestro antojo.

Hay, sin embargo, un gran error en creer que todas las fuertes pasiones son contrarias a la rectitud de nuestros pensamientos. Para convencernos basta observar que un matemático que halla todo su placer en sus cálculos, y que casi delira con ellos, adquiere extensos y exactísimos conocimientos, diciéndose lo mismo del químico, que pasa los días en sus ensayos; y del astrónomo, que siempre está mirando al cielo. Se infiere, pues, que solo el desarreglo, y no la intensidad de la pasión, suele ser obstáculo a nuestros conocimientos.

Es por tanto una equivocación creer que todo el que discurre apasionado discurre mal, y hacen una injuria a la razón los que para indicar que alguno se extravía en sus discursos, dicen que está apasionado. Esta expresión no puede aplicarse sino cuando se conoce por signos claros, que las pasiones toman un giro totalmente opuesto al recto juicio, y que de tal modo han llegado a apoderarse del espíritu, que le privan de toda la libertad en contemplar los objetos. Pero ¿qué signos pueden indicarnos un estado tan deplorable del espíritu humano? Examinemos este punto detenidamente.

El acaloramiento es un signo muy equívoco, pues acompaña al justo que defiende lo recto, y al perverso que quiere cohonestar su perversidad, al filósofo que sostiene los derechos de razón, y al preocupado que se empeña en sostener quimeras. Sin embargo, se observa que la calma o la tranquilidad en las discusiones suele acompañar a la despreocupación y a la exactitud de las ideas; y esto ha conducido a muchos a creer que el hombre acalorado no discurre bien. Nunca es más fértil en grandes pensamientos; el único temor que hay es que una pasión justa produzca por desgracia otra desarreglada, quiero decir, que al laudable empeño de encontrar la verdad, se agregue el de sostener que se ha encontrado sin permitir nuevas reflexiones, y teniendo por una pérdida todo cuanto se destruya en las ideas adquiridas.

La capciosidad en presentar las cosas ocultando ciertas relaciones que puedan ser contrarias al intento que alguno se propone, la incoherencia y precipitación de las ideas, el empeño en esforzar ciertos y determinados puntos, dejando otros como desamparados, o con débiles fundamentos; tales son a mi ver, los principales signos que nos indican el dominio de las pasiones sobre la razón. Se me dirá que esto arguye más una perversidad que un trastorno de ideas; pero es preciso advertir, que aunque estas estratagemas suelen ser frutos de la depravación, regularmente no tienen otro origen que el deseo de que todos piensen de un mismo modo; y el entendimiento que ha llegado a persuadirse de que ha encontrado la verdad, mira los esfuerzos contrarios como irracionales, y procura evitar todos los motivos de que se repitan. Esta es la causa porque se nota una capciosidad reprensible, aunque el que la use solo se proponga ilustrar a los demás. Llegan los hombres en ciertos casos a tener por locos a todos sus semejantes, y de buena fe, creyendo hacerles un gran favor, los tratan como tales, ocultándoles siempre todo cuanto pueda recordarles el tema de su locura. No hay una prueba más clara de que ellos mismos están locos, si por esta expresión entendemos el trastorno del espíritu en el uso de sus facultades intelectuales.

Es innegable con todo, que cierta clase de hombres se halla tan llena de preocupaciones, que los más sensatos se ven obligados a valerse con ellos de ciertos recursos para traerlos a buen sentido, que a primera vista parecen irracionales, pero que en realidad son muy justos. Hablamos, pues, de aquellos delirantes, que aun tratando con hombres de ilustración y sensatez, se atreven a valerse de ciertas supercherías que no se le pueden ocultar al entendimiento más torpe, y que ellos creen que no serán percibidas. ¿Qué prueba más clara de que su pasión los ha cegado? Hay ciertas materias que por su naturaleza dan lugar a que las pasiones impidan el uso de nuestro entendimiento; pero otras son por sí mismas tan claras, y tan opuestas a todo trastorno, que por más fuertes que sean los ataques del corazón contra el entendimiento, éste quedará siempre libre y expedito. Supongamos que un matemático, por adquirirse aura popular, o por oponerse a sus émulos, se propone persuadirse a sí mismo de que los tres ángulos de todo triángulo no equivalen a dos rectos. ¿Lo conseguirá? Y si lo consigue, ¿no será preciso concluir que está enteramente loco? No sucede lo mismo en las verdades metafísicas y morales, y en todas las abstractas, y así vemos dividirse los hombres con la mayor facilidad, aprobando unos lo que otros reprueban, y nunca faltan recursos al entendimiento para inventar sutilezas y vanos efugios cuando el corazón se halla ocupado por pasiones desarregladas que llegan a dominar todas las facultades del espíritu. En las materias evidentes, sean del orden que fueren, y en aquéllas cuya demostración depende de objetos todos sensibles, no es fácil, y sucede rara vez que las pasiones lleguen a dominar al entendimiento; pero en las materias abstractas, que se deducen remotamente de las verdades demostradas, es muy fácil que el espíritu no vea las cosas sino bajo el aspecto en que quieran presentarlas sus pasiones.

Concluyamos, pues, que es necesario observar, no solamente los signos que indican el dominio de las pasiones sobre el entendimiento, sino también la naturaleza de las materias de que se trate para inferir hasta qué grado puede implicarse el plan de las ideas y el uso de las facultades intelectuales. Pocos objetos merecen una atención tan detenida, pues la más leve falta en su examen nos expone unas veces a clasificar de inexactos los más sublimes pensamientos del hombre apasionado, y otras nos conduce insensiblemente a los más funestos errores, por no advertir los lazos que tienden las pasiones a la razón para aprisionarla.

Sobre esta materia concluiremos diciendo que el verdadero filósofo es aquél que solo busca la verdad, y la abraza luego que la encuentra, sin considerar de quiénes la recibe, ya sea conforme a sus intereses o contraria dicha verdad encontrada; el que no tiene secta ni maestro, no defiende su juicio sino porque le cree verdadero, estando pronto a reformarle luego que se manifieste su error, y entre tanto no lleva a mal que otros piensen de un modo diverso. Así como los hombres se diferencian en los rostros y sería muy ridículo el que fuera enemigo de todos aquéllos que no se le pareciesen; así también se diferencian en los pensamientos, y es muy despreciable el hombre que odia a otro porque tiene distintas ideas.

Hábitos Por la repetición de los actos adquirimos cierta facilidad en practicarlos, que llamamos hábitos o costumbres, y ésta nos comunica una confianza que muchas veces perjudica, pues no atendiendo a las operaciones, suelen salir inexactas. Muchas veces no damos paso alguno en nuestros conocimientos, contentándonos con los adquiridos, y confundimos la mayor facilidad que logramos en operar, con los verdaderos adelantamientos. Por tanto, aunque es muy útil el hábito o costumbre para abreviar nuestros trabajos literarios, sin embargo, es menester que el filósofo tenga mucho cuidado en no dejar de atender y examinar todas las operaciones, aunque tenga mucha facilidad en practicarlas.

Falta de disposición La falta de disposición para emprender el estudio es otra de las causas de error en las ciencias. El que sin tener idea alguna de Física quiere estudiar la Medicina que se funda totalmente en ella, es imposible que haga unos verdaderos progresos. Asimismo cuando no tenemos los datos necesarios para discurrir sobre una materia, o cuando estos primeros conocimientos que se nos dan, son inexactos, es imposible que nuestra investigación continúe con arreglo, y necesariamente caemos en error. Debe, pues, observarse el estado de nuestro espíritu en orden al objeto que queremos examinar, y la exactitud de los primeros datos, que han de servir de base a nuestras investigaciones. La temeridad de emprenderlo todo, y dar dictamen sobre todas las materias, ha hecho que muchos filósofos incurran en infinitos errores, principalmente en las cosas divinas que no están sujetas a los esfuerzos humanos, ni son comprensibles a nuestro entendimiento, que solo se sabe por investigaciones acertadas que Dios es infalible, y que puede darse muy bien, por razón de la bondad de una cosa, el haberla hecho Dios, pero no descubrir los arcanos de la voluntad divina.

Lenguaje El lenguaje suele inducirnos a error cuando no está bien determinado, o cuando unimos a las palabras otras ideas que no representan. La voz naturaleza v. g., es tan vaga, que unas veces se toma por el conjunto de los seres creados, y esto es lo más frecuente; otras por la misma divinidad que opera en las cosas naturales, y así decimos, que la naturaleza produce las plantas; otras veces se toma por las partes constitutivas de una cosa, como cuando hablamos de la naturaleza del hombre, que se compone de cuerpo y alma; otras ocasiones se pone la palabra naturaleza por el temperamento y propiedades de una cosa, y así decimos, que es de naturaleza cálida, fría, etc. De este ejemplo se infiere que si en el lenguaje no se determina bien la acepción en que se usa la palabra naturaleza, incurriremos en errores, formando ideas muy diversas.

Sucede con frecuencia que sin haber entendido bien un objeto le aplicamos un nombre, y después creemos que se conoce, porque se conoce su nombre. Decimos infinito, y explicamos esta voz diciendo que es aquello que no tiene límites; pero ni la primera palabra, ni las que hemos sustituido, nos dan una idea clara del infinito, y así todas las cuestiones que se susciten acerca de él son ridículas, porque es querer ver sin tener ojos, o teniéndolos, ver objetos a una distancia a donde de ningún modo alcanza nuestra vista. Debe por tanto tenerse presente que no se entiende todo aquello que se sabe nombrar, y que nuestra ciencia muchas veces viene a ser solo de palabras, cuando creemos que es de objetos reales.

Definiciones Las definiciones dicen los escolásticos que son unas proposiciones que explican la naturaleza de una cosa, o el sentido de un nombre. En consecuencia afirman que son modos de saber, y de aquí proviene el empeño en definir todas las cosas. El que haya entendido las lecciones anteriores, conocerá que éste es un absurdo y una fuente de falsedades. No podemos saber sino analizando, y la definición es un resultado del análisis, siendo el término de nuestro trabajo o de los conocimientos adquiridos, y no el medio de adquirirlos. Por otra parte, hay objetos simples que no pueden analizarse como el ser de las cosas; y en semejante caso, el empeñarnos en dar definiciones de ellos es confundirlos, y así los filósofos se hacen ridículos, queriendo dar definiciones de las esencias o seres de las cosas. Observamos que analizar es dividir intelectualmente; luego las ideas que no admiten división, o que son claras por sí mismas, no pueden analizarse; y siendo las definiciones, como hemos dicho, unos resultados del análisis, se infiere que semejantes ideas no pueden definirse. De aquí proviene que nuestro entendimiento satisfecho con una definición que nada dice, cree entender las cosas cuando está muy distante de conseguirlo.

Para manifestar esto con mayor claridad, observaremos que según dicen los escolásticos, una buena definición debe ser breve, más clara que su definido; éste no ha de entrar en la definición, y debe reciprocarse con ella; esto es, que en lugar del definido se pueda poner la definición, y al contrario. Si ha de ser breve, es imposible que contenga con exactitud todos los resultados de un análisis extenso, y por consiguiente no puede darnos una idea cabal del objeto, siempre que éste sea muy complicado. Si ha de ser más clara que su definido, cuando éste sea un objeto simple, tendrá el último grado de claridad que pueden tener nuestras ideas, y no podrá la definición ser más clara que él. Si el definido no puede entrar en la definición (lo que es innegable) casi todas las definiciones que se tienen como fundamentos de las ciencias, son absurdas, pues se sustituye una palabra nueva, pero no una nueva idea. Pondré un solo ejemplo: se dice que el movimiento es la traslación de un lugar a otro, y si se pregunta qué es trasladar, responderemos que es mover un cuerpo desde un lugar hasta dejarle en otro; luego traslación es movimiento, y movimiento es la traslación de un lugar a otro; luego todo esto es un rodeo de palabras y un juego ridículo, pues el definido entra en la definición en cuanto a las ideas, aunque no en cuanto a las voces. Así son casi todas las definiciones que se tienen como los modos de saber, y yo las llamaría modos de errar.

Las definiciones tienen el mérito de un análisis imperfecto, pues solo se ponen las principales propiedades, como cuando decimos: el hombre es animal racional, donde se expresan la animalidad y racionalidad que incluyen un número infinito de circunstancias que observó nuestro entendimiento, para formar las ideas de animal racional, y que no se expresan en la definición. Luego por ella no podemos conocer bien al hombre como existe en la naturaleza, aunque le podamos distinguir de los demás seres, supuesto que es imposible que ninguno que sea hombre no sea animal racional. Deducimos, pues, que solo el análisis de todas las propiedades nos ha dado el conocimiento exacto del hombre, y que la definición es un mero compendio que hacemos de las propiedades más notables, para acordarnos de los principales resultados de operaciones muy prolijas.

Principios Otro de los obstáculos es aprender por principios generales. Se da este nombre a ciertas proposiciones que se tienen como las fuentes de donde emanan todos nuestros conocimientos, y que deben aprenderse con anticipación, para hallarnos en estado de progresar en las ciencias. Acordémonos del orden en que adquirimos nuestras ideas, y la misma naturaleza nos hará evitar este escollo. Los objetos son individuos y nuestras primeras ideas son individuales; de modo que las clases o ideas generales solo se formaron después de haber meditado las relaciones de los objetos; luego no podemos empezar a aprender por unas ideas a proposiciones generales, sino que al contrario éstas deben ser el término de nuestras investigaciones.

Consideremos asimismo que es muy difícil, por no decir imposible, que se encuentre una idea tan generalizada que convenga a todos los objetos y sus relaciones, pues sería necesario haber hecho una observación general y exactísima, que no es fácil pueda practicarla el entendimiento humano. De aquí proviene que tenemos por principios generales ciertas proposiciones, que después repetidas veces encontramos que son falibles, y se dice comúnmente: no hay regla sin excepción. Pero nuestro entendimiento queriendo arreglar sus nuevas ideas a estos principios generales, no percibe siempre dicha excepción, y desecha como erróneo un conocimiento que muchas veces es muy exacto; por lo contrario, algunas ideas inexactas respecto del objeto de la naturaleza, las cree rectificadas solo por estar conformes a sus principios.

Observemos, siguiendo a Condillac, que las proposiciones que verdaderamente son universales, casi nada dicen, y si dicen algo, es lo que todos saben antes de oírlas, enseñados por la naturaleza que les obligó a analizar sin conocer que lo hacían. El todo es mayor que su parte. ¿Quién no sabe esto? ¿se necesita el aparato de un principio para darlo a conocer? y ¿de qué modo supieron los hombres esta verdad antes que los filósofos se la enseñaran? Porque vieron que la hoja que es parte del árbol es menor que el árbol; que el pie, parte del hombre, es menor que el mismo hombre, y así de los demás principios generales, que o son erróneos, o dicen lo que sabíamos antes de aprenderlos.

Plan sistemático Impide nuestros conocimientos un plan sistemático, esto es, un orden de doctrina establecido, conforme al cual queremos explicar todas las cosas, y por unas mismas causas nos empeñamos en manifestar la producción de todos los efectos, que es lo que llamamos un sistema. Dicho orden de cosas se ha formado tal vez sin conocer bien los hechos en la naturaleza, y entonces necesariamente es absurdo todo el plan de nuestras ideas.

Dice Condillac que cierto físico se felicitaba de haber encontrado una causa universal con qué explicar todos los efectos maravillosos de la química, y se atrevió a manifestar sus ideas a un sabio en esa ciencia. Este le dijo: solo se me ofrece una dificultad, y es que los hechos no son como usted los supone. Sea enhorabuena, replicó el físico, reláteme usted los hechos para explicarlos yo por mi principio. Esta respuesta, como observa el juicioso autor que he citado, manifiesta el error de un hombre, que despreciando el conocimiento de los hechos, que debe ser el fundamento de todas las combinaciones científicas, se conformaba con una razón o causa genérica, con que se había figurado que podía explicar todos los efectos, y solo pudo excitar la risa del sabio que tuvo la paciencia de oírle.

Aparato científico El aparato científico es un buen método de cubrir necedades. Llamo aparato científico aquel aire de magisterio y orden afectado con que suelen proponerse las materias, usando muchas veces de un lenguaje ininteligible y nuevo. Efectivamente, cuando oímos las palabras definición, axioma (que quiere decir proposición evidente y admitida), demostración, y otras semejantes, colocadas con estudio y novedad, creemos que reina el orden en aquella idea y es fácil que no percibamos los errores. El mencionado Condillac para hacer sensible el error a que puede conducirnos semejante método, procura dar una demostración caprichosa de la siguiente proposición, que es falsísima.

Proposición El amor y el odio son una misma cosa.
Definición primera El amor es un movimiento que nos conduce hacia un objeto.
Definición segunda El odio es un movimiento que nos separa de un objeto.
Axioma primero Lo que nos conduce a un punto, nos separa por el mismo movimiento del punto diametralmente opuesto.
Axioma segundo El objeto del amor y el odio son diametralmente opuestos.
Demostración Según la primera definición, el amor nos conduce hacia el objeto; y por la segunda, el odio es el movimiento que nos separa de él. Pero no podemos dirigirnos a un objeto, sin que por el mismo movimiento seamos separados del punto opuesto, según el primer axioma; y conforme al segundo, el objeto del amor y del odio son diametralmente opuestos, luego por un solo movimiento amamos y aborrecemos; luego el amor y el odio, que son un mismo movimiento, son una misma cosa.

Aquí vemos un gran absurdo manifestado con mucho aparato científico. Observemos las cosas en sí, dejando este aire de precisión y magisterio, y entonces conoceremos que cuando se dice que el amor y el odio son movimientos, no nos valemos de estas expresiones en su sentido riguroso, pues la misma experiencia de lo que pasa en nuestro espíritu nos demuestra que el odio nos proviene de haber percibido en el objeto circunstancias que nos son contrarias; y el amor, de haberlas encontrado favorables, en términos que son dos actos muy distintos en nuestra alma; aunque es cierto, que cuando amamos una cosa aborrecemos, o estamos dispuestos a aborrecer su contraria. Si examinamos analíticamente el primer axioma, conoceremos que un mismo movimiento nos conduce a un punto, y nos separa de otro diametralmente opuesto, pero por distintas relaciones que tiene con el espacio que deja atrás, y con el que avanza; y nunca se dirá, que respecto de un mismo punto se acerca y se desvía. Luego aun admitiendo el símil, no diríamos que por un mismo acto amábamos y aborrecíamos una cosa.

También pertenecen al que hemos llamado aparato científico, las voces técnicas, que son ciertas palabras propias de cada facultad, que solo se usan en ellas, formando un lenguaje misterioso, que nada dice que no sepan todos, pero que no lo entienden sino los que están iniciados en los misterios de la ciencia. Los médicos antiguos parece que hacían profesión de no llamar las cosas por su nombre; los modernos son más juiciosos, y hay muchos que hablan como deben hablar. Adquiriendo este lenguaje incomprensible, se hacen los pretendidos sabios admirar del vulgo, cuando solo tienen una ciencia de palabras que muchas veces no entienden. Se dice que estas voces sirven para hacer universales las ciencias; pero la experiencia ha probado que habiéndose abolido la mayor parte de ellas, las ciencias lejos de atrasarse, han progresado, y se han hecho más generales. Por lo menos ningún hombre de buen juicio negará que, para aprender conviene usar un lenguaje inteligible, y que la jerga de las dichosas voces técnicas, ni lo es, ni lo será nunca. No hay cosa que tanto desanime en el estudio de una ciencia, como llegar a conocer que lo que se dice con unos términos tan raros, que cuesta mucho trabajo aprenderlos, viene a ser nada. Yo estoy persuadido de que uno de los motivos de conservar las voces técnicas, es el de ocultar la ignorancia, pues si todos entendieran lo que dicen, muchos de los que se reputan por sabios perderían gran parte de su crédito. Los hombres a proporción que van sabiendo, van presentando el cuerpo desnudo del ropaje que encubría sus defectos. Los símiles contribuyen a formar el aparato científico, pues con ellos se quiere dar cierto aire de claridad a cosas que carecen de ella, y que son inexactas. Causan nuestros errores, porque siendo regularmente tomados de cosas de muy diversa naturaleza, si aplicamos las propiedades del objeto que nos sirve de símil a aquél con el cual lo comparamos, caemos necesariamente en error. Muchas veces sucede que satisfecho el entendimiento con un símil que le parece luminoso, cree que conoce un objeto, cuando sabe compararle con el que tiene por semejante. Un ejemplo aclarará esta observación. Algunos filósofos han defendido que nuestra alma, desde que Dios la formó contiene todas las ideas que debe manifestar con el tiempo; y para explicar su doctrina ha dicho, que así como están los árboles contenidos en sus semillas, y las brasas bajo las cenizas, sin aparecer hasta que una causa exterior las descubra, así están las ideas en el alma, y no se presentan hasta que la acción de los sentidos las excita. Con éstos y otros símiles creen haber explicado muy bien este modo incomprensible de existir las ideas en el alma sin ser percibidas.

Cuando las cosas son de una misma naturaleza y del todo semejantes, el símil tiene mucha fuerza; pero si solo convienen en una u otra propiedad, es preciso no adelantar más de lo que indica el símil. Si decimos que el espíritu tiene diversas facultades, así como el cuerpo tiene diversos miembros, nuestros juicios no deben extenderse a más de lo que expresa el símil; esto es, que el espíritu tiene diversas facultades, y el cuerpo diversos miembros; pero si queremos adelantarnos a decir que las facultades son unas cosas diversas, cuya reunión forma el espíritu así como los miembros forman el cuerpo; en una palabra, si aplicamos a las facultades respecto del alma, todo lo que conviene a los miembros respecto del cuerpo, diremos mil absurdos.

Multitud de cuestiones La multitud de cuestiones atormenta de tal modo nuestro espíritu, que le hace desapacibles las ciencias, en que debía encontrar todo su recreo. Queremos investigar aun lo más inútil, suscitando disputas sobre cada una de las circunstancias de los objetos, sin haber considerado los datos que tenemos para establecer nuestra investigación. ¿Qué importa acertar en una cuestión, si después de decidida no hemos dado un paso en la verdadera ciencia? ¿Qué nos utiliza emprender lo que nunca se ha de decidir, porque supera nuestras fuerzas, o porque no tenemos los datos necesarios para decidirlo? En este error caen todos los que disputan sobre las cosas que dependen inmediatamente de la Divinidad, y en el mismo han incurrido en las escuelas, con sus cuestiones de posibles, investigando no lo que es, sino lo que puede ser, y si en caso que sucediera lo que nunca ha de suceder, resultaría tal o cual cosa. Lo primero que debe hacerse es considerar si lo que se cuestiona puede servir para práctica en nuestras operaciones, o en el conocimiento y uso de los objetos como están en la naturaleza, y no como pueden fingir. En segundo lugar puede observarse si tenemos o no los medios necesarios para su investigación despreciando todas las que se llaman sutilezas, que mejor pudiéramos llamarlas torpezas intelectuales. Después se deben traducir los términos de la cuestión, sustituyendo otros más claros, y después otros, hasta llegar a los de última claridad, que nos presentan el objeto como es en sí, pues como hemos dicho, es el arte de saber.

Autoridad La autoridad es otro principio de nuestros atrasos, porque sin examinar las cosas confiamos en el dicho de otros, y aun cuando conozcamos sus errores nos parece imposible que hayan errado y no atendemos a la razón que interiormente nos lo demuestra. Dios es infalible, y a este Ser Infinito debemos someternos; pero los hombres abusan de la autoridad divina y quieren extenderla arbitrariamente, pues no hay doctrina filosófica que no se quiera defender o impugnar con autoridades de las sagradas letras, las cuales como observa el Padre San Agustín, no se dirigen a formar filósofos, ni matemáticos, sino creyentes. Muchos con una veneración irracional, pretenden que los Santos Padres tengan autoridad en materia filosófica, oponiéndose a la misma doctrina de tan respetables maestros, que a cada paso publican en sus obras la libertad de pensar que tienen todos, cuando se trata de objetos puramente naturales, y no hay una autoridad divina que expresamente diga lo contrario.

Yo no hablaré de la autoridad de los filósofos como Aristóteles, Cartesio y Newton, pues no hay nada más despreciable que decir que una cosa es cierta porque ellos la han afirmado. Sirva el dictamen de los sabios para dirigirnos en las investigaciones, y para estimularnos a examinar el objeto más detenidamente; pero un niño, por acaso feliz, puede encontrar verdades que se ocultaron al sublime Newton, y al fin de sus tareas este físico admirable, este hijo predilecto de la naturaleza, debería mendigar en tales circunstancias los conocimientos que otro mortal más afortunado había adquirido en sus primeras investigaciones.

Lección quinta. Sobre algunos defectos que suelen cometerse en los discursos

Abuso de la simultaneidad Dos hechos pueden ser simultáneos por mera casualidad, y aun puede ésta repetirse muchas veces, sin que uno pueda inferirse del otro, y sin embargo, suelen hacerse semejantes inferencias. Solo cuando un hecho es causa del otro puede ser la deducción legítima; pero a veces se considera la simultaneidad, por lo menos la inmediata sucesión como prueba, y se discurre muy ridículamente. El sensato Feijóo dijo muy bien que semejantes discursos son tan exactos como si uno dijese «comí sardinas y me dolió la cabeza; luego me dolió la cabeza por las sardinas». Ridícula es por cierto esta inferencia, pero desgraciadamente no es rara aunque no se presente siempre de un modo tan palpable. Muchos de nuestros médicos no discurren de otro modo, y matan que es un gusto. Tienen mucha razón los escolásticos para decir que hoc et hoc; ergo propter hoc es muy mal discurso, a menos que no tengamos otras pruebas además de la simultaneidad para demostrar que una cosa es causa necesaria de la otra, y que así existiendo la una debe necesariamente seguirse la otra, lo cual se conoce por un análisis que no todos tienen la prudencia de efectuar. Abusan, pues, de la simultaneidad, los que no la consideran como mero signo, y muy equívoco de la posibilidad de que un hecho sea causa de otro, y como un estímulo para la investigación.

Abuso de la analogía La analogía o semejanza y conveniencia de propiedades debe guiarnos en la investigación de la naturaleza de los objetos, y cuando es total, produce evidencia o convicción, pues no hay duda que si dos objetos convienen enteramente en todas sus propiedades, son de una misma naturaleza. Podemos decir que tienen una identidad específica pero no numérica, y de esta manera dos hombres son idénticos en especie, pero no lo son numéricamente, pues uno es distinto del otro.

Muchas veces la analogía de varias propiedades nos alucina de tal manera que no percibimos o desatendemos la diferencia entre dos objetos, y concluimos que son de una misma naturaleza. Ojalá que este abuso de la analogía no fuese tan frecuente y tan funesto; mas la experiencia prueba que le cometen aun los entendimientos más versados. Advirtiendo, por ejemplo, que según los astrónomos la Tierra es un planeta que conviene con los demás en ser un cuerpo opaco sensiblemente redondo, que gira alrededor del Sol, han querido algunos llevar la analogía hasta decir que los otros planetas son habitables como la Tierra, y aun algunos han ido más adelante afirmando que están habitados como la Tierra, suponiéndolos específicamente idénticos a ella. He aquí un abuso de analogía por no advertir las circunstancias en que no conviene con los demás planetas; y basta para convencernos el considerar que la mayor distancia del Sol sin duda produce un frío intensísimo en unos; y la mayor proximidad de otros es causa de un intensísimo calor, de modo que ningún cuerpo orgánico podría resistir, siendo por tanto dichos planetas inhabitables. Los filósofos que los suponen habitados cometen además un abuso de analogía, un defecto de deducción, pues la analogía aun cuando fuese más perfecta, solo probaría la posibilidad, mas no el hecho de estar habitados.

Bien se echa de ver que el argumento fundado en la analogía, rara vez puede tener el carácter de demostración, y regularmente solo sirve para probar la probabilidad de que dos objetos sean iguales. Es preciso una completa analogía para demostrar identidad, y pocas veces se consigue. Debemos, pues, no avanzar más hasta donde llegan nuestras observaciones analógicas, porque muchas veces un et caetera ideológico, quiero decir, una suposición gratuita e irreflexiva de que los objetos convienen en todas las demás propiedades, como en las que hemos observado, produce errores muy crasos.

Abuso de las inducciones Según hemos manifestado tratando de las clasificaciones y términos generales, así aquellas como éstos son el resultado de observaciones individuales, formando una inducción o una inferencia, a la cual nos ha inducido y guiado la repetida observación de muchos casos, en que se verifica lo que establecemos como cosa general. Ya hemos notado también el defecto que puede cometerse en esta operación, por no observar un número suficiente de individuos, y por no cerciorarnos de que efectivamente se encuentra en ellos la propiedad que intentamos generalizar. Es, sin embargo, esta materia de tanta importancia, que conviene hacer nuevas reflexiones sobre ella para evitar errores de mucha trascendencia. No puede darse una regla en cuanto al número de individuos que deban observarse para formar la inducción, y acaso un número muy considerable es precisamente la causa del error, porque alucina con la misma multitud de los objetos, que supone mucho trabajo y mucha paciencia; de donde algunos infieren que por lo menos es probable que hayan producido mucho fruto, esto es, gran acierto. Las advertencias sobre esta materia, deben limitarse a las cualidades observadas, y de ellas trataremos brevemente.

Cuando las propiedades y circunstancias que observamos no constituyen la naturaleza de los individuos observados, debe considerarse su concurrencia o su invención como una simultaneidad casual, o no necesaria, y debemos juzgar de la inducción como hemos dicho que debe hacerse respecto a la simultaneidad, quiero decir, que solo sirve para inferir o más bien sospechar que acaso la una supondrá la otra, y que así las encontraremos juntas. Es preciso, pues, que las propiedades sean necesarias o esenciales para que la inducción sea legítima y pueda convencernos.

Supongamos que después de haber observado una gran multitud de hombres sabios de frente despejada o ancha, infiriésemos aquí que los sabios son de frente despejada. Esta sería mala inferencia, y aun sería peor si dedujésemos que los de frente despejada son sabios. He aquí cuán falibles son las deducciones de los fisonomistas, y sin embargo, nada es más frecuente que el darles gran importancia. Yo no quiero privarles de toda, pero sí deseo que no se les dé otra que la que merece un signo meramente probable. La fisonomía no produce el talento, ni está por su naturaleza tan unida a él que no puedan separarse, y más bien puede considerarse como una mera casualidad la reunión de ciertas facciones y figura de cabeza con ciertas facultades del alma.

Por lo contrario, que después de haber observado gran número de sólidos observamos que todos tienen algún color aunque diverso, que advertimos que el color, o sea la luz reflejada, es una consecuencia necesaria de la solidez, como lo es la reflexión de una pelota que tiramos contra una pared; esta observación no autoriza a inferir que todos los sólidos, aun los que no hemos observado, tienen color, y podemos decir con toda propiedad «es sólido, luego es colorado». Del mismo modo observando que la extensión de los cuerpos no puede verificarse a menos que no haya gran número de partes unas fuera de las otras, y puestas como a continuación, concluimos muy bien, que todos los cuerpos son compuestos, siendo todos extensos.

Causalidad supuesta y no probada Suelen a veces aun los más sensatos cometer el gran defecto de suponer que existe una causa, solo porque con ella explican (bien o mal) los fenómenos. Llega el entendimiento a alucinarse de tal modo, que al fin tiene por innegable lo que al principio solo sospechó que podía ser cierto, y cada fenómeno explicado por una causa imaginaria, es una nueva raíz del error. El docto Galuppy, que se halla en el día a la cabeza de los ideólogos italianos, manifiesta este falso modo de discurrir con un ejemplo sacado de la Física. Creían los antiguos que la naturaleza tiene horror al vacío, y que para evitarlo ejerce una fuerza externa. Suponiendo existente dicho horror, aplicaban su teoría a cada fenómeno y en todos ellos pretenden observar una prueba de ella. Un vaso lleno de agua se rompe si ésta se congela, y los defensores de dicho horror concluyen al instante, que el agua se contrajo y dejó algunos vacíos que la naturaleza trató de llenar al instante por el horror que les tiene, y en este esfuerzo quiebra el vaso. La Física moderna ha demostrado hasta la evidencia que no hay tal horror al vacío, y que la verdadera causa de la fractura del vaso es que el agua congelada ocupa más lugar que líquida, y podemos decir que se hincha, de lo cual resulta que revienta el vaso.

Para evitar este error, estableció el célebre Newton una norma muy sencilla y digna de tal maestro, a saber: «que no deben admitirse más causas que las verdaderas y que basten para explicar los fenómenos». Primero es probar que la causa es verdadera, esto es, que verdaderamente existe un objeto o cualidad que puede ser causa, y después ver si explica los fenómenos, para conocer de este modo si efectivamente es su causa; y por último, teniendo presente la sencillez de la naturaleza, no deben admitirse más causas que las necesarias. Esta regla establecida por Newton para las ciencias naturales, debe aplicarse a todas las clases de conocimientos.

Los escolásticos conocieron muy bien este efecto, y le llamaron petitio principii, porque efectivamente, dando por existente una causa imaginaria, después de una gran discusión, tenemos que volver al principio, si se nos exige que demostremos la existencia de dicha causa. Lo mismo sucede siempre que se da por concedido lo que debe probarse, y este defecto es muy común, pues con variar los términos creen algunos que han variado las ideas, y de aquí resulta que dan por prueba de una proposición la misma proposición expresada de otra manera.

Defecto en juzgar de la naturaleza de una cosa por lo que es accidental, o por el abuso que se hace Es también un absurdo juzgar de la naturaleza de una cosa por lo que le es accidental, que más bien podríamos llamar casual y transitorio. ¿Quién, por ejemplo, sostendrá que no deben emplearse máquinas movidas por vapor, solo porque muchas han reventado causando estragos? No está en la naturaleza de una máquina bien construida y manejada el que reviente, y esta calamidad solo puede ser un efecto accidental, y si fuésemos a abandonar todas las máquinas que puedan estar sujetas a accidentes funestos, sin duda que emplearíamos muy pocas. Con igual inexactitud se discurre en lo moral cuando se condena a un hombre como vicioso, porque desgraciadamente cometió una acción criminal, que acaso fue más efecto de irreflexión que de malicia, y los que la tienen y en consecuencia están privados del noble y angélico sentimiento de la caridad, infieren con injusticia que el estado habitual y casi natural de dicho individuo es vicioso. Estos crueles discursos por desgracia son muy frecuentes.

No lo son menos los que se forman acerca de la naturaleza de los objetos por el abuso que se hace de ellos. Para evitar semejante error bastaría observar que esto equivale a juzgar de una cosa por lo que no es, o por otra muy distinta de lo que examinamos. Este defecto lógico ha producido graves males en materia de religión, pues nada es más común que los argumentos contra ella, fundados en su abuso; lo cual equivale a argüir contra la religión por los males que causa su carencia, pues seguramente no tiene religión el que busca de ella. ¿Quién no ve que la mejor prueba que puede darse de la santidad de la religión, es la observación de los males que se introducen luego que ella se ausenta? Sin embargo, estos males se presentan como argumentos contra ella, sin advertir que semejante discurso puede expresarse en pocas palabras del modo siguiente: «tal individuo abandonando la religión, es vicioso; luego la religión es viciosa». Parecerá imposible discurrir de este modo, pero la experiencia prueba que así han discurrido y discurren, no solamente los ignorantes, sino aun muchos hombres de gran talento, y por otra parte eminentes.

Lección sexta. De los grados de nuestros conocimientos
Doy el nombre de grados de nuestros conocimientos a su distinta aproximación a la verdad, pues no hay duda que el entendimiento humano, por muy bien que proceda, no puede conseguir que todos sus conocimientos tengan el carácter de certidumbre; proviniendo esto de carecer muchas veces de los medios necesarios para continuar su análisis.

Podemos conocer los grados de aproximación de los hechos a la certidumbre, observando nosotros mismos, o atendiendo a la narración de otros. En el primer caso nada tenemos que decir que no se haya dicho, hablando del análisis; mas por lo que hace a las narraciones ajenas, debemos observar las reglas siguientes: «Los testigos contemporáneos en igualdad de circunstancias, deben ser preferidos a los posteriores; los que vieron el hecho a los que lo oyeron; los sabios a los ignorantes, si se trata de materias científicas; los testigos patrios a los extranjeros; las personas públicas a las privadas.» Todo esto debe entenderse cuando conste la integridad del que refiere un hecho y cuando de la narración no le resulte algún interés, porque entonces debe sospecharse que sea falso lo que dice, como suele suceder con los testigos patrios, que hablan en favor de su patria, así como los extranjeros hablan en contra. Por tanto, es necesario atender a las circunstancias del hecho que se refiere, y al modo de referirle. Las personas públicas, por ser más notable su defecto en caso de mentir, y mayor el número de los que están empeñados en observar sus operaciones, debemos inferir que no es tan fácil que falten a la verdad; y en caso de hacerlo, muy pronto se descubre su defecto. Mas es preciso confesar que las cosas que están sujetas a los extravíos del corazón humano, no siguen siempre un orden constante.

«Sobre los hechos admirables y extraordinarios debe dudarse aunque los refieran personas íntegras, mayormente si el asunto es de tal naturaleza que pudo muy bien haber equivocación en el que observaba o carecer éste de la instrucción necesaria.» En semejante caso, solo tenemos certidumbre cuando muchos testigos de probidad e instrucción refieren el hecho con las mismas circunstancias sustanciales, y nos manifiestan las investigaciones que hicieron para cerciorarse, pues entonces podemos examinarlas, y convencernos si el hecho es cierto o si faltó alguna circunstancia que debió observarse. «Cuando muchos refieren algún hecho, debemos investigar si todos lo oyeron de uno solo, porque entonces su dicho vale tanto como el del primero.» «También debe investigarse si la narración o introducción ha sido interrumpida, o empezó mucho antes, o mucho después del tiempo en que se supone haber sucedido el hecho, pues esto destruye su certidumbre, o a lo menos hace sospechar de ella.» «Cuando la historia no refiere un hecho público e interesante, que no debieron omitir los historiadores, se ha de tener por falso, aunque se conserve por tradición popular. Pero si el hecho no es público ni interesante, puede muy bien creerse que los historiadores le despreciaron.» «El silencio de algunos autores no debe prevalecer contra la narración de otros, a menos que nos conste que los primeros debieron referir el hecho, y que le callaron porque no estaba comprobado, constando igualmente que tenían mayor instrucción que aquéllos que le refieren.» En este caso debe atenderse a las pruebas que se presenten para demostrar el hecho, pues si ellas son débiles, podemos inferir que las tuvieron a la vista los autores que nada dicen, y las desatendieron por ser insuficientes.

Las cosas pasadas se saben no solo por la historia, sino también por algunas obras permanentes, que se forman para la memoria de la posteridad, o que sirven a este fin, aunque sus autores no hayan tenido tal intención. Dichas obras se llaman monumentos públicos, los cuales «tienen una gran fuerza cuando están confirmados por la historia; pero si ésta se opone debe inferirse que algunas pasiones, o intereses públicos, indujeron a los hombres a levantar monumentos que expresaban lo contrario de lo que ellos mismos sentían, y mayormente si fueron formados bajo el dominio de algún tirano. Sin embargo, no basta la contradicción de uno o dos historiadores, pues muy bien puede suponerse en éstos algún interés privado».

Laplace ha hecho en estos últimos años excelentes observaciones sobre la probabilidad de los acaecimientos que se esperan, y que dependen de la combinación de algunas circunstancias, como en las suertes; y lo principal de su doctrina se reduce a lo siguiente: La probabilidad es la relación del número de los casos favorables al de los posibles, y cuanto más se aproxime aquel número a éste, tanto más crece la probabilidad. Si un hecho puede suceder de cuatro modos, y dos de ellos nos son favorables, esta probabilidad es mayor que si uno solo nos conviniera. Si en una caja se contienen dos bolas blancas y dos negras, y apostamos a sacar una blanca, son cuatro los casos posibles, porque son cuatro bolas; y dos los favorables, porque son dos las blancas, y sacando cualquiera de ellas, ganamos. Las bolas negras nos son adversas. Por tanto, siendo igual el número de bolas blancas al de las negras, la probabilidad es como una mitad, o como uno a dos.

«Si los casos son igualmente posibles, la probabilidad será la suma de las posibilidades de dichos casos favorables comparada con el número total de los casos posibles.» Supongamos que se juega con un peso a cara o sello, y que se apuesta a sacar sello por lo menos una vez, tirando dos veces. En esta suposición hay cuatro casos igualmente posibles, a saber: sello en la primera vez, y cara en la segunda; sello en una y otra vez; cara ambas veces. Los tres primeros casos son favorables, porque en todos ellos se gana; y así puede apostarse tres contra uno, a que sale sello tirando dos veces.

«Si los hechos son independientes, esto es, que uno no produce al otro, la probabilidad de que acontezcan reunidos es tanto menor cuanto mayor fuere el producto de los casos posibles de un hecho, multiplicados por los casos posibles del otro».

Por tanto, tirando un dado, la probabilidad de que quede hacia arriba una de sus seis caras, es como uno a seis; y la de quedar hacia arriba caras semejantes, tirando dos dados a un tiempo, será treinta y seis veces menos que en el primer caso, por ser éste el producto de seis multiplicado por seis. En efecto, cada una de las caras del primer dado puede combinarse con las seis del otro, y así tenemos treinta y seis casos igualmente posibles, entre los cuales uno solo nos es favorable.

Puede decirse generalmente, que siendo unas mismas las circunstancias, la probabilidad de que suceda cierto número seguido de veces un hecho simple e independiente, disminuye según se aumenta el producto de los casos posibles, por el número de las veces que se pretende que acontezca.

De este modo, si tirando un dado diez veces seguidas, apostamos a que siempre quedará hacia arriba un mismo lado, la probabilidad decrece como el producto de las seis caras del lado por las diez veces, y será sesenta veces menor.

«Para graduar la probabilidad de un hecho compuesto, o que depende de dos o más hechos, se valúa la probabilidad de uno de ellos; después se supone existente, y se ve la probabilidad que en tal caso tendría el otro o los otros hechos. Multiplicando luego los casos posibles de la primera probabilidad por los de la segunda, y haciendo lo mismo con los casos favorables, la relación en que estuvieren estos productos dará la probabilidad del hecho compuesto que se espera». Supongamos tres cajas: B, C y D, de las cuales dos contienen bolas blancas, la otra bolas negras, pero que ignoramos qué clase de bolas contiene cada caja. Se pregunta: ¿qué probabilidad tendremos en sacar bolas blancas a un mismo tiempo de las cajas B y D? El sacar bolas blancas de las cajas B y D, depende sin duda de que la caja D contenga esta especie de bolas, y por consiguiente el hecho que se espera es compuesto de dos; cuales son, que la caja D contenga bolas blancas, y que de las dos cajas que restan, D y B, sea ésta la que contenga bolas de igual color. Graduemos la probabilidad que hay para que la caja D efectivamente contenga bolas blancas. Las cajas son tres; luego son tres los casos posibles. Dos cajas contienen bolas blancas; luego son dos los casos favorables, y así la probabilidad de que la caja D contenga bolas blancas, es como dos a tres. Pasemos a valuar la probabilidad que hay para que de las dos cajas C y B, sea ésta la que contenga bolas blancas. Siendo dos las cajas son dos los casos posibles; y debiendo ser una la que contenga dichas bolas, es uno solo el caso favorable; luego la probabilidad es como uno a dos. Multiplicando los tres casos posibles del primer hecho por los dos del segundo, tenemos seis casos posibles; y multiplicando los dos casos favorables del primer hecho por uno que tiene el segundo, siempre tendremos dos; porque dos por uno es dos. Luego la probabilidad de sacar a un mismo tiempo una bola blanca de las cajas B y D, es como dos a seis. Todos los casos posibles de la primera probabilidad pueden combinarse con los posibles de la segunda, y los favorables con los favorables, y ésta es la razón porque se hacen dichas multiplicaciones.

Lección séptima. Del talento, ingenio, juicio y buen gusto
Decimos que un hombre tiene talento, cuando observamos que comprende con facilidad y combina prontamente sus ideas con exactitud. Esto se asegura que es don de la naturaleza, lo que no puede negarse; pero igualmente es cierto que la observación y un estudio metódico pueden aumentar las luces naturales y suplir de algún modo su escasez.

Para convencernos de esto basta considerar que la dificultad en comprender consiste en la confusión y mezcla de las ideas mal clasificadas; y las combinaciones inexactas que hace nuestro espíritu, provienen de no haber observado bien la naturaleza. Sucede en el entendimiento lo que en la vista; esto es, que la multitud de objetos confundidos nos impide distinguirlos, y cuando percibimos lo contrario de lo que existe en la naturaleza es porque no hemos observado algunas circunstancias que causan nuestro error.

Hechas estas observaciones inferiremos claramente que el talento puede perfeccionarse acostumbrándose a observar con exactitud, y a distinguir las ideas, de modo que adquiriendo práctica en estas operaciones tengamos facilidad de comprender y combinar. En el espíritu pueden suplirse los defectos, y curarse los males por la meditación y el estudio, así como en el cuerpo se corrigen por el arte los vicios y enfermedades de los sentidos. Pero es innegable que hay mucha diferencia entre el talento adquirido por estudio y el que se tiene por naturaleza.

Observamos en algunos hombres cierta facilidad en inventar o fingir, y esto llamamos ingenio, que no debe confundirse con el talento, pues esto no tiene por objeto precisamente las invenciones como el ingenio, antes bien se versa con más frecuencia acerca de objetos ya existentes.

En las cosas inventadas debe haber sencillez, relación de todas las partes y conformidad, no atribuyendo a los objetos lo que les repugna, ni fingiendo cosas imposibles, sino arreglándolo todo, y conformándolo a la naturaleza. Esta observación, que se extiende a todas las obras de ingenio, debe tenerse muy presente en la poesía, pintura y demás artes de imitación, pues cuando el poeta y el pintor fijen a su capricho lo que quieren, no atendiendo a las lecciones de la naturaleza, se hacen despreciables, y solo pueden aparecer bien a ciertos espíritus trastornados, que tienen particular tino para errar.

Cuando decimos que debe imitarse la naturaleza, no queremos dar a entender que las obras de imitación se deben aproximar a la naturaleza en términos que se confundan con ella ni que no puede pintarse un objeto con el grado de perfección que no tiene ninguno de los que nos rodean, pues como observa muy bien don Esteban de Arteaga en sus Investigaciones filosóficas sobre la belleza ideal, debe distinguirse la naturaleza física de la naturaleza imitable, y la imitación de la copia. Los seres como efectivamente existen, forman la naturaleza física, y considerándolos como los perfecciona nuestro entendimiento, componen la naturaleza imitable.

No quiere decir esto que nuestra mente deba fingir las perfecciones que pretende atribuir al objeto; sino que habiendo observado muchas cosas perfectas, escoja de cada una de ellas lo mejor para formar su imagen intelectual. Por tanto siempre se verifica que seguimos a la naturaleza, siendo el conjunto de los seres una fuente inagotable de perfecciones. Un pintor no ha visto ninguna persona tan hermosa como la imagen que acaba de formar; pero cuando la inventó, sin duda tuvo en la imaginación las diversas facciones perfectas que había observado, unas en unos individuos, otras en otros. Sería muy ridículo que dicho pintor quisiera pintar solamente lo que había observado en una persona, cuando se le pidiera una imagen perfecta, pues no hay individuo que reúna todas las perfecciones.

El que copia, se empeña en aproximarse tanto al original, que si es posible se confunda una cosa con otra, y por eso trata de encubrir todo el arte y la materia de que se vale, mas el que imita, solo debe aproximarse hasta donde pueda permitirlo el instrumento y materia de que usa, y lejos de encubrir esto, lo manifiesta, para que en vista de la dificultad, se forme idea del mérito de la obra. Si a una estatua de mármol se le diera color de carne, y se le pusiera cristales en los ojos, y pestañas, adornándola al mismo tiempo con unos cabellos hermosos, aunque se pareciera más a un hombre verdadero, sin embargo, perdería todo su mérito, que consiste en ver que la dureza del mármol cede a los esfuerzos del artífice, el cual debe aproximar su imitación al objeto en cuanto lo permita la materia con que trabaja, y nada más. Podemos decir que la copia es una imitación en el último grado, pero que puede hacerse una excelente imitación sin ser copia, antes bien, si lo fuera, dejaría de apreciarse en las artes imitativas.

El juicio suele tomarse no solo por el conocimiento que tenemos del modo con que se nos presenta un objeto, sino también por el acierto en juzgar, o en elegir lo que conviene a las cosas y a las circunstancias.

En esta acepción equivale el juicio al buen sentido o sensatez, y se distingue mucho del buen ingenio, pues aunque éste no puede ser perfecto si no se rectifica por la buena elección de los objetos, puede sin embargo, darse un hombre, que teniendo un buen juicio y acierto para elegir, no tenga facilidad de inventar, o carezca de ingenio. La meditación bien ordenada es la que forma un hombre juicioso: esto no debe estar sujeto a reglas, pues debiendo ser el juicio según las circunstancias, no puede hacerse otra cosa en los libros elementales, sino aconsejar que se acostumbre el entendimiento a formar siempre un buen análisis, único medio de adquirir conocimientos exactos. La práctica de pensar bien es la que forma los grandes pensadores.

El buen gusto intelectual ha tomado su denominación del sentido que distingue los diversos manjares, apreciando unos y despreciando otros. Nada hay más vago que el gusto literario, pues vemos que es diverso según los tiempos y naciones; aun entre los mismos contemporáneos, aprueban unos lo que reprueban otros. Pero si observamos atentamente el origen de las cosas, veremos que el gusto tiene fundamentos constantes.

Clasifiquemos algunas ideas para no confundirnos. En primer lugar cuando se trata de gusto, no se habla de elegir entre lo verdadero y lo falso, pues dos hombres de diverso gusto intelectual pueden admitir unas mismas doctrinas, y ninguno de ellos se precia de elegir lo falso, y rechazar lo verdadero.

El gusto, por tanto, se ejercita en elegir entre las cosas ciertas y buenas las que más convengan, y entre las circunstancias que adornan un objeto, aquéllas que más contribuyen a su belleza o gracia.

De aquí se infiere la gran semejanza que tiene el buen gusto con el recto juicio; pero se ha de advertir que en el gusto, además de la operación del espíritu que elige, se da cierta sensibilidad o delicadeza en los órganos del cuerpo, que contribuye admirablemente a constituir un hombre de buen gusto; y así decimos frecuentemente, que uno tiene buen oído para la música, o buen golpe de vista para el dibujo.

Reflexionando sobre la variedad en el gusto, veremos claramente que proviene de que los hombres se acostumbran a ciertas ideas con que los han educado, y por otra parte siguen los extravíos de su imaginación; en términos que es imposible que convengan entre sí, agradándole a uno lo que a otro le desagrada, sin tener ninguno de los dos razón en qué fundarse.

De lo dicho se infiere, que para decidir en materias de buen gusto es preciso desprenderse de todas las opiniones, y considerar los objetos como son en sí, observando la sensación que causan en la generalidad de los hombres; porque es imposible que no esté fundado en la naturaleza lo que agrada en todos los tiempos, siendo cierto que los placeres que traen origen de los caprichos de los hombres, son inconstantes.

No es preciso que una cosa merezca la aprobación de todos los hombres en todos tiempos, para que sea objeto de buen gusto, pues las preocupaciones y costumbres que reinan en cada pueblo, le hacen observar los seres de un modo muy diverso, y además hemos de advertir que se dan ciertas bellezas y circunstancias apreciables, que no se perciben sino por la meditación de un espíritu ejercitado, y no por la generalidad de un pueblo. No debemos, pues, consultar a los cafres ni a los patagones cuando se trata de buen gusto, y solo se ha de apreciar el dictamen de las naciones cultas, y en algunas materias, el de los sabios exclusivamente, por ser los únicos que perciben en algunos objetos ciertas propiedades que no merecen la atención del vulgo. Vemos que muchas obras célebres para los literatos no agradan al pueblo, y en un cuadro que otros miran con indiferencia, encuentra un inteligente rasgo y belleza que le recrean.

En el gusto debemos considerar la delicadeza en percibir las más ligeras circunstancias agradables, que no perciben los que carecen de él, y la recta elección para poner en práctica las que más convengan al fin que nos proponemos.

Se forma el buen gusto por la práctica, pues toda agilidad de sentidos, y lo mismo la del espíritu, se adquiere de este modo. Es muy útil la imitación de los buenos modelos, que son aquéllos que en todos tiempos han merecido la aceptación por sus bellezas deducidas de la naturaleza: como entre los poetas sirven de modelos Homero y Virgilio, y entre los oradores Demóstenes y Cicerón.

Sucede a veces que dos personas de buen gusto se inclinan con preferencia a diversos objetos; agradándole a una, por ejemplo, el dibujo y a otra la música. Esto depende de la diversa estructura de sus órganos, porque uno puede tener más aptitud y sensibilidad en el oído para las combinaciones musicales, que en la vista para los diversos rasgos del dibujo, y como el placer proviene de las circunstancias agradables que se perciben, es claro que el hombre cuyo oído pueda ejercer mejor estas funciones que su vista, será más apto para la música que para la pintura.

Es necesario, sin embargo, confesar que la enseñanza y la práctica, haciéndonos percibir muchas relaciones que no se advierten comúnmente, forman el buen gusto, y así observamos hombres sin oído, que al fin por la enseñanza llegan a hacer progresos en la música, y a saber apreciar sus bellezas. Pero en estos casos repetimos lo que ya habíamos dicho, y es que, semejantes progresos se distinguen mucho de los que se hacen auxiliando la naturaleza el estudio del hombre.

Concluyamos, pues, que el buen gusto tiene sus fundamentos en la naturaleza, y se nos da a conocer por lo que agrada generalmente a los hombres en todos tiempos, mucho más cuando se hallan desprendidos de toda preocupación; pero que debe atenderse a naciones ilustradas, prefiriendo siempre el dictamen de los sabios, y que dicho gusto se adquiere y rectifica por el estudio, la práctica y la imitación de los buenos modelos.

Lección octava. Observaciones sobre los libros y el método de estudiar

Libro autógrafo es el manuscrito del mismo autor; apócrifo el que se atribuye a un autor sin ser suyo; interpolado, aquél al cual se le han introducido doctrinas de otros autores; variado, es aquél en que han sufrido alguna alteración las palabras, y ésta puede ser sustancial cuando inmuta el sentido, o leve cuando solo altera las voces.

«Una obra de que no hacen mención los contemporáneos del autor a quien se le atribuye, es probable que sea apócrifa. Asimismo no tiene mucha autoridad una obra que rechazan los antiguos y admiten los modernos.» Pero acerca de esto debe advertirse que muchas veces por el mayor examen, o mayores conocimientos, han conseguido los modernos descubrir los verdaderos autores de una obra que ignoraban los antiguos. «Cuando todo el plan de la obra, y las ideas que en ellas se desenvuelvan, no convienen con el tiempo y el estado de las cosas cuando vivía el autor a quien se le atribuye, debemos sospechar que es apócrifa».

«Si en una obra se encuentran opiniones contrarias al plan del autor, a sus costumbres, ciencia y virtud, debemos inferir que el libro es interpolado. Lo mismo diremos si se encuentran diversos estilos, tratando asuntos de un mismo género». He advertido que el asunto debe ser de un mismo género, porque los retóricos enseñan que los objetos de distinta naturaleza deben presentarse con distinto estilo; y sería ridículo poner un objeto débil en estilo sublime, y al contrario.

«Cuando los ejemplares no concuerdan, se ha de estar a los más antiguos, o a aquéllos cuya exactitud esté más comprobada. Lo mismo decimos cuando nos encontramos palabras nuevas que no pudo usar el autor».

«Conviene cotejar una obra con las demás del mismo autor, y con las opiniones del siglo en que vivía, para decidir si es suya. También es preciso ver si los sabios de su tiempo se la han atribuido, si algunos pudieron tener interés en atribuírsela, para acreditar la obra, o para desacreditar al autor, si la obra es mala. Últimamente, las obras que han estado mucho tiempo en olvido, de modo que solo queden algunas partes, que después las han recogido, mezclado y alterado sus editores, no deben atribuírsele enteramente a dicho autor». De aquí podemos inferir que habiendo permanecido los libros de Aristóteles cerca de cien años enterrados, para ocultarlos de los que querían apoderarse de ellos, y habiendo sido preciso organizar sus fragmentos húmedos y deshechos; semejantes obras no tienen la autoridad de Aristóteles, y los peripatéticos que veneran estos libros con un culto supersticioso, si podemos hablar así, no hacen más que seguir bajo el nombre de su maestro, a todos los que quisieron agregar y quitar a su arbitrio.

Conviene advertir que todas estas observaciones solo se dirigen a investigar en el orden crítico al autor de una obra, pero no a calificar su doctrina, pues un libro puede aparecer apócrifo y contener doctrinas ciertísimas; y al contrario, un libro autógrafo puede estar lleno de errores. Suele haber mucha equivocación en esto, y se observa que algunos hombres doctos se han empeñado en probar que un libro es apócrifo, creyendo destruir su doctrina. De este modo el vulgo filosófico se persuade de que la crítica es el arte de impugnar mordazmente, cuando no es signo una colección de observaciones para formar juicio de los hechos históricos, de los libros, sus diversas lecciones, sentido, estilo y autores, como enseña el sabio Honorato de Santa-María.

Todo lo que hace al mérito de los libros, muchos le gradúan por los títulos pomposos, por el volumen, creyendo que se dice mucho cuando se escribe mucho, por el precio en que se vende, por su escasez, por la nación y ciudad en que fueron escritos, por el tiempo de su edición y otras circunstancias semejantes que atraen algunas veces, no solo al pueblo, sino también al vulgo filosófico. Es cierto que el autor, el tiempo y el lugar en que se escribe una obra, debe prevenir algo en su favor; pero esto no determina a formar juicio de su mérito, que consiste únicamente «en la buena disposición de su plan, en la solidez de sus pruebas y doctrinas, en la claridad, brevedad y precisión de su estilo, y en su congruencia con el fin para que se ha escrito».

El proveerse de buenos libros es un gran recurso en la literatura; pero hay que evitar dos extremos en esta materia, porque algunos hacen ostentación de tener muchos libros sin entenderlos; se precian de literatos, repitiendo nombres de autores, y dando razón de obras poco comunes; al paso que otros se glorían de deberlo todo a sus luces, y que un corto número de libros les basta para entretenerse; mas no porque tengan absoluta necesidad de ellos.

En la lectura debe haber moderación, porque si se practica precipitadamente, se conseguirá devorar los libros, por decirlo así, y concluir una obra voluminosa en pocos días; pero el aprovechamiento será poco, y tal vez ninguno. Suele creerse que es un sabio el que ha leído mucho, y éste es un juicio el más inexacto, pues la verdadera ciencia es fruto de la meditación y del buen enlace de las ideas, que no se adquiere por una extensa lectura.

Cuando se lee una obra interesante no debe omitirse nada, aunque parezca de poca utilidad, pues muchas veces depende de esta circunstancia la inteligencia de la doctrina. No se debe pasar adelante sin haber entendido lo que acaba de leerse cuando la obra tiene un plan determinado, o cuando lo que sigue se funda en lo anterior. Pero es menester advertir que esto no puede practicarse siempre, porque hay algunos autores que escriben confusamente en un paraje, porque solo insinúan las ideas, y más adelante las desenvuelven con claridad. Las obras muy extensas no conviene leerlas de seguida, sino tenerlas como unos diccionarios para ocurrir cuando se ofrezca ver un punto determinado, porque después de concluir el último tomo de una obra muy dilatada, apenas tenemos una idea muy confusa de lo que contiene el primero, y en el tiempo que gastamos en su lectura podíamos haber leído muchas veces un buen compendio, o varias obras, y conservaríamos muchas más ideas, que después de la gran lectura de una obra magistral. Se convencerá de esto el que después de haber leído una obra difusa, se tome cuenta a sí mismo de lo que sabe, y observare si es tanto que pueda igualar a lo que retendría después de la lectura de una obra corta, pues advertirá que en el primer caso se acuerda que ha leído muchas cosas buenas y muchas inútiles, mas no podrá referirlas; pero en el segundo referirá gran parte de lo que ha leído.

Cuando ya se tiene alguna versación, puede leerse una obra de muchos volúmenes en poco tiempo, pues se va ligeramente en aquellos parajes en que el autor no presente ideas nuevas, sino que todo lo que dice nos es ya conocido. Muchas veces ni se leen semejantes lugares, y solo nos detenemos cuando se encuentra algo nuevo e interesante por algún otro motivo; mas en esto es preciso tener mucha práctica y gran cuidado en no pasar por alto las cosas inútiles. Por tanto, los principiantes nunca deben leer de este modo.

En toda lectura conviene ir anotando con unas señales de lápiz, que luego pueden borrarse fácilmente, los lugares más notables de la obra. De este modo con una sola vez que se lea, puede bastar para tener una idea completa de su mérito, pues luego no hacemos otra cosa sino volver a leer aquellos parajes interesantes, y sabemos que todo lo demás no contiene sino ideas comunes. Es muy conveniente formar apuntes, extractando todo lo útil de la obra, para en todo caso tenerlos a la mano, y aun cuando no se conserve el autor, puede decirse que en todo lo demás enseña lo que ya sabemos, y así se ahorra mucha parte de una gran librería. De los apuntes sacados de los diversos autores, puede formarse un extracto general clasificado por materias, poniendo todo lo notable de cada autor, e indicando el lugar de su obra donde puede leerse con más extensión.

Siempre que emprendamos un estudio, conviene figurarnos que es fácil, o que a lo menos sus dificultades no son insuperables. Cuando lleguemos a confundirnos, o como suele decirse, a calentarse la cabeza, debe dejarse de la mano, pues todo el trabajo posterior es perdido cuando aturdidas las potencias y atormentado el cuerpo, la mente no hace otra cosa que repetir unos mismos actos, implicándose cada vez más en sus equivocaciones.

Cuando se pretende examinar una materia, lo primero que debe hacerse es fijar el estado de la cuestión; quiero decir, expresar en términos breves y claros cuál es el fin que nos proponemos, y qué es lo que se quiere averiguar. Después por el método analítico de que ya hemos hablado, se procede a cotejar las verdades conocidas con las desconocidas, hasta encontrar la verdad que buscamos.

Supongamos que se nos ofrece examinar cuáles son las materias que deben estudiarse primero, y con más empeño para la oratoria. Fijaremos la cuestión diciendo: estudios fundamentales de la oratoria. La palabra fundamental expresa una idea conocida, cual es la de una cosa sobre la cual descansan todas las otras. La palabra oratoria me representa una ciencia que persuade, deleita y mueve nuestro espíritu. Hago, pues, una traducción diciendo: estudios de los cuales depende la ciencia de persuadir, deleitar y mover los ánimos. Aquí la verdad desconocida es la especie de estudio, y las conocidas son de las que depende la ciencia de persuadir, deleitar y mover. Estas verdades conocidas, manifiestamente indican rectitud de operaciones intelectuales, corrección del idioma para persuadir, y un diestro manejo de las pasiones para deleitar y mover. Luego comparando la desconocida estudios con estas analizadas, infiero que los estudios fundamentales de la oratoria, son el de la Dirección del Entendimiento, corrección del lenguaje, y el de las pasiones. Siempre que se quiere entender bien lo que dice un autor que tiene un estilo difuso y afectado, se debe traducir en pocas palabras el pensamiento que el autor pone con todos sus adornos, y entonces se les conocen fácilmente sus defectos o perfecciones que antes no podían percibirse.

Por lo que hace a las materias de nuestros estudios, cada uno debe empeñarse en aquéllas que pertenecen a la carrera que piensa seguir en la sociedad, pero esto se ha de hacer sin excluir totalmente otros estudios, pues así como el deseo inmoderado de ser sabios universales ha formado muchos ignorantes, así también la obstinación en limitarse a un solo género de conocimientos, ha hecho perder su mérito a muchos talentos sobresalientes. Todos los conocimientos tienen un vínculo común, decía el Orador de Roma. Efectivamente, casi puede decirse que es imposible ser sabio en una ciencia sin tener alguna idea de las otras, o a lo menos de aquéllas que tienen más estrecha conexión. ¿Qué diremos de los que afirman que el sabio debe ser hombre de un libro? Esto no merece refutación, porque un libro es la obra de un hombre, y ningún hombre dijo todo lo cierto, ni es cierto todo lo que dijo.

Suele opinarse de diverso modo sobre la reunión de estudios, si conviene estudiar muchas cosas a un tiempo, o si es preciso para estudiar una ciencia desprenderse enteramente de las otras. La prudencia prescribe un medio entre estos extremos. Es un absurdo estudiar tantas cosas juntas, que apenas se pueda observar ligeramente cada una de ellas, y los momentos que se dedican a una clase de estudios deben excluir toda otra materia; pero igualmente es irracional entregarse a una ciencia, cerrando las puertas, por decirlo así, a los demás conocimientos. Observa doctísimamente Quintiliano que si después de haber concluido el estudio de una ciencia, la abandonamos enteramente para dedicarnos a otra, haciendo lo mismo con esta para entrar en una tercera, cuando concluyamos la última, apenas tendremos ideas de la primera, y siempre estaremos empezando a estudiar. Nuestro entendimiento se fastidia con la continuación de unas mismas ideas, así como el gusto con unos mismos manjares, y para distraernos y recuperar aquella serenidad alegre y grata que debe ser el principio de todos los trabajos literarios, conviene interpolar y variar los estudios. Este es el motivo por qué los principales literatos han procurado juntar al trabajo serio y profundo de las ciencias, el risueño y ligero de las bellas letras, y el de las artes liberales.

Lección novena. Del buen uso de la razón y de sus opuestos el fanatismo y pedantismo
Todos invocan la razón, pero muy pocos hacen buen uso de ella, que consiste en no sacarla de su esfera, y dejarla correr con libertad dentro de sus límites. Cométense en esta materia dos defectos contrarios y ambos funestísimos, constituyendo al hombre juez de su criador, o degradándose hasta reducirle a la condición de las bestias.

Puesto que la misma razón ha de demarcar dichos límites, la empresa parece imposible, pues para determinar los objetos que no se incluyen en la esfera, es preciso conocerlos, y si se conocen, ya están incluidos. Sin embargo, por más convincente que a primera vista parezca este discurso, es muy imperfecto, y solo prueba la necesidad en que estamos de no dejarnos alucinar con argumentos especiosos. Es muy cierto que todos los objetos que conocemos están, por decirlo así, dentro de la esfera de nuestros conocimientos, y también lo es que no podemos excluir de ella ningún objeto sin conocerlo; mas con todo no hay en esto contradicción alguna, porque conocemos la existencia de objetos que exceden a nuestra comprensión, y como existentes se incluyen en la esfera de nuestros conocimientos, mas como incomprensibles están fuera de ella. Estos sublimes objetos no son del todo oscuros, antes se nos presentan de un modo evidente por alguna circunstancia, que evidentemente prueba su infinita superioridad. Por esto se ha dicho siempre que hay objetos contra la razón, otros sobre la razón y otros que están al alcance de la razón.

Verdaderamente no existen objetos contra la razón, y podemos decir que los términos con que los expresamos solo presentan la idea de su imposibilidad, y por consiguiente de su no existencia. Cuando decimos un círculo cuadrado, solo formamos idea de que es imposible que exista, pues sería contra lo que evidentemente percibe la razón en el círculo y en el cuadrado. En los objetos sobre la razón, no se percibe una imposibilidad; antes por el contrario se advierte la posibilidad de su existencia, mas no se conoce el modo ni la naturaleza y extensión de sus atributos, antes bien reflexionando acerca de ellos y comparándolos con nosotros mismos, conocemos que deben superar a nuestra razón y sernos incomprensibles. Por último, en los objetos que están al alcance de la razón, se percibe no solo su existencia sino su modo y causa, o por lo menos se nota la posibilidad de conocerlos.

Estas consideraciones nos conducen fácilmente al conocimiento de los límites de la esfera de la razón que se identifica con los de la naturaleza, y solo excluye al Criador y sus obras extraordinarias, que de ninguna manera forman parte de ella; pero aun estos mismos objetos se hallan incluidos en dichos límites en cuanto tienen relación con la naturaleza.

De aquí resulta que nuestro entendimiento es enteramente libre en todas las ciencias naturales, y también lo es en investigar la existencia de los objetos que superan la razón antes de creerlos. Infiérese igualmente que cuando creemos dichos objetos, procedemos conforme a la razón, pues ella nos prueba primero la existencia, y después la certeza de dichos objetos, y por consiguiente la necesidad de creerlos. La razón, pues, sin salir de su esfera, nos conduce a otra superior, en que ella misma descansa, por haber conseguido su objeto que es la verdad. He aquí la prueba filosófica, la aserción de Pablo, hablando de la fe, rationabile obsequium vestrum, vuestro obsequio (o sumisión) es racional, pues efectivamente no hacemos más que obedecer un precepto de la razón cuando creemos y obedecemos los divinos.

Debemos tener presente la gran diferencia que hay entre comprender y conocer un objeto. Lo primero supone una idea tan completa del objeto, que nada quede oculto o ignorado; mas para lo segundo basta que percibamos lo suficiente para no dudar de la existencia de dicho objeto y advertir gran número de sus relaciones con nosotros. Ya se echa de ver que hablando con todo rigor, solo Dios comprende las cosas, pues aun las más triviales son obras suyas; y jamás puede el hombre profundizarlas en términos de asegurar que nada hay en ellas que le sea ignorado. Por tanto cuando hablamos de comprensión humana ya se entiende que no tomamos este término en sentido riguroso, sino atendida nuestra capacidad, y aun en este sentido no podemos asegurar que comprendemos o que percibimos todo lo que puede el entendimiento humano percibir. Véase, pues ¡cuán imperfecta es nuestra ciencia a los ojos de un verdadero filósofo, y cuán equivocados están los que creen que la Filosofía conduce a la incredulidad! Efectivamente, nadie conoce mejor que el filósofo los límites de su razón, y por el contrario los ignorantes con visos de sabios son los que creen que todo lo saben, y que su entendimiento es juez competente en todas las materias y sin reserva alguna. Basta reflexionar sobre el objeto de las investigaciones para convencerse de la ignorancia con que se procede cuando se niegan los mismos resultados que deseábamos, y nada puede haber más contrario a la razón y a la buena lógica. Proponémosnos averiguar si existen objetos superiores a nuestra capacidad e incomprensibles, pero no tanto que no puedan demostrarse por alguna circunstancia que induzca racionalmente a nuestro entendimiento a admitirlos. Preséntanse dichos objetos, y el vulgo filosófico los rechaza por incomprensibles, que es decir porque son los que se quería demostrar que eran. ¡Podrá darse mayor alucinamiento! Es como si uno dijese: estoy buscando perlas, mas esa que usted dice que ha encontrado, no la admito, porque es perla. ¿Quién no se reiría de este lenguaje? Naturalmente ocurre decir a semejante alucinado que el ser perla es precisamente la razón porque debía ser recogida con júbilo por el que busca perlas, y que lo único que debe hacer es asegurarse de que efectivamente es una perla. Lo mismo sucede con los que niegan los misterios, por incomprensibles. Si estamos averiguando si hay misterios, ¿no es una ignorancia rechazarlos porque son misterios, esto es, incomprensibles? Queda libre la razón para averiguar por alguna circunstancia innegable si efectivamente existen misterios, pero no para rechazarlos porque son misterios.

Del mismo modo discurrimos en cuanto a los pretendidos milagros y misterios que la ignorancia o la malicia suelen introducir. Preséntase un caso para ser examinado, ¿qué quiere decir esto? Que se desea saber si es o no milagroso el efecto. Procede un filósofo y demuestra que el efecto es meramente natural, y en el momento sale al frente una partida de ignorantes tratándole de impío, de modo que en realidad lo que se quería no era que averiguase si era o no milagro, sino que dijese que lo era, confirmando el error. ¡Qué lamentables defectos ha producido semejante conducta! ¡Cuántos impíos, y cuántos supersticiosos por falta de lógica! Observemos otra de las miserias de la naturaleza humana; sí, hablemos algo del fanatismo. Viene este nombre de la inspiración que pretendían los sacerdotes y sacerdotisas gentílicas recibir en el tempo o fanum convirtiéndose en unas furias, o en unos ebrios, por celo del honor de los

217

dioses. De aquí proviene que se le dé el nombre de fanatismo con especialidad a «un celo inmoderado por ciertos objetos religiosos, que los pone en ridículo, prefiriéndolos a otros de mayor importancia, y defendiéndolos de un modo que les perjudica, produciendo gravísimos males». Sin embargo, este celo inmoderado también se nota en otros asuntos de otra naturaleza y podemos decir que hay también fanatismo filosófico y fanatismo social. No es nuestro objeto entrar en el examen de la naturaleza y causas de ésta que podemos llamar enfermedad intelectual, pues sería preciso escribir un tratado muy extenso; y creemos que basta indicar a los jóvenes el remedio, que consiste en meditar y consultar. El fanatismo siempre es producido por la irreflexión y la soberbia, impidiendo aquella el conocimiento de las diversas relaciones de los objetos, y ésta el saludable riego de los buenos consejos, que apaga la tea destructora.

Los que se dedican a las ciencias y a la literatura, por lo menos los que afectan dedicarse a ellas, suelen adquirir ciertos defectos, que les atraen el desprecio, poniéndolos en ridículo, y esto llamamos generalmente pedantismo, voz que se deriva de pedante, esto es, persona que sigue al pie de otro, y que se supone operar por costumbre más que por reflexión. A la verdad que la voz no es aplicable en todo rigor (atendido su origen) a muchos de los que justamente cuentan en el número de los seres ridículos que denominamos con ella, pues algunos en vez de serlo por seguir a otros, lo son por parecer originales y extraordinarios; pero el uso les ha dado esta extensión, y nosotros deberemos conservarla, porque al fin todo quiere dar a entender una persona que tiene un extravío de razón, o mejor dicho de conducta literaria, que causa compasión, risa o desprecio. Hay una gran diferencia entre un necio y un pedante, pues el primero nada tiene de ridículo, si limitándose a la esfera de sus conocimientos nada afecta, mas la afectación es casi la base principal del pedantismo.

Contaremos entre los primeros pedantes a los que juran en las palabras de un maestro, sin entender muchas veces sus doctrinas, y tienen por cierta una cosa antes de ponerse a examinarla. También están en este número los que estudian las ciencias sin saber para qué sirven, ni cuáles son sus aplicaciones, de donde proviene que muchas veces se dedican a un estudio, para el cual no tienen los conocimientos necesarios, ni procuran tenerlos; como el que se aplica a la Medicina sin saber Física, lo que es causa de infinitos errores, como dijimos en la lección cuarta.

Hay otros pedantes, que sin entender las obras que leen, dan dictamen sobre su mérito, y hablan con autoridad en todas las ciencias, sin haber saludado ninguna.

Otros siempre andan en pesquisa de voces raras, para no hablar como el vulgo, y cuando están entre personas ignorantes hablan de las ciencias, para que los tengan por sabios.

No puede haber cosa más ridícula que hablar bajo el concepto de no ser entendido, y sin otro fin sino el de causar una admiración, que nada arguye en favor del admirado, por lo mismo que procede de la ignorancia del que oye. Este defecto de no acomodar el lenguaje a la capacidad de aquéllos con quienes se habla, suele notarse aun en personas que yo no me atrevería a calificar de pedantes, porque seguramente solo procede de falta de atención, y no de un ánimo de alucinar a los necios y perder el tiempo; mas sin duda sería muy recomendable en esta clase de personas todo cuidado para no imitar en su lenguaje a los verdaderos pedantes.

No excluiré del número de éstos, ni contaré entre los que por mera inconsideración hablan en términos de no ser entendidos, a aquéllos en quienes se nota un estudio de no decir nada en estilo vulgar, ni con frases naturales y sencillas, sino que todo su lenguaje es figurado, o por mejor decir, hinchado aun en el trato familiar. Es cierto que la elección de frases delicadas y voces propias dan a conocer un talento cultivado; mas estas hojarascas, que por tales deben tenerse semejantes figuras cuando no son necesarias no prueban sino un deseo de parecer instruido. La conversación familiar de los verdaderos sabios es la más sencilla, y la más agradable; en ella se presenta la sabiduría con cierto descuido, y le da nuevos atractivos, porque la hace accesible sin quitarle cosa alguna de su dignidad y hermosura.

Hay otros que tienen un gran empeño en que prontamente se conozca que saben varios idiomas o alguna ciencia, y luego que encuentran alguna persona que suponen instruida, empiezan a hablar en términos que perciba los conocimientos que poseen. Estos son como un niño que nunca ha tenido un reloj, y cuando tiene el primero a cada rato dice qué hora es, aunque no se lo pregunten.

También son pedantes los consecuenciarios; esto es, formadores de consecuencias descabelladas, delante de quienes no se puede hablar sobre ningún punto literario sin que susciten mil disputas, y distraigan todo discurso serio, profiriendo un diluvio de insulseces. Muchos de éstos apelan a la autoridad, y parece que amenazan a otros, para que sean de su modo de pensar, aunque no estén convencidos, y no se expongan a los daños que puedan sobrevenirles. Son igualmente unos pedantes los que afectan estar instruidos en las doctrinas de los modernos, y creen que los imitan formando unas jergas ininteligibles, y escribiendo unas obras semejantes a un vestido de diversas telas, unas exquisitas y otras despreciables, o por mejor decir, formando el monstruo ridículo de Horacio vestido de todas plumas.

Tenemos otras clases de pedantes modernos, que a todo responden con las palabras preocupación, vulgaridad, fanatismo, y otras semejantes, que ni entienden ni saben aplicar, y creen que forman una parte distinguida de la gente ilustrada, separándose en su modo de pensar de lo que opinan los demás hombres.

Otros pedantes no quieren oír nada que sea nuevo, y creen que solo es apreciable lo que tiene el cuño de la antigüedad.

Por el contrario, hay otros que ni examinan lo que es antiguo, y a quienes agrada todo lo nuevo. Ambos extremos deben evitarse.

Hay otros pedantes, cuyo mérito solo consiste en afectar misterio y grandes descubrimientos. Esta puede llamarse enfermedad francesa. Notamos sus efectos aun en los autores más clásicos de aquella nación. Provienen muchos del deseo de hacerse notables, en otros de un fanatismo literario, y en otros (que son los más) de la necesidad de llenar libros para ganar pesetas.

Otros pedantes la dan por afectar experiencia y conocimientos del mundo, y éstos suelen tener dos clases de delirios, formando nuevos Heráclitos y Demócritos, pues unos se convierten en llorones declamadores para quienes todo es malo, y para nada encuentran remedio; al paso de los otros son unos burlones chocarreros que ridiculizan lo más justo, lo más útil, y lo más sagrado. Esta clase de pedantes agrega a la debilidad la malicia, y quedaría bien castigada si siempre tuviese que haberlas con la ilustración y la prudencia.

Por último hay pedantes por afectar gran lectura y erudición, y otros por afectar gran talento y ninguna necesidad de leer ni consultar a nadie. Los primeros suelen aprender de memoria muchos rasgos de diversos autores para encajarlos vengan o no vengan; y los segundos suelen pasar muchos malos ratos cuando dan con hombres ilustrados que les indican las fuentes de donde tomaron lo que afectan ser original, o les hacen ver por lo menos que sus pensamientos no son tan raros que no hayan ocurrido a otros.

El pedantismo es una enfermedad general de que todos adolecemos más o menos, y que necesita una cura continuada, pues si se interrumpe, nos encontramos nuevamente contaminados sin pensarlo.

Estas ligeras observaciones sobre el pedantismo, extractadas algunas de ellas de la Lógica de Gamarra, manifiestan el cuidado con que debe procederse en la carrera literaria, para no entrar en el número de los pedantes; y como las pasiones pueden conducirnos fácilmente a uno de estos males, conviene hacer continuamente un riguroso examen de nuestras operaciones científicas, y nuestro carácter literario para precaverlos.

Lección décima. Disputas literarias
Solo debe disputarse cuando se espera alguna utilidad, pues no hay cosa más ridícula que un hombre que disputa sobre todo. Lo primero que debe hacerse es observar si la persona con quien tratamos está en capacidad de percibir nuestras razones y en ánimo de confesarlas, pues de lo contrario se pierde el tiempo, haciéndose ridículos ambos disputadores. Yo deseo ver desterradas las palabras disputa, impugnación, defensa, porque esto me representa un cuadro bélico literario, en que reinando las pasiones, y aturdidos los entendimientos, gime la razón, y se ultraja la verdad.

Yo quisiera ver los campeones literarios transformados en amigos, que unánimes en el deseo de encontrar la verdad, analizaran juntos los objetos, y el uno advirtiera al otro las particularidades que se hubieren escapado, o los defectos que cometiese en su análisis, haciendo un caudal común de conocimientos, sin aspirar ninguno a vencer, sino todos a ilustrarse. ¿Qué cosa más absurda que proponer argumentos capciosos para extraviar a otros? Pues nada es más frecuente. ¿Qué gloria más infundada que la que consiste en pervertir las luces, alterar los ánimos y perder el tiempo? Pues ésta es la que se busca. ¿Qué cosa más contraria a la verdadera filosofía, que hacer de sus discípulos unos competidores, movidos por la emulación, y agitados por el furor? Pues esta práctica aún se observa en muchas partes.

Se advierte frecuentemente que en las disputas se pasa de un asunto a otro, y sin analizar unas razones se mezclan otras contrarias, en términos que todos hablan, y nadie se entiende. Este mal trae origen de figurarse cada uno que está en una batalla, y así se defiende, impugna, se oculta, hace ataques falsos, distrae a su enemigo para sorprenderle, y mientras pronuncia los respetables nombres de la razón y de la Filosofía, no hace otra cosa que violentar la naturaleza, y quebrantar las leyes sencillas del análisis. Pasaré en silencio la despreciable conducta de algunos, que con chistes, sarcasmos, inventivas y otras cosas semejantes, procuran adquirir crédito para con un vulgo ignorante, que los juzga tanto más superiores en luces, cuanto lo son en imprudencia.

De esta idea que han formado los escolásticos, de que entran en una batalla cuando se presentan a sus exámenes, proviene la costumbre de incluir en las arengas de los actos públicos que se dedican por devoción a algún santo, ciertas expresiones que todas ellas indican consternación, y un empeño decidido en salir victoriosos. Le piden al santo sus auxilios contra los pobres que arguyen, como los pediría un soldado cristiano contra los enemigos de su patria, en términos que los que replican deberían dejar el puesto, y no entrar en campaña con un hombre que invoca la corte celestial. Es muy conforme a los sentimientos piadosos ponerse bajo la protección de los amigos del Señor, y sabiendo que todo don perfecto desciende del Padre de las luces, pedir los conocimientos en cualquier materia que sea; pero no parece racional que se haga en los términos que vemos practicarlo.[21] Los escolásticos tienen ciertas leyes, cuya infracción les parece un crimen. Para entenderlas conviene saber que llaman silogismo a un discurso presentado con tres proposiciones: una que comprende más que las otras, y de la cual se deduce la tercera, y la segunda que indica que está bien deducida, por contenerse en la primera, v. g. todo hombre es animal; es así que Pedro es hombre; luego Pedro es animal. De estas proporciones la primera se llama mayor, la segunda menor, y la tercera consiguiente. Si se omite la segunda proposición, el silogismo se convierte en entimema, y entonces la mayor se llama antecedente.

Para responder se repiten dos veces las proposiciones, a lo que llaman resumir, diciendo la segunda vez: concedo, niego o distingo, lo que llaman sentenciar las proposiciones. Si el que arguye, después de dada la distinción,

---

21 En el día se halla casi abolida esta práctica, pero aún quedan rastros de ella.

insta poniendo por antecedente uno de los miembros de ella, o una proposición contenida en el silogismo anterior, entonces no se llama antecedente, sino menor subsumpta. Estas y otras cosas semejantes tienen tanto crédito en las escuelas, que si un miserable da el nombre de antecedente a la mayor o a la menor subsumpta, si no resume, o no guarda alguna de las fórmulas escolásticas, prontamente se dice que no sabe lógica; esto es, que no ha aprendido la ciencia de dirigir su entendimiento, porque no sabe el lenguaje de las escuelas. ¡Qué desgracia! Así el que arguye como el que defiende, procuran ceñirse a unos términos tan breves, que si el pensamiento tiene muchas ramificaciones es imposible expresarlo con claridad; y así se experimenta que siendo natural a los hombres el discurrir, cuando se les sujeta a la forma escolástica se ven tan implicados que no pueden dar un paso, y solo al cabo de mucho tiempo llega un joven a acostumbrarse a dicho método. Nada me parece más infundado, que pretender que el que responde no diga más que dos o tres palabritas de escuela para exponer un pensamiento, cuyo análisis no pueden contener dichos términos. De aquí resulta que el que arguye no puede formar una idea exacta de las respuestas, y se ve precisado el que responde a explicar la distinción, o el argumento se trastorna totalmente. Por lo regular los que arguyen no quieren oír explicaciones, y exigen que se les responda limpiamente, concedo, niego o distingo; que es decir, no quieren que se les presenten todos los resultados de un análisis, para formar idea exacta del objeto, sino que sabiendo uno o dos de los pasos analíticos que ha dado el entendimiento del que responde, quieren adivinar todos los otros. ¡Cuántas cuestiones ridículas se han suscitado por esta práctica! En el año 1816 escribí para los exámenes públicos, tenidos en este colegio,[22] lo que sigue. Las disputas en forma escolástica, según el orden en que la vemos practicar, no traen utilidad, y las ciencias no le deben nada a tantos ergos como han voceado nuestros doctores en tantos siglos, pues como dice un filósofo:[23] «semejantes silogismos tienen su principal uso en las escuelas, donde los hombres se hallan autorizados para negar sin rubor las cosas manifiestamente ciertas; o fuera de las escuelas para aquéllos que aprendieron en ellas a

---

22 El de San Carlos de La Habana (¡mi nunca olvidada patria!) donde tuve el honor de servir la cátedra de Filosofía por espacio de diez años, habiendo explicado, en los últimos estas lecciones que ahora he corregido y aumentado y cuya primera edición se hizo en aquella ciudad.
23 Locke, *Ensayo sobre el entendimiento humano*.

negar sin vergüenza ni escrúpulo las cosas que a su propia vista tienen entre sí la mayor conexión y verdad».

Creemos, pues, que para que semejantes disputas trajesen alguna utilidad, era preciso despojarlas de algunas prácticas, v. g.: probar la negada, aunque ésta sea más clara que la luz del mediodía, encontrando en esto un recurso todos los ignorantes para defender lo que quieren.

Es cierto que debe exigirse que no pruebe la negada, no saliéndose de la cuestión, si quiere continuar su argumento; pero que se diga uno es uno, se niegue, y quieran que se pruebe, es una honrada temeridad. Sin embargo, cosas semejantes vemos practicar, y así sale ello.

También es muy gracioso el per te, en que los hombres hacen punto de honor el no retractarse, aunque por distracción o ignorancia hayan concedido el mayor absurdo, y en este caso consiste la ciencia en buscar unos términos con qué entretener el tiempo, hasta que el que arguye de aburrido se calle, y queda nuestro buen hombre con mucho honor entre los escolásticos, y condenado en el tribunal de la razón, al cual ocurren los juiciosos, que no le perdonan el mal rato.

Lo mismo decimos de la estrecha ley de resumir, por la que se ve uno obligado a repetir dos veces (y los circunstantes a aguantar las repeticiones), aunque el que arguye diga tres o cuatro simplezas que ya se han negado, o que a primera vista se conocen. Escudados con esta práctica, usan muchos el método pedantesco de los silogismos de entrada, o como dicen nuestros estudiantes, los zaguanes, que no contienen la dificultad, sino unas proposiciones aplicables a infinitas materias, y que ya se sabe que han de negarse v. g.: lo falso no se ha de admitir; esta proposición es falsa; luego no debe admitirse. Con semejantes entradas, los hombres serios y respetables, solo por la preocupación escolástica, hacen de un pensamiento débil e inconducente, un Proteo, a quien le dan tantas formas cuantas necesitan, para que dure mucho tiempo, y no callarse pronto, que es el fin.

Es igualmente muy chistoso aquello de que quedó con la negada en el cuerpo, creyéndose que todo argumento debe concluir por una distinción, para que el argumento pueda callarse honoríficamente; pero si se niega la proposición, aunque se tengan y manifiesten razones convincentes, que prueben que debió negarse, es preciso que siga arguyendo aunque reviente. Reflexionemos que distinguir una proposición no es más que analizarla, haciendo ver sus diversas relaciones: que negarla y explicar el motivo de haberlo hecho, es igualmente formar un análisis de ella, resolviendo la duda, y entonces conoceremos cuán ridícula es esta práctica. Vemos callarse con una distinción frívola, que no resuelve el argumento, a aquellos mismos hombres que hubieran gritado y pateado eternamente, si se les hubiera negado esa misma proposición mal distinguida, aunque se dieran las razones más sólidas. ¡Qué preocupación! ¡Lo que es ir a pelear, y no a discurrir! La mayor parte de los escolásticos juzgan que un hombre es ignorante, porque no ha sostenido contra todos los vientos la doctrina que creía cierta, y dicen le concluyeron. ¡Bien concluida parece que está la razón de los que piensan de este modo! Si a un hombre se le presenta una duda capaz de resolverse por cualquiera que tenga los conocimientos fundamentales de aquella ciencia, y no la resuelve, hay motivos para creer que no está instruido; pero cuando se manifiesta una nueva verdad o se hace ver que lo que teníamos por cierto es falso, no cede en descrédito de un filósofo retractar su opinión. ¿No decían los antiguos, y repiten sus partidarios, que es del sabio mudar de dictamen? ¿Pues cómo quieren dejar de serlo, o no lo son efectivamente, luego que suben a las cátedras? Así pensaba yo entonces, y las meditaciones posteriores, lejos de separarme de estas ideas me han hecho conocer cada vez más que el escolasticismo es un árbol estéril, que es preciso cortarle o resignarse a no coger frutos. Procuren los jóvenes meditar mucho y disputar poco si quieren rectificar su espíritu que es lo que me he propuesto en estas lecciones.[24]

Tratado del Hombre

Lección primera. De la naturaleza del alma
Considerando nuestra alma, advertimos en ella las facultades de pensar y querer, las cuales comprenden en sí todas las otras. Acostumbrados a percibir los seres materiales, queremos cotejar las operaciones del alma con las de los cuerpos, y advertimos prontamente la gran diferencia que hay entre ellas; porque las unas son extensas, divisibles, figuradas, etc.; y las otras carecen de

---
24 Muchos extrañarán que en el año de 1841 aun me detenga yo en impugnar el escolasticismo; pero desgraciadamente aun no es tan innecesaria esta impugnación en España.

todo esto, pues nadie puede fingirse la cuarta parte de una idea, ni asignar en ella ninguna de las circunstancias que advertimos en la materia.

Inferimos, por tanto, que nuestra alma es una sustancia simple, esto es, que no se compone de muchas partes, y que por consiguiente es distinta de la materia. Para conocer esto más claramente, figurémonos que el alma consta de muchas partes que forman una extensión, y que en ellas se pintan las imágenes de los objetos como en un lienzo. En este caso debería ser el alma infinitamente grande si en ella debieran pintarse de un tamaño natural todos los objetos que percibimos, y que hemos percibido; luego es claro que el modo con que se representan en el alma las ideas es totalmente distinto del que observamos en los cuerpos, y que el alma es diversa de la materia.

Si el alma fuera compuesta de cuatro partes v. g., en tal caso en cada una de ellas se pintaría todo el objeto, y entonces a la vista de un hombre veríamos cuatro; o el objeto se pinta en una sola parte y entonces las demás son inútiles; siendo asimismo preciso que la parte en que se pinta el objeto no conste de otras menores, pues en tal caso haríamos igual reflexión, diciendo que o cada una de estas partes menores percibía todo el objeto, o una sola. Pero supongamos que se dice que en cada parte del alma se representa una parte del objeto, entonces no podríamos formar una idea de todo él, pues sería lo mismo que si fuéramos presentando a diversos hombres las diversas partes de una estatua, viendo uno la cabeza, otro una mano, etc., en cuyo caso ninguno de los hombres tendría idea de toda la estatua, y menos podría formarla el conjunto de dichos hombres. Luego es preciso que en una sola parte se haga la representación de toda la estatua, debiendo ser simple dicha parte; y por consiguiente queda manifestado que nuestra alma es distinta de la materia.

Para ilustrar esta doctrina, supongamos que las ideas se pintan en el alma como las diversas partes del mundo en un globo geográfico; será preciso que si el globo es inteligente reúna todas las representaciones, si quiere formar una idea de la Europa, Asia, África y América, pues en la superficie donde está representada la Europa no está representada la América, y por consiguiente la porción del globo que percibe la América no percibe la Europa, y al contrario. Reflexionemos que es innegable que en nuestra alma se representan diversos objetos de diversas maneras, todas al mismo tiempo, y que es imposible que esto pueda hacerse en el orden material, pues sería muy ridículo el hombre que presentando un pequeño lienzo a un pintor, le exigiera que manifestase en él todos los objetos con sus verdaderas magnitudes. Luego está claro que si es cierto que la representación se hace, y que es imposible que se haga en el orden material, debe inferirse que se hace de un modo totalmente diverso, y que nuestra alma que tiene unas operaciones tan diversas y contrarias a la materia, es una sustancia incorpórea, y por consiguiente espiritual.

Deseo llamar la atención de mis lectores sobre un hecho que a todos ocurre, y que muy pocos observan, y del cual se infiere claramente la espiritualidad de las ideas. Oímos el nombre de una persona que conocemos, y en el momento tenemos una idea completa de todas sus circunstancias. Creemos (o mejor dicho creen los ideólogos) que hemos repetido una idea conocida o un análisis hecho anteriormente; pero si reflexionamos sobre el caso, conoceremos que la repetición de una operación debe seguir los mismos pasos, y emplear el mismo tiempo que su primera formación, pues luego que un acto pasa no deja cosa alguna, y todo es menester que empiece.

Por consiguiente este segundo acto instantáneo, y aun menos que instantáneo, pues tal parece que no se produce en tiempo, debe ser de una naturaleza distinta del primero. No le hemos formado por repetición de signos, ni por una serie de recuerdos, si puedo valerme de esta expresión. La experiencia nos prueba que estos recuerdos necesitan tiempo y son posteriores a la idea completa e instantánea que habíamos formado. Infiérese, pues, que ésta no es una operación ordinaria o acomodada al orden material de las cosas, y que la sustancia que la produce es una naturaleza distinta de los cuerpos.

Otra observación aun más clara nos ofrece la idea de algunos objetos que de ningún modo podemos figurarnos. Decimos v. g. que el Sol dista treinta y cuatro millones de leguas. Repetimos las palabras, ¿pero hay alguno que se imagine, o a quien le parezca que ve treinta y cuatro millones de leguas? Lo que hacemos es suponer un camino interminable y figurarnos que vemos una gran porción de él; pero ni por sensación, ni por imaginación hemos percibido ni podemos percibir semejante distancia. ¿Podrá negarse que la percibimos? No. Luego la percibimos sin sensación ni imaginación, que son los medios representativos de la materia. Luego la percibimos por un medio distinto. Luego hay en nosotros un medio distinto y una sustancia distinta de la materia.

Deseo no se crea que defiendo las ideas innatas o impresas en nuestra alma desde su formación ni tampoco que admito ideas a las cuales no ha dado motivo alguna sensación. Lo único que aseguro es que las sensaciones no son más que motivos; pero no imágenes de las cuales se copien, por decirlo así, las ideas. En los ejemplos precedentes se ve que es imposible una representación del objeto por sensaciones, mas si se reflexiona un poco, se conocerá que en todos los casos sucede lo mismo. Locke y Condillac dijeron el mayor disparate que puede decirse, cuando aseguraron que nada se conoce sino por sensaciones, y que éstas son verdaderas ideas.

Según hemos advertido antes, acostumbrados a no percibir sino cosas materiales, queremos que todas nuestras ideas representen cuerpos, y creemos que no existe o que es incomprensible todo lo que no sigue la naturaleza corpórea. Suelen algunos decir: yo no puedo figurarme una sustancia inextensa, invisible y sin ninguna de las propiedades de la materia. En la misma expresión figurarme, se da a entender que se quiere representar por figuras la sustancia inextensa; sin duda esto es imposible. ¿Pero deberá inferir un filósofo que es imposible la existencia de una sustancia simple? ¿Dios no pudo crear otro género de sustancias distintas de los cuerpos, y semejantes a él mismo? Si en el orden de la naturaleza tuviéramos otro género de sentidos, percibiríamos los seres de un modo muy diverso, y no podríamos formar idea de ellos como ahora existen. ¿Y debería negarse la posibilidad de la existencia de los seres como ahora se nos representan, porque en esta suposición no se nos representarían? Constando que es posible una sustancia simple y al mismo tiempo indicándonos nuestro sentido íntimo y la razón que las operaciones de nuestra alma no convienen sino a una sustancia simple, debemos concluir que efectivamente lo es; que solo un hábito adquirido desde la infancia de representarnos las cosas por imágenes sensible, nos hace difícil comprender la naturaleza de nuestro espíritu.

El empeño que algunos filósofos han puesto en probar que nuestra alma es material, procede en unos del deseo de hacerse célebres, impugnando una doctrina generalmente admitida; en otros de no haberse despreocupado, o mejor dicho, de no haber conocido la clase de su preocupación, que consiste en deducir la existencia de todos los seres por lo que generalmente sucede en la naturaleza; y preciándose de sabios, son más ignorantes que un niño, que conoce la diferencia entre su alma y su cuerpo; en otros procede finalmente de creer que manifestando que un alma es material, debe destruirse con el cuerpo, y no temer las penas futuras, ni esperar los premios. Estos últimos agregan a la ignorancia la malicia, y no advierten que aunque el alma fuera material, Dios podría conservarla eternamente para darle los premios y castigos de sus obras. Es un error pensar que quitada la espiritualidad del alma se quita su inmortalidad, pues ésta consiste en la duración eterna de la vida, y Dios puede hacer vivir un árbol eternamente; de modo que no adelantan un paso en su intento semejantes filósofos, aunque se les concediera que el alma es material.

Conviene advertir que la inmortalidad del alma puede considerarse en ella misma, y se llama inmortalidad intrínseca, o en la voluntad de Dios, y se dice inmortalidad extrínseca. Una y otra son evidentes, pues siendo el alma una sustancia simple, no puede destruirse por disolución de partes; y siendo Dios un ser justo, no puede igualar al virtuoso con el impío, quedando todos destruidos en la muerte, después de haber sido abatida la virtud y exaltado el vicio. Son varios los raciocinios infundados con que se ha querido probar la materialidad del alma. Los representaremos agregando a continuación sus respuestas.

1.º No conocemos todas las propiedades de la materia, y así no podemos afirmar si tiene o no la del pensamiento.

Aunque no se conozcan todas las propiedades de la materia, se sabe con evidencia que repugna que al mismo tiempo que es extensa y divisible, sea inextensa e indivisible, y por tanto el pensamiento no puede ser una de las propiedades de la materia, que no conocemos.

2.º Dios puede darle la facultad de pensar así como le dio la de vegetar.

Dios no puede hacer cosas repugnantes, y si dio a la materia la facultad de vegetar es porque no repugna como la de pensar. Consideremos que decir materia que piensa, es lo mismo que decir materia que es extensa y no es extensa, es divisible y no es divisible, de modo que todo se reduce a ser y no ser al mismo tiempo, lo que envuelve contradicción. Pero Dios, aunque es Omnipotente, siempre que ejerce su poder hace algo, pues no debemos decir que hace nada o produce la nada; pero es claro que lo que no tiene ser no es algo, sino nada; luego Dios no puede producir una cosa que sea y no sea, o que siendo algo sea nada.

3.º Podría el Ser supremo formar una máquina que produjera todos los efectos que observamos en los hombres sin necesidad de alma espiritual.

Dios no puede producir una máquina que tenga nuestro sentido íntimo y nuestras ideas, pues habiéndose demostrado que la materia no puede pensar, siendo la máquina una reunión de partes materiales, no será capaz de pensamiento.

4.º Muchos filósofos defienden que la materia en sus elementos es simple o inextensa, y que así no está decidido que no le convenga el pensamiento.

Admitida la opinión de los filósofos que dicen que las primeras partes de la materia son inextensas, no se infiere que la sustancia extensa que resulta de ellas, o la verdadera materia pueda pensar, y cuando más concederíamos que uno de esos elementos fuera susceptible de semejante propiedad; pero con esto no adelantaban nada los que pretenden probar que el alma es un cuerpo.

5.º La materia tiene algunas propiedades inextensas, como el movimiento, el peso, etc.

El movimiento y otras propiedades semejantes son extrínsecas a la materia, porque no son otra cosa sino la consideración de un cuerpo en diversos lugares, y muy bien puede moverse un conjunto de partes llevando cada una su movimiento propio, y formando la reunión de todos esos movimientos el movimiento total; pero en las ideas no sucede lo mismo, por ser cosas interiores al alma; y que como hemos dicho, si cada parte del alma tuviera su idea propia, a la vista de un objeto formaríamos una multitud innumerable de ideas.

6.º No está demostrado que los pensamientos sean inextensos, pues vemos que representan objetos extensos, y que las sensaciones, que son unas verdaderas ideas, se aumentan y se disminuyen.

Representar un objeto extenso, no es ser de su misma naturaleza, pues hemos manifestado que dicha representación se hace de un modo muy diverso del que observamos en las representaciones corpóreas. Cuando decimos que las sensaciones se aumentan, es una expresión metafórica, pues solo queremos dar a entender que habiéndose aumentado la inmutación del cuerpo, se forma una nueva idea en el alma que representa este aumento, pero que no es parte de la anterior. En mi opinión las sensaciones no son ideas, y así esto nada prueba.

7.º La analogía debe hacernos inferir que si todo lo que nos rodea es material, no hay un motivo para que nuestra alma no lo sea.

La analogía en semejante caso, poco prueba, pues conociéndose las propiedades del espíritu, que no pueden convenir a la materia, poco importa que todo lo que se observe sea material, no teniendo tanta fuerza esta observación que nos haga creer que todo lo que Dios produce es un cuerpo, y que debemos admitir materia cogitante, que según se ha probado envuelve contradicción.

8.º Parece que es nula la existencia de una sustancia, que solo se conoce por meras negaciones, diciendo que no es tensa, no es figurada, etc.

Cuando queremos hablar del alma no es cierto que usamos de voces negativas como no extensa, no figurada; pero la causa de esto es que no conociendo nosotros por los sentidos otros seres que los materiales, para darnos a entender usamos de una especie de comparación, expresando que el espíritu no tiene las propiedades de estos cuerpos; pero verdaderamente conocemos al alma por unas propiedades positivas, que son el pensar y querer, las cuales no pueden manifestarse por otros medios que por el sentido íntimo. Cuando se pide una explicación del modo con que piensa el alma y con que opera, se pide un imposible, porque no podemos explicar cuando carecemos de signos análogos al objeto de que tratamos, y cuando éste es tan simple que no podemos presentarle por otros más sencillos. Esto sucede respecto del alma y sus operaciones.

Lección segunda. De la actividad del alma

Siendo el alma espiritual, no debe constar de partes distintas, y su simplicidad exige que no consideremos en ella seres o cosas diversas y separables unas de otras. Inferiremos, por tanto, que el alma solo tiene una actividad natural, aplicable a diversos objetos, y que el entendimiento, la voluntad, y demás potencias del alma, no son cosas realmente distintas entre sí y agregadas al alma, sino unas denominaciones con que hemos clasificado sus efectos y el modo de producirlos. En esta doctrina se evitan las infinitas cuestiones que han solido suscitarse sobre si un acto pertenece al entendimiento o a la voluntad y si la primera de estas potencias es iluminada porque percibe los objetos, y la segunda ciega porque no puede amar sino lo que el entendimiento le presenta como bueno, y otras disputas de esta naturaleza que son tan embarazosas como inútiles.

Según observa el sabio Exímeno, si la voluntad es cosa distinta del entendimiento, en términos que ésta se llame potencia ciega, y aquella iluminada, nunca podremos amar o aborrecer una cosa, porque nunca verá la voluntad lo que el entendimiento se propone. ¿Qué distinción verdadera puede haber entre las ideas que se perciben como pasadas, y las actuales? Sin duda no hay otra diferencia que las relaciones del tiempo, y no hay un motivo para decir que la memoria es un ser distinto del entendimiento. Por tanto debemos concluir que el alma no consta de diversos seres; y que su actividad es una sola, y tiene diversos nombres según los diversos modos de operar y los objetos; llamándose entendimiento cuando examina lo verdadero o lo falso; memoria, cuando se refiere a lo pasado, y voluntad, cuando ama o aborrece.

En los actos del alma observamos mucha diferencia, pues hay unos que no pueden evitarse, como un susto, una admiración, y otros semejantes, que suceden muchas veces aunque hagamos esfuerzos para impedirlo; y otros que se dirigen por la misma alma, pudiéndose impedir o practicar; éstos tienen el nombre de actos humanos, y el alma respecto de ellos es perfectamente libre, como lo demuestra nuestro sentido íntimo, que en todas circunstancias nos indica la libertad que tenemos en querer o no querer alguna cosa. Verdaderamente al hombre puede obligársele a que practique tales o cuales actos contra su voluntad; pero no a que quiera lo que no quiere. Los niños y los rústicos en los cuales se representa la naturaleza con toda su sencillez, demuestran la libertad de su alma en ciertas operaciones, y la necesidad en otras, pues vemos que si se les aplica un castigo por una acción que no han podido evitar, prontamente se quejan de la injusticia con que se les trata; su lenguaje no es tanto de quien suplica, como de quien reconviene. Pero al contrario, si se les castiga por una acción que se pudo evitar, ocurren a las súplicas, y no a las reconvenciones. Esta misma verdad la demuestra el consentimiento de los pueblos imponiendo leyes, pues si el hombre no fuera libre, nada habría más ridículo que castigarle o premiarle por lo que no podía menos de hacer.

Siempre que el alma se determina a querer una cosa, es por algún motivo, y éste consiste en alguna razón del bien que percibe en el objeto, pues aun cuando se quiere una cosa mala, se hace esto porque se cree de algún modo favorable, como el que se ha embriagado por la razón del bien que percibe en el deleite que le causa la bebida. Esto ha servido de fundamento a muchos para negar la libertad del hombre, pues dicen que está obligado a operar según los motivos que se le presenten. No advierten que el alma entre muchos bienes puede elegir el que quiera, aunque realmente sea menor que los que desatiende, y cuando se dice que uno es digno de castigo porque ha infringido una ley, solo se quiere dar a entender que ha apreciado más el bien aparente del crimen que el bien real de la virtud y esto lo ha hecho con toda libertad.

Son varias las razones con que se ha querido probar que el hombre no es libre, y de ellas expondremos las principales, manifestando su insuficiencia:

1.ª Las pasiones dominan al hombre, y éste no es libre.

El dominio de las pasiones nunca es tanto que el hombre no conozca el mal y no pueda evitarlo. Un ladrón que premedita su crimen, sabe que hace mal, y que voluntariamente podría dejar de hacerlo. Si alguna vez en la pasión llega a cegarse el hombre, éste es el culpable, por no haberla refrenado. Mas supongamos que en el caso de una pasión vehemente y extraordinaria, el hombre no sea libre; esto no probaría que no lo es en todos sus actos.

2.ª Los hombres en unas mismas circunstancias operan de un mismo modo, y esto prueba que sus operaciones no son libres.

Es falsa la suposición, pues a cada paso vemos que en unas mismas circunstancias son diversas las operaciones de los hombres. Los pueblos siempre han tenido algunas inclinaciones particulares según su clima, pero esto nunca se ha juzgado por una necesidad. Hablando con todo rigor ¿quién podrá estar seguro de que son enteramente iguales las circunstancias en dos casos de la vida humana?

3.ª El hombre cuando se le presentan dos bienes iguales no puede elegir ninguno de ellos, pues no tiene razón suficiente para inclinarse más al uno que al otro.

Esto, cuando más, prueba que en tal caso el hombre no es libre, pero no en todos sus actos. ¿Existirá esa perfecta igualdad de circunstancias? Lo dudamos, y ciertamente el argumento es de aire.

4.ª Si el hombre fuera libre, podría mudar de carácter y de inclinaciones.

Efectivamente así sucede y a cada paso lo vemos. Yo no sé por qué algunos filósofos han dado mérito a este argumento. «Estílpon, dice Tulio, sabemos que era un hombre agudo y muy aprobado en sus tiempos. Escriben sus familiares que fue muy dado a la bebida, y lascivo, y no lo escriben para vituperarle, sino para alabanza suya, pues dicen que de tal manera comprimió y domó su naturaleza, que ninguno podía encontrar su vestigio de aquel hombre violento y lascivo». A este modo podían citarse infinitos pasajes de la historia antigua y moderna.

5.ª Todo está sujeto a la necesidad en el Universo, y el hombre no tiene un privilegio para no estarlo. Si éste fuera libre, podría alterar las leyes que su Criador ha puesto en la naturaleza.

La necesidad es una ley de la materia, pero no de los espíritus. El título del privilegio que tiene el hombre es el sentido íntimo que manifiesta que su alma es espiritual y libre; el Criador que la exceptuó del orden de los cuerpos, también la puso fuera de sus leyes. Por otra parte nunca ha sido objeto de la libertad humana impedir los efectos generales, o las leyes de la naturaleza, haciendo v. g. que los cuerpos no pesen, que no sean extensos, etc. El argumento nada dice, aunque afecta decir mucho.

6.ª El hombre siempre opera según la razón de mayor utilidad, y por tanto, no es libre.

Esta utilidad ha de ser considerada de diversos modos, y el hombre que la prefirió bajo una consideración, pudo rechazarla bajo otra, y en esto consiste la libertad. Todo este argumento depende de figurarse que el entendimiento es una cosa, y la voluntad otra, de modo que ésta se ve obligada a seguir los dictámenes de aquél. Advirtamos que en el alma todo es uno, y que si voluntariamente no se aplica a considerar el objeto bajo unas relaciones, esto no prueba que no sea libre para hacerlo.

7.ª Dios ha previsto o sabe desde la eternidad todas las operaciones de los hombres, de modo que éstas no pueden menos que hacerse conforme a la ciencia divina, y por tanto no son libres.

La primera respuesta a este argumento es que la luz natural no puede penetrar los secretos del Ser supremo. Sin embargo, puede darse como razón filosófica que si el mismo Dios que ha previsto las acciones de los hombres, ha dado el sentido íntimo de la libertad, ha impuesto leyes y ha prometido premios y castigos; estas cosas deben estar perfectamente conformadas, aunque exceden la capacidad humana.

Daremos, sin embargo, alguna explicación de esta materia. Si un hombre camina, y yo le estoy viendo caminar, sin que sea una ilusión mía, sino una ciencia infalible, en este caso es imposible que el hombre no esté caminando, pues de lo contrario se engañaría mi ciencia, infalible por su evidencia. ¿Y diríamos que yo hacía caminar al hombre necesariamente? ¿Camina él porque yo le he visto, o yo le he visto porque él camina? Ninguna duda puede haber en que mis ojos y mi ciencia no tienen ningún influjo en aquel hombre, y con todo vemos que hay una necesidad en su acción de caminar, supuesto que yo lo estoy viendo, sin que haya dejado de ser libre. Ahora consideramos que la ciencia de Dios no es sucesiva, porque en él no hay tiempo sino que todo es actual; luego si la vista mía en el acto no impidió que el hombre caminase libremente, así también la vista de Dios en el acto no impide que yo opere libremente.

Toda la dificultad consiste en la idea de tiempo que no queremos dejar, y así decimos presciencias, esto es, saber antes que suceda; pero si atendemos a la naturaleza divina, se desvanece la duda, porque allí no hay sucesión de cosas, que es en lo que consiste el tiempo, sino que todo es actual; por este motivo cuando afirmamos que Dios previó lo que había de suceder, nos acomodamos a la condición de la ciencia humana, y a nuestro modo de expresarnos; pero no rigurosamente a la naturaleza divina.

Si Dios fuera un hombre que previó infaliblemente, sin duda haría necesarias nuestras operaciones; pero siendo un ente infinito, que ve en el acto las cosas que entre los hombres tienen un orden sucesivo y de tiempo, de ninguna manera induce una necesidad; así como mi vista actual no es la que obliga al hombre que camina, sin embargo, de ser imposible que él no camine cuando yo le estoy viendo caminar.

Todo esto lo expresan los filósofos en cuatro palabras, diciendo que la presciencia divina induce una necesidad consiguiente, o después de la determinación de nuestra voluntad, pero no antecedente de ella.

Lección tercera. Sobre el cuerpo humano
En nuestro cuerpo podemos considerar los huesos que forman la armadura; las membranas que son unas telas que envuelven otras partes; los ligamentos que son unas membranas firmes y elásticas que reúnen los huesos; los nervios que son como unos cordones elásticos y firmes de diverso grueso, que se esparcen por todo el cuerpo; los músculos que son como unos manojos de fibras que por estar más recogidos de las puntas que del centro y por servir para los movimientos del cuerpo, se les dio ese nombre, derivado de la palabra mus latina, por presentar la figura de un pequeño ratón que es aguzado en el hocico y el

rabo, y ancho por el medio, conformándose así mismo la prontitud de los movimientos de un músculo con los de dicho animal. Los tendones son los extremos o continuaciones de los músculos, y por tanto son muy fuertes y propios para ligar; los vasos son unos conductos más estrechos de una parte que de otra que sirven para conducir los líquidos; las túnicas son unas membranas que cubren lo interior de los vasos; las arterias son unos vasos muy elásticos que llevan la sangre desde el corazón a todas las partes del cuerpo; las venas, las que conducen la sangre de los extremos del cuerpo al corazón; las glándulas son unas reuniones de innumerables nervios y ramos de venas, y otros vasos destinados a purificar la sangre; las ternillas o cartílagos son unas partes sólidas, elásticas, pero flexibles, que sirven para formar las coyunturas y todos aquellos miembros en que se nota la solidez unida a la flexibilidad.

La sangre consta de las partes rojas que observamos, y del suero, que es un líquido de color pajizo que nada sobre la sangre extraída del cuerpo humano. Además se encuentra en la sangre un fluido muy sutil semejante al aire que sirve para sus diversas funciones; la linfa es un líquido claro y sin sabor, más pesado que el agua, el cual viene de todas las partes del cuerpo y se reúne en el que se llama canal del pecho (toráxico), para mezclarse con el quilo, que es un líquido blanco y sin transparencia, el cual se saca de los alimentos en el estómago, y es conducido por diversos canales para convertirse en sangre y nutrir al cuerpo. El sudor y la orina no son más que unas modificaciones del suero, y por eso pueden indicar el estado de la sangre. En otro lugar trataremos de los constitutivos de todas estas partes.

Teniendo ya una idea de las diversas especies de partes de que consta el cuerpo humano, pasaremos a considerarlas según su combinación. Se ha convenido en dividirlo en región superior, que es la de la cabeza; media, que es desde la cabeza hasta el diafragma, que es una tela rodeada por dos músculos que se extienden oblicuamente desde la parte inferior del pecho al espinazo, estando más baja en este lugar, la cual llamaremos gran tela oblicua, y últimamente la región ínfima contiene el estómago y demás partes inferiores. También se llaman cavidad animal, vital y natural, porque en la cabeza están todos los sentidos, en el pecho están las principales funciones de la vida (mucho más según la opinión de los antiguos), y en el estómago se ejerce la digestión de que se vale la naturaleza para sustentar nuestro cuerpo. Convengamos en que esta última división es inexacta, porque tan naturales son las funciones del pecho como las del estómago, y éstas tan vitales como aquéllas.

Cavidad suprema o animal Consta del casco (cráneo) que es la bóveda que forma la cabeza, y se divide en parte anterior que forma la frente, y en posterior que mira hacia la espalda. En medio de éstas hay una más débil, que se llama vértice, y que se conoce por el nombre de mollera. A los lados hay dos huesos que se llaman paredes o parietales que forman las sienes.

Dentro del casco está el cerebro, que es una sustancia blanda compuesta de infinitos vasos y glándulas, que llamamos los sesos. Está cubierto por dos membranas, siendo más delicada la que está en contacto con el cerebro (meninges o duramater y piamater). La parte posterior del cerebro se llama cerebelo o cerebrillo, y éste termina introduciéndose por el espinazo (glándula pineal). De la parte posterior del cerebro salen nueve pares de nervios, o diez, según quieren otros.

El primero va a formar el órgano del olfato; el segundo va a los ojos, y forma el fondo de ellos; el tercero sale de la parte inferior de la médula oblongada, va también a los ojos, y forma los que se llaman nervios motores; el cuarto se extiende a diversas partes de la cabeza; el quinto se extiende a los ojos y a las mejillas; el sexto va una parte de él a los músculos de los ojos, y otra al nervio que se llama intercostal; el séptimo, cuyos nervios se llaman unos flexibles y otros duros, extiende estos últimos divididos en dos ramos de los cuales el inferior va a la lengua y a los músculos del paladar, y el superior, después de esparcirse por los oídos se divide en otros dos ramos, de los cuales el primero va a los labios, la nariz y toda la cara: y el segundo a los músculos de la frente y a los párpados de los ojos. El nervio flexible se extiende al órgano del oído, formando la membrana nerviosa, que viste la parte inferior del caracol; el octavo y noveno, se llaman vagos, porque se difunden a diversas partes del cuerpo.

Cavidad media o vital El cuello consta del conducto de la respiración (tráquea arteria) compuesta de diversos anillos, por los cuales pasa el aire a los pulmones, y del conducto de los alimentos (esófago), que es más flexible, y está detrás del anterior. La boca del conducto de la respiración se tapa por una pequeña válvula para impedir que entren los alimentos. Esta válvula de la respiración es la que se llama vulgarmente campanilla (epiglotis), y la boca que va a cubrir, se llama glotis. Los pulmones son unas masas compuestas de infinitas vejiguillas, venas y arterias. Dichos pulmones se hinchan recibiendo el aire, y se oprimen expeliéndolo.

El corazón es una parte musculosa y dura, de figura piramidal aunque imperfecta. Se compone de distintos órdenes de fibras, unas verticales que sirven para acercar su punta al tronco, y otras espirales o alrededor que sirven para estrecharlo del centro haciéndole aumentar la longitud. Está dividido en lo interior por una membrana que forma dos ventrículos, uno a la derecha y otro a la izquierda. Tiene en la parte superior dos bolsas que corresponden a cada uno de los dos ventrículos, y que por su figura se llaman pequeñas orejas o aurículas, y también alas del corazón. Todo él está incluido en una bolsa (pericardio). Por la derecha le entra la vena cava, que introduce la sangre al ala derecha, y de allí pasa al ventrículo derecho, y luego por la arteria pulmonar va a los pulmones; de éstos viene por la vena pulmonar al ala izquierda, y de aquí pasa al ventrículo izquierdo, de donde sale por la arteria general (aorta) a esparcirse por todo el cuerpo.

De aquí resulta que el corazón se hincha cuando recibe la sangre, y se oprime cuando la despide, debiéndose distinguir en él dilataciones y contracciones (diástole y sístole).

Hay una membrana que cubre interiormente toda la cavidad vital, y se llama pleura; hay otra que divide el pecho de alto a bajo, y se llama mediastino.

Cavidad inferior o natural Consta del estómago, que es una pequeña bolsa cuyo fondo conserva diversas arrugas donde se deposita un jugo llamado gástrico. Por la parte superior recibe el esófago y hacia la derecha también en la parte superior, aunque algo más abajo, tiene un agujero llamado píloro, de donde empiezan las tripas o intestinos, que se dividen en diversas clases, llamándose el duodeno, el yeyuno porque casi siempre está vacío, el íleon, el colon, el ciego y el recto. A la derecha se halla el hígado, que incluye la bolsa de la hiel; a la izquierda está el lien o bazo, que es una sustancia esponjosa; hacia atrás, debajo del estómago, del hígado y del bazo están los riñones que son las sustancias glandulosas donde se purifica la sangre. De estos riñones van dos canales llamados uréteres, que conducen el suero de la sangre o la orina a la vejiga. Además de éstos debemos considerar el mesenterio (redaño) que es una membrana compuesta de dos, que envuelve todos los intestinos; esta membrana tiene muchos conductos que se llaman canales lácteos por donde corre el quilo, que es un líquido blanco que contiene la sustancia de los alimentos, y va a reunirse en el que se llama canal toráxico, porque se lleva todo el quilo por el pecho a reunirlo con la sangre. También debe considerarse el peritoneo, que es una membrana sutil que cubre todos los intestinos.

La respiración hace que la sangre circule contribuyendo al movimiento del corazón, pues los pulmones no permiten que se detenga en ellos, y por eso se ahoga un animal luego que se le impide el resuello. Los pulmones se hinchan con el aire, y se oprime la gran membrana oblicua (diafragma), la cual por su elasticidad vuelve a suspenderse, y oprime los pulmones haciendo salir el aire.

La digestión se forma por unos jugos disolventes (gástricos) que se hallan en el fondo del estómago, y por el color de éste. De la digestión resulta una sustancia blanca y líquida que hemos llamado quilo.

La sangre se purifica en el hígado, formando la hiel. Después vuelve a purificarse en los riñones y en las diversas glándulas del cuerpo humano, y resultan la orina, la saliva, el sudor y las lágrimas, que no son otra cosa que un residuo de la purificación de la sangre.

Descripción particular de los sentidos En el sentido del tacto se nota el cutis o epidermis, la membrana reticulosa por ser como una red, y la membrana biliosa que consta de muchas puntas de nervios que salen por los huecos que deja la membrana reticulosa.

En el oído, además de la oreja anterior, que sirve como de bocina, se nota en su fondo el tímpano que es una piel extendida y tirante; detrás de él se notan tres huesos pequeños que por su figura se les ha dado el nombre de martillo, yunque y estribo; además, hay otro que por ser hueco y de figura retorcida en forma de espiral se le da en nombre de caracol, y por dentro de él va un nervio que se llama el auditivo, el cual como hemos dicho viene del cerebro.

El sentido de la vista consta de cuatro membranas:[25] la córnea, llamada así por su color y transparencia que se asemeja a una tela muy delgada que formásemos de un pedazo de asta o cuerno; la esclerótica, que es opaca y forma lo blanco del ojo; la ubea, que es igualmente opaca, de diverso color en cada

---

25 En la primera edición de esta obra dije que la esclerótica era la misma córnea considerada en el globo del ojo; mas los anatómicos modernamente pretenden haber separado dos membranas. Sea de esto lo que fuere, yo me remito al dictamen de acreditados profesores, mayormente cuando a mi intento interesa poco que sean dos o una dichas membranas.

persona, y tiene en el centro un agujero que se llama pupila, o niña del ojo; por último la retina, que cubre lo interior del ojo y es donde se pintan las imágenes de los objetos.

Consta también de tres humores: el ácueo que se halla entre la córnea y la lente cristalina; el cristalino, que constituye esta especie de lente; el vítrico, que es como un vidrio derretido, que está ocupando toda la cavidad del ojo detrás de la lente cristalina. Por lo que hace al sentido del gusto y del olfato, no podremos decir cosa particular, sino que consta de un conjunto de fibras sutilísimas que forma toda su delicadeza.

Nuestro ánimo no ha sido otro que presentar ahora ciertas nociones (aunque muy superficiales), que son necesarias para entender las relaciones del alma con el cuerpo según se explicarán en la lección siguiente.

Lección cuarta. De la vida del cuerpo, de la acción del alma sobre él y el modo de conocerlo

El alma tiene la potencia o facultad de mover al cuerpo. El sentido íntimo nos indica este imperio.

Pero advertimos que este dominio no es tan universal que se extienda a todos los actos de nuestro cuerpo, siendo así que la digestión, la nutrición, la circulación de la sangre, y otras funciones semejantes no están al arbitrio del alma, pues se ejercen aunque ella no quiera, y dejan de ejercerse aunque se empeñe en conservarlas. Otros movimientos repentinos y aun premeditados se hacen contra nuestra voluntad, como un susto, un estremecimiento, y otras acciones de este orden.

Examinando en qué consiste la vida del hombre, advertimos que depende de que el cuerpo ejerza todas sus operaciones libremente, y que haya una correspondencia entre dicho cuerpo y el alma que le gobierna. Dándose la digestión, nutrición y demás funciones naturales, el cuerpo está sano, y vive como viven las plantas y los animales.

De aquí inferimos que el alma gobierna al cuerpo en las acciones libres como caminar, hablar, etc.; pero no en las necesarias como digerir, nutrirse; y siendo la vida el resultado de estas funciones que no dependen del alma inferimos que el alma no vivifica al cuerpo, sino que le acompaña y gobierna, formando con él un compuesto natural, esto es, el hombre. La unión del alma con el cuerpo no es meramente accidental, pues una sustancia fue creada para unirse a la otra, y así es propiamente una unión natural, y no puede decirse que el alma está como un huésped en el cuerpo. Este, además, no puede llamarse humano, sino en cuanto se halla unido al alma, y por eso han dicho siempre los filósofos, según el lenguaje antiguo escolástico, que el alma es la forma del cuerpo humano, porque ella le forma o le constituye humano. Ejerce también el alma una acción conservatriz en el cuerpo dándole cierto impulso, y tratando de separar todo lo que le es contrario, y en este sentido podemos decir que le vivifica, pero bien se echa de ver que no produce las funciones, que es en lo que con todo rigor consiste la vida.

Decimos igualmente que el cuerpo no muere porque se separe el alma que no producía su vida, sino que se separa el alma porque el cuerpo ha muerto, esto es, porque el cuerpo ha perdido su organización, y ya no puede ejercer aquellas funciones coordinadas que constituían su vida.

Esta verdad se percibirá mejor si consideramos ligeramente el mecanismo de la vida del hombre. Los alimentos se purifican y convierten en un líquido que pasando por diversos conductos va adquiriendo nuevas purificaciones hasta que se mezcla con la sangre y forma parte de ella. Después difundido en todo el cuerpo suministra de su aumento resarciendo sus pérdidas. Todo esto aun sin tener conocimiento de física, cualquier hombre de mediano talento puede comprender que se efectúa por un orden mecánico como en las plantas, y por tanto la vida del cuerpo no se le debe al alma.

¿Por qué motivo no había de poder impedir estas operaciones nuestra alma si ella les ejerciera? ¿Por qué no había de saber a lo menos cuándo se ejercen o cuándo se impiden, así como saber cuándo camina el cuerpo, o cuándo está en quietud? Vemos, sin embargo, que el hombre no llega a conocer la falta de estas funciones sino por los estragos que causan en su cuerpo después de algún tiempo de estar impedidas. ¿Cuántas veces se ignora la función dañada, y ni el paciente, ni el facultativo aciertan con el origen del mal? Es, por tanto, una preocupación autorizada creer que el alma produce la vida del cuerpo, pues el sentido íntimo, lejos de manifestarlo, indica todo lo contrario, y la experiencia diaria confirma este juicio de la naturaleza.

Bichat, a quien siguen muchos sabios modernos, distingue dos clases de vida, una orgánica, otra animal. A la primera pertenecen todas las funciones que conservan el cuerpo, como la digestión, nutrición y circulación de la sangre, y otras semejantes; a la segunda pertenecen la sensibilidad excitada por los objetos exteriores, y que nos pone en relación con ellos. Observa este sabio autor que los órganos de la vida animal están, por decirlo así, duplicados, y tienen sensaciones correspondientes, como advertimos en los ojos, en los oídos, en la nariz; y él extiende sus observaciones a la lengua y al tacto, considerando el cuerpo humano como dividido en lado izquierdo y derecho. Hace notar que si un hombre naciera con una mano incapaz de doblarse, y la otra flexible, no podría formar idea de un globo por la sensación del tacto, pues una mano podría aplicarse a la superficie de la esfera tocándola en muchos puntos, y la otra solo podría tocarla en uno formando una tangente; de donde infiere que el alma creería que eran dos cuerpos si solo juzgara por el tacto, y que así en este sentido debe haber una exacta correspondencia entre uno y otro lado del cuerpo humano.

Adviértase asimismo que luego que se altera esta relación, falta o se perturba la sensibilidad, como sucede cuando un ojo por el auxilio de un instrumento ve más que el otro, en cuyo caso cerramos el contrario por un instinto natural. Los diversos efectos de la armonía y de la poca sensación que causa en algunos individuos un desentono al paso que otros se conmueven fuertemente, lo atribuye el citado autor a la poca exactitud a la correspondencia de uno y otro oído, pues al que está habituado a percibir sensaciones inexactas, y diferentes en cada órgano, es preciso que la diversidad sea muy notable para que se le haga sensible; y al contrario al que siempre percibe sensaciones idénticas, puede notar la más ligera diferencia.

Observa igualmente que la acción de la vida animal puede interrumpirse, y faltar en una parte sin que falte en las otras, como sucede en las enfermedades de un solo órgano. Esta vida se halla sujeta a la influencia del hábito que altera los efectos de la sensibilidad, y se distingue notablemente de la vida orgánica, en la cual todas las funciones tienen una relación estrecha, y cuando faltan unas, se destruyen las otras.

Se distingue también la vida orgánica de la animal, en que las partes destinadas para aquélla, no tienen uniformidad alguna, siendo mayores o menores con indiferencia e irregularidad. Pueden estar invertidas dichas partes, sin que se altere la vida orgánica como se alteraría la animal, si se invirtieran sus órganos correspondientes. El expresado autor refiere haber hecho la anatomía de un niño en cuyo interior se hallaban a la derecha todas las partes que debían estar a la izquierda, y al contrario, y sin embargo, la vida orgánica no había padecido en él la más ligera alteración hasta la enfermedad que le causó la muerte. Estas observaciones son muy dignas de aprecio, y conviene para verlas con toda extensión leer su obra titulada Investigaciones Filosóficas sobre la Vida y la Muerte.

Suele preguntarse de qué modo mueve el alma al cuerpo. Analicemos esta pregunta, y su sencilla exposición será su respuesta. No quiere decir otra cosa sino de qué modo una sustancia simple y que carece de partes puede mover a una sustancia extensa o a un agregado de partes. Cuando se exige el modo con que se hacen estas cosas, parece que se pretende que demos una explicación de ciertos movimientos, de ciertas combinaciones, en una palabra, cierto mecanismo que pueda ser causa de los movimientos del cuerpo. Mas estas ideas se destruyen porque si el alma no tiene partes, no puede tener movimientos ni combinaciones. Luego se exige un imposible, y la pregunta no es arreglada. ¿Por qué no se pretende saber el color, la figura o el peso del alma? Pues no es menos repugnante que ella tenga movimiento, o que lo cause en el cuerpo de un modo mecánico. Reflexiónese que cuando se pide una explicación, la misma palabra derivada del verbo latino explicare indica el desenvolvimiento de algunas partes o de algunos objetos, como si fuéramos desplegando lo que antes estaba reunido. Luego, cuando el objeto es enteramente simple como el acto de una sustancia espiritual, no admite explicación.

¿Pero será menos cierta la existencia de dicho acto? Despreocupémonos, y ella se hará muy perceptible. Desde la infancia estamos habituados a explicarlo todo por símiles materiales, y a figurarnos que nada se conoce, sino lo que puede pintarse. Toda acción se ha llamado movimiento, y todo efecto se ha producido por algunas combinaciones. Estas ideas fijas de antemano en nuestro espíritu le impiden repetidas veces en sus pasos científicos. Pero la razón, la experiencia, el sentido íntimo reclaman abiertamente, y hacen conocer la existencia de muchos objetos que no son capaces de representarse por imágenes sensibles.

Ilustremos algo más esta materia con nuevas reflexiones. Yo supongo que a un ciego de nacimiento se le quieren explicar los colores; ¿quién sería capaz de conseguirlo? Podría alguno tal vez enseñarle a que distinga por el tacto los cuerpos que tienen diverso color, pero esta operación del ciego no se diferencia de la que ejercen los demás hombres por el tacto, y nunca producirá verdadera idea de los colores; ¿por qué no se le puede explicar al ciego esta sensación? Porque no tiene una estrecha analogía con las otras que él experimenta y carecemos por tanto de signos con que dársela a entender. Podemos decirle que así no se afectan los oídos, se afectan los ojos produciendo sensaciones análogas a su naturaleza; pero esta relación es muy vaga y genérica; el ciego se quedará sin saber qué son colores; ¿pero éstos no existirán porque al ciego no pueden explicársele? Nadie habrá que lo afirme. Consideremos, pues, que todos somos en orden a los actos del alma, como el ciego para los colores.

Lo más simple, lo primero que hay en el alma, es su facultad de percibir; ésta es incapaz de definirse por su misma sencillez, pero es innegable por la misma experiencia que la comprueba. El alma sabe que existe porque percibe, y las diversas percepciones causan placer o pena, y en consecuencia el alma se empeña en conservar las primeras, y destruir las segundas. Consigue esto muchas veces, pero en otras infinitas le es imposible. De aquí deduce que fuera de ella hay un ser que siempre obedece a sus mandatos, y otros que resisten, y repetidas veces la burlan. Tiene en consecuencia por suyo aquel ser que obedece, y por ajenos aquéllos que se oponen. De este modo supo el hombre que tenía un cuerpo, y que existían otros fuera de él.

Pero ¿de qué modo sabe el alma cuál es su cuerpo, y cuáles son los extraños? Verdaderamente no basta saber que tiene un cuerpo; es preciso que sepa cuál es éste. Para responder a esta cuestión advirtamos que la mayor parte de los deseos del alma son inmediatamente obedecidos, y esto sucede siempre respecto del cuerpo; de modo que cuando queremos mover un brazo, aunque estemos atados, siempre el brazo hace esfuerzo para obedecer al alma, y lo mismo sucede en los demás movimientos. Este cuerpo que siempre obedece, y que le está inmediato, es el que llama suyo, distinguiéndole de los demás, que aunque muchas veces obedecen, siempre lo hacen obligados, y resistiendo más o menos a este otro cuerpo, que es como un criado fiel del alma. Cuando movemos un cuerpo, aunque sea muy ligero, o cuando pasamos la mano por una superficie, aunque sea muy lisa, siempre experimentamos alguna resistencia, y el modo con que obedece este cuerpo que habitualmente manejamos es muy distinto de aquél con que obedecen los otros. Este es el medio de que se vale el alma para distinguir y determinar cuál es su cuerpo.

Lección quinta. De la sensibilidad
En orden a la sensibilidad examinemos detenidamente el origen de nuestros conocimientos acerca de ella, para después seguir el partido que pareciere más racional. Verdaderamente para decidir sobre las cosas conviene buscar su origen, examinar sus fundamentos, y no admitir nada que no esté comprobado, aunque lo diga todo el mundo entero.

Figurémonos un rústico que nada sabe, y que experimenta un dolor en una mano; él dice mi mano tiene un dolor. Él cree naturalmente que el dolor está en su mano, y no en otra sustancia alguna. Advierte que otro hombre hace los mismos movimientos que él hizo cuando le dolió su mano, y dice: la mano de aquel hombre tiene un dolor. Hasta ahora él no cree que el dolor está en otra parte que en su mano y en la del otro hombre; él no se figura nada de su alma, ni la de aquel otro individuo en orden al dolor, y cuando más se figura que aquél estará triste, porque su mano tiene un dolor, así como él lo estaba cuando la suya lo tenía. El rústico distingue naturalmente el dolor, de la pena o tristeza que causa.

Después advierte que los cadáveres no dan signos de sensibilidad, que las piedras y otros objetos semejantes tampoco la manifiestan. De aquí infiere que si su mano siente, es porque está viva; como ha visto que a todo el que se muere le falta el alma, deduce que el alma da la vida, y hace que la mano sienta. Advirtamos que el rústico no dice que su alma es necesaria para que la mano sienta.

Entra ahora el filósofo a querer suplir lo que la naturaleza no le dijo al rústico. Él le dice: tu alma es la que siente, y a la mano no le duele cuando tú crees que tienes un dolor en ella. La sorpresa del rústico da a entender la oposición de esta doctrina a los dictámenes de la naturaleza. Sin embargo, continuemos oyendo al filósofo: él prosigue diciendo que todo dolor es la idea que forma el alma de una inmutación que destruye al cuerpo, y todo placer no es más que una idea de una inmutación favorable al tejido de nuestro cuerpo. Pero ¿con qué autoridad enseña esto? ¿Cómo lo comprueba? Siempre que se da dolor, se da idea, pero esto no prueba que el dolor sea idea. Ocurre al sentido íntimo, pero éste solo indica que se experimenta un dolor en el cuerpo, y que el alma sabe que el cuerpo está padeciendo; esto quiere decir que hay dolor, e idea del dolor. Despreocúpese cada uno; examine su interior sin acordarse de opiniones filosóficas, que en estos casos nada valen, y verá que no pasa otra cosa en él; traiga a la memoria sus primeros años, y se acordará que éste fue su modo de pensar constante, y que la primera vez que le dijeron que un dolor de estómago no lo sentía el estómago sino el alma, le cogió totalmente de nuevo.

La misma conciencia nos ha hecho distinguir siempre los pesares y alegrías del alma de los dolores y placeres del cuerpo. El alma puede estar llena de pena al mismo tiempo que el cuerpo tiene una sensación agradable, y por el contrario, puede el alma estar muy alegre y el cuerpo lleno de dolores. La vida humana ofrece estos ejemplares a cada paso, y no es preciso referirlos.

Adviértase asimismo que las sensaciones, según los filósofos, son las primeras operaciones del espíritu; toda pena es el resultado de una reflexión, o por lo menos de un juicio; luego las sensaciones no pueden ser pena del alma, sino que al contrario el alma se posee de este sentimiento después que existen las sensaciones. Es por tanto una implicancia decir que las sensaciones son los primeros actos, y los más simples del alma, y que al mismo tiempo consisten en el sentimiento o alegría del alma en orden a las inmutaciones del cuerpo.

Continuemos investigando el origen de esta opinión filosófica. Se advierte que el hombre adquiere todas sus ideas por los sentidos; de aquí debió deducirse que nuestras primeras ideas tienen por objeto las sensaciones, y que de ellas pasamos a conocer sus causas en la naturaleza, que son los cuerpos, pero se dedujo una consecuencia muy contraria, y que seguramente no es legítima. Se dijo: nuestras ideas se adquieren por los sentidos; luego son sensaciones. ¿Quién no ve que esta consecuencia es mala? ¿Acaso el medio por donde se ejerce una operación, y su objeto, se identifican con ella? Si esta consecuencia es buena, también lo será esta otra: los cuerpos se conocen por las sensaciones; luego las sensaciones son cuerpos.

A la verdad, si despreocupadamente examinados nuestro interior, conoceremos que así como el cuerpo es objeto de la sensación, así ésta lo es de nuestra idea; que adquirimos conocimientos por los sentidos, pero no que la sensación es conocimiento; antes al contrario, sufrimos una gran violencia para decir que los ojos no ven, o que los oídos no oyen, y no experimentamos violencia alguna en decir que los ojos ven, y que el alma sabe que ellos ven, y los dirige a donde quiere, para valerse de sus sensaciones y conocer los objetos.

Los filósofos prefieren sus ideas a la naturaleza, queriendo que ésta se arregle a aquéllas. En consecuencia tratan de preocupación los juicios más sencillos y naturales, al paso que ellos están verdaderamente preocupados en favor de las ideas a que los condujo un análisis imperfecto y mal encadenado. Procuran con mil explicaciones hacer creer que el hombre confunde sus ideas con la parte a donde se refieren, y que dice que le duele una mano, porque está hecho a referir el dolor a la mano; ¡qué difícil, mejor diré, qué imposible es esta pretendida referencia! Ninguno hasta ahora la ha explicado; y ¿por qué se admite? ¿Qué fundamento tiene? Yo supongo por un momento que los filósofos explican todos los efectos en este sistema arbitrario, ¿y de aquí se infiere que la naturaleza es como ellos la fingen? ¡Qué! ¿Se inventan sistemas al capricho, porque ellos mal o bien satisfacen a las preguntas? Me parece un absurdo decir que una sustancia espiritual, como es el alma, tiene una afección, y no la siente en sí misma sino en otro. Yo no sé qué significa sentir en otro, porque el sentimiento o ha de estar en la sustancia que siente, o no es sentimiento. Que una mano siente es innegable; se dice ahora que el alma siente en la mano. Esto es lo que yo no entiendo; confieso mi ignorancia. Se me explica diciendo que el alma refiere el dolor a la mano. En primer lugar mi sentido íntimo me demuestra que yo no refiero el dolor a la mano, sino que le tengo en ella, o mejor dicho que ella le tiene; en segundo lugar, porque una cosa se refiere a otra, no se confunde con ella, y yo no sé qué es sentir en una mano por referir el dolor a ella, pues aunque me digan que la causa del dolor está en la mano, esto nada importa, porque si a uno le cortaran en una mano, y viera claramente el instrumento con que lo hacían, este instrumento sería la causa, y no por eso sentiría el alma en él, por más que quisiera referirle el dolor. Pero el cuchillo es cuerpo extraño, y la mano, propia. ¿Qué quiere decir todo esto? Más o menos empeño del alma en conservarlo, y más o menos amor. ¿Pero este empeño da una razón clara y convincente de que el alma puede sentir en la mano, que es decir de hacer posible lo imposible? Si decimos que el alma solo percibe en el cerebro, entonces la dificultad se aumenta, pero de esto trataremos más adelante. El alma refiere todos sus pensamientos a los objetos, y no cree que el pensamiento está en ellos. Aun cuando piensa sobre su mismo cuerpo, y refiere sus ideas a las diversas partes de su interior, nunca puede figurarse que el pensamiento está en el cuerpo por más violencia que se haga. ¿Por qué, pues, si el dolor es una idea, ha de sentirse, y creerse que existe en el cuerpo, y esto sin violencia del alma; y antes al contrario, cuesta mucha dificultad, por no decir es imposible, creer que el dolor no está en el cuerpo? Hagamos como un resumen de nuestras observaciones acerca del rústico y del filósofo; del hombre guiado por la naturaleza y del esclavo de la opinión. El rústico dice que el dolor está en su mano. Esto es cierto. Él añade que una mano muerta no siente, y que es semejante a una piedra. En esto no se engaña. Prosigue diciendo que el alma es quien da vida al cuerpo, y la sensación a su mano. En esto se equivoca. Su error tiene una causa muy natural y muy conocida; él ha visto siempre acompañar la vida con el alma, y que jamás faltando ésta permanece aquélla. Su pensamiento no está ejercitado en las meditaciones, y él no percibe que dos cosas pueden estar siempre reunidas, y no existir jamás separadas, sin que una sea causa de la otra. Nunca se le ha ofrecido ocasión de dudar, pues los mismos filósofos no han discurrido mejor que él sobre este asunto. Sin embargo, es claro que el raciocinio del rústico no está arreglado, pues infiere que el alma es causa de la vida, solo porque cuando falta el alma el cuerpo no vive. Pero advirtamos que aunque este discurso es defectuoso, el rústico continúa pensando con exactitud; él dice que su mano después de estar viva es la que siente, y no le atribuye la sensación a la causa de la vida, sin embargo, de que erróneamente cree que es el alma.

El rústico, por tanto, es nuestro maestro, o mejor dicho la naturaleza que habla por él. Debemos confesar que para sentir es preciso vivir; pero que luego que el cuerpo está vivo, él mismo siente. Habiéndose demostrado que la vida no es producida por el alma, inferiremos con mucha más razón que el cuerpo es el que siente.

El filósofo me dice que la sensibilidad es del alma; él se funda en que el dolor va siempre acompañado de una idea, y lo mismo todas las inmutaciones del cuerpo; pero esto no satisface, pues su discurso es tan defectuoso como el del rústico en decir que la vida se produce por el alma. El filósofo pone por testigo a mi conciencia; yo la he consultado, y ella solo me dice que mi cuerpo tiene un dolor y mi alma sabe que lo tiene, nada más enseña; pregunto a mis semejantes y con especialidad a aquéllos en quienes la naturaleza se demuestra más sencilla, y nada saben más que yo en este punto. El filósofo me prueba que todas mis ideas me vienen por los sentidos; él infiere de aquí que ellas son sensaciones. Su discurso es inexacto, y lo he manifestado. Luego el filósofo se funda en dos raciocinios mal hechos, y pone un testigo que nada dice a su favor, antes bien, testifica en contra; luego no debe ser atendido. Él me llamará preocupado, y esforzará sus vanas teorías para demostrarlo; yo lo seré en tal caso con las lecciones de la naturaleza.

Si las sensaciones no son sino el conocimiento que tiene el alma de las inmutaciones del cuerpo ¿cuál es la causa porque cuando se destruye un cuerpo extraño no sentimos el dolor, aunque percibamos muy bien su destrucción, y lo apreciemos en sumo grado? ¿Quién siente el dolor que causa una herida en un amigo, o en su mismo padre? La pena del alma es casi infinita, el dolor es ninguno. Esto prueba que hay una gran diferencia entre una cosa y otra. Se dirá que proviene de que el uno es nuestro propio cuerpo, y el otro, extraño. Examinemos la respuesta. Respecto del alma, que es una sustancia espiritual, todos los cuerpos son extraños, y aquél con el cual está unida solo se distingue de los otros con el mayor interés que tiene en conservarlo. De aquí se infiere que las alteraciones de este cuerpo deben causarle tristeza, pero dolor, y hay veces que más se siente y más quisiera el alma evitar un grave daño en otro, que un ligero golpe en su cuerpo; y sin embargo, en este caso se siente un dolor, y no en el primero.

Si se dice que el dolor es solo conocimiento y no pena, debería darse siempre que existe dicho conocimiento; pero en un miembro corrompido puede estar uno observando que se le cortan, y tener un perfecto conocimiento de la alteración notable del cuerpo, y esto con toda atención, y reflexión; mas con todo no se percibe el más ligero dolor. Parece, pues, que el cuerpo es el que ha perdido su sensibilidad, y que sepa el alma o no sepa que el cuerpo se ha inmudado, esto nada influye en las sensaciones.

Por otra parte, cuando sentimos un dolor, ¿quién conoce el trastorno que ha tenido el cuerpo? Antes al contrario, cuando un dolor tiene una causa interna nada sabemos absolutamente sobre las inmutaciones de las partes dañadas, y aun éstas son desconocidas. Luego esta idea de la inmutación del cuerpo, o es nula, o es sumamente incompleta. Sin embargo, el dolor es muy vivo, su idea es muy clara; luego parece que el dolor no consiste en el conocimiento que tiene el alma de las inmutaciones destructoras del cuerpo.

Muchas veces, persuadida el alma de que una inmutación es favorable y conservadora de su cuerpo, se da dolor en éste, como sucede en las operaciones quirúrgicas, al restituir a su posición natural un hueso dislocado. Luego se da dolor teniendo el alma una idea muy viva, y un interés decidido acerca de la conservación del cuerpo.

Adviértase asimismo que el alma debe tener igual empeño en la conservación de todas las partes del cuerpo, o a lo menos debe atenderlas según su dignidad. Pero está probado que los fluidos del cuerpo humano son insensibles aunque absolutamente necesarios para la vida; que entre los sólidos hay una gran diferencia de sensibilidad; y que los huesos, aunque son partes principalísimas de nuestro cuerpo, son insensibles.

Yo no sé como se pueden explicar estas cosas si se dice que el alma vivifica todas las partes del cuerpo, y que el dolor consiste en la idea que forma de su destrucción. Se dirá que éste es un misterio de la naturaleza; pero en ciencias naturales no deben admitirse otros misterios que los que comprueban la razón. Si Dios dijera que mi alma es la que siente y no mi cuerpo, yo creería, porque él formó ambas sustancias, él las conserva, y sabe sus relaciones más íntimas; pero aunque me prediquen todos los filósofos del mundo, yo diré que una mano me duele, y que allí está el dolor, y no en mi alma que forma idea de él. Cuando nadie me hablaba sobre esta materia, yo pensé así teniendo por compañeros a todos aquéllos en quienes la naturaleza no se había alterado por la opinión; empecé a leer los filósofos, y ellos por mucho tiempo me han hecho creer que veía lo que no veía. Nuevas reflexiones me han persuadido de que solo aprendí a engañarme. Si ahora es cuando me extravío, si las lecciones constantes de la naturaleza me precipitan en el error, los sabios dispensarán que yo usé de la libertad filosófica, expresando mis ideas sin pretender que nadie siga mi partido; y mis lectores podrán tomar el rumbo que mejor les agrade, pues les sobrarán maestros que les enseñen lo contrario. Ellos han estudiado el método de la rectificación del espíritu humano, y están en disposición de analizar con exactitud las razones que yo alego, y las que se encuentran en los autores.

Sin embargo de que es opinión general que las sensaciones en el hombre son ideas, no lo era entre los antiguos que no se dan sensaciones sin ideas;

prueba evidente de que no son idénticas. Decían los antiguos, y entre ellos Santo Tomás, que en el feto había primero un alma vegetativa, después una sensitiva, y últimamente una racional, que expelía a las otras, y quedaba ejerciendo todas las funciones. Es claro, pues, que admitían sensibilidad sin racionalidad, y por consiguiente distinguían las sensaciones de las ideas, siendo aquéllas materiales, pues lo es el alma sensitiva, y éstas espirituales como actos de lo racional. Mas ¿cómo puede una cualidad material pasar a ser, o convertirse en espiritual? ¿Cómo pueden los actos de un alma material ser después de la espiritual? Esto no reflexionaron los filósofos antiguos. Yo estoy bien lejos de admitir semejante sucesión de almas, y solo he recordado esta doctrina para que se advierta que la diferencia esencial entre las ideas y las sensaciones ha sido reconocida hace mucho tiempo, aunque no se hayan sacado las consecuencias que legítimamente se deducen de ella.

Pero acaso se preguntará: ¿qué es sensación? Yo daré la respuesta que oportunamente dio un discípulo mío en un examen público: sensación es sensación. ¿Parece ridícula la respuesta? Yo haré ver que es la que conviene a la pregunta. Cuando explicamos una cosa es presentando otras semejantes y conocidas, o manifestando las partes que incluye; mas si en la naturaleza existiese un ser que no tuviese igual ni semejante, y que fuese único en su especie, aunque lo conociésemos perfectamente no podríamos explicarlo, ni dar una respuesta que en realidad no es más que una explicación. Ya he dicho varias veces que si tuviésemos un nuevo sentido no podríamos explicar las ideas que adquiriésemos por él a los que no le tuvieran, como no podemos explicar a un ciego los colores. La sensación es única en la naturaleza, solo es propiedad de los seres sensibles, no tiene con quien compararse; siendo en sí una sola afección, y no una sustancia, no podemos dividirla para presentar, por decirlo así, un pedazo de sensación como presentamos un pedazo de madera; podremos sí (como sucede en las demás afecciones de color, etc.), presentar diversas partes sensitivas. Pero nadie inferirá de aquí que no se conocen las sensaciones.

Si analizamos la respuesta que suele darse en la opinión común a la pregunta anterior, veremos que equivalen a la que hemos dado, quiero decir a la nulidad de respuesta, porque verdaderamente al que pregunta qué es sensación, no se puede responder más sino «eso que usted experimenta cuando un cuerpo extraño toca en el suyo». Suele responderse: sensación es la idea que forma el alma de la inmutación del cuerpo; mas éste es un juego de palabras. ¿Qué es la idea? Aquí no hay respuesta; es cierto que hemos dicho que la idea es una imagen del objeto, mas esto no explica su verdadera naturaleza, que es enteramente distinta de la del objeto representado, y solo sirve dicha definición para guiarnos en el orden ideológico, o sea en las relaciones de nuestras ideas con los seres exteriores. La naturaleza de una idea no admite explicación; es una cosa enteramente distinta de las demás que expresan nuestras palabras, y en este sentido podríamos decir idea es idea; ninguna otra respuesta adelantará más. Si, pues, la sensación es una idea, no hemos hecho más que dar un nuevo nombre a un objeto que no hemos explicado.

El deseo de explicarlo todo, o mejor dicho, el creer que no se sabe sino lo que se explica, es la causa de éste y otros errores. Cuando las cosas internas y únicas están bien manifestadas con solo decir que se observan. El exigir explicaciones es desconocer las verdadera naturaleza de las cosas; el que pregunta, siente, pues, sabe lo que es sensación, observa eso que siente, y basta.

Lección sexta. De las relaciones del alma con el cuerpo
Sea que el alma sienta, como dicen los filósofos, o que la sensación esté en el cuerpo, necesitamos explicar cómo puede el alma tener estas ideas de las inmutaciones del cuerpo, y ejercer su imperio sobre unas partes que no conoce. Esta duda hizo pensar a los cartesianos que el alma no mueve al cuerpo, sino que Dios produce todas las operaciones conformándolas con la voluntad de nuestro espíritu. Verdaderamente es difícil de comprender cómo el alma ordena que se muevan tales o cuales miembros por unos medios los más ocultos, sin tener idea de ello, pues vemos que lo ignoran los anatómicos más versados.

En esta materia conviene hacer algunas observaciones sobre nosotros mismos para que ellas nos ilustren. Todos sienten las partes interiores de su cuerpo aunque no pueden formar idea de su situación. Y así un rústico no sabe cómo es su estómago ni qué número de tripas tiene, pero sí siente estas partes. Reflexionemos que las palabras figura, tamaño, situación, número, y otras semejantes, solo expresan diversos modos con que los objetos exteriores inmutan nuestros sentidos; y ésta es la causa porque aunque se sienten las partes internas, esta sensación es muy distinta de la que producen los objetos exteriores. Y como nuestra ciencia se versa toda acerca de dichos objetos, y creemos que ignoramos aquellas cosas que no podemos ver y tocar, de aquí deducimos que el alma no forma ideas de las partes interiores de nuestro cuerpo; pero verdaderamente ella forma dichas ideas, la cual siendo de un orden muy distinto, la creemos inexacta porque no se parece a la que adquirimos de los objetos exteriores. Yo distingo, pues, dos especies de sensibilidad, llamando a la primera natural, porque es producida por los mismos miembros del cuerpo en su acción y choque interno; a la segunda llamaremos excitada, porque la producen o excitan los objetos exteriores chocando con la superficie de nuestro cuerpo. Admitida esta división que la naturaleza misma nos indica, podemos conocer que todo nuestro error consiste en confundir una sensibilidad con otra y en querer que las partes internas se conozcan del mismo modo y por el mismo orden que se conocerían si fueran externas. No puede dirigirse una máquina cuando no se conocen sus partes, a lo menos aquéllas que es indispensable mover para que las otras se muevan. Esto es cierto, porque el conocimiento de la máquina pertenece a la sensibilidad excitada, y cuando ésta falta no podemos tener otra clase de motivos para formar idea sobre dicha máquina. Pero en el cuerpo humano aunque falte la sensibilidad excitada, queda la natural, y ésta basta para dar motivo a nuestras ideas, que las creemos nulas por el empeño de cotejarlas con las que nos vienen por medio de la sensibilidad excitada.

    Se sabe por experiencia que los objetos se pintan al revés en el fondo del ojo y que un árbol, por ejemplo, está con el tronco hacia arriba y las ramas hacia abajo. Entre los filósofos se ha disputado en qué consiste que los veamos al derecho, y cada uno ha dicho lo que mejor le ha parecido. Pero es preciso confesar que el punto aún no está bien explicado. Condillac y Buffon pretenden que los objetos se ven efectivamente al revés, y que el tacto es quien enseña a corregir sus situaciones. Otros han dicho que el alma se dirige por las mismas líneas en que recibe la impresión, y como aquéllas se cruzan antes de llegar al fondo del ojo, dirigiéndose por estas mismas líneas, debe representarse el objeto al derecho. Todos estos sistemas que la brevedad de este tratado no me permite explanar, son insuficientes, y hasta ahora no han podido satisfacer ni a sus mismos partidarios.

    Yo creo que podría responderse que el alma no ve los objetos al revés, porque los ojos unidos al cuerpo están bajo el imperio de la sensibilidad natural, y aunque en el fondo del ojo separado del cuerpo se vean los objetos al revés, no se debe inferir que cuando está unida al cuerpo el alma los ve también inversos.

Observemos atentamente cuál es el origen de estas ideas abajo, arriba. Suele decirse que el hombre cree que está abajo todo lo que confronta con sus pies, y arriba lo que corresponde a su cabeza. De este modo, dicen muchos ideólogos, sabemos que el piso y todos los objetos que están en él, como los cimientos de los edificios y las piedras de una calle, nos quedan debajo, porque sus imágenes se pintan en el fondo del ojo unidas y conformes a nuestros pies. Pero puede preguntarse ¿cómo sabe el alma que los pies quedan abajo, y la cabeza arriba? ¿Por qué no le llama abajo lo que está junto a la cabeza? Yo creo que en la sensibilidad natural puede encontrarse la razón de esto. El hombre siente que sus partes interiores descansan una sobre otra y tienen cierto peso. Este modo de descansar se efectúa oprimiendo las partes que están cerca de la cabeza, a las que están cerca de los pies; y mientras más se aproxime una parte a la cabeza, tanto menos peso experimenta sobre sí. De estas sensaciones infiere el hombre que su cabeza ocupa la parte superior, y sus pies la inferior; o a lo menos tiene un término de comparación para dar el nombre de bajas a las cosas que corresponden a sus pies, que son las partes oprimidas, y dar el nombre de altas a las que corresponden a su cabeza, que es la última parte de las oprimentes. Sintiendo el hombre que todos sus miembros se dirigen y descansan sobre los pies, infiere que en los objetos exteriores descansan todas las partes sobre aquéllas que corresponden a dichos pies, y esto le sirve de fundamento para las denominaciones abajo, arriba.

Por tanto yo creo que en la sensibilidad natural estriba toda la idea que tenemos de superior e inferior; y que no hubiera bastado observar la representación de ciertos objetos, reunida con la de nuestros pies, para decir que estaban hacia abajo, si al mismo tiempo la sensibilidad natural no nos indicara que los pies son las partes oprimidas, y que ninguna de las partes internas se acerca a la cabeza, si no hacemos un esfuerzo que es muy violento, pero todas ellas se dirigen naturalmente a los pies, y conocemos que si no estuvieran sostenidas irían a reunirse con ellos. Las palabras arriba y abajo son arbitrarias, como todas las del lenguaje, y por tanto solo he querido dar a entender que el alma forma ideas de partes que sirven de base, y otras que son sostenidas.

Supongamos que uno estuviera privado de la sensibilidad interior o natural, en este caso ¿por qué no había de decir que estaba arriba lo que se acercaba a sus pies? ¿qué derecho tendría la cabeza para que por ella se graduase la superioridad? ¿No podría creerse que caminaba con los pies hacia arriba, como suele moverse una figura por algún artificio, o como se representa su imagen en ciertos cristales? Contrayéndonos nuevamente al fenómeno de representarse los objetos al revés en los ojos y verse al derecho, respondo que el hombre cree recto lo que es semejante a él, y por la sensibilidad natural conoce que sus pies son partes pasivas, o que sufren el peso, y que su cabeza sostenida, o llamémosla activa, porque oprime a las otras. De aquí resulta que lo que se pinta en el ojo junto a la imagen de los pies, se dice abajo, y lo que está junto a la imagen de la cabeza le llamamos arriba. Como nuestras ideas sobre esta materia son tan frecuentes y rectificadas, no acertamos a separarlas unas de otras para buscar su origen; mas yo creo, como he dicho, que se encuentra en la sensibilidad natural.

Otra cuestión se nos ofrece en la cual no puedo convenir con lo que enseñan casi todos los filósofos. Esta consiste en determinar cuál es el sensorio común, o la parte a donde se refieren todas las sensaciones, para que el alma las conozca. Se le ha dado esta prerrogativa al cerebro, creyéndose que el hombre no siente si no se comunican hasta esta parte las impresiones recibidas en los sentidos. Voy a presentar los fundamentos de esta opinión, y haré ver que son débiles.

Primero, ligándose un miembro, falta la sensación en la parte inferior; de aquí han deducido que esto sucede porque falta la comunicación al cerebro. La consecuencia es mala, pues sin atender a muchas causas efectivas que pueden producir y producen ese efecto, se atribuye a una causa imaginaria. Se disminuye la sensación, y aun suele extinguirse, porque es mucho mayor la que causa la ligadura; porque la sangre y demás humores retenidos en la parte inferior obstruyen el movimiento de las fibras y su sensibilidad; luego este efecto tiene unas causas conocidas existentes, y no es preciso atribuirlo a la falta de una comunicación que no está probada. En este caso tiene lugar la regla del sabio Newton que dice: no se han de admitir más causas que las que verdaderamente existan y basten para explicar los fenómenos. Adviértase asimismo que si ligado fuertemente un brazo, se toca en el paraje inmediato a la ligadura, pero del lado que tiene comunicación con el cerebro, nada se siente; y esto prueba que la mayor sensación es la que ha disminuido la menor, y no la pretendida falta de comunicación al cerebro.

La segunda razón que alegan es que todos los nervios dependen del cerebro, y de aquí han inferido que la naturaleza les dio esa dependencia para la comunicación de las sensaciones. Los anatómicos no están muy acordes en confesar que todos los nervios dependen del cerebro; mas supongamos que así sea, con todo esto no se infiere la propagación, pues parece más natural decir que los nervios van al cerebro para sustentarse como las raíces de un árbol en la tierra, siendo ésta una doctrina innegable y confesada por todos los anatómicos; luego si saben con qué objeto van los nervios al cerebro ¿por qué infieren que la naturaleza los dirigió a este lugar para las sensaciones? Yo supongo que todos los nervios estuvieran muy bien dispuestos para trasmitir dichas sensaciones, sin embargo, me parece que discurrimos muy mal diciendo: una cosa está dispuesta en términos de poder producir en efecto; luego le produce.

Otra de las razones en que se funda la opinión común es que obstruyendo el cerebro, se destruyen las sensaciones. Pero a esto puede responderse que basta que el cerebro sea el origen de los nervios, y esté en la cabeza, que contiene todos los sentidos, para que trastornando dicho cerebro se alteren las sensaciones, supuesto que los nervios de cada uno de los sentidos reciben una gran parte de esta opresión, y de estos humores viciados que obstruyen el cerebro y sustentan mal los nervios. Un fuerte golpe altera la situación que exigen los nervios para la uniformidad de la vida animal y la correspondencia entre sus órganos, según las observaciones de Bichat. Por otra parte las fibras de la cabeza son muy delicadas y muy sensibles; maltratando este miembro principal del cuerpo humano, sus sensaciones son más notables, y de aquí procede el efecto con que quiere probarse la propagación hasta el cerebro. Cuando un ojo se afecta fuertemente, no se advierten las impresiones de otras partes, y ninguno inferirá que se da propagaciones a los ojos.

Muchas veces se ha perdido el juicio por un golpe recibido en un lado de la cabeza, y hay quien diga que se ha restablecido dándole otro en la parte contraria; luego en el cerebro se forman las ideas, y es preciso admitir propagación hasta él. Así han discurrido, ¿pero no sería más natural inferir: luego el orden de las fibras, y de la correspondencia de la vida animal se alteró por el primer golpe, y se restableció e igualó por el segundo? Basta que los sentidos discorden en el orden de presentar sus imágenes, para que éstas sean causa de los extravíos de la imaginación y de la locura; pero rectificadas aquellas imágenes, cesa dicha causa y también el efecto. Yo no encuentro que esta observación, aunque se suponga exactísima, pueda probar la existencia de semejantes propagaciones al cerebro.

Pero examinemos si estas propagaciones son posibles y pueden explicar los efectos. Deben hacerse o por sacudimientos de los nervios, o por algún fluido que corre hasta el cerebro: en el primer caso tenemos el obstáculo de que los nervios se hallan todos implicados dando mil vueltas por el cuerpo humano, y sin la tirantez necesaria para que el ligero contacto de una pluma causara una propagación tan rápida desde los pies hasta el cerebro; y si consiste en un fluido, ¿por qué se mueve con tanta rapidez sin variar de direcciones en términos de causar diversa conmoción y diversas ideas? ¿Cómo sabe el alma dónde empieza el sacudimiento de una fibra, o de dónde viene este fluido sutil que algunos llaman espíritus animales? Verdaderamente, mezclándose todos los nervios, y entretejiéndose, es un imposible saber en qué paraje empezó la vibración, o el movimiento de un fluido sea el que fuere. La fuerza de la impresión no puede explicar esto, porque si al extremo de una cuerda se da un golpe fuerte, el sacudimiento en el otro extremo será lo mismo que si en el centro de la cuerda se hubiera dado un golpe algo más flojo, y así por mera vibración me parece que no podía determinar el alma cuál es el origen de las sensaciones. Lo mismo puede decirse en orden al fluido sutil que algunos han fingido.

Si hacemos una traducción ideológica de los términos con que se expresa la doctrina comúnmente recibida, conoceremos su incoherencia. Las sensaciones se propagan, según dicen, desde los extremos del cuerpo hasta el cerebro; esto equivale a decir que las sensaciones van existiendo sucesivamente en todos los puntos desde los extremos del cuerpo hasta el cerebro; luego cuando llegan a éste ya estaban producidas, luego no se necesita semejante propagación para sentir. Mas ¿por qué no sentimos en todos los puntos de la carrera estas sensaciones? ¿Por qué no se perciben a lo menos, luego que han recibido la pretendida virtud sensitiva del cerebro y vuelven a correr hasta el punto de donde salieron? Pero ¿qué estamos diciendo? ¡Propagar sensaciones! ¿Son éstas algún fluido que corre de una parte a otra? No son sino unas afecciones de la parte que siente, y muy distintas de toda inmutación o alteración mecánica o trastorno de partes. No pueden pasar de un punto a otro, pues el segundo ya no tendría la sensación del primero. Pero se propagan, me dirán, las imágenes de estas sensaciones.

¡Imágenes de sensaciones! ¿Quién las pinta? Aun las imágenes de los objetos de las sensaciones, ¿cómo corren pintándose hasta el cerebro? Supongamos que en la retina se pinta la imagen de un palacio, ¿cómo pasa esta imagen pintándose en todos los puntos de los nervios hasta el cerebro, para que allí vea el alma, o sepa que existe dicho palacio? Si nos contraemos a la alteración que sufren los extremos de los nervios cuando se produce en ellos una sensación, advertiremos la misma posibilidad de que se propague hasta el cerebro, pues sería preciso que todas las partes en el tránsito sufriesen la misma alteración. Por consiguiente, si el extremo de un nervio se destruye por una herida o por una quemadura, sería preciso que la misma destrucción se comunicase por todo el nervio, y por todos los unidos a él hasta llegar al cerebro, y pronto moriría el paciente de una ligera cortada. Si no se propaga la misma alteración, tampoco podrá formarse idea de ella cuando llegue al cerebro.

Observemos que casi nunca nos duele la cabeza cuando tenemos un fuerte dolor de estómago por mucho tiempo u otro dolor agudo en los extremos del cuerpo. Si se dieran programaciones, debería producirse una agitación continua en el cerebro, y el resultado sería un dolor fuerte. Por el contrario, nos ponemos a pensar sobre un asunto, el más agradable, como lo es una investigación filosófica, y tenemos que suspender la acción porque nos atormenta la cabeza. Esto prueba que nuestros esfuerzos para conmover los nervios de los sentidos de la vista y el oído, como los conmoverían los objetos externos, llegan a fatigarlos; y todas sus ramificaciones que están en la cabeza, se resienten y nos causan el dolor que experimentamos. El alma ejerce en este caso una acción terrible sobre el cuerpo, supliendo por ella lo que los objetos externos hubieran hecho fácilmente. De aquí resulta que comúnmente se dice que pensamos con la cabeza, porque en ella están los nervios que conmovemos cuando queremos suplir lo que no vemos claramente en la naturaleza. Para convencernos más de esto, consideremos que la vista de innumerables objetos en un paraje público de recreo, no nos causa la menor incomodidad en la cabeza, antes nos deleita; y si todos hubiesen agitado el cerebro, claro está que no nos escaparíamos del dolor, y esto también prueba que no se dan tales propagaciones. Creo que en esta materia solo se han repetido términos sin analizarlos, y que no tiene otro fundamento la opinión común.

Pero concedamos por un momento que existen estas propagaciones; y vamos a examinar si el cerebro puede considerarse como sensorio común.

¿Qué son las impresiones en este órgano? Unas inmutaciones de su sensibilidad. ¿Por qué no se refieren entonces los dolores y los placeres a esta parte, y se sienten en los demás miembros? ¿Es posible que aquél órgano en que se mira el alma, según dicen los filósofos, no se afecta con la idea de dicha alma, y viene a sentirse el dolor en una parte muy remota? ¿Qué hay en el cerebro que indique esta prerrogativa de ser el receptáculo de las sensaciones? Él es una sustancia medular, y se sabe que éstas son las más insensibles de nuestro cuerpo. Los extremos de los nervios que llegan al cerebro son sumamente débiles, y la sensibilidad está siempre en razón directa del vigor de los nervios. Se ha cortado una gran parte del cerebro sin que falte la sensación en ningún miembro del cuerpo.

Mas yo quiero transcribir lo que dice el célebre Buffon, único autor que he encontrado que niegue al cerebro la prerrogativa de sensorio común. En el compendio de su historia natural hecho por Castel se lee lo siguiente: «El cerebelo así como la médula oblongada (extremidad del cerebelo) y la médula espinal (glándula del espinazo) que no son más que una prolongación de él, es una especie de mucílago apenas organizado.[26] Solamente se distinguen en él las extremidades de las pequeñas arterias que en gran número van a parar allí, las cuales no le llevan sangre, sino una linfa blanca nutritiva; estas mismas pequeñas arterias aparecen en toda su longitud en forma de filamentos muy sutiles cuando se desunen las partes del cerebelo por medio de la maceración. Al contrario, los nervios no penetran en la sustancia del cerebelo, y no llegan sino a su superficie; antes de llegar pierden su solidez y su elasticidad; y las puntas de los nervios, esto es, las extremidades más cercanas al cerebro, son blandas y casi mucilaginosas». ¡Qué disposición tan buena para la sensibilidad, y lo que es más para comunicar sensaciones! Una gran masa medular rodeada de unos filamentos mucilaginosos, es ciertamente un buen sensorio común. «Por esta exposición (continúa el autor) en la cual no entra nada de hipotético, se ve

---

26 Los anatómicos modernos han probado alguna mayor organización en el cerebro, mas no lo que baste para destruir el argumento de Buffon.

que el cerebro que es nutrido por las arterias linfáticas, provee de nutrimento a los nervios, y que se debe considerar como una especie de vegetación que sale del cerebro en troncos y ramas, las cuales se subdividen después en una infinidad de ramificaciones. Este sistema nervioso forma un todo, cuyas partes tienen un enlace tan estrecho, una correspondencia tan íntima, que no se puede herir una sin conmover violentamente las otras. El cerebro no debe ser considerado como parte del mismo género, ni como porción orgánica del sistema nervioso, puesto que no tiene las mismas propiedades ni la misma sustancia, no siendo sólido, ni elástico, ni sensible.

Confieso que cuando se comprime el cerebro, se hace cesar la acción del sentimiento, pero esto mismo prueba que es un cuerpo extraño de este sistema, que obrando entonces por su peso sobre las extremidades de los nervios, los comprime y entorpece; del mismo modo que un peso aplicado sobre el brazo, la pierna o alguna otra parte del cuerpo entorpece los nervios de ella y amortigua el sentimiento. Es tan cierto que esta sensación de sentimiento por la comprensión no es más que una suspensión, un entorpecimiento, que al punto que el cerebro deja de ser comprimido, renace el sentimiento, y el movimiento se restablece. Confieso también que, destrozando la sustancia medular e hiriendo el cerebro, se sigue la convulsión, la privación del sentido y aun la muerte; pero esto es porque entonces los nervios quedan enteramente desordenados, quedan por decirlo así, desarraigados y heridos todos juntos y en su origen». (Tomo IV, pág. 206 y siguientes).

Los partidarios del sistema común creen hallar en él un modo fácil de explicar los efectos admirables de la memoria. Sostienen que se forman en el cerebro unas imágenes de los objetos, y que después se van excitando por la acción de los espíritus animales, lo cual produce la memoria. Yo les preguntaría solamente ¿cómo se ha probado que hay tales imágenes? ¿Cómo se forman? ¿Cómo están en el cerebro sin confundirse? ¿Y por qué no caen las unas sobre las otras? ¿De qué modo la pequeña sustancia del cerebro recibe tantas imágenes cuantas son las ideas que ha tenido un sabio a los ochenta años de su edad, después de haber visto innumerables cosas y de haber estudiado diversas ciencias? Si la sustancia del cerebro es tan blanda que puede recibir fácilmente las más ligeras impresiones de los sentidos, con igual facilidad podrá perderlas, y apenas podríamos acordarnos de lo que pasó un minuto antes; y si dicha sustancia es tan sólida que puede conservar las impresiones por años enteros, entonces los ligeros movimientos de los sentidos comunicados por unos nervios que llegan al cerebro sin solidez alguna, es imposible que causen dicha impresión.

Contrayéndonos al modo con que expliquen la memoria, debemos reflexionar que cuando se excita un vestigio todavía no tenemos memoria que envuelva la idea de haber conocido antes el objeto, en términos que dicha idea es propia del alma, y no se representa en el cerebro. Inmediatamente que nos acordamos de un amigo, se nos representa la idea de la ciudad en que lo conocimos, su casa, sus criados, etc. Pregunto ahora: ¿en la renovación de estas ideas conexas, el alma dirige, a los espíritus animales o a las fibras del cerebro, o estas cosas se dirigen por sí mismas? En el primer caso ya el alma tiene las ideas y la memoria, puesto que dirige, y por tanto dicha renovación llega tarde; en el segundo caso, será preciso decir que unas cosas materiales tienen conocimiento para dirigirse o que Dios las dirige de un modo admirable. La primera respuesta es abiertamente absurda. La segunda no es filosófica, pues se opone a la razón admitir operaciones divinas al capricho, solo para explicar el modo con que se produce un efecto, cuya existencia no está demostrada.

Suele decirse que los espíritus animales corren como por unos canalillos que tienen cierta comunicación y que por esto excitan las ideas conexas, diciéndose lo mismo en el sistema del sacudimiento de las fibras. ¿Con qué se prueban estas cosas tan ridículas como incomprensibles? ¿Por qué muchas veces se excita una idea remota sin acordarnos de las próximas, por cuyos canales hubieran corrido inmediatamente los espíritus, o cuyas fibras se hubieran agitado en el momento? ¿Por qué no se excitan todas las ideas por cuyos vestigios van pasando los espíritus animales, o el sacudimiento de tal o cual fibra? Concedamos por un instante que los espíritus animales y los sacudimientos de las fibras se conducen por donde quieren llevarlos nuestros filósofos. Podía preguntarse de qué modo se hace la renovación de las imágenes, pues no teniendo ya estas fibras ni estos espíritus las mismas modificaciones que recibieron de los sentidos, producirían una nueva imagen distinta de la primera, o moviéndose tumultuariamente borrarían todos los vestigios. Además, dichos vestigios o están siempre manifiestos, y el alma siempre los ve, o están ocultos cubriéndolos algún humor u otra sustancia y entonces es preciso que tengan los espíritus animales o los sacudimientos de las fibras, una fuerza suficiente para purificarlos y hacerlos patentes, en cuyo caso también la tendrían para causarle un trastorno, supuesto que son tan delicados. Si no tienen dicha fuerza, la renovación no puede hacerse.

¡Cuántas dificultades presenta un sistema que vulgarmente se cree tan claro y bien fundado! Concluyo, pues, que los filósofos hablan de propagaciones al cerebro, de impresiones en este órgano de vestigios, de espíritus animales, de alteraciones de fibras, y de otras cosas semejantes, sin tener la más ligera idea de ellas, ni haber comprobado su existencia con experimentos, ni observación alguna que merezca el más ligero aprecio. Unas densas tinieblas producidas por la antigua metafísica envuelven, aún en nuestros días, esta parte de los conocimientos humanos. Si yo tengo la desgracia de ignorar, por lo menos es cierto que los filósofos no pueden gloriarse de haber acertado en este punto y yo me creeré afortunado evitando por una feliz ignorancia un error perjudicial.

El alma se acuerda del mismo modo que forma sus ideas; y así como no necesito vestigios para éstas, tampoco son necesarios para aquella operación. Confiesen todos que separada del cuerpo percibirá sin vestigios del pretendido sensorio común; y creo que aun unida a este cuerpo, ella no está condenada a percibir solamente las impresiones del cerebro. Yo he hecho ver que no hay una razón que lo compruebe, y mi alma conoce la sensación de un pie en el pie, y de la cabeza en la cabeza. De este mismo modo por las relaciones de sus ideas y de su plan intelectual reúne el conocimiento de un objeto, presenta la sucesión de ideas que forma el tiempo pasado, y esto es acordarse.

Cada sustancia conserva de un modo análogo a su naturaleza la materia por impresiones; el espíritu, por relaciones intelectuales. La memoria, por tanto, pertenece solamente al alma, y de ningún modo al cerebro, ni a ninguna otra parte del cuerpo, en términos que sea preciso ir renovando impresiones para acordarse.

Establecido ya que el cerebro no es el sensorio común, se esperará tal vez que demos esta prerrogativa a otra parte del cuerpo. Yo estoy muy distante de contraer la sensibilidad a un solo paraje; me persuado que todos los nervios y membranas sienten en cualquier parte que se les toque, sin necesidad de propagación hasta un punto determinado, por lo que hace a otras partes del cuerpo, yo no me atreveré a decidir si verdaderamente son insensibles; pero a la verdad los huesos no dan señales perceptibles de sensibilidad, y si tienen alguna, es muy débil en comparación a la de los nervios y membranas.

Buffon distingue las sensaciones del sentimiento, diciendo que éste es una sensación agradable o desagradable. Verdaderamente toda sensación produce agrado o desagrado; pero se aplica este nombre cuando se hacen muy notables. En este sentido admito la distinción que establece dicho filósofo, y aseguro, siguiendo su doctrina, que la gran tela oblicua, el diafragma, es el centro del sentimiento. Para manifestar mis ideas con claridad, debo advertir que no aseguro que todas las sensaciones notablemente agradables o desagradables se propaguen al diafragma, y se experimenten en él; ni tampoco digo que al mismo tiempo que una mano siente un fuerte dolor, también lo siente la gran tela. Estas ideas son contrarias a mi opinión. Solamente afirmo que estando la sensibilidad en todo el sistema nervioso, y siendo dicha tela como el centro del hombre y del expresado sistema, puede llamarse centro del sentimiento. Asimismo debe considerarse que por la relación que tienen los nervios, cuando uno se maltrata, pervierte la armonía de todos los otros; y como dicha tela es el centro de este sistema nervioso, en ella y los nervios inmediatos se hacen las reacciones más fuertes para restablecer el orden de todo el sistema, o por lo menos en esta parte viene a ser más sensible el trastorno. Por tanto, cuando digo que el centro del sentimiento está en la gran tela, debe entenderse el centro del sistema sensible y de la reacción de los nervios. El citado filósofo nos hace observar que en todas las pasiones y en todo lo que produce placer y dolor se inmuta el pecho, ya contrayéndose, ya dilatándose, y que todos los hombres por un instinto natural dicen que sienten en el pecho estas afecciones, y no en la cabeza o en alguna otra parte del cuerpo. Su observación me parece exacta, y en esta parte no puedo menos que seguir sus ideas.

Lección séptima. De las inclinaciones del hombre
Todos conocen que es natural procurarse el bien y huir del mal; pero la variedad que hay en clasificar las cosas en el orden de buenas y malas, ofrece un objeto interesante a las investigaciones filosóficas. No confundamos la bondad que consiste en nuestra conservación y placer, con la bondad moral que se arregla por la razón y las leyes divinas y humanas. Consideremos la primera, reservando el tratado de la segunda para más adelante.

La vida orgánica por una estrecha relación de las partes que las conservan, repele o sacude, por decirlo así, todo aquello que puede destruirla, o impedir de algún modo el libre ejercicio de sus funciones. La vida animal, que se manifiesta en la sensibilidad excitada, se resiente a la presencia de un objeto que conmueve con desorden de sus órganos. Por lo regular conspiran ambas vidas a repeler ciertos objetos; pero otras veces sucede que es grato a la vida animal un objeto nocivo a la orgánica, y también al contrario, un objeto favorable a la vida orgánica suele oponerse a la animal. Tenemos ejemplar de esta distinción, observando los manjares agradables que trastornan nuestras funciones orgánicas, y los medicamentos que las restablecen, siendo desagradables a la sensibilidad excitada, o a las funciones animales, que muchas veces llegan a entorpecerse por el uso frecuente de dichos medicamentos, indispensables para conservar la vida orgánica.

La relación de estas dos vidas constituye, según pienso, la economía animal, pues el cuerpo no se halla en su estado natural, a menos que no se ejerzan fácilmente, pero con estrecha relación, las funciones de una y otra vida. Todo lo que interrumpe esta admirable armonía causa una enfermedad o un estado contrario al bien del cuerpo.

En estos dos órdenes de funciones hallamos el origen de la utilidad y del placer. Las orgánicas cuyas sensaciones no se nos manifiestan sino por la conservación de nuestra existencia, se dirigen a conservarla, y todo lo que es conforme a estas funciones, lo es a nuestra existencia, y por consiguiente es útil; todo lo que se opone a ellas, destruye nuestra existencia y es nocivo. Las funciones animales, siempre variadas, son las fuentes del placer y del dolor. El choque de los objetos inmuta los órganos sensibles con diversos grados y de diversos modos, causando impresiones que no alteran notablemente el tejido de las partes, y excitan su acción ligeramente, lo que produce el placer; otras impresiones que destruyen las partes, y las ponen en fuerte movimiento, produciendo el dolor; y otras que conmueven las fibras sin mucha fuerza, pero de un modo irregular, y producen un desagrado, como sucede en algunos manjares y en muchos sonidos desagradables. Adviértase que en la vida orgánica puede perderse de algún modo la relación de las partes sin producir dolor, a menos que no se conmuevan en sí mismas, y de algún modo se destruyan dichas partes sensibles. Si un nervio no se conmoviera ni alterara en sí mismo, sería indiferente para su sensibilidad estar reunido a otro, o no estarlo, hallarse destinado a éstas o aquellas funciones.

Nuestra alma por su dependencia con el cuerpo se habitúa a este orden de cosas, y gobierna las funciones de la vida animal, conformándolas con las de la orgánica; pero como éstas son continuas y uniformes, producen un hábito en nuestro espíritu, y falta la atención que se fija en la vida animal, por ser más variada. De aquí resulta que gobernándose por el placer y el dolor, suelen trastornarse las relaciones de las dos vidas, pues el hombre se precipita detrás de los objetos agradables, y se desvía de otros útiles, porque son desapacibles; hasta que el alma, considerando detenidamente el trastorno de su cuerpo, obliga a la vida animal a hacer algunos sacrificios en favor de la orgánica, que es la verdaderamente útil e indispensable en orden a la existencia.

Estas son en mi concepto las primeras ideas fijas de utilidad y de placer que adquirió el hombre. Yo no niego que una sensación agradable sea útil, y un dolor perjudicial; mas estas cosas no están siempre reunidas si las referimos a la existencia del individuo, que es lo más interesante. Sabemos que hay placeres que destruyen, y dolores que conservan nuestra existencia. Adviértase que el hombre no muere mientras permanece su vida orgánica, y que siempre la muerte empieza por la interrupción de sus funciones, y después por una consecuencia van debilitándose los nervios, faltando la sensibilidad excitada, y últimamente la vida animal.

Estas consideraciones me conducen a creer que el amor propio, que es la primera inclinación del hombre, se puede dividir en dos especies: la primera tiene por objeto la conservación de la vida orgánica, es decir, nuestra existencia; y esta especie de amor es tan constante que el hombre nunca la renuncia, pues aun atendiendo al orden espiritual y a los bienes eternos se dice que el hombre entrega su vida; pero que la naturaleza siempre resiente la muerte. La segunda especie de amor propio se dirige a buscar el placer y huir del dolor; esto que pertenece a la vida animal, está sujeto a mayor número de variaciones, y son más frecuentes y menos sensibles los sacrificios que hace el hombre de este amor.

Me parece que las ideas precedentes nos manifiestan el fundamento de las inclinaciones constantes e inconstantes del hombre; de las que son comunes a todos y las que pertenecen a algunos; asimismo los diversos grados de estas inclinaciones. Yo observo al género humano siempre constante y uniforme en amar lo que conserva y aborrecer lo que destruye la vida orgánica. Yo lo observo variable en orden a la vida animal; ciertas sensaciones apacibles para unos, mortifican a otros. La edad y el diverso estado de salud hacen variar la naturaleza de los placeres y de las penas, de modo que si exceptuamos las sensaciones muy notables del dolor o del placer, que siempre afectan al hombre en todas circunstancias, observaremos que la variedad en las inclinaciones humanas se encuentra en los objetos que solo afectan la vida animal. Una fiera destructora conmueve al niño y al anciano; mas el ruido descompasado que agradaba a éste en su niñez, le causa un tormento en su ancianidad. Todos los placeres están sujetos a estas alteraciones.

La sensibilidad excitada no puede ser una misma en todos los hombres, ni en todos los órganos de un individuo. De aquí resultan las distintas inclinaciones, encontrando uno placer en ciertos objetos en que otro nada encuentra de interesante, y esto manifiesta también los distintos grados en una misma especie de placeres y de penas.

La educación contribuye notablemente a este género de inclinaciones, pues cada pueblo según sus costumbres se dedica a proporcionarse placeres en tal o cual género de objetos. Es innegable que nuestras ideas, fijándose en las sensaciones, les hacen más vivas para nuestro espíritu; y como apenas hay un objeto en la naturaleza que no pueda presentar alguna relación de placer, encontramos aquí la causa porque los bárbaros se deleitan con las cosas más molestas para un hombre civilizado.

Siendo las pasiones unas inclinaciones constantes hacia algunos objetos, se infiere que las que son uniformes en todos los hombres, pertenecen a la vida orgánica; y las variables, a la vida animal. No quiero decir por esto que las pasiones residan en el cuerpo, sino que el alma se acomoda a la naturaleza de éste. La propensión que advertimos en ciertos hombres a la ira, a la tristeza, o a otra pasión, sea la que fuere, proviene en gran parte de la aptitud que tienen los órganos y miembros de uno para los movimientos rápidos que inspiran la ira, y la debilidad y crasitud de humores que se acomodan a la aptitud que inspiran la tristeza.

Una pasión fuerte altera la economía animal, porque el alma mueve constantemente los órganos del cuerpo para repeler o conseguir algún objeto, y esta acción continua debilita los nervios, altera la salud, y aun causa la muerte.

Si consideramos nuestro interior advertimos que las pasiones todas se dirigen, como acabamos de decir, a repeler unos objetos que nos son contrarios, y a proporcionarnos otros favorables; pero como son varios los modos y los grados de contrariedad que presentan dichos objetos, también lo son las pasiones y los efectos que ellas causan en nuestro cuerpo. Vemos variar el color del rostro, agitarse los miembros, quedar otras veces en laxitud, acelerarse el movimiento del corazón, y otras veces disminuirse. Todos estos efectos provienen de los diversos estados de nuestra alma.

Un objeto adverso y repentino causa el espanto, en menor grado produce el susto, que puede ser continuado, mientras el alma no hace más que observar las cosas esperando su éxito. Un esfuerzo de espíritu para remover un mal, causa la ira, que muchas veces tiene por objeto una cosa que podemos destruir o impedir; pero que sin embargo, de esta posibilidad ofrece nuestra alma todo su poder contra ella. Cuando hay una imposibilidad de conseguirlo, el alma, no acomodándose a un estado tan penoso, produce unos movimientos vagos en el cuerpo, se agita todo el hombre, y cae en la desesperación.

La tristeza es más moderada, pero más constante. Ella tiene algunos recursos, o a lo menos algún sufrimiento; pero, sin embargo, entorpece el espíritu no menos que el cuerpo, y el hombre llega a trastornarse.

Tal es el influjo que tienen las pasiones sobre la economía animal.

Ellas sirven para poner en acción esta máquina admirable; pero también suelen destruirla. Los efectos del alma son producidos por las ideas de existencia y destrucción, de placer y de dolor; estos efectos encuentran cierta analogía en la distinta constitución del cuerpo de cada individuo, y pueden alterarle, y aun destruirle, según la vehemencia de los movimientos que inspiren y la duración de ellos. En una palabra, la economía de la vida orgánica y la animal es el fundamento de la diversidad de pasiones.

Lección octava. Diversidad de las inclinaciones de los hombres

Toda inclinación depende del amor propio, pero unas veces se dirige a proporcionar un objeto, y otras a repelerle. Esta es la división de las pasiones humanas.

Pertenecen al primer orden la alegría, esperanza, deseo, confianza, animosidad; y al segundo el odio, la ira, miedo, horror, desesperación, pusilanimidad, envidia, conmiseración y tristeza.

La alegría excita nuestro ánimo por la contemplación de un bien, y produce gratas emociones, teniendo diversos grados según la naturaleza de dicho bien, y el conocimiento que adquirimos de su utilidad, esto es, de sus relaciones con nosotros.

Cuando juzgamos posible conseguir un bien y evitar un mal, nuestro espíritu se complace, pero no reposa ni da una entrada franca a la alegría. Semejante estado constituye la esperanza.

Mas hay veces que el alma percibe las relaciones de bien que existen en el objeto, pero aun no descubre los medios de conseguirlo, y hace esfuerzos para ello; éste es el deseo.

Cuando se descubren medios eficaces para conseguir una cosa, el deseo de ella va acompañado de una seguridad y reposo que constituyen la confianza.

El espíritu confiado emplea toda su alegría y arrostra todas las dificultades, y en esto consiste la animosidad.

El odio es una pasión general que en mayor o menor grado acompaña a todas las que se dirigen a remover un objeto. Esta pasión consiste en retraerse el alma de un objeto que se opone a nuestro bien y que por tanto le tenemos como un mal.

La ira enciende al hombre, le hace producir grandes esfuerzos, y no le permite que atienda a otra cosa que al objeto que le desagrada, y que quiere remover.

Un mal que nos amenaza produce el miedo, y éste oprime el alma teniéndola al mismo tiempo exaltada.

Suele darse el nombre de temor cuando el objeto que nos daña está próximo, pero ésta no es una diferencia real, y tal vez no constituye sino los diversos grados de una misma pasión.

El horror es el miedo que produce un objeto diforme o cuyas sensaciones son muy fuertes, y envuelven pensamientos de destrucción; y así es que tenemos horror a una fiera, a un monstruo, a un precipicio, a una caverna, y muchas veces tenemos miedo pero no horror a una lluvia, o un aire que pueda enfermarnos.

Cuando se presenta un mal grave que no podemos evitar, suele producir una perturbación del espíritu, que totalmente se embrutece e incurre en los mayores desaciertos, renunciando el hombre hasta a su existencia, porque no espera encontrar medios de remover la desgracia, y a esto llamamos desesperación.

Hay otro estado en que el alma percibiendo los medios de conseguir un bien o remover un mal no puede caer en desesperación; mas carece de la energía necesaria para operar, y siempre está acompañada de una desconfianza; a esto llamamos pusilanimidad.

La consideración de un bien ajeno suele producir en las almas débiles un deseo de impedirle y un pesar de que otros le posean. Esta ridícula pasión es la envidia. Debe considerarse que no basta que uno desee tener bienes iguales a los que tiene otro para ser envidioso, pues solamente lo será cuando tenga una pena porque otro los posea, y quiera quitárselos para hacerlos suyos, de modo que si se duplicasen dichos bienes no se conformaría con ser el poseedor de uno de ellos. Por tanto no es envidia en un guerrero querer igualar a otro en honores y gloria haciéndose igual en heroísmo; pero sí lo sería cuando procurase aminorar el verdadero mérito de su émulo, o sintiera verle en unos honores que realmente había merecido.

La infelicidad de otro excita en nuestro espíritu un deseo de removerla, y nos hace de algún modo participantes de la pena que experimenta un infeliz; ésta es la conmiseración.

La tristeza es un estado de abatimiento del alma por la consideración de un mal que nos afecta; y así es como una pasión genérica, que tiene cierto enlace con todas las que deprimen el alma.

Es increíble el número de males que produce la tristeza, pues siendo un afecto que muchas veces no agita la parte corpórea, sino que al contrario inspira la quietud, se admite fácilmente sin conocer sus estragos, y la razón viene a quedar encadenada de modo más fuerte. Un alma triste es capaz de los mayores desaciertos; por lo conexa que es esta pasión con las que hemos indicado se olvida de sí misma, y como que nada espera, a nada atiende. Es perjudicial a sí mismo y a la sociedad el hombre poseído de la tristeza, porque no atiende a sus intereses ni a los comunes.

Es muy admirable ver el poco empeño que se pone por lo común en refrenarla. El filósofo (aun prescindiendo de consideraciones cristianas) debe hacerse superior a una pasión, que acarrea tantos males.

Tienen los afectos cierta conexión que los hace unirse o degenerar unos en otros. La ira, desesperación, animosidad, envidia, soberbia, son afectos conexos, y así vemos que pasa el hombre de la ira a la desesperación por no conseguir el castigo o venganza que pretende. Otras veces resulta todo lo contrario, pues se llena de animosidad, efecto de la ira. La envidia suele ser causa de la ira, e influir prodigiosamente en las operaciones más atroces. Lo mismo diremos de la soberbia por la que el hombre quiere sobreponerse a todos sus semejantes. Con la animosidad tiene alguna conexión la alegría, sin embargo de ser más conforme a la ira. Efectivamente, vemos que un hombre alegre todo lo vence, y suele no hallar dificultades donde otros las encuentran.

La tristeza, miedo, horror, desesperación y pusilanimidad tienen gran enlace entre sí, pues el horror es un miedo diversificado; a éste se sigue fácilmente la tristeza y pusilanimidad; otras veces la misma tristeza es causa de todas estas pasiones por el estado de abatimiento en que pone al alma. Suele producir la desesperación por medio de la pusilanimidad, y también excita la ira y la envidia, sin embargo de pertenecer a otra clase de pasiones.

En todos estos afectos tiene gran influjo el temperamento, que es la constitución física del cuerpo humano, en que predomina una facilidad para ciertas operaciones. Considerándose el cuerpo humano como una máquina que ejerce sus funciones naturales, que dependen del imperio del alma, claro está que la relación de los humores y la mayor facilidad en ejercer los actos debe inclinar el alma a cierto género de operaciones más bien que a otras, pues el hombre rehusa el trabajo y ama la facilidad. El que tiene que violentarse mucho para unos movimientos rápidos, sus pasiones son tranquilas; pero al contrario aquél cuyos miembros y humores son propios a la ligereza, tiene unas pasiones vivas, y le es dificultoso acomodarse a la tranquilidad.

Lección novena. De la influencia de las ideas en las pasiones
Todo hombre opera según sus ideas, y si éstas no se arreglan, no pueden estarlo las operaciones. Por un impulso de la naturaleza amamos el bien, y la dificultad solo consiste en percibirlo.

Inferimos, pues, que las pasiones reciben de nuestras ideas una gran parte de su aumento y variedad. Cuando el hombre irreflexivo no percibe las relaciones contrarias a su bienestar, se dirige constantemente a los objetos de que debería huir; las ideas permanentes en nuestro espíritu llegan a ser fáciles o habituales y atraen por un orden casi mecánico todos nuestros deseos a fijarse en los objetos que nos son familiares. Sucede, por el contrario, que unas ideas rectificadas, llegando a ser habituales no excitan nuestra atención, y el espíritu se deja sorprender por otras nuevas, aunque menos exactas.

Observemos que a pesar de los estragos evidentes que suelen producir las pasiones desarregladas, el hombre se precipita siguiéndolas y experimenta cierto placer en fomentarlas. El triste quiere dar pábulo a su tristeza, y el colérico a su cólera, aunque prevea funestos efectos. No encontramos hombre alguno que opere de este modo en orden a las sensaciones, pues nadie al quemarse quiere continuar aproximando la mano al fuego. Esta diferencia nos hace observar que en las pasiones se oscurecen las ideas contrarias a su objeto, y se avivan aquéllas que le representan bajo las relaciones que nos son agradables o desagradables; y no sucede así en la sensibilidad física, pues la idea del dolor se halla como aislada, y merece toda nuestra atención.

Deduzcamos por tanto que la falta de atención es la causa principal de nuestras pasiones; y que hablando con rigor no debe decirse que las pasiones perturban nuestros conocimientos, sino al contrario, que éstos son la causa del desorden de aquéllas. Sin embargo, es cierto que excitadas las pasiones, retraen el alma cada vez más y le quitan la atención; y en este sentido dijimos que son unos obstáculos de nuestros conocimientos.[27] Cuando las ideas se equilibran, por decirlo así, presentando infinitas relaciones favorables y otras tantas adversas, si el espíritu no está muy ejercitado, y si una recta ideología no le sugiere los medios de apreciar estas relaciones, se produce un trastorno intelectual; y el hombre en la desconfianza de poderse dirigir se abandona, nace la timidez en su corazón, y con ella infinitas pasiones, que sin guía ni concierto forman un combate y alteran la paz del alma. Tan cierto es, que para ser buen apasionado es preciso ser buen pensador.

Estas verdades se harán más perceptibles si observamos los efectos que produce en nuestro espíritu la idea que tenemos del modo de pensar de otros

---

27 Tratado de la *Dirección del Entendimiento*. Lección V.

con relación a nuestro mérito. Un elogio complace, un desprecio irrita; pero si se observa la condición de los sujetos, hay veces que aquel mismo elogio mortifica, y el desprecio es indiferente. Se ve, pues, que las ideas son las que constituyen las pasiones, y que éstas se varían según la variedad de nuestros conocimientos. Un sabio que conoce las cosas bajo sus verdaderas relaciones, y que sabe los modos de variarlas, puede dirigirse, y será buen apasionado. La ilustración mejora las costumbres, y el gran empeño que han puesto los filósofos en despreocupar los pueblos, no ha tenido otro objeto. Un rústico apasionado se distingue poco de un animal, a quien es preciso conducir por sensaciones fuertes que superen las contrarias. Un sabio en medio de su pasión es como el Sol, a quien oscurecen las nubes que él mismo ayuda a disipar.

Observemos igualmente los efectos que produce cierta preocupación o entusiasmo entre los hombres, respecto de algunas ideas, como las de la gloria, superioridad, etc. Renuncian gustosos al derecho de vivir si adquieren el de ser nombrados; y los honores que se tributarán a unas cenizas hacen olvidar los placeres de la vida. Todas las carreras presentan casos semejantes; pero en la militar son más frecuentes. Hemos visto contenerse los vicios más arraigados por haberles opuesto con sabiduría ideas de la gloria. El mariscal de Richelieu, después de haber practicado inútilmente todos los medios para contener la embriaguez en su ejército, tuvo la feliz ocurrencia de hacer publicar que el soldado ebrio no era digno de presentarse en la trinchera, y sería repelido. En consecuencia, no hubo un borracho. Este hecho y otros semejantes nos manifiestan que es dueño del corazón del hombre el que lo es de sus ideas, exceptuando aquellos casos en que la sensibilidad física encuentra ciertos atractivos que contrapesan a la serie de nuestros conocimientos. Hay ciertas teclas, que movidas siempre encuentran cuerdas en el corazón del hombre que correspondan con la mayor exactitud. Al filósofo le toca investigarlas por una observación diaria; busquemos a los hombres por su interés y los encontraremos.

También debe notarse que ciertas ideas de poco mérito suelen tenerle muy considerable, y excitar fuertes pasiones en cierta clase de personas. Un niño pone todo su interés y experimenta todos los efectos cuando se le da o se le quita uno de aquellos entretenimientos pueriles, al paso que está muy alegre el día que su padre experimenta una gran ruina. Una mujer no perdona jamás al que la llama fea, y suele amistarse con el que la llamó necia.

En lo que más se conoce el imperio de las ideas sobre las pasiones es en el acaloramiento con que cada uno sostiene su dictamen y quisiera que todos pensaran como él. No vemos tanto empeño en que todos tengan un mismo gusto, y nadie se altera porque otro diga que le desagrada un manjar o una pintura que a él le parece de mucho mérito. En las mismas cosas sensibles, cuando se mezcla lo ideal se excitan las pasiones; y así un profesor de música que aprueba una composición, se mortifica mucho cuando a otro le desagrada, pues entonces sus ideas musicales se hallan opuestas a las del otro facultativo. Todo esto manifiesta que siendo el espíritu la parte más noble del hombre, merece la mayor atención, y es como el centro del amor propio, refiriéndose a él todas las inclinaciones humanas. En comprobación de esta verdad observemos la constancia que hay en la rivalidad aun mucho más que en toda otra materia, por lo que dijo un sabio orador que la envidia es un monstruo que perdonaba alguna vez a la virtud, pero jamás al talento.[28] Advirtamos asimismo el placer que nos causa una sentencia juiciosa, un dicho agudo, un pensamiento interesante, y veremos que es de un orden totalmente distinto del de la sensibilidad, y que estas cosas gobiernan nuestro espíritu, y le aprisionan en términos de no dejarle recursos. El orador de Roma conoció la fuerza de estas verdades cuando atribuyó al don divino de la palabra el poder irresistible de ligar los hombres y formar los pueblos.

Conociendo las influencias que tienen las ideas en las pasiones, inferiremos que solo un hábito de analizar las cosas para percibirlas bajo sus verdaderas relaciones, y un gran cuidado en no dejar que el espíritu las aprecie en más o menos de lo que ellas valen, pueden hacer del corazón del hombre la morada tranquila de las pasiones arregladas, y no la horrorosa mansión de las furias.

Lección décima. Influencia de los objetos en las pasiones
A un objeto que conmueve nuestro espíritu, le sugiere ideas elevadas y le inspira sentimientos fuertes, le llamamos sublime. La sublimidad es el resultado de una gran potencia puesta en acción, y así un mar tempestuoso, capaz de destruir los bajeles, una nube que despide rayos, un precipicio, son objetos sublimes, porque envuelven la idea de un gran poder destructor; asimismo un héroe

---

28 Thomas, elogio de Deguesseau.

que arrostra la muerte, un justo que todo lo sacrifica a la virtud, son objetos sublimes, porque indican una gran fuerza del espíritu puesta siempre en acción.

Semejantes objetos influyen en nuestras pasiones, llevándolas siempre a un sumo grado; ellos son capaces de elevar el espíritu de modo que apenas puede desviarse de su contemplación. Causan un placer noble, que va siempre unido con la idea de la grandeza, y con una exclusión de los afectos rastreros que pueden debilitar el espíritu. Mas estos objetos no pueden producir una impresión muy constante, porque el espíritu en las grandes afecciones se debilita, disminuye la atención faltando la novedad, y al fin viene a contemplar fríamente un objeto que al principio le inmutó con la mayor vehemencia.

Hay otras cosas que interesan a nuestro espíritu, y le conmueven, pero con alguna tranquilidad, y más bien inspiran decaimiento que elevación, y éstos se llaman objetos patéticos. La pérdida de los bienes de un amigo, su desgracia, la muerte misma, cuando la desnudamos de las relaciones de un poder arruinador, y solo atendemos a los efectos del ánimo en la pérdida que ha causado, vienen a ser unos objetos patéticos. Sugieren todas las pasiones que no exigen grandes movimientos, y por eso el patético inspira la tristeza, fomenta la desconfianza y produce el abandono. No es capaz de sostenerse por mucho tiempo, en lo cual conviene con el sublime, pues así como éste eleva el espíritu, que no puede sufrir por mucho tiempo dicha elevación, así el patético le oprime, y nuestra alma no puede estar por mucho tiempo oprimida sin caer en el fastidio.

Se infiere de lo dicho que para manejar los objetos sublimes y los patéticos se necesita un gran cuidado en no amontonarlos, porque unos impiden los efectos de los otros; y no hacerlos muy duraderos, porque el espíritu no es capaz de sufrirlos, y por la falta de atención llegan a ser indiferentes como los objetos más triviales, y algunas veces consiguen nuestro odio.

Hay otros objetos cuya relación de partes, perceptible, sencilla y bien enlazada, atrae nuestro espíritu, y a éstos les llamamos bellos. Los afectos que inspira la belleza son más libres y sosegados. Su atractivo no es muy fuerte, y su pérdida no causa inquietud. La vista de un edificio bien formado nos agrada; pero lo observamos por algún tiempo sin sentir agitación en nuestro espíritu. Aplaudimos al arquitecto, nos retiramos y unas ligeras impresiones distraen al alma, que ya no se acuerda de una belleza fría.

Otros objetos sin ser bellos reúnen cierta facilidad en los movimientos, cierta variedad en las maneras, ciertos rasgos presentados naturalmente y como por casualidad, un cierto conjunto de relaciones siempre nuevas aplicables a las circunstancias, que necesariamente atraen nuestro espíritu, y le causan afectos vivos aunque no vehementes, y que sostienen nuestra atención sin atormentarnos ni producir fastidio, pues la variedad excluye aquella monotonía que aletarga nuestra alma. Estos objetos son graciosos. Cuando la belleza se une a la gracia, el objeto tiene todos los resortes para conmover nuestro espíritu; pero esto es muy raro.

Influyen mucho en la gracia ciertas relaciones con las circunstancias y carácter de cada individuo, y así vemos que para unos tiene mucha gracia lo que para otros es insulso, y aun se nota cierta aversión respecto de algunos individuos, que como se dice vulgarmente tienen la sangre pesada, y cierta inclinación hacia otros que llaman de sangre ligera. La balanza que pesa esta sangre no es otra que la que compara la analogía entre las relaciones, intereses y carácter de los individuos, y por eso para unos es de sangre ligera el que para otro la tiene pesadísima. Sin embargo, hay algunos individuos que agradan a la generalidad, y éstos tienen una gracia natural, que no la deben al resultado de ciertas circunstancias privadas, sino a la dignidad con que la naturaleza se manifiesta en ellos.

El juicio acerca de la belleza es más constante, porque aun cuando un objeto está formado con la sencillez de la naturaleza, cuando no agita nuestro espíritu, podemos con toda serenidad observarle, y tenerle por bello; pero en la gracia exigimos, además de la conformidad de partes y su sencillez, ciertas relaciones y un no sé qué infinitamente vario.

Observemos asimismo el imperio que tienen sobre nuestro espíritu los objetos según los sentidos por donde se nos comunican. Las sensaciones de la vista, sin agregar a ellas otras ideas, pueden causarnos agrado y disgusto; pero ni éste tiene el carácter de un odio, ni aquél puede llamarse alegría. Vemos por ejemplo un árbol deshojado, y es desagradable, mas no le aborrecemos; advertimos otro cargado de flores y de frutas; es agradable, mas no nos alegramos. Ciertas ideas que unimos a estas sensaciones son las que hacen para nosotros un lugar muy triste y otro muy alegre, aunque es cierto que estas sensaciones son análogas a nuestros efectos. La pintura de Bruto condenando a sus hijos, no excitaría en nosotros pasión alguna, si no supiéramos que aquél era Bruto y aquéllos sus hijos, y que este padre tuvo el heroísmo de condenarlos a muerte. Un rústico o un niño verían este cuadro sin interés alguno.

El oído, aunque está sujeto al influjo de las ideas lo mismo que la vista, sin embargo, es preciso confesar que por sí solo tiene muy distinto imperio en el alma. Lo que vemos no puede excitarnos sino por las ideas que formamos, mas la música nos conmueve sin referirla a objeto alguno determinado. El que oye un concierto no recuerda idea alguna, y se contenta con la simple percepción de la armonía y melodía, aunque no sepa en qué consiste cada una de estas cosas. Con todo, el alma se conmueve por los sonidos, y nacen mil afectos, ya vehementes, ya remisos, ora tristes, ora alegres; y si reflexionamos sobre nosotros mismos, advertiremos claramente que estas pasiones no se han excitado por ningún objeto destructor ni favorable en la naturaleza, ni por algunas ideas tristes o alegres, pues en nada de esto pensábamos, y sin embargo, nos hallamos muy apasionados. La música tiene entrada libre en el corazón humano, las almas sensibles la acogen con entusiasmo, y a la verdad es preciso tener un espíritu muy frío y estéril para no recibir sus impresiones.

Examinando las causas que producen este dominio de la música sobre el corazón humano advertimos que una de las principales consiste en que estamos acostumbrados a expresar nuestras pasiones por medio de las palabras, dando cierta inflexión a la voz según el afecto que experimentamos. De aquí proviene que cuando los sonidos sin articular palabras conservan de algún modo inflexiones semejantes a las que hacemos cuando estamos apasionados, nuestro espíritu sin formar idea de un objeto en particular, se conmueve naturalmente porque percibe las inflexiones generales que suelen acompañar a las pasiones. La música ruge, se enfurece, se alegra, se entristece, sin presentar objeto alguno, y sin necesitar intérprete, pues lo es el alma que reconoce unos signos, de que se ha valido tantas veces, y que ha observado siempre en sus semejantes.

La pintura es muy expresiva, pero solo copia las acciones humanas y principalmente los gestos. Mas sabemos que el lenguaje de acción no indica los pormenores de nuestros afectos con tanta exactitud como las palabras, pues las inflexiones de éstas son mucho más delicadas y variadas que los gestos; y como la música copia las modulaciones de la voz humana y de otros objetos de la naturaleza, tiene mucho dominio sobre nosotros.

El oído puede percibir sensaciones más fuertes que las de la vista, sin confundirlas ni fatigarse. La misma delicadeza del órgano de la vista se opone a una acción fuerte y continuada; necesita por otra parte hacer una detenida observación de los objetos, para percibir placer, lo cual no sucede en el oído.

Si se desenvuelve un lienzo rápidamente, y se oculta en un instante, por más dignas y expresivas que sean las imágenes que en él se encuentran, no harán efecto alguno en el ánimo del observador; pero una sucesión de sonidos con igual rapidez le hubiera recreado mucho. Esta variedad en las inflexiones, esta facilidad y esta rapidez sin confusión, dan a la música cierta novedad bien sostenida sin fatigar el oído. Por esto vemos que pierde todo su mérito cuando adquiere un tono uniforme, o cuando se confunden los sonidos por demasiada complicación, o por demasiada rapidez.

Influye también considerablemente la especie de imitación que hacen los sonidos, pues la pintura copia un hombre, un árbol, un río, objetos a que estamos habituados; pero la música no copia sino las cadencias de un lenguaje apasionado, o algunos sonidos particulares de la naturaleza; y este modo de imitar, siendo más nuevo y más ingenioso, tiene mucho atractivo.

El imperio de la palabra es tan grande, que muchas veces domina más nuestro espíritu que los mismos objetos. Un río nos agrada, pero descrito por un buen poeta nos eleva, y aquellas mismas circunstancias que habíamos notado con frecuencia, y que ya no nos causaban admiración, vienen a parecernos nuevas y admirables solo por el modo de representarlas. Cuando en cortas palabras se expresan muchos objetos sin confusión ni desorden, nuestro espíritu se conmueve y cede a los esfuerzos de la elocuencia. Vemos por tanto que los objetos influyen en nosotros no solo por su naturaleza, sino también por el modo con que se nos hacen sensibles.

Los pueblos rústicos cuyas inclinaciones tienen siempre el carácter de la ferocidad poseen un lenguaje escaso, incorrecto y áspero; solo en las fuertes pasiones, en que la naturaleza siempre es fértil, los vemos elocuentes; pero aquellos otros atractivos del lenguaje, y los sentimientos delicados que inspira la sociedad, no se conocen entre los bárbaros. Todo esto prueba el gran influjo de la palabra sobre el corazón humano.

El filósofo debe estar prevenido para correr estos velos con que muchas veces se cubre el error, y para conocer los resortes que en diversos casos de la vida humana mueven nuestro corazón, y la inclinan hacia distintos objetos, sin conocer muchas veces la causa que nos conduce y el término a que aspiramos.

Lección undécima. Medios que fomentan y reprimen las pasiones
La novedad en los objetos es una de las causas que excitan las pasiones humanas, porque fijando la atención hace percibir las circunstancias convenientes o adversas; separa al espíritu del orden uniforme de sus sentimientos, y le agita de modos muy admirables. La experiencia prueba esta verdad; todo lo nuevo tiene observadores atentos y partidarios decididos. Los oradores y poetas han usado siempre de este móvil del corazón humano para halagarlo, y aun los objetos más triviales se han procurado presentar de un modo nuevo.

Con todo, la novedad produce un efecto contrario cuando el ánimo está prevenido en favor de algunas ideas antiguas, y es preciso que el filósofo observe mucho la condición de la persona con quien habla, o a quien pretende atraer, pues hay genios que es preciso dejarlos en Atenas, si queremos que nos aprecien, y otros que no saben vivir sino en medio de la Europa y en el siglo diecinueve. Por lo regular se observa que todo hombre que pasando de cincuenta años fija sus ideas, y a éstos ya no hay que irles con cosas nuevas. Un joven es preciso que reciba las doctrinas de Pitágoras por las manos de Newton, y a veces conviene que este mismo filósofo se haga oír por la boca de otros inferiores en mérito, pero que son más de moda por ser de nuestro siglo. La delicadeza en conocer la inclinación de cada hombre, y en presentarle ya lo antiguo, ya lo nuevo, según las circunstancias, constituye mucha parte del gran talento para manejar las pasiones.

Otro de los medios que excitan una pasión es el aprecio con que suele mirarse y los esfuerzos que se hacen para contrariarla. ¡Cuántas veces un hombre se deja arrastrar de una pasión solamente porque advierte en los otros el empeño de contenerle! Todo hombre cuando prevé que otro va a dominarle, se exalta, y hace un esfuerzo para que no lo consiga, aunque el objeto sea justo, pues se desatienden todas las razones de bien, y solo se percibe el ultraje de ser dominado. En este caso, cuando faltan todos los recursos, se reprime y ahoga una pasión, pero no se destruye ni toma otro giro. El objeto que se odia, cada vez merece nuevo odio, y por la fuerza nunca llegará a ser amado. Hay veces que conviene mirar con indiferencia en lo exterior, y con sumo cuidado en la realidad, ciertas pasiones que pretendemos reprimir o fomentar en otros, pues vista la indiferencia, sino se trasluce la afectación, están desprevenidos, y pueden ser conducidos fácilmente sin que resistan.

Toda pasión que se halla muy exaltada debe manejarse con suavidad, pero con gran delicadeza para que no tome nuevos aumentos, y conduzca al desacierto. El contrarrestar de un modo fuerte una pasión semejante, es llevarla al sumo grado, y no conseguir vencerla jamás, pues el espíritu humano, cuando no oye a la razón, y ejerce toda su actividad, es superior a todas las fuerzas que puedan oponérsele. Es cierto que alguna vez el medio imprudente de la violencia consigue buenos efectos; pero esto es una casualidad, y solo se observa en los espíritus débiles. Por lo regular un alma grande lo es en todos sus afectos, y viene a serlo desgraciadamente en sus desaciertos. Por tanto, si queremos corregirla, que la prudencia tome sus medios, y un descuido bien afectado sea el órgano por donde se comuniquen al corazón los sentimientos rectos. Procuremos variar los intereses, variar con destreza las circunstancias, trastornar el plan de las ideas dándoles nuevo giro, y la victoria es segura, ora luchemos con nosotros mismos, ora nos propongamos atraer a otros.

Todos los hombres tienen un deseo innato de superioridad, y solo se diferencian en la especie de dominio a que aspiran. Unos quieren mandar, otros dirigir por superioridad de talento, otros ser superiores por los bienes de fortuna, otros por la nobleza; pero en todos ellos se descubre poco más o menos un mismo espíritu. Muchos de los que afectan no tenerlo se ven precisados a esto por la impotencia en que se hallan de conseguirlo, pues un hombre necio y sin autoridad se haría ridículo manifestando deseo de dominio. La virtud es la única que modera esta inclinación, que es tan propia de la naturaleza corrompida. Por tanto, debe tenerse como un medio de fomentar las pasiones el seducir al hombre dándole una autoridad que no tiene, pues todo lo que nos autoriza nos agrada; y al contrario, es un medio de moderar las inclinaciones hacer que se perciban las cosas como ellas son en sí, y arreglándolas a la razón.

Del deseo de la superioridad proviene la prevención que se tiene sobre todos los que la ejercen y el influjo que tiene en nuestro espíritu el abatimiento. Un criminal abatido nos hace olvidar sus crímenes, y da una inclinación a protegerle, aun contra el superior que justamente le castiga, y siempre se reclaman opresiones aun en medio de la indulgencia. Un débil desgraciado viene a ser un héroe. Hay veces que forma una gran parte de ganancia el haber perdido, pues no se atiende a las causas de esta pérdida. El hombre se complace cuando se halla en medio de objetos que no pueden ser sus émulos, y se disgusta con los que le rivalizan; y de aquí proviene que muchas veces el abatimiento de nuestros semejantes viene a ser uno de los principales resortes de nuestras pasiones. Se exageran los males, se afecta la sumisión, se reconoce la superioridad de otros, en una palabra, se cometen mil bajezas, y de este modo suelen gobernar los maliciosos a los hombres incautos.

La carencia de un objeto es causa muchas veces de aumentar la pasión que tenemos hacia él, porque el espíritu contempla detenidamente unas circunstancias que antes no observaba por serle habituales, y la imaginación aumenta con destreza los encantos, y finge algunos que en realidad no han existido. Nunca parece más amable la patria que cuando se abandona y se vive lejos de ella. Otras veces la carencia disminuye una pasión, y esto sucede en los objetos cuyas impresiones no eran muy fuertes, y que pueden sustituirse por otros iguales o mejores. Por tanto es necesario tener mucha delicadeza en presentar y retraer con acierto los objetos que deben excitar el espíritu humano, porque muchas veces depende de este juego artificio el éxito de las mayores empresas.

La dificultad en conseguir una cosa suele encender el deseo de poseerla, y luego que parece muy fácil se aminora la pasión. Esto proviene de la alta idea que formamos del objeto solo por lo que cuesta, del placer que experimentamos en hacernos superiores a lo difícil, y de la gloria que nos resulta de conseguir lo que otros no pueden, prescindiendo de otras utilidades que pueda proporcionar el objeto.

Hay veces, por el contrario, que la facilidad anima al hombre y aumenta su pasión, como sucede al que aspira a un empleo cuando ve que otros muchos lo han conseguido; y un amante de las ciencias se dedica a tal o cual ramo de la literatura porque observa que muchos de sus compañeros han hecho progresos considerables.

El hombre naturalmente ama todo lo que se le asemeje porque se ama a sí mismo; de aquí proviene lo que Tracy llama inclinación a simpatizar, esto es, a buscar razones de semejanza, y a unirse por el afecto a todos aquellos objetos en quienes la encuentra. Cada hombre ama al que es de su carácter, y se une al que sigue sus ideas. De aquí inferimos que es otro de los medios de excitar las pasiones proponer los objetos bajo aquellas relaciones que se conforman a las circunstancias de aquel individuo a quien se quiere excitar.

Lo dicho nos conduce al conocimiento de otro de los medios que fomentan nuestras pasiones. Este es el trato y la costumbre. Con la frecuencia de observar una persona, le advertimos relaciones que nos agradan, y que antes no habíamos percibido; y otras veces son contrarias a nuestras ideas, de donde proviene que lo que antes apreciábamos, se nos haga odioso. Una costumbre que al principio nos pareció molesta, después llegó a ser muy agradable. Yo no hablaré del influjo que tienen en el espíritu del hombre los bienes físicos como el dinero o cosa que lo valga, pues la experiencia diaria es la mejor de todas las pruebas en esta materia. Raro es el hombre que no se compra con el oro, raro es el honor que no se adquiere por la venalidad. ¡Ah maldita sed del oro! ¡A qué no arrastras el corazón del hombre![29]

Lección duodécima. De la luz de razón y derecho natural
El hombre tiene por bueno todo lo que le causa algún provecho, y por malo aquello que es contrario a su bienestar. De aquí infiere que sus semejantes tendrán iguales sentimientos, y que puesto en relaciones con ellos debe observar alguna norma para dirigir sus acciones.

Esta norma debe ser primaria para que sea suficiente, pues no lo sería si tuviésemos que ocurrir a otra para arreglarla. Debe servirnos para conocer y graduar el bien que nos proponemos en nuestras acciones; y así se distingue de él, como toda regla se distingue del objeto que examinamos según ella.

Nuestra voluntad siempre ama el bien y odia el mal. Aun cuando amamos un objeto malo, y odiamos otro bueno, siempre lo hacemos por alguna razón de bien que encontramos o nos figuramos encontrar en aquél, y por alguna razón de mal que percibimos o suponemos en éste. De aquí resulta que hay bienes reales, que son conformes a la norma de las acciones, y bienes aparentes que se oponen a ella, mas el entendimiento no siempre advierte la discrepancia. He dicho no siempre, porque hay veces que por obstinación seguimos un bien que conocemos ser aparente, pero nos causa un placer que no queremos renunciar.

---

29 Virg. En Lib. III, v. 57.

Prescindiendo de la precisión de los términos, y atendiendo solo a lo esencial de los objetos representados, podemos decir que bien y utilidad significan una misma cosa. Efectivamente, todo bien es útil, y toda utilidad supone un bien o se dirige a producirle. Por tanto, hay utilidades reales, y bien aparentes, como sucede con los bienes. El amor de Dios es el mayor de los bienes, y la mayor de las utilidades, pues nada es tan bueno para el hombre, y nada le utiliza tanto como el abrigar en su pecho este don divino, y unirse al bien inagotable, en cuya presencia quedan aniquilados los terrenos.

Mas el bien no es la norma de las acciones, según lo hemos observado; luego tampoco lo es la utilidad. Esta es medida y arreglada, y por consiguiente no puede ser la norma primaria que buscamos. Sin embargo, podemos considerarla como norma secundaria e inmediata, pues efectivamente, después que encontramos el bien o la utilidad aplicando la norma primaria, procedemos a operar según el bien encontrado.

La idea de la utilidad de un objeto es el resultado de un análisis y de una síntesis, y viene a ser como el producto de una multiplicación. ¿Diría un matemático que los productos verdaderos o bien sacados son la norma de la multiplicación? Seguramente que no. Antes diría que aplicando la norma o regla de multiplicar sacamos los productos verdaderos y exactos. Lo mismo debemos discurrir respecto de la utilidad acerca de las acciones. Pero volvamos a las matemáticas y comparemos la razón de bien, la utilidad, o sea la norma secundaria, con las tablas de los logaritmos, que efectivamente sirven de norma en los cálculos para abreviar las operaciones, pero están formadas por otra norma, y son el resultado de otras operaciones que forman el verdadero fundamento de los cálculos.

¿Pero cuál es la norma de las acciones? Admira leer en el célebre Piccadori,[30] que se han dado doscientas respuestas a esta pregunta, o sean doscientas opiniones sobre esta materia. ¡Lamentemos la miseria humana, cuando un objeto tan claro se ha podido oscurecer en tales términos! La norma es la voluntad divina, pero como el orden filosófico exige que indiquemos el modo natural con que se manifiesta, diremos que la norma es la evidencia de lo que conviene a la naturaleza de los objetos y sus relaciones, para darles el valor que efectivamente tienen y proceder según ellas.

---

30   Ethicae et Moralis Philosophiae Inst. Tomo 1, pág. 79.

La razón examinando los casos de la vida humana, y el influjo de los seres físicos sobre la existencia del hombre, le indica muy pronto algunas verdades que deben conducirle, y que siendo evidentes llegan a ser uniformes para todos los individuos de su especie. Ningún hombre renuncia a su bien, todos rechazan el mal; si son favorecidos, aman; si agraviados, se resienten.[31] El interés los mueve, y para esperar de ellos algo es preciso interesarlos. En el conjunto de los seres materiales, unos favorecen nuestra existencia, y otros la destruyen; los primeros deben ser procurados, y los segundos repelidos. Puesto que el hombre en el cuadro de los seres debe aspirar a su perfección, así como parecen que aspiran todos ellos; pero el hombre tiene un alma y un cuerpo, debe pues perfeccionar la una con los conocimientos y las virtudes, y el otro con el ejercicio libre de sus funciones, en que consiste una buena salud. La naturaleza le da estos primeros documentos. Todo cuanto le rodea se lo inspira. He aquí el que llamamos derecho natural admitido por toda la especie humana. Ninguno podrá negar que entre los hombres existe un amor al bien y un conocimiento de éste en las relaciones generales de los individuos.

Estas leyes no tienen otro código que la misma naturaleza del hombre; no puede pedirse su número, porque es el de las aplicaciones de la razón a las necesidades de la vida, y éstas son muy varias. Sin embargo, en todos los casos se observa la luz natural manifestando lo que conviene y lo que repugna; pero no es la razón de un individuo por sí sola el fundamento de las operaciones humanas; debe ser el dictamen de la generalidad de los hombres el que forme esta norma. No es posible que todos, en estos tiempos y a pesar de todos los intereses, piensen una misma cosa, y ésta no sea dictada por la naturaleza. No hay hombre que no crea que debe agradecerse un beneficio. He aquí un dictamen de la razón y una ley invariable que gobierna a los hombres. Semejante a ésta podemos encontrar una infinidad, sugeridas todas por nuestro corazón, y deducidas del examen de la especie humana.

Muchos niegan la existencia de un derecho natural, fundados así en la ignorancia que se supone deben tener de él algunos pueblos, como en el equivocado concepto de que este derecho es un conjunto de ideas innatas cartesianas, cuya falsedad está en el día suficientemente demostrada. Dicen, y

---

31 El resentirse, no es odiar ni faltar a la caridad. Puede un justo resentimiento estar unido por un perfecto amor, y aun diremos que aquél no es justo si no está acompañado de éste.

en parte con mucho fundamento: es un absurdo admitir estas leyes grabadas en el alma como pudieran grabarse en un bronce, o por lo menos existente en ella de un modo indeleble antes de toda sensación y discurso. Todas nuestras ideas provienen de los sentidos; el plan de ellas es el resultado de la educación física y moral, pues ambas influyen en que pensemos de tal o cual modo, y así lo que se llama derecho inspirado por la naturaleza no es sino efecto de la educación.

Yo convengo en que este derecho no es innato en el sentido cartesiano; cuando se dice impreso en nuestra alma solo se quiere indicar su permanencia, mas no el modo de adquirirlo; tampoco se usa la palabra infundido para indicar una verdadera inspiración, sino una excitación constante de la naturaleza, quiero decir, del conjunto de los seres, a formar siempre unas ideas. Tal vez por no fijar el sentido que se da a la palabra naturaleza, se ha suscitado toda la cuestión; se dice que el alma por su naturaleza, esto es, por un principio grabado en ella, y que la dirige prescindiendo de todo discurso, tenga un código de leyes naturales; ni tampoco se toma la naturaleza por su autor, dando a entender que Dios inspira en cada momento los preceptos naturales; solo se dice que los seres tienen ciertas relaciones evidentes y constantes, que demuestran que unas cosas convienen y otras repugnan, que incesantemente están excitando al hombre a formar estas ideas, y que no puede alterar sin que altere el orden de la naturaleza. De este modo es como dicta Dios los preceptos naturales, porque la naturaleza es obra suya. Debemos distinguir siempre la luz natural del derecho natural; éste consiste en un conjunto de verdades que se adquieren de un modo constante y fácil, observando lo que conviene o repugna a los seres; aquella no es otra cosa que la facultad de pensar que ha dado Dios al hombre.

Es cierto que nuestras ideas son el resultado de la educación, mas ésta es constante porque la naturaleza nos educa de un modo uniforme, y los hombres conducidos por la naturaleza nos dan la misma educación. Si ésta fuera caprichosa, o dependiese del arbitrio de los hombres, sería el fenómeno más extraordinario e inexplicable, el que todos los pueblos en todos los tiempos conviniesen en unos mismos principios, de modo que para confirmar la doctrina basta la misma objeción que se hace contra ella. Yo no veo nada constante que dependa de la opinión caprichosa de los hombres, y nada me parece tan exacto como lo que dijo sobre esta materia el orador de Roma: opinionum commenta delet dies, naturae judicia confirmat.

No entraré en la cuestión de si sería posible educar al hombre de modo que formase ideas totalmente contrarias a las que ahora tiene sobre la bondad o malicia de las acciones y sobre sus deberes. Para mí es una quimera semejante educación, pues sería preciso sacar al educando de la naturaleza para que ésta no le dirigiese, y sería preciso que ni por un momento formase la idea de su Criador, pues en ese mismo momento le amaría, y se creería obligado a ciertos deberes respecto de él. Mas suponiendo que todo fuese posible, respondo que no se habría conseguido otra cosa que educar un hombre contra los dictámenes de la naturaleza, lo cual no probaría que no existen estos dictámenes, sino que se había logrado desatenderlos.

Las aplicaciones de una verdad son cosas muy distintas de ellas, y los hombres percibiendo claramente que deben procurar su bien y el de sus semejantes suelen equivocarse en la naturaleza de dicho bien y en el modo de procurarlo. En algunos pueblos dieron muerte los hijos a sus padres ancianos, pero bajo la idea de hacerles un bien, y sin contradecir a la inspiración de la naturaleza en favor de sus padres. Ellos creyeron librarlos de una gran miseria en los males de la ancianidad, y darles una vida tranquila y más segura; esta idea los condujo, y no la ignorancia de sus deberes, ni el desprendimiento del amor filial. Los espartanos premiaban al joven que se apoderaba de una prenda sin que su dueño lo percibiera; mas no protegían el hurto, pues dejaba de serlo habiendo un pacto en todo el pueblo establecido por la ley en que se comprometían los individuos a ensayar la vigilancia de los propietarios y la sagacidad de los jóvenes para cuando fuera preciso despojar al enemigo y defender las posiciones propias.

Como observa un anónimo de mucho mérito, aunque se confiese que ha habido usos bárbaros en los pueblos, esto nada prueba contra la existencia del derecho natural; porque los sentimientos verdaderamente eran muy contrarios a los que se les atribuyen a estas naciones, que tal vez suponemos más bárbaras de lo que son. Que se enseñe un reino, una provincia, un pueblo, o si siquiera una familia donde la ingratitud y la perfidia sean honradas y donde la fidelidad y gratitud se desprecien. El mismo indio que mata a los enfermos incurables lo hace para abreviarles el padecer, y si le preguntamos si debe asesinar a su bienhechor, si debe ser fiel a sus promesas, se agraviaría de nuestra pregunta. El cafre y el hotentote, el salvaje que habita en los montes de África y el que la naturaleza ha colocado en los extremos de Asia o de la América, están acordes en muchos puntos como si se hubiese convenido; el pérfido, el ingrato, el asesino, son detestables, y la buena fe, la beneficencia, son amadas. Ha habido pueblos sumergidos en la ignorancia; muchos viajeros hablan de hombres que no conocían la divinidad; pero las relaciones hechas por sujetos que apenas pisaron el territorio de una nación, cuya lengua, usos y leyes ignoraban, no pueden ser de ningún valor; y con agravio de la naturaleza humana los viajeros nos han vendido sueños por observaciones, y caprichos por realidades.

Todas las leyes de los pueblos se fundan en estos dictámenes de la razón; y cuando se separan de ellos, son injustas: el grito universal que las condena es una prueba de que se oponen a otra ley más poderosa, que está impresa en el corazón de los hombres. Por el contrario, luego que aparece un dictamen justo, la generalidad de los pueblos le aplaude, y aunque es cierto que un corto número de individuos suele oponerse, la razón general de los pueblos percibe muy pronto el interés que mueve a estos hombres, y les hace ahogar los sentimientos de su espíritu.

La naturaleza presentando una diversidad de cosas y una contrariedad de circunstancias demuestra que no puede convenir a unos seres lo que conviene a otros, ni debe practicarse en unas mismas circunstancias lo que se ejecuta en otras. El hombre percibe muy pronto que si sus operaciones se arreglan a este orden dando a cada objeto lo que él merece, son buenas; pero si se trastorna este orden, y tributa a unos objetos lo que pertenece a otros, si practica en unas circunstancias lo que conviene a otras, opera mal, y él mismo se corrige. No depende, pues, del arbitrio del hombre hacer que una acción sea buena y otra mala; él no puede hacer que la pérdida de su vida sea un bien, y su conservación un mal. Tal es el imperio de la razón y el orden de la naturaleza.

Estas primeras verdades le conducen a tener por malas todas aquellas acciones que perjudican a sus semejantes, aunque él encuentre placer en ellas, pues infiere que los demás hombres experimentarán los mismos sentimientos que él experimentaría en iguales circunstancias. El que roba, el que hiere, el que engaña a otro, conoce por luz natural que estas acciones son malas, porque le serían muy sensibles si se hicieran respecto de él.

Hay algunas deducciones remotas que no pueden formarlas todos los sentimientos, y así en la aplicación de las verdades evidentes observamos divididos los pareceres, teniendo unos por bueno lo que otros reprueban. De esta diversidad de opiniones han querido deducir algunos que no existe derecho natural; pero se engañan, pues advierten que si discurrimos de este modo, no habrá ley alguna en los pueblos, pues por más clara que sean, más constantes y más justas, siempre habrá diversidad de pareceres en su aplicación.

Podemos concluir que habiendo verdades evidentes en la naturaleza, y aplicaciones claras y sencillas que no pueden ocultarse a la menor reflexión que se haga; existe un derecho de la naturaleza cuyo código no es otro que el mismo conjunto de los seres, cuyo legislador es el autor de todos ellos, y cuyo intérprete no es otro que la razón.

De lo que dicta en particular la luz de la razón La luz de la razón, demostrando la naturaleza del hombre y sus semejantes como asimismo la dignidad del Criador, nos excita al amor de estos seres, y por eso algunos con Heineccio han puesto el amor recto como el principio del derecho natural. Pero el amor rectificado por la razón debe ser conforme a los objetos que se aman; y de aquí es que el amor de Dios debe ser el primero, pues no solo es el objeto más digno, sino el único capaz de proporcionar al hombre su verdadera felicidad, en términos que en el amor de Dios está envuelto el del mismo hombre.

El amor de sí mismo debe ser superior al que el hombre tiene a sus semejantes, pues aunque son de una misma dignidad de naturaleza, concurre la circunstancia de ser propia esta naturaleza individual, y la razón dicta que entre dos cosas iguales, una propia y otra ajena, nos inclinemos a la que nos es propia; y así, aunque la naturaleza de Antonio sea la misma que la de Pedro, éste debe amar a su naturaleza, esto es, su alma y cuerpo, más que la de aquél, y no debe perder lo suyo por conservar lo ajeno.

En el mismo hombre hay dos cosas, una más digna que otra: el alma y el cuerpo; y por consiguiente el amor de aquella debe preferirse al de éste, y cuando los hombres, según acontece muchas veces, cuidan mucho más de su cuerpo que del alma, proceden contra la recta razón y el derecho natural. Sin embargo, de la mayor dignidad del alma, está obligado el hombre a la conservación de su cuerpo; y de aquí es que debe combinar sus operaciones en términos que atienda a la utilidad de ambas sustancias, pues de ambas se compone.

En general dicta la razón que se debe amar el bien y aborrecer el mal, entendiendo por bien todo lo que es conforme a la naturaleza del hombre, sus semejantes, y su Criador. De aquí proviene el no querer para otro lo que no quiere el hombre para sí mismo, pues el modo mejor de regular lo que es conveniente a otro, es examinarnos a nosotros mismos, como puestos en iguales circunstancias, porque somos de una misma especie. Siempre dicta la razón elegir el bien mayor, y éste es el más conforme al hombre en sus relaciones con Dios y sus semejantes. Por último, tiene el hombre una obligación en la conservación de su patria, pues que ésta le proporciona su bienestar, y el de sus semejantes, que la naturaleza ha puesto más inmediatos.

Por derecho natural, todos los bienes antes de entrar en el dominio de algunos, son comunes; pero luego que alguno legítimamente por su industria, o por título justo los posee, pide la recta razón que no se les despoje de ellos, pues que uno adquiere un derecho natural a los frutos de su trabajo y desvelo, como asimismo a todo aquello que la naturaleza le ha dado privadamente.

De aquí se infiere que es contra derecho natural el homicidio, el hurto, la difamación, la mentira, por ser evidentemente contra el bien de nuestro semejantes, infringiendo el derecho que naturalmente tienen todos a su vida, bienes, fama, certidumbre en sus conocimientos; el suicidio, la mutilación de algún miembro, la pérdida de la salud, la ignorancia voluntaria de las cosas precisas al hombre, pues todo se opone claramente al bien individual del mismo; la blasfemia, el perjurio, la irreligiosidad, por ser cosas contrarias a lo que exige de las criaturas racionales la naturaleza del Ser Supremo que las ha criado.

El homicidio por legítima autoridad es lícito según derecho natural, pues ciertamente pide la recta razón, que se castigue, privándole de la vida, a un miembro perjudicial a todo el cuerpo social; así como el árbol se le corta un ramo que puede secarle todo, siendo cierto que el bien común debe preferirse al particular, porque en el bien común van envueltos los derechos de muchos particulares. De manera que el homicidio hecho por autoridad pública y con justa causa, aunque sea contraria a la naturaleza física e individual de aquél a quien se le quita la vida, es conforme a la naturaleza de toda la especie humana, que exige su conservación política, así como la mutilación de un miembro corrompido es contraria al mismo miembro, supuesto que le destruye, pero no le es respecto de la naturaleza de todo el cuerpo físico, que exige su conservación.

No tratamos de si es o no conveniente a la sociedad la pena de muerte; muchos autores siguen la opinión del sabio Beccaria que sostiene que es perjudicial dicha pena, y que la sociedad no tiene poder para imponerla. Lo único que decimos es que en la suposición de ser necesaria al bien social la muerte de un malhechor, que por sus crímenes la merece, puede imponérsele. La principal razón de Beccaria es que ningún hombre tiene facultad de quitarse la vida, y como el cuerpo social recibe su poder de los individuos que le componen parece que tampoco tienen unas facultades de que carecen los que podían dárselas. Un cuerpo moral tiene un poder muy distinto del de sus individuos separados, y en todas las instituciones es muy sabido que aunque cada persona no tenga derecho ni representación para hacer una cosa, el conjunto lo tiene. Una sociedad forma un individuo total, y así como a cada hombre le es lícito en defensa de su vida matar a otro, aunque éste no le dé ningún derecho, ni prueba dárselo, la sociedad puede matar al que quiere quitarle su vida social infringiendo la ley, si no puede remediar el daño de otro modo.

Lección décimatercera. De la moralidad o naturaleza de las acciones

Moralidad de una acción es su bondad o malicia, porque estas propiedades la constituyen en la clase de costumbres o acciones morales, a distinción de las físicas necesarias, que no dependen del arbitrio del hombre, o a lo menos se hacen sin advertencia. Así el dar una limosna será una acción moral; y una acción física y necesaria, la digestión, circulación de la sangre, movimiento repentino al oír un gran ruido, etc. Por bondad de un acto entendemos su conformidad con la ley, y por malicia su repugnancia. Llamamos imputación de un acto el atribuírselo a un sujeto, como digno premio o castigo, por haberse conformado o haber infringido la ley. Para que haya imputación de un acto es preciso que haya conocimiento y libertad, pues a ninguno debe premiarse o castigarse por lo que no sabe o puede evitar. Por lo cual, todo lo que se opone al conocimiento y deliberación del hombre, disminuye y muchas veces quita la imputación y moralidad del acto. Mas al conocimiento se opone la ignorancia, y a la deliberación la violencia; luego la moralidad, y su efecto, que es la imputación, se destruyen o minoran por la ignorancia y la violencia.

La ignorancia puede ser invencible o vencible; la primera cuando de ningún modo puede tener el hombre un conocimiento; la segunda, cuando realmente no le tiene, pero le hubiera tenido habiendo puesto los medios necesarios. Claro está que la ignorancia invencible destruye toda imputación; pero no la vencible, aunque de algún modo la disminuye.

También se opone al conocimiento el hábito, pues quita la advertencia; pero puede reducirse a la ignorancia, porque no hace otra cosa sino que el hombre sepa o no lo que hace. Por tanto, si el hábito fuere tal, que produzca una distracción absoluta, exime de toda imputación; pero si dejare al hombre con advertencia, no le exime de ella. Debemos notar que una cosa puede quererse en sí misma, o en su causa; v. g. la virtud la queremos por lo que es en sí, y la embriaguez con todos sus efectos no la queremos por lo que es, sino por haber querido beber algo más de lo necesario. Así diremos que un ebrio blasfemo, aunque no sepa lo que hace, quiere la blasfemia, porque quiso la causa ocasional de ella, que fue haber bebido más de lo necesario.

La violencia que se opone a la deliberación puede ser absoluta o respectiva. Absoluta, cuando empleando el paciente toda su virtud y fuerza, no puede superarla; como si entre muchos llevan violentamente a un hombre, que aunque emplea toda su fuerza para escaparse, no puede absolutamente superar la de tantos. Respectiva, cuando el paciente, aunque resista, no emplea todas sus fuerzas y recursos en esta resistencia. La violencia absoluta quita la imputación, pero no la respectiva, lo mismo que dijimos de la ignorancia.

Se opone igualmente a la deliberación la necesidad, que así como la violencia puede ser absoluta o respectiva; diferenciándose únicamente de aquella, en que la necesidad suele entenderse como causada por un principio intrínseco, y la violencia por uno extrínseco, y así es necesaria la circulación de la sangre, y no violenta; también son necesarias todas las sensaciones, estando expeditos los órganos, y no son violentas. Pero si alguno quisiere reducir una cosa a otra, no nos opondremos.

En una acción moral debemos considerar su objeto, fin circunstancias, pues todo esto influye en clasificarla. El objeto no lo consideremos según un ser físico, sino según su ser moral; esto es, su conformidad o repugnancia con la ley, por el modo con que nos dirigimos a él. Así el dinero, según su naturaleza física, podemos cogerlo para dar una limosna, o para hurtárselo a su dueño: en el primer caso es objeto de un acto virtuoso; y en el segundo de un acto inicuo.

El fin de una acción es lo que principalmente influye en ella, porque demuestra la intención del agente. Puede considerarse de dos modos: 1) según la naturaleza de la misma acción; 2) según las miras del que la produce; v. g. el dar un gran donativo a la patria tiene muy diversa moralidad según estos diversos respectos, porque atendiendo a su naturaleza, es una acción laudable, y atendiendo a las miras del que lo da puede ser una acción vil y despreciable.

Por lo que hace a las circunstancias, unas mudan la especie del acto humano, y otras lo agravan en la misma especie. Decimos que se muda la especie de un acto cuando se le hace corresponder a diversa ley y conformarse u oponerse a diversa virtud: v. g. la circunstancia de matar a un juez, diversifica en especie el acto, porque lo hace oponerse no solo a la virtud de la caridad, y a la ley que prohíbe matar a otro hombre, sino también a la virtud de la obediencia, y a la ley que manda a obedecer a los jueces. Y así la circunstancia de juez muda la especie del acto. Mas cuando v. g. Se roban 100 pesos, la cantidad es una circunstancia que agrava el acto en la misma especie, pero no la muda, porque tan hurto es el de 100 pesos como el de 50, y una misma ley prohíbe ambos, diferenciándose solamente en la gravedad.

Lección décimacuarta. Del sentido íntimo o conciencia
Expuesta la naturaleza o moralidad de las acciones humanas, conviene que tratemos del principio que nos dicta esta moralidad, haciéndonos conocer la conveniencia o repugnancia de nuestros actos comparados con la ley. Este principio es el sentido íntimo o conciencia. Llamamos sentido íntimo el conocimiento que tiene el hombre de lo que pasa en sí mismo, y aplicando este conocimiento a la moralidad de las acciones, le llamamos conciencia. De donde se deduce que hablando con rigor es una misma cosa sentido íntimo y conciencia, aunque a este último nombre se le haya dado una significación más contraída.

No es otra cosa la conciencia sino el juicio que forma el hombre de la bondad o malicia de sus actos. La composición latina de esta voz, según lo notarán aun los menos inteligentes, expresa lo mismo que si dijéramos en castellano, acto de saber consigo mismo o consultándose a sí mismo. Dijo muy bien el docto Heineccio que la conciencia era verdaderamente «el resultado de un silogismo, cuya mayor contiene la ley, la menor el hecho, y el consiguiente la sentencia que pronunciamos». Y así, por ejemplo, se juzga que el hurto es malo formando este silogismo: la ley prohíbe quitar lo ajeno; es así que Pedro ha quitado lo ajeno, luego su acción es mala.

Esta conciencia es la única regla en las acciones humanas, porque a ella deben conformarse. De manera que el hombre no debe operar contra su conciencia, y la razón es muy clara, pues entonces se determinaría a hacer lo que cree injusto, o a no admitir o despreciar lo que cree justo y apreciable, lo cual es un gran absurdo.

De aquí se infiere, que toda acción justa ha de ser conforme a la conciencia del operante, para que pueda imputársele como justa, pues de lo contrario, aunque la acción por su naturaleza sea justa, si el agente no la cree tal, y con todo la produce, debe imputársele como mala, porque como ya hemos dicho, las acciones reciben también su moralidad del fin e intención del operante, y es constante que en este caso el agente tendría voluntad e intención de hacer una acción mala, pues como tal consideraba la acción justa. El matar a un enemigo en guerra legítima, es una acción justa; pero si uno persuadiéndose que era ilícito, lo ejecutara, procedería mal. Aunque siempre debe el hombre operar según su conciencia, no siempre opera bien conformándose con ella, porque ésta puede ser errónea, dictada por el desarreglo de las pasiones, o por una ignorancia vencible; y entonces, si la acción es mala debe imputársele al agente, según las doctrinas dadas en la lección anterior, pues sería un verdadero voluntario en causa.

Dividimos la conciencia siguiendo al citado Heineccio, primero en buena y mala.

Buena, cuando por el consiguiente silogismo predicho nos juzgamos inocentes; mala, cuando según el mismo consiguiente nos hallamos culpados. Conciencia recta, cuando racionamos bien sobre nuestras acciones; errónea cuando nuestro raciocinio está mal hecho. Por tanto, puede la conciencia ser buena porque nos juzga inocentes, y errónea porque no hemos racionado bien; al contrario, puede ser mala porque nos condena, y recta porque está bien hecho nuestro discurso, y así v. g. el que juzga que matando a otro hace mal tiene conciencia mala que le condena, y recta porque ha discurrido bien. La conciencia se divide en cierta, dudosa y probable, sin que demos otras definiciones o explicaciones de estos términos que la que ellos mismos expresan. Muchos hay que deteniéndose en leves razones, o por decirlo mejor, sin fundamento, quieren hallar malicia en las acciones más justas, y a ésta llamamos conciencia escrupulosa, que debe totalmente despreciarse. Otros, por el contrario, desatienden todas las razones que acriminan una acción, y quieren justificar aun las más inicuas; a ésta llamamos conciencia lata, que debe refrenarse rigurosamente.

Como son varios los grados de probabilidad que puede tener un juicio, se ha suscitado una gran disputa sobre si basta para justificar el proceder de uno en materias morales que siga una opinión probable, o si es preciso que se acomode a la más probable. Para resolver en esta materia, debemos advertir que la diversa probabilidad muchas veces debe considerarse con respecto a los diversos entendimientos, porque la opinión que a Pedro le parece más probable, a Juan le parece menos probable que su contraria. Otras veces se considera la probabilidad de una opinión en sí misma, por las razones intrínsecas que tiene, prescindiendo de que la admitan o no la admitan.

Supuestas estas nociones, creemos que todo hombre está obligado a seguir la opinión que juzga más probable; pero no creemos que deba acomodarse a la que según el consentimiento de otro sea la más probable, porque entonces procedería contra su conciencia.

Supuestas estas nociones, creemos que todo hombre está obligado a seguir la opinión que juzga más probable; pero no creemos que deba acomodarse a la que según el consentimiento de otro sea la más probable, porque entonces procedería contra su conciencia.

La razón de esta doctrina es porque todo hombre debe procurar acercarse cuanto pueda a lo más cierto y a lo más justo; y por consiguiente como la opinión más probable es la que más se acerca a su sentir a la verdad y justicia, se infiere que debe arreglarse a ella si es que ingenuamente desea proceder bien. Sería un absurdo que un hombre dijera: ejecuto una acción que más probablemente creo que es injusta que no que es ilícita, y con todo me persuado que procedo bien moralmente. Nos reiríamos de este hombre como del que dijera: tengo por más probable en materia de física esta opinión, pero yo sostengo su contraria, preciándome de ser buen filósofo.

Lección décimaquinta. De las virtudes
El hombre adquiere una inclinación constante al bien y un hábito de conformar sus operaciones a la razón; a esto llamamos virtud. Mas el bien a que se dirige

la virtud es real y no aparente, pues no es un verdadero bien todo lo que el hombre se finge, sino aquél que es conforme a las relaciones de los seres.

Cuatro de las virtudes forman la base de toda moralidad, y por tanto se llaman cardinales. La prudencia enseña al hombre lo que debe elegir o rechazar como bueno o malo moralmente, y le dispone a conformar sus actos en términos que siempre tengan buenos resultados. La práctica en meditar y la observación de las cosas pasadas inspiran esta prudencia. Una de sus funciones principales es la circunspección, o una observación de las circunstancias de un hecho, y la preocupación que es el cuidado de evitar lo que puede acontecer en lo futuro. La falta de consideración, la inconstancia cuando es sin motivo, la precipitación, la negligencia que retarda el ejecutar lo útil, he aquí los vicios contrarios a la prudencia.

La justicia concede a cada uno lo que es justo, y se llama conmutativa cuando se observa en los contratos o conmutación de los bienes, y distributiva cuando se observa en dar premios y castigos.

Por obligación entendemos un enlace de motivos que hacen necesaria una acción que por su naturaleza era libre. Se dice perfecta cuando obliga, imponiendo pena si no se cumple; e imperfecta cuando no se impone dicha pena. Derecho de uno, quiero decir la facultad que tiene de exigir algo porque otro está obligado a dárselo; y por tanto hay derecho perfecto e imperfecto, según la obligación de que proceda. Oficio es todo acto que se ejerce por estar obligado; y se dividen también en perfectos e imperfectos así como todos los derechos.

De los oficios perfectos Los oficios del hombre pueden ser respecto de Dios, de los otros hombres, y de sí mismos; los comprenderemos todos bajo los siguientes axiomas.

1.º El hombre debe a su Criador una sumisión total y pronta obediencia, suma gratitud y amor que debe manifestarse por los signos de un verdadero culto religioso, tal cual le prescriba el mismo Dios.

2.º Respecto de los otros hombres está cada uno obligado a no privar a otro de sus derechos, infiriéndole daño en sí o en sus bienes pues la ley natural excita a no hacer a otro lo que no quisiéramos se hiciese a nosotros.

3.º Respecto de sí mismo está el hombre obligado a conservar su vida, tanto en lo físico como en lo político, ilustrar su alma con las luces necesarias a su estado, fortificarla con las virtudes.

De los oficios imperfectos Ya hemos dicho que por oficio imperfecto se entiende el que nace de obligación imperfecta, o que no trae anexa pena. Se funda en este principio: hazle a otro todo aquello que quisieras hiciesen contigo. A este género de obligación pertenece el beneficio, que es un acto provechoso a otro en el cual no esperamos recompensa. Un deseo constante de hacer beneficios se llama beneficencia. Por tanto en todo beneficio debe atenderse más a la intención del que lo hace que a la misma obra, pues si espera recompensa directamente, de modo que no se ha propuesto otra cosa en su acto, ya no es beneficio, sino una especie de contrato, que grava lejos de aliviar. De aquí se infiere cuán vil es la intención de algunos que hacen infinitas acciones favorables a un sujeto con intención de obligarle en términos de manejarlos a su arbitrio. Estos no deben llamarse beneficios, sino viles cadenas formadas por un alma rastrera. También pertenece a los oficios imperfectos la amistad, o la unión de dos o más individuos, que procuran favorecerse mutuamente; y ésta tiene diversos grados según los diversos motivos que la causan.

Partes de la justicia La justicia tiene ciertos medios o facultades para su ejercicio, y éstas son: la religión, piedad, observancia, veracidad, gracia, vindicación, liberalidad, amistad y afabilidad. De la religión hablaremos en otro lugar.

La piedad, dice Tulio, es la virtud por la que guardamos los oficios debidos a la patria, padres y allegados. Suele tomarse también por la devoción. Esta virtud nos hace reverenciar a aquellos hombres que sobresalen en sabiduría, honor o en otra dignidad, pero esto debe hacerse con juicio, para no esclavizar el entendimiento y no caer en un idiotismo ridículo o en una adulación criminal.

Observancia es la virtud que nos hace reverenciar a aquellos hombres que nos exceden en sabiduría, honor o en otra dignidad. Verdad o veracidad es por la que procuramos hablar de las cosas como son en sí, o a lo menos como las percibimos.

El hombre está obligado justamente a guardar verdad por el derecho que tiene otro para no ser engañado; pero cuando falta este derecho, falta aquella obligación. En este caso no puede decirse que se miente, pues para que no haya mentira basta que por las circunstancias que acompañan a las palabras expresemos lo que verdaderamente pensamos, o por lo menos nuestra verdadera intención. Es cierto que se induce a error al que oye, mas esto no es porque la verdad no se manifieste, sino porque él no quiere verla, o está de tal modo apasionado que no la ve. Entre inducir a uno a error, y faltar a la verdad, hay una gran diferencia, pues a veces, como suele decirse, engañamos con la misma verdad. También es cierto que los hombres más justos proceden muchas veces con intención de engañar, pero nunca con la intención de mentir, esto es, con intención de hacer un ultraje a la verdad. Su mente está bien manifestada por las mismas circunstancias que le obligan a tomar dicho partido. La verdad nada sufre, pues no se hace más que impedir su conocimiento a quien no tiene derecho a saberla y haría un grave abuso de ella.

Este es el fundamento que han tenido muchos autores de gran mérito y virtud para distinguir dos clases de restricciones mentales en la manifestación de la verdad: unas que llaman puramente mentales, porque de ningún modo están manifestadas ni pueden inferirse, y otras que llaman externas, porque efectivamente se dan a conocer por las mismas circunstancias, aunque no se expresen en las palabras. Convienen en que no es lícito usar de las primeras, pero aseguran que hay muchos casos en que son lícitas y aun necesarias las segundas. Yo encuentro muy fundada esta doctrina, pues cuando la restricción es de tal modo mental, que no puede inferirse, es prueba de que el que oye tiene un derecho a no ser engañado, porque si no le tuviera bastaría esta circunstancia para externar la intención del que habla, y conocerse que no pretendía manifestar la verdad, sino evadir, por decirlo así, un asalto, y el robo de un secreto o de unas ideas, cuya manifestación podría perjudicarle, que es el caso de la segunda clase de restricciones. A un ladrón que pregunta dónde está el tesoro, para llevárselo, es lícito negar que se sabe de él, pues dicho ladrón no tiene un derecho para la pregunta, ni para exigir fe, y mucho menos para que se le proteja en el cumplimiento de su crimen. Si un hombre solicita la persona de otro para darle muerte, y pregunta al dueño de una casa si está en ella, éste debe negarlo, si no puede impedir de otro modo el hecho, pues manifestándolo llevaría el puñal al seno de su hermano, infringiría las leyes de la naturaleza, se opondría a las miras santas de un Dios de bondad, y sería el protector del crimen. El asesino ningún derecho tiene a que no se le engañe; el miserable que está oculto lo tiene a conservar su vida. Esta circunstancia le indica claramente que no se trata de manifestarle la verdad. Engañándole, no solo no le privamos de un derecho, sino que le producimos un gran bien, evitando su crimen; al paso que el infeliz que va a ser víctima, perderá lo más amable que puede tener, que es la vida. Pero todos los hombres tienen igual derecho, por la naturaleza, a nuestra consideración; algunas circunstancias forman una justa diferencia en nuestro aprecio; luego perdiendo mayores bienes uno que otro, y siendo éste menos apreciable por razón de ser criminal pide la justicia que se proteja al inocente, y se repela de todos modos al perverso. No es lícito mentir; pero esto debe entenderse, lo mismo que no es lícito matar; esto es, que cuando falte el derecho en el otro para exigir la conservación de su vida, como sucede en el injusto invasor que viene a dar muerte, yo puedo matarlo; y asimismo al injusto invasor de mis ideas, que sin autoridad alguna viene a exigir secretos para producir graves daños en mí, en mis semejantes y en toda la sociedad, puedo negarle lo que no le debo, y ninguna ley le concede. Esta no sería una mentira, o un acto prohibido por ser contrario a la veracidad, así como no es un crimen de homicidio matar a un hombre con justa causa y autoridad legítima, aunque el acto de matarle sea el mismo que el del homicidio criminal.

En esta materia, como en todas las morales, debe reinar la ingenuidad y moderación, pues el hombre no puede quitar la vida a otro a pretexto de que pretendía privarle de la suya; no puede mentirle aunque sea en materia leve por cualquier motivo, sino por una causa gravísima; ni puede quitarle sus bienes físicos a pretexto de necesitarlos; pero claro está que uno que se halla muerto de hambre, y en un paraje donde no puede socorrer su necesidad si algún hombre desnaturalizado le niega el sustento, puede acometerle y quitárselo sin que esta acción tenga el nombre de robo.

Gratitud es la que sugiere una buena voluntad hacia otro en memoria de sus beneficios. Vindicación es por la que repelemos de nosotros y de los nuestros toda mala imputación, fuerza o calumnia. La liberalidad es la que conserva un medio en la distribución de bienes. Afabilidad es la que hace al hombre accesible por su compostura y buen trato.

La amistad se ha dicho siempre que no puede encontrarse sino entre los buenos; no ha faltado, sin embargo, quien piense lo contrario, y yo sigo este dictamen. Los ladrones se favorecen mutuamente, y aprehendiendo uno no declara sus compañeros; suele ir con este secreto al patíbulo y llevarle a la eternidad sin que por ningunos medios haya sido posible arrancársele. La amistad sin interés es una quimera; amistad por solo interés es la compra de un individuo, y la venta de un afecto. Todo el que ama es porque quiere ser amado y porque recibe un placer en amar; éste es su interés; además, muchas ocasiones espera que la persona apreciada teniendo los mismos sentimientos, opere cuando llegue el caso, como operaría el que aprecia. Sin estos vínculos no hay amistad. Pero cuando mueve a uno solamente el interés de conseguir, y no el mérito de la persona y el placer de la correspondencia amistosa, éste no es un amigo, sino un comprador de aquel sujeto a quien finge apreciar y un vendedor de ciertas exterioridades ridículas. Se dice que la amistad debe ser desinteresada; digamos más bien que no debe tener solo por un interés distinto de la persona que se aprecia, en términos que removido no se apreciará la tal persona; pero los amigos no se imponen por la amistad la pena de carecer de un derecho a los buenos oficios que se hagan mutuamente. Buscar otro género de amistad entre los hombres es buscar seres imaginarios. Infiramos de lo dicho que hallándose nuestro interés personal aún en la amistad más estrecha, la elección de amigos debe ser el objeto de serias meditaciones, pues de lo contrario nos produciremos un mal buscando el bien. Lo primero que debe hacerse es investigar la especie de interés que pueden exigir de nosotros, y los que podemos o queremos concederles para ver en la balanza de nuestras relaciones si es o no conveniente. De estas leyes de la amistad tenemos ejemplos históricos que todos ellos demuestran las obligaciones de corresponder. Pirro no podía consolarse en la muerte de un amigo porque no había tenido tiempo de pagarle sus beneficios. Decía Aquiles que en ninguna de las acciones heroicas que había emprendido se había olvidado más del peligro, que en la que emprendió por un amigo, y que ninguna le fue tan fácil, así como ninguna herida más dolorosa que la que le hizo Héctor. Replicándole que Héctor nunca le había herido, dijo: él ha muerto a Patroclo.

Puede faltarse a la justicia o por defecto o por exceso, y así en la justicia distributiva v. g. falta por exceso el que da un gran premio y honor en recompensa de una corta obra, o el que a un corto delito, aplica una pena grande; y por defecto, el que da menor premio o castigo del que merece una acción.

La virtud que nos hace arrostrar los peligros y sufrir los males, según el dictamen de la recta razón, se llama fortaleza.

De aquí se infiere que puede brillar en los actos de acometer y en los de sufrir. Si se acomete contra el dictamen de la razón, se llama temeridad, más propia de bestias que de hombre. Si se sufre fuera de los límites de la misma razón se llama insensibilidad, vicios que se oponen a la verdadera fortaleza por exceso. Por defecto se opone la pusilanimidad, y es cuando no nos atrevemos a emprender ni a sufrir aún aquellas cosas que dicta la razón.

La fortaleza da un ánimo tranquilo en los peligros y adversidades; y aquél será más fuerte que tenga más serenidad de espíritu, y conserve más expedito el uso de su razón, pues aunque muchos sufren y emprenden, no todos lo hacen con fortaleza, sino totalmente perturbados.

Muchos han querido hacer al varón fuerte como insensible a los males; pero éstos no han consultado a la naturaleza humana, y quisieron que para ser virtuoso dejara de ser hombre. Parece más racional decir que el varón fuerte debe sentir los males, pero no dejarse dominar de ellos; que en él tienen lugar las pasiones que no un imperio; usa de su naturaleza como de un medio para hacer brillar su virtud y no se deja abatir por los impulsos de esta naturaleza. Se alegra, se entristece, se llena de ira y de compasión, teme y confía; mas en todos estos actos es dueño de sí mismo. Tal es la idea de un hombre fuerte.

Se ha solido preguntar si el suicidio, y también el duelo o desafío, son actos de fortaleza. Por muy poco que se reflexione sobre la doctrina que hemos dado basta para resolver negativamente dichas cuestiones. El suicidio se comete por evitar otros males que falsamente se juzgan mayores que el mismo suicidio; luego el que se quita la vida lo hace porque no tiene valor para sufrir aquellos males, y por lo tanto lejos de probar fortaleza, prueba pusilanimidad. Pondremos unas palabras de San Agustín, que son muy al caso: «Pregunto si aquel Catón se quitó la vida por sufrimiento o por falta de él. Sin duda no lo hubiera hecho si hubiera podido sufrir la victoria de César.

¿Dónde está la fortaleza? Cedió, cayó. Mucha fuerza tienen los males que hacen a la fortaleza homicida, si aún se ha de llamar fortaleza lo que no solo puede guardar por medio de la paciencia del hombre a quien se encargó de regir y favorecer como virtud sino que ella misma le obliga a que se dé muerte.»[32] Por lo que hace al desafío, basta decir que es contra la razón, para quedar probado que no es acto de la virtud de la fortaleza. El desafío es el resultado de una vil venganza indigna de un alma noble o el efecto de una gran necesidad. Para decidir entre dos cuál tiene razón y derecho, suelen desafiarse: ¿Habrá mayor ignorancia? ¿Cuántas veces quedará en el puesto el que tenía

---

32   De civitate Dei, lib. 19, cap. 4.

mayor justicia, y saldrá victorioso el inicuo? Aun cuando venza el que tiene justicia, ¿probará que debe a éste la victoria, y no a la destreza, o a la casualidad? Un acto que perturba el orden social, y que las más veces por viles caprichos expone a perderse los estimables bienes de la vida, fortuna y familias de muchos ciudadanos, ¿podrá ser virtuoso? Muy ciego es preciso estar para creerlo.

Llamamos templanza «la virtud que pone un medio en los deseos corpóreos, ciñe al hombre en sus alimentos a los que exige su naturaleza, y refrena todos los demás apetitos según el dictamen de la razón». Parece inútil numerar los vicios contrarios a la templanza, cuando son muchos, y solo con atender a la definición que hemos dado, pueden conocerse. Sus partes más conocidas son: la humildad, que hace al hombre conocerse a sí mismo; la mansedumbre; la modestia, que da cierta compostura a sus acciones; la estudiosidad, que modera el deseo de saber, al paso que le incita a lo necesario; la urbanidad, que pone un medio en los juegos y diversiones, haciendo que el hombre ni sea insensible e insociable, ni tampoco se incline al ocio y chocarrería; la parquedad, que modera el cuidado y adorno del cuerpo en los vestidos y también en las demás alhajas, oponiéndose directamente al lujo, que consiste en distinguirse por el valor y brillo de los vestidos, alhajas y otros muebles, queriendo lucir entre todos los que en la sociedad tienen el mismo estado.

Lección décimasexta. Relaciones del hombre con la sociedad
El bien físico del hombre, no menos que el moral, están estrechamente unidos a la sociedad, pues sin ellos los males de la naturaleza humana no podrían encontrar un alivio tan fácil, los placeres serían menos variados e interesantes, las facultades de su alma no se desenvolverían, y la virtud apenas tendría ejercicio. Un hombre en la selva apenas podría distinguirse de los demás animales, y carecería como ellos de las admirables propiedades que le adornan en el estado social. Obsérvense los pueblos que se van aproximando al estado salvaje, y se verá una degradación funesta de la especie humana.

La sociedad produce males físicos minorando de algún modo la lozanía del cuerpo del hombre, pero también es preciso confesar que a veces le hace más fuerte, ejercitándole en trabajos que no hubiera emprendido si viviera en los bosques.

En el estado social se producen males morales, dando un pábulo a las pasiones, que hacen que los hombres se destruyan mutuamente; pero éste es un efecto de la depravación del espíritu y no de la naturaleza de la sociedad; éste es un mal necesario cuya carencia no haría más felices a aquéllos que ahora le experimentan, porque en tal caso serían privados de infinitos bienes.

Deduzco, pues, que a ninguno le es útil separarse de la sociedad por mero capricho, renunciando a los beneficios de esta madre común. La naturaleza impone al hombre la ley de hacerse feliz perfeccionándose; de aquí debe inferir que está obligado a no separarse de las fuentes de estas perfecciones que es el estado social.

¡Qué absurdo es decir que pasa una vida filosófica el misántropo que sin atender más que a sí mismo, vive entre sus semejantes sin interesarse en los bienes de la sociedad! ¡Qué filosofía es ésta que enseña a renunciar los placeres puros, que sumerge al hombre y le entierra vivo, que le convierte en un ser inútil! La mayor parte de los hombres ridículos se valen del medio para esconderse para excitar la curiosidad de buscarlos, y afectando vivir desprendidos, solo aspiran a las consideraciones de la sociedad, que fingen despreciar.

Las mismas necesidades sociales, acaecimientos políticos, y a veces las recomendables miras de la justificación, separan al hombre del gran torrente de la sociedad, a la cual no podría ser útil, y acaso perjudicaría su presencia, y en cuyo obsequio trabaja aún en su mismo retiro. Yo aplaudo este recurso que toma la virtud contra la persecución o contra los obstáculos que le presenta a veces la gran masa de los hombres; y por eso dije que nadie debía separarse de la sociedad por mero capricho, que seguramente no se da en los casos que acabamos de observar.

El hombre está obligado a guardar las leyes de la sociedad en que vive, aunque las crea contrarias al bien público, pues si cada uno pudiera ser juez en esta materia, nunca hubiera una sociedad arreglada siendo contrarios los pareceres, y todo hombre de juicio conoce que al bien social le interesa más el cumplimiento de una ley, por absurda que parezca, que no su infracción, pues la ley producirá un mal, pero el desorden de la sociedad autorizándose cada uno para infringirla, produce infinitos males.

La igualdad de los individuos en el cuerpo social es un ser quimérico, pues la naturaleza misma de la sociedad exige las diferencias individuales. Si todos mandaran, ¿habría concierto en el gobierno? Diré más, si todos son iguales, ¿podrá haber gobierno que supone una superioridad? y si no hay gobierno, ¿podrá haber una sociedad arreglada? Entre los hombres hay sabios e ignorantes, hay justos y perversos, hay laboriosos e inertes; ¿podrán éstos ser iguales? La igualdad social debe entenderse en términos que todos los individuos estén sujetos a la ley, teniendo unos mismos derechos si proceden de un mismo modo. Consiste asimismo en que cada uno en su estado experimente la protección general de la sociedad, disfrutando los bienes que deben ser comunes, como la conservación de la vida, y las propiedades individuales; teniendo tanto derecho un potentado a que se le conserve su hacienda, como un miserable su triste choza. Así debe entenderse que a los ojos de la ley todos los hombres son iguales.

El hombre tiene contraída una obligación estrecha con su patria, cuyas leyes le han amparado, y debe defenderla; por tanto es un absurdo decir que el hombre es un habitante del globo, y que no tiene más obligación respecto de un paraje que respecto de los demás. Es cierto que debe ser ciudadano del mundo, esto es, que debe tener un afecto general al género humano, una imparcialidad en apreciar lo bueno y rechazar lo malo donde quiera que se encuentre y un ánimo dispuesto a conformarse con las relaciones del pueblo a que fuere conducido; pero figurarse que el habitante de un país culto debe mirar su patria con la misma indiferencia que vería uno de los pueblos rústicos, es un delirio.

Los individuos de una sociedad tienen un derecho a los frutos de su industria y trabajo. Toda usurpación es contraria a la naturaleza, pues al que ha producido algo, auxiliando a la naturaleza, o valiéndose de sus recursos, parece que esta misma madre común le autoriza en la posesión de semejantes frutos.

Es un delirio creer que puede reinar entre los hombres una comunidad de bienes, pues todos no concurren igualmente a su producción y diversificándose estas causas productivas en su actitud y efectos, deben distinguirse en sus derechos a semejantes frutos. Pero es casi imposible que en la sociedad concurran todos los hombres de un mismo modo o con esfuerzos iguales a producir los bienes, y un perezoso nunca tendrá derecho a lo que produce un artesano activo; luego la absoluta comunidad de bienes, es un delirio de poetas que nunca podrá realizarse en todo un pueblo.

Deducimos de lo expuesto, que todo hombre para disfrutar de los bienes de la sociedad, debe cooperar de algún modo a ellos, y se halla en la obligación de elegir algún estado o ejercicio, pues nada es más perjudicial que la multitud de hombres vagantes que no se sabe a qué clase pertenecen, ni en qué se ejercitan.

Inferimos, asimismo, que ninguno puede elegir un género de vida que no sea útil a la sociedad, pues entonces no tendría un derecho a los bienes comunes, supuesto que no contribuiría de modo alguno a su producción, ni a algunas de las ventajas de la sociedad.

Lección décimaséptima. De la naturaleza de la sociedad y del patriotismo

La sociedad es «un conjunto de hombres que se prestan auxilio y conspiran todos a un bien general». Esta, cuando es independiente y tiene en sí todos los medios de su conservación, se llama perfecta, v. g. un reino; porque no está necesariamente sujeta a otro, y tiene en sí los medios de su conservación. Sociedad imperfecta es aquella que depende y está sujeta necesariamente a otra; como una familia en una ciudad y ésta en un reino.

Al modo que en el cuerpo humano cada miembro sirve para la vida de todo el hombre, qué le faltaría luego que disolviéndose esta armonía dejasen las partes de ejercer sus funciones; así en el cuerpo social, todos sus miembros conspiran al bien común, y ésta falta luego que, discordando los ánimos y ocupando el vicio el lugar de la virtud, olvidan los hombres sus deberes sociales. Tal es la naturaleza de la sociedad, que deja de serlo, convirtiéndose en un conjunto de bestias al momento que falte el equilibrio de las obligaciones, que constituyen su esencia.

Renuncian los hombres en su estado social alguna parte de su libertad, sometiéndose a la voluntad general expresada por la ley; mas esta pérdida debe llamarse una verdadera ganancia, pues ella les da derecho a la protección de esta misma ley para la seguridad individual, y a los mutuos oficios de los demás hombres. De estas utilidades sin duda hubieran carecido fuera de la sociedad, porque el hombre por sí solo no puede proporcionárselo todo.

Es, pues, la sociedad una madre común, que sustenta y protege a sus hijos, dándoles perfección en el espíritu por la comunicación de los conocimientos; y auxilios en la parte corpórea, por la conservación de la vida y las utilidades que les proporciona.

Siendo preciso para la verdadera sociedad que cada miembro ejerza sus peculiares funciones, debemos reflexionar sobre los vínculos que estrechan a los hombres a cumplir dichas obligaciones. Parece que, de éstos, unos son internos y otros externos, porque no hay duda que es preciso contener y excitar a algunos hombres perversos, y esto no puede hacerse sino por medios externos, al paso que muchos por una interna voluntad se dedican gustosos al bien común que jamás desatienden.

Concluiremos, pues, que los vínculos de la sociedad son la virtud y la ley; aquella impele al hombre a ejercer sus funciones con rectitud; ésta detiene al perverso, para que no trastorne al estado social, infringiendo los derechos de la comunidad o de algunos de sus individuos. No quiero decir, por esto, que la hermosura de la virtud no atrae muchas veces al más perverso, y la ley no dirige al justo para que practique la voluntad general; sino que los vínculos internos tienen su principal efecto en el justo, y los externos, con propiedad, solo compelen al perverso, pues el justo sigue la ley gustosamente. De las virtudes hemos tratado; falta, pues, que hablemos de las leyes, pero antes es preciso que consideremos cuál es el poder legislativo de la sociedad, y quién puede ejercerlo en ella.

Todos los individuos renuncian una parte de su libertad comprometiéndose a obedecer, practicando algunas cosas y omitiendo otras en favor del cuerpo social; de donde resulta un poder general compuesto de la renuncia particular que ha hecho cada miembro. Mas el cuerpo social, si todo entero quisiese ejercer su dominio, vendría a parar en su ente imaginario y repugnante, porque unos mismos serían los que mandaran y obedecieran, y no habría una voz directiva, resultando un caos civil. Fue preciso, por tanto, constituir una cabeza de dicha sociedad en quien se depositara el dominio; quedó formado un contrato entre el pueblo y su gobernante, por el cual éste se obliga a mandar según las leyes, y aquél a obedecerle según las mismas.

Tienen, pues, una autoridad legítima las cabezas de las sociedades y todas aquellas personas subalternas, que según la ley y la naturaleza de la misma sociedad, son necesarias para los gobiernos parciales. Según las diversas formas de la sociedad constituyen uno o muchos su cabeza gobernante.

Se da el nombre de monarquía cuando uno solo gobierna; aristocracia cuando gobiernan algunos pocos y de la nobleza; y democracia cuando gobierna el pueblo convenientemente reunido. El tratar de estos gobiernos pertenece a la ciencia política.

Para el régimen de la sociedad es preciso que se manifieste la voluntad general de la soberanía que sirve de norma, y a la cual se conforman los particulares, conservando de este modo la unidad necesaria al cuerpo social. Estos hacen las leyes. Es, pues, la ley «la voluntad de la soberanía constante y justa, que prescribe algo bajo ciertas penas o premios, y se promulga para ser obedecida por los súbditos». De aquí se infiere que toda ley debe ser justa y constante, esto es, dada sin tiempo señalado, sino que permanece indefinidamente, mientras no se derogue, y en esto se distingue del precepto que se da para uno u otro caso, y expira con la muerte física o civil del que lo impuso. En términos, que aunque toda ley es precepto, no todo precepto es ley. Se infiere igualmente que es necesaria en toda ley su promulgación, y ésta consiste en manifestarla suficientemente a aquéllos a quienes debe obligar. Se juzga suficientemente manifestada, cuando lo está a la mayor parte de la sociedad, y cuando todos pueden saberla aunque por su negligencia no la sepan.

Según su origen se dividen las leyes en divinas y humanas, en naturales y positivas. Ley divina eterna, se llama considerada en la mente de Dios; de ésta es una emanación la natural, promulgada por la luz de la naturaleza. Positiva es la que se establece en tiempo; y ésta, o es divina contenida en las sagradas letras, o humana establecida por los hombres. La humana es eclesiástica o canónica, que pertenece al régimen de la iglesia; o civil, que se dirige a todo el cuerpo de la sociedad.

Deben las leyes ser conforme a la naturaleza humana para serlo al derecho natural, e igualmente debe conformarse con las circunstancias y costumbres del pueblo a quien se dirigen, y principalmente con el tiempo en que se promulgan, pues la gran prudencia legislativa consiste en promover el bien general del pueblo que se gobierna.

Expresando la ley la voluntad general, por la que se obliga a ciertas operaciones del cuerpo social, se deduce que todos sus individuos están obligados a su observancia, pues aunque haya alguno que sea de dictamen diverso y juzgue contraria la ley que la sociedad ha establecido, debe observarla, porque viviendo en un cuerpo social, está obligado a promover su bien común, y no hacer oficios contrarios a su unidad, en que consiste la vida civil.

La costumbre suele tener fuerza de ley, mas para esto se necesitan algunas circunstancias: 1) Que sea moralmente universal, o de todos aquéllos a quienes obliga la ley. 2) Que dure el tiempo establecido por la ley, o el que dicta la prudencia, cuando no hubiere determinado. 3) Que no sea interrumpida. 4) Que tenga un tácito consentimiento del legislador, por no haberlo impedido pudiendo. 5) Que sea de una cosa justa, porque de lo contrario no podría destruir la ley que siempre es justa como hemos dicho. Si carece la costumbre de estas circunstancias, viene a ser un abuso criminal, y no es una ley consuetudinaria.

Estas nociones generales de la ley convienen a todos los pueblos, y por tanto las hemos dado juzgándolas como propias del derecho de gentes. El tratar de la legislación particular de cada pueblo y sus diversas costumbres en orden al régimen civil, pertenece a la Jurisprudencia, que es varia según las diversas naciones.

Patriotismo Al amor que tiene todo hombre al país en que ha nacido, y el interés que toma en su prosperidad, le llamamos patriotismo. La consideración del lugar en que por primera vez aparecimos en el gran cuadro de los seres, donde recibimos las más gratas impresiones, que son las de la infancia, por la novedad que tienen para nosotros todos los objetos, y por la serenidad con que los contemplamos cuando ningún pesar funesto agita nuestro espíritu; impresiones cuya memoria siempre nos recrea, la multitud de los objetos a que estamos unidos por vínculos sagrados de naturaleza, de gratitud y de amistad; todo esto nos inspira una irresistible inclinación y un amor indeleble hacia nuestra patria. En cierto modo nos identificamos con ella, considerándola como nuestra madre, y nos resentimos de todo lo que pueda perjudicarla. Como el hombre no se desprecia a sí mismo, tampoco desprecia, ni sufre que se desprecie a su patria, que reputa, si puedo valerme de esta expresión, como parte suya. De aquí procede el empeño en defender todo lo que la pertenece, ponderar sus perfecciones y disminuir sus defectos.

Aunque establecidas las grandes sociedades, la voz patria no significa un pueblo, una ciudad, ni una provincia, sin embargo, los hombres dan siempre una preferencia a los objetos más cercanos, o por mejor decir más ligados con sus intereses individuales, y son muy pocos los que perciben las relaciones generales de la sociedad, y muchos menos los que por ellas sacrifican las utilidades inmediatas o que le son más privativas. De aquí procede lo que suele llamarse provincialismo, esto es, el afecto hacia la provincia en que cada uno nace, llevado a un término contrario a la razón y la justicia. Solo en este sentido podré admitir que el provincialismo sea reprensible, pues a la verdad nunca será excusable un amor patrio que conduzca a la injusticia; más cuando se ha pretendido que el hombre porque pertenece a una nación toma igual interés por todos los puntos de ella y no prefiere el suelo en que ha nacido o al que tiene ligados sus intereses individuales, no se ha consultado el corazón del hombre, y se habla por meras teorías que no serían capaces de observar los mismos que las establecen. Para mí el provincialismo racional que no infringe los derechos de ningún país, ni los generales de la nación, es la principal de las virtudes cívicas. Su contraria, esto es, la pretendida indiferencia civil o política, es un crimen de ingratitud, que no se comete sino por intereses rastreros por ser personalísimos, o por un estoicismo político, el más ridículo y despreciable.

El hombre todo lo refiere a sí mismo, y lo aprecia según las utilidades que le produce. Después que está ligado a un pueblo teniendo en él todos sus intereses; ama a los otros por el bien que pueden producir al suyo, y los tendría por enemigos si se opusiesen a la felicidad de éste donde él tiene todos sus goces. Pensar de otra suerte es quererse engañar voluntariamente.

Suele, sin embargo, el desarreglo de este amor tan justo conducir a gravísimos males en la sociedad, aun respecto de aquel mismo pueblo que se pretende favorecer. Hay un fanatismo político, que no es menos funesto que el religioso, y los hombres, muchas veces, con miras al parecer las más patrióticas, destruyen su patria, encendiendo en ella la discordia civil por aspirar a injustas prerrogativas. En nada debe emplear más el filósofo todo el tino que sugiere la recta ideología, que en examinar las verdaderas relaciones de estos objetos, considerar los resultados de las operaciones, y refrenar los impulsos de una pasión que a veces conduce a un término diametralmente contrario al que apetecemos.

Muchos hacen del patriotismo un mero título de especulación, quiero decir, un instrumento aparente para obtener empleos y otras ventajas de la sociedad. Patriotas hay (de nombre) que no cesan de pedir la paga de su patriotismo, que le vociferan por todas partes, y dejan de ser patriotas cuando dejan de ser pagados. ¡Ojalá no hubiera tenido yo tantas ocasiones de observar a estos indecentes traficantes de patriotismo! ¡Cuánto cuidado debe oponerse para no confundirlos con los verdaderos patriotas! El patriotismo es una virtud cívica, que a semejanza de las morales, suele no tenerla el que dice que la tiene, y hay una hipocresía política mucho más baja que la religiosa. Nadie opera sin interés; todo patriota quiere merecer de su patria; pero cuando el interés se contrae a la persona, en términos que ésta no le encuentre en el bien general de su patria, se convierte en depravación e infamia. Patriotas hay que venderían su patria si les dieran más de lo que reciben de ella. La juventud es muy fácil de alucinarse con estos cambia-colores, y de ser conducida a muchos desaciertos.

No es patriota el que no sabe hacer sacrificios en favor de su patria, o el que pide por éstos una paga que acaso cuesta mayor sacrificio que el que se ha hecho para obtenerla, cuando no son para merecerla. El deseo de conseguir el aura popular es el móvil de muchos que se tienen por patriotas, y efectivamente no hay placer para un verdadero hijo de la patria como el de hacerse acreedor a la consideración de sus conciudadanos por sus servicios a la sociedad; mas cuando el bien de ésta exige la pérdida de esa aura popular, he aquí el sacrificio más noble y más digno de un hombre de bien, y he aquí el que desgraciadamente es muy raro. ¡Pocos hay que sufran perder el nombre de patriotas en obsequio de la patria, y a veces una chusma indecente logra con sus ridículos aplausos convertir en asesinos de la patria a los que podrían ser sus más fuertes apoyos! ¡Honor eterno a las almas grandes que saben hacerse superiores al vano temor y a la ridícula alabanza! El extremo opuesto no es menos perjudicial, quiero decir, el empeño temerario de muchas personas en contrariar siempre la opinión de la multitud. El pueblo tiene cierto tacto que muy pocas veces se equivoca, y conviene empezar siempre por creer, o a lo menos por sospechar, que tiene razón.

¡Cuántas opiniones han sido contrariadas por hombres de bastante mérito, pero sumamente preocupados en esta materia, solo por ser, como suelen decir, las de la plebe! Entra después el orgullo a sostener lo que hizo la imprudencia, y la patria entretanto recibe ataques los más sensibles por provenir de muchos de sus más distinguidos hijos.

Otro de los obstáculos que presenta al bien público el falso patriotismo consiste en que muchas personas las más ineptas y a veces las más inmorales se escudan con él, disimulando el espíritu de especulación, y el vano deseo de figurar. No puede haber un mal más grave en el cuerpo político, y en nada debe ponerse mayor empeño que en conocer y despreciar a estos especuladores. Los verdaderos patriotas desean contribuir con sus luces y todos sus recursos al bien de la patria, pero siendo éste su verdadero objeto, no tienen la ridícula pretensión de ocupar puestos que no pueden desempeñar. Con todo, aun los mejores patriotas suelen incurrir en un defecto que causa muchos males, y es figurarse que nada está bien dirigido cuando no está conforme a su opinión. Este sentimiento es casi natural al hombre, pero debe corregirse no perdiendo de vista que el juicio en estas materias depende de una multitud de datos que no siempre tenemos; y la opinión general, cuando no es abiertamente absurda, produce siempre mejor efecto que la particular, aunque ésta sea más fundada. El deseo de encontrar lo mejor nos hace a veces perder todo lo bueno.

Suelen también equivocarse aun los hombres de más juicio en graduar por opinión general lo que solo es del círculo de personas que los rodean, y procediendo con esta equivocación dan pábulo a un patriotismo imprudente que los conduce a los mayores desaciertos. Se finge a veces lo que piensa el pueblo arreglándolo a lo que debe pensar por lo menos según las ideas de los que gradúan esta opinión; y así suele verse con frecuencia un triste desengaño, cuando se ponen en práctica opiniones que se creían generalizadas.

Es un mal funesto la preocupación de los hombres, pero aún es mayor mal su cura imprudente. La juventud suele entrar en esta descabellada empresa, y yo no podré menos que transcribir las palabras del juicioso Watts, tratando esta materia.

«Si solo tuviéramos» —dice«que lidiar con la razón de los hombres, y ésta no estuviera corrompida, no sería materia que exigiese gran talento ni trabajo convencerlos de sus errores comunes, o persuadirles a que asintiesen a las verdades claras y comprobadas. Pero ¡ah! el género humano está envuelto en errores y ligado por sus preocupaciones; cada uno sostiene su dictamen por algo más que por la razón. Un joven de ingenio brillante que se ha provisto de variedad de conocimientos y argumentos fuertes, pero que aún no está familiarizado con el mundo, sale de las escuelas como un caballero andante que presume denodadamente vencer las locuras de los hombres y esparcir la luz de la verdad. Mas él encuentra enormes gigantes y castillos encantados; esto es, las fuertes preocupaciones, los hábitos, las costumbres, la educación, la autoridad, el interés, que reuniéndose todo a las varias pasiones de los hombres, los arma y obstina en defender sus opiniones; y con sorpresa se encuentra equivocado en sus generosas tentativas. Experimenta que no debe fiar solo en el buen filo de su acero y la fuerza de su trazo sino que debe manejar las armas de su razón, con mucha destreza y artificio, con cuidado y maestría, y de lo contrario nunca será capaz de destruir los errores y convencer a los hombres».[33]

Lección décimaoctava. Conocimiento que tiene el hombre de su Criador y obligaciones respecto de él
El hombre no es autor de sí mismo ni puede serlo de los objetos que le rodean; en su cuerpo advierte efectos que él no produce ni puede impedir; su mismo espíritu está sujeto a una ley superior. En toda la naturaleza observa una especie de inferioridad, pues advierte que tiene circunstancias que lo hacen más noble que los otros seres, y sin embargo, él no puede producirlos. Se observa un orden el más sabio en el gobierno de todas estas cosas. Luego hay un ser que teniendo superioridad sobre el hombre y los demás objetos, los produjo y gobierna; este ser es sabio, poderoso y bueno; sus efectos lo demuestran. Pero la sabiduría es propia de los espíritus; luego Dios es un espíritu.

Nuevas reflexiones confirmaron al hombre en este conocimiento. ¿Cómo puede ser, dijo, que estas cosas que yo creo y todo se hayan ido produciendo unas de otras sin llegar nunca a la primera, y si llegamos a ella, cómo pudo formarse a sí misma, si era de la misma naturaleza que las actuales, y éstas necesitan ser producidas o no existen? Luego tenemos una implicancia manifiesta en que las cosas no tengan origen, y una prueba convincente de que el primer ser tiene una naturaleza muy distinta de todas las que yo observo: él no debe ser producido; mi entendimiento distará siempre tanto de comprenderlo cuanto dista mi naturaleza de la suya.

Es evidente, continuó reflexionando el hombre, sí, es evidente que hay un ser sin principio, pues si este mundo que observo nunca ha comenzado, es el ser sin principio, y si debe su origen a otro ser distinto, este nuevo ser no ha

---

33 Watts, *On the improvement of the mind*. Part. II, chap. 5.

de tener principio, o hemos de ocurrir a otro, y a otro, hasta llegar a uno que no lo tenga. Si haciendo violencia a mi entendimiento quiero suponer una serie infinita de seres, no solo conozco su imposibilidad, sino que aun prescindiendo de ella, me encuentro precisado a admitir no solo un ser sino una serie de seres sin principio; en términos que lejos de evitar la dificultad, la aumento con semejante suposición. Luego no hay duda alguna que existe un ser sin principio, y he aquí que me veo precisado a admitir lo que es más incomprensible; he aquí una prueba evidente de que mi razón es limitada. Sin embargo, dijo el hombre, quiero descubrir si este Universo que observo es el ser sin principio que debo admitir. Mas por todas partes advierto alteraciones, variedad, corrupción, inconstancia e inercia, veo todo lo que constituye un ser limitado y dependiente, advierto que este conjunto no conoce y sin embargo guarda, como ya he observado, orden y armonía, lo que prueba que es gobernado por otro. Advierto, pues, en el Universo, circunstancias que repugnan a la naturaleza del ser que busco, y así es contra mi razón el decir que el Universo es Dios. Salgo, pues, del Universo y todo se muda; mi entendimiento encuentra ya razones para creer, pues aunque permanece la incomprensibilidad, ha desaparecido la repugnancia. Por lo que hace a aquella, no mortifica, antes eleva mi corazón, que ya me ha guiado al conocimiento de la existencia necesaria de un ser sin principio.

El angélico doctor, con su acostumbrada solidez, prueba la misma verdad con varios argumentos solidísimos. Deduce el primero del movimiento. No podemos negar que hay cuerpos movidos, y seguramente no se han dado a sí mismos el movimiento, pues para mover un cuerpo que está en la quietud, es preciso una acción que la interrumpa y que por consiguiente exista antes de dicha interrupción que es su efecto. Luego para que el cuerpo se moviese a sí mismo, sería preciso suponer que estaba a la vez en movimiento y en quietud para que ésta fuese interrumpida por aquél, lo cual es imposible. Resulta, pues, que todo cuerpo que es movido lo es por otro. Mas, ¿podremos continuar a lo infinito la serie de motores? No, porque si todos los cuerpos de la serie son movidos, vienen a ser unos motores secundarios y el mismo término indica que no pueden existir sin el primario, como todo efecto no existe sin la causa. Luego no existiría la tal serie de movimientos secundarios, si no existiese un primer ser que no es movido y que mueve a los demás. Por dicha serie existe; luego también existe el primer motor inmóvil. Este es Dios.

El segundo argumento lo deduce de las causas eficientes. Existe una serie de causas eficientes, lo cual supone (como hemos demostrado en los movimientos) una causa eficiente primaria. Ninguna cosa puede ser causa eficiente de sí misma, pues sería preciso que operase para producirse, y por consiguiente existiese antes de existir. Luego la serie de causas eficientes prueba la existencia de una primaria no producida. Este argumento tiene lugar no solo respecto de los cuerpos sino también de los espíritus, y en esto se diferencia del anterior.

El tercer argumento lo toma de las ideas de lo posible y necesario. Si no hubiese un ser necesario sino que todas las cosas fueran meramente posibles, es claro que serían indiferentes a existir o no existir. Mas si siempre hubieran existido, nunca se hubieran encontrado en indiferencia, y por tanto nunca hubieran sido meramente posibles; luego debe suponerse que empezaron a existir; luego es preciso que haya un ser necesario que las ponga en existencia, y si no hubiera dicho ser tampoco existirían ellas. Es preciso negarlo todo y aniquilarlo todo si no admitimos un Dios Criador.[34] Mas, ¿tendría límites este ser? ¿Cómo ha de tenerlos, si todo límite es o de espacio o de tiempo, y como espíritu no ocupa espacio, y no habiendo empezado no se mide por tiempo, que siempre supone un primer momento para empezar a contar? Es, pues, infinito. ¿Terminará su existencia? No hay causa externa que le destruya, y por su naturaleza es indestructible y necesario. Luego Dios es eterno.

¿Pero tendrán límite sus atributos? ¿Cómo ha de tenerlos si no los tiene su naturaleza? ¿De quién ha recibido para que lo limitase? ¿Podrá limitarse a sí mismo? La suposición es repugnante, pues todo el que limita tiene una potencia superior a los límites que impone, y está fuera de ellos. Aun el hombre cuando dice me limito a mí mismo, supone una renuncia voluntaria de una facultad que no ha perdido. Son, pues, ilimitados e infinitos los atributos divinos.

---

34 Prim. part. q. 2 art. 3. Solo he tomado los pensamientos de Santo Tomás, porque su lenguaje se resiente del escolasticismo, que le hace un poco oscuro para los que no están versados en sus obras. Ojalá estuviesen éstas en manos de todos. Yo que acaso he tenido inclinación a modernizar, jamás lo he hecho respecto de Santo Tomás en materias teológicas, bien que en éstas abomino el modernismo. Si mis consejos pueden valer algo respecto de los jóvenes que estudien mis *Lecciones de Filosofía*, y después pasen a estudiar la ciencia sagrada, yo me atrevería a suplicarles que no dejasen de la mano la *Summa Theologica*. Fastidia la broza que se encuentra en ella, pero recompensa este trabajo el hallazgo de preciosísimos diamantes.

Así habló el hombre guiado por la razón, y estas voces repetidas por todos los pueblos en todas las edades, prueban que son inspiradas por la naturaleza. Erraron los hombres en atribuirle a Dios lo que no le conviene, pero nunca negaron su existencia.

Muy pronto se conoce la imposibilidad de que haya muchos dioses, si advertimos que uno estaría sujeto a otro, y ya dejaría de ser Dios; o todos ejercerían igual imperio, y entonces ninguno podría ser el Criador de todo.

De la religión natural
El hombre reconoce naturalmente que todo se lo debe a Dios, y en consecuencia le tributa homenajes sometiendo su espíritu a sus divinos mandatos; ésta es la religión natural que debe ser una sola, conforme a la naturaleza de Dios, a la del hombre, y debe ser útil y necesaria a éste, pues dirigiéndose a honrar al Criador y causar la felicidad de la criatura, no puede carecer de algunas de estas circunstancias sin ser falsa.

Por sentimientos interiores y por manifestaciones externas ofrece el hombre a Dios sus homenajes, no porque el Ser Supremo lo necesita, ni puede ignorar nuestras intenciones, sino por cumplir nuestro deber y atraernos su benevolencia, o mejor dicho para que su justicia tenga en nosotros qué premiar. Los actos exteriores tienen por objeto excitar a los hombres mutuamente a la adoración del Ser Supremo, y fijar por estos medios las ideas del sentimiento, que de otra suerte podrían ser muy vagas, opinando cada uno según su capricho.

No fue el temor el que introdujo la idea de Dios, pues bastaba la superioridad que tiene el hombre sobre los demás seres para destruirlo. Antes bien el temor de un justo castigo ha separado a veces de la vista de algunos miserables la idea del Ser que los produjo y conserva. ¿En qué tiempo, bajo qué principios empezó la idea de Dios? ¿Hubo un tiempo en que los hombres no la tenían, e ignoraron que había Dios? ¿Cuándo empezaron a temer? ¿Cómo se ha averiguado esto? Yo supongo que las calamidades hicieron creer al hombre que había tiranos en el cielo como los hay en la tierra; muy pronto hubiera salido de este capricho advirtiendo la ley constante que observa la naturaleza sin distinción de personas ni vivientes, y su empeño en fomentarlos; de modo que hubiera dicho: los tiranos se conocen por sus operaciones, y lo son por su utilidad, pero en la naturaleza reina la bondad, y los estragos resultan de un orden constante, sin dirigirse determinadamente a ninguna especie de objetos. Por otra parte ninguna utilidad le viene a la naturaleza de semejante tiranía; luego inframos que el hombre no se figuró que había Dios por temerle, sino que le temió después de conocerlo, y no como autor de la naturaleza sino como vengador del crimen.

De la religión revelada Este Ser Supremo ha querido manifestar su voluntad a los hombres, enseñándoles ciertas verdades e imponiéndoles leyes, cuya creencia y observancia ha exigido. Esta es la revelación. Ella es posible, pues Dios, que todo lo conoce y lo puede, es árbitro de enseñar y mandar. El hombre se hallaría muchas veces en tinieblas sin encontrar el camino de la verdad si solo se entregara a sus luces, porque éstas suelen oscurecerse por la incomprensibilidad de las materias, por la fuerza de las pasiones, por la debilidad natural, etc.; luego la revelación es necesaria.

Dios, que produjo al hombre para hacerle feliz, es muy conforme que usando de su misericordia le suministre todos los medios necesarios para su felicidad; que llene y cumpla el orden de la justicia, proporcionando que el hombre pueda adorarle rectamente; luego la revelación es conforme a la naturaleza de Dios y necesidad del hombre; pero lo que es conforme a la naturaleza de Dios, es recto, invariable y cierto; luego la verdadera revelación es recta, invariable y cierta.

Reflexionemos que la religión es el resultado de las relaciones entre Dios y el hombre, manifestadas imperfectamente por la luz natural, y con toda certitud y evidencia por la revelación. Mas dichas relaciones no pueden alterarse a menos que no se alteren los objetos entre los cuales existen. Dios es inalterable, también lo es el alma como espíritu creado y esencialmente dependiente de su Criador. Luego dichas relaciones son eternas; luego también lo es la religión. No hay más que un Dios, y una naturaleza de alma humana; luego no hay más que una religión verdadera, y la diversidad de religiones es prueba de nuestra ignorancia.

Para que la revelación pueda manifestársenos como infalible es preciso que venga acompañada de signos, que demuestren el inmediato origen de Dios; éstos han de exceder la naturaleza creada, pues de lo contrario siempre estaríamos en duda, porque las criaturas son falibles. Mas toda obra que excede a las fuerzas de toda la naturaleza creada, es un verdadero milagro; luego de la revelación debe estar acompañada de milagros verdaderos.

Los verdaderos milagros supuesto que exceden a la fuerza de la naturaleza creada, no pueden tener otro autor que Dios; y siendo este Ser Supremo esencialmente justo y sabio, ningún verdadero milagro se hace en confirmación de un error.

Pueden contarse en el número de los milagros las profecías, que son las predicciones de hechos que no pudieron deducirse de las causas naturales; y en esto se distinguen de las predicciones políticas y astronómicas, o de otra cualquiera que se pueda inferir por las combinaciones de los hechos naturales.

No hay duda en que Dios tiene la previsión de todas las cosas, y menos en que puede comunicarla a los hombres, supuesto que son inteligentes y capaces de recibir instrucciones de su Criador; luego no habiendo inconveniente de parte de Dios, ni del hombre, la profecía es posible.

Mas las criaturas, por inteligentes que sean, no pueden tener otros conocimientos que el de las cosas naturales, siendo incomprensibles las determinaciones divinas; luego la profecía tiene por causa al mismo Dios, y es una prueba convincente de la divinidad de una doctrina.

Los signos de una verdadera profecía son: 1.º La conformidad del hecho con la predicción. 2.º La imposibilidad de saberse naturalmente. 3.º Su conveniencia con las verdades reveladas, y con la razón, pues sabemos que Dios puede enseñar cosas que excedan al entendimiento humano, pero no que sean contra la razón. 4.º Su fin recto y saludable al género humano, pues Dios no predice inútilmente, siendo esto muy ajeno a su sabiduría. 5.º Que no sea totalmente oscura, en términos que ni su cumplimiento pueda conocerse, porque entonces sería inútil.

Por estas ideas de la religión y sus pruebas conoceremos que es verdadera la cristiana. Un hombre pobre y abatido elige discípulos igualmente pobres, enseña una doctrina la más santa pero opuesta a los vicios de los hombres, que hacen todo esfuerzo para destruirla, y sin embargo, ella prevalece y arranca a los pueblos la religión que recibieron de sus padres. Profecías cumplidas y milagros patentes comprueban esta doctrina, que está expuesta al examen de todos los hombres; una sencillez admirable reina en ella, y su autor nos dice que es el hijo de Dios. Pero según hemos dicho, los milagros no se hacen en confirmación de errores; luego ella es cierta.

Infinitas personas de todas clases y edades sufren la muerte por no negar unos hechos que habían presenciado o que tenían por ciertos, y una doctrina severa al parecer y que no prometía prosperidades temporales. Ninguno muere por sostener que ha visto un milagro que no vio, y mayormente cuando no le resulta sino oprobio su muerte. Los mártires eran mirados como unos hombres execrables, dignos del desprecio público. ¿Y es posible que cuando reinaban tales ideas, muchas personas de todas edades y condiciones derramaran su sangre por testificar unos hechos falsos, o por no negar una doctrina que no les proporcionaba utilidades y que al menos las perdían todas muriendo? Esto es increíble. Sin duda se hallaban plenamente convencidos, y tuvieron un esfuerzo superior a la flaqueza humana, cuando perdieron la vida con una tranquilidad tan admirable.

Por tanto la religión cristiana es divina, y pueden asignarse como pruebas de esto: 1.º La santidad de Cristo. 2.º La rectitud y solidez de su doctrina. 3.º El modo admirable de su propagación por medio de los más débiles del mundo para confundir a los más fuertes. 4.º La pronta conversión de casi todo el orbe. 5.º Su permanencia nunca interrumpida, a pesar de los mayores esfuerzos de sus enemigos. 6.º La sangre de sus mártires.

7.º Las profecías cumplidas. 8.º Los milagros públicos y auténticos que no se han atrevido a negar ni aun sus crueles enemigos; y no solamente los milagros producidos por Cristo y sus apóstoles, sino los que han hecho en varios tiempos y lugares infinitos justos de la virtud, a invocación del mismo Cristo; milagros comprobados con todas las reglas que suministra la crítica para semejantes casos.

Manifestada la naturaleza y pruebas de la religión, es preciso que indiquemos las principales objeciones que se han hecho contra ella. Estas podremos dividirlas en tres clases: unas que se dirigen a destruir todo culto; otras que impugnan el revelado, y otras que se dirigen contra la religión cristiana.

1.º Se ha dicho que Dios no necesita cultos, y los que le damos nunca serán dignos de la divinidad. 2.º Que el Ser Supremo solo atiende al corazón en caso de recibir culto, y son vanas las ceremonias exteriores. 3.º Que en ninguna religión hay evidencia, supuesto que muchos no la siguen y la impugnan de buena fe.

En cuanto a la primera duda hemos dicho ya que el culto no se da porque Dios lo necesite, sino por llenar los deberes de la justicia; los cultos no igualarán a la dignidad de un ser infinito, pero de aquí no se infiere que son indignos de Dios, pues son conformes a la naturaleza de la criatura que él mismo ha formado. Verdaderamente es un modo de discurrir inexacto, pues equivale a si dijéramos que Dios no puede producir una criatura porque esta producción no iguala a su potencia infinita. Si Dios solo hiciera lo que necesita y lo que puede igualarle, sin duda nunca operaría, porque nada necesita y nada iguala. Tendríamos, pues, un Dios inerte.

A la segunda objeción debe responderse que no damos el culto para que Dios penetre el interior del hombre, sino para cumplir nuestros deberes y sacar la utilidad de unirnos y excitarnos mutuamente al amor, sumisión y agradecimiento al Ser Supremo. Es cierto que Dios solo aprueba a los que le adoran en espíritu y verdad, porque si el culto exterior está separado del interior que siempre debe acompañarle, sin duda es de ningún valor. El argumento, por tanto, solo prueba la falsa idea que se ha formado del fin de nuestro culto, y la necesidad de unir a las acciones externas los efectos internos.

La tercera dificultad está resuelta si consideramos que la evidencia en asuntos morales no está sujeta a los sentidos como en los físicos, pues nadie niega que hay Luna, pero será capaz de negar una proposición la más evidente, si es de otro orden y no la percibe, o sus pasiones le impelen a negarla. Un orden sobrenatural no es mucho que exceda a las fuerzas del entendimiento humano y que esté sujeto a dificultades, si se quiere medir solo por la comprensión de los hombres.

Se ha pretendido impugnar la revelación diciendo que la religión natural es suficiente, pues la mejor de todas las religiones es la más clara.

Para llenar el hombre lo que exige la naturaleza y alcanza el entendimiento humano es cierto que basta la religión natural, pero Dios puede revelar otras cosas y exigir su cumplimiento, sin que nadie pueda poner leyes a la divinidad. Los intereses de los hombres y sus pasiones desarregladas llegan a oscurecer los dictámenes de la naturaleza, y por tanto fue conveniente que Dios fijase la verdad entre los hombres. Esta voz religión natural ha llegado a ser insignificante, porque cada uno se ha creído con derecho de establecerla a su modo; y si la mejor de todas las religiones es la más clara, ninguna es más confusa que la que está sujeta al capricho de los hombres.

Se ha dicho también que Dios no puede prohibir el uso de la razón y que ésta se queda a oscuras en materias reveladas.

Advirtamos que por medios naturales muy claros se conduce el hombre racionalmente a conocer que Dios ha revelado; y constándole por la misma razón que Dios es el principio de la sabiduría, justicia y santidad, creer sabio, justo y santo lo revelado; ¿y esto es andar a oscuras? ¿Cuándo dice un físico que un efecto está bien explicado? Cuando se reduce a una ley de la naturaleza, comprobada con buenos experimentos, aunque no sepa cuál es la causa de esa ley ni por qué fue establecida. Pues otro tanto sucede en orden a la revelación, reduciéndose a la veracidad divina.

También se ha dicho que los hombres y los libros no son medios adecuados para que Dios comunique su voluntad, y por tanto la revelación que se nos manifiesta por estos medios, no es divina.

Efectivamente los libros por sí nada valen, ni tampoco decimos que los hombres tienen autoridad y deben ser creídos; portentos manifiestos, circunstancias muy perceptibles, una evidencia moral la más fuerte, son los fundamentos de la revelación. El atacarla por los medios de que no depende y en que no se ha constituido, es perder el tiempo. ¿Negará alguno que existió Alejandro? Sin embargo, los hombres y los libros son los medios por donde lo sabemos.

Contra los milagros se ha dicho que argüirían mutabilidad e ignorancia en Dios, variando las leyes de la naturaleza.

Formando el Universo no renunció Dios el derecho de alterar sus leyes, cuando fuera preciso para manifestar a los hombres de un modo sensible su voluntad particular. Sería un necio e inconstante el que todo lo alterara sin motivo, pero es de un ser muy sabio producir unas alteraciones tan justas y necesarias.

Los magos, dicen, hicieron milagros delante de Faraón, y por tanto el milagro no es precisamente obra de Dios.

Estuvieron muy lejos de ser verdaderos milagros los que practicaron aquellos magos para imitar a Moisés. Murieron y fueron reunidas las ranas que produjo éste, y las fingidas por aquéllos nadie las vio morir porque no eran verdaderas. Los egipcios se vieron obligados a abrir pozos, no pudiendo beber las aguas que Moisés convirtió en sangre; y no se nos dice que hicieron lo mismo cuando los magos fingieron igual portento. ¡Qué diferencia hay entre las obras de Dios y los prestigios humanos! Todas las religiones alegan milagros a su favor, y éstos no son más que portentos que no declaran la voluntad divina, pues nada dicen.

Esto prueba que siempre se han tenido los milagros como signos evidentes, y el caso está en clasificar los verdaderos. El argumento es semejante al que la experiencia nada vale en física porque todos la reclaman a su favor. Un milagro por sí solo no indica la voluntad de Dios; pero cuando acompaña a una doctrina y se hace en confirmación de ella, es el órgano más seguro de la divinidad respecto de los hombres.

Rousseau presenta el argumento contra los medios de la revelación, reduciéndolos a los libros y los hombres. Dice que los milagros los hicieron los hombres, se hallan en los libros escritos por los hombres, son testigos de ellos otros hombres, y concluye exclamando: ¡Que siempre se alegan hombres! ¿Cuántos hombres entre Dios y yo? ¿Dónde están los hechos que comprueban la existencia de César y Alejandro? ¿No es en los libros? ¿Quién los vio? ¿Quién los testifica? ¿No son los hombres? ¿Negaremos que hubo César y Alejandro? No debía esperarse que Rousseau hablara de este modo cuando había escrito: «¿Afirmaremos que la historia evangélica es una fábula? Verdaderamente así no se finge, y los hechos de Sócrates, de los que nadie duda, están menos testificados que los de Jesucristo.» ¿Y dónde están estos? ¿No es en los libros? ¿No se saben por los hombres? ¡Cuántos hombres entre Sócrates y Rousseau! ¿No median muchos más que entre Rousseau y Jesucristo? Por lo que hace a las objeciones directas contra la religión cristiana se reducen a decir que los hechos se contienen en los evangelios, y éstos probablemente son apócrifos, pues hubo una multitud de evangelios en los primeros siglos.

Advirtamos que un libro puede ser apócrifo y contener hechos muy ciertos, de modo que esta objeción nada prueba, pues no son los libros sino las doctrinas y los hechos el fundamento del cristianismo. Por otra parte, entre los muchos evangelios apócrifos, nunca se ha dudado de la autenticidad de los cuatro que conservamos, y por tanto esta misma dificultad prueba la certeza que tenemos de que son auténticos dichos evangelios. Se ha solido decir que san Justino fue el primero que habló de nuestros evangelios, pero es falso, pues san Clemente, san Bernabé, san Ignacio, san Policarpo, el Pastor de Hermas, y otros anteriores a san Justino hicieron referencias a estos evangelios. Es de advertir que los primeros padres, las más veces citaban la escritura de memoria, sin señalar lugares expresos, porque solo intentaban la edificación de los fieles con las doctrinas santas, de las cuales nadie dudaba y eran bien conocidas en un tiempo en que la escritura se leía con frecuencia y casi nadie la ignoraba. Por eso se nota alguna variedad en el lenguaje de algunos textos, que ha dado motivo a que algunos pocos instruidos juzguen que los padres citaron evangelios apócrifos. Adviértase igualmente que los evangelios apócrifos no eran falsos o heréticos, como algunos creen, sino que se dijeron tales por no constar sus autores y carecer de la aprobación de la iglesia.

También se ha dicho que la religión cristiana se ha propagado por los fines políticos de los príncipes, con especialidad de Constantino.

¿Quién no sabe todo lo que hicieron los príncipes para destruirla? ¿Qué fines políticos podría haber en fomentar un corto número de individuos como era la iglesia naciente, contra todo un imperio, destruyendo los antiguos cultos? Si le hacemos a Constantino la injuria de creer que él no tuvo más que miras políticas, esto mismo prueba hasta la evidencia que ya en su tiempo el partido de los cristianos era preponderante, cuando según se supone tuvo razones y utilidades políticas para hacerse cristiano.

Se dice igualmente que los mártires son otros tantos ilusos de los que nos refiere la historia, que han dado su vida por defender un capricho; luego esto nada prueba en favor de los cristianos.

La historia refiere de algunos que han muerto por defender una doctrina que por error creían verdadera; pero no refiere que innumerables personas de todas condiciones hayan muerto en todos tiempos y lugares por sostener una fábula. Hay que notar, según observa el docto Bergier, que aunque es fácil que uno se obstine en defender una opinión, es imposible, y nunca se ha dado el caso de que infinitos hombres mueran por testificar que han visto hechos falsos, sin que les resulte de utilidad, que cualquiera que se suponga, es ninguna en comparación del apreciable don de la vida. No han comprendido la naturaleza y valor del argumento moral los que juzgan de otro modo. Si se leyeron con un ánimo recto los defensores de la religión, nada temeríamos que estuvieran en manos de todos las obras de los impíos. «Estos libros» —dice el citado Bergier«se presentan diariamente bajo diferentes formas, pero que en el fondo son unos mismos; se encuentran en las manos de las mujeres y jóvenes. Puede esperarse que su misma multitud sirva más que otra cosa para desacreditarlos; el misterio con que se comunican hace por lo regular su mayor mérito. El público se cansará, en fin, de oír el mismo sofisma repetido por veinte ecos diferentes. Después de haber devorado tantos mamotretos donde se repiten las mismas objeciones sin cesar, tal vez tendrá curiosidad de ver lo que nosotros respondemos, y concluirán por donde debían haber comenzado.» Efectivamente, de ignorar los principios de la religión y no querer consultar a sus verdaderos maestros, proviene que muchos ciegamente crean los embustes de sus enemigos.

Una buena lógica, un ánimo recto, un espíritu fuerte para no llevarse de todo viento de doctrina, una sensatez para no proferir sentencia en materias que se ignoran, bastaría para poner a cubierto al virtuoso de los dardos de los impíos; sabría distinguir las burlas de un chocarrero, de las razones de un filósofo, y la hipócrita ingenuidad de un depravado, de la rectitud de un cristiano.

Por lo que hace a las quejas sobre los males que ha producido la religión, sería muy fácil responder que no es la religión sino su abuso el que los ha producido, y que muchas de las guerras que se le atribuyen tuvieron unas miras políticas muy distantes del culto religioso; pero baste la respuesta de Montesquieu: «Es raciocinar muy mal contra la religión hacer en una gran obra una larga enumeración de los males que ha producido, si no se hace al mismo tiempo la de los bienes que ha hecho. Si yo quisiera hablar contra todos los males que han causado en el mundo las leyes civiles de la monarquía y el gobierno republicano, yo diría cosas horrorosas.» De los vicios opuestos a la religión De dos modos puede viciarse la religión: por exceso y por defecto; al primer vicio llamamos superstición, al segundo irreligiosidad. Consiste la superstición en dar culto a falsa divinidad, o en dárselo a Dios, pero de un modo incongruente. Lo primero llamamos idolatría; lo segundo suele tomar varios nombres según las diversas cosas; pero en común puede decirse que se comete siempre que excedemos los límites prescritos por la misma religión en nuestras acciones, creyendo, o esperando sin fundamento alguno y por medios incongruentes. La irreligiosidad consiste en negar a Dios el culto y sumisión debida, oponiéndose a su voluntad suficientemente manifestada; y también cuando se ultraja la religión en sí o en sus ritos. Suelen caer muchos en este vicio por apartarse de lo que se llama fanatismo, que consiste en un acaloramiento y exceso, por el cual apreciamos algo mucho más de lo que vale, y lo sostenemos con terquedad faltando al orden debido.³⁵ No hay duda que muchas personas por ignorancia, o por un fervor mal entendido, les dan a ciertas prácticas más dignidad de la que en sí tienen, y atropellan muchas veces lo más sagrado por sostenerlas, sin advertir que causan innumerables males. Se opone esto a la religión, que conserva gran justicia, dando a cada cosa el lugar que tiene; pero mucho más se opone el vicio de la irreligiosidad.

Son innumerables los males que acarrean a la sociedad estos vicios opuestos a la religión, que es la base de toda moral pública. Yo prescindo de entrar en la inútil cuestión que suele suscitarse, de si es o no posible la buena moral que no estribe en principios religiosos; llámola inútil, porque sea cual fuere la resolución, jamás será aplicable a los hombres como existen, sino como quieran figurárselos. Después que la educación ha hecho siempre estribar en ideas religiosas el cumplimiento de los deberes, todo lo que se dirija a destruir o alterar dichas ideas no hará otra cosa más que destruir o debilitar la base de la moral pública e inducir a los hombres a entregarse a un sinnúmero de vicios.³⁶ Desgraciadamente la experiencia comprueba estas verdades, y apenas podrá señalarse un hombre irreligioso que no sea inmoral. Por lo menos, si hubiera un pueblo de impíos, seguramente lo sería de perversos. El verdadero político, aun cuando estuviera persuadido de que todas las ideas religiosas eran absurdas, propendería a su conservación, pues destruidas no podría conseguir que los pueblos dejasen de entregarse a la inmoralidad, que es el ataque más fuerte y la enfermedad más grave del cuerpo social. Los que se empeñan en combatir la religión deben considerarse como los principales enemigos del género humano, pues sin conseguir jamás su intento, porque es absolutamente imposible, no hacen más que agitar los ánimos y corromper una parte de la sociedad, que entrando en lucha con el resto, trastorna todo el orden público e impide todos los bienes sociales.

---

35 En la pág. 75 hemos dado otra definición del fanatismo, más contraída a los objetos religiosos.
36 No hay moral sin religión, y ni una ni otra es efecto de la educación, y solo he querido decir que ésta haría imposible otros principios aunque absurdamente se supongan, y así la cuestión siempre es inútil.

La historia, entre otros ejemplos, nos presenta el terrible cuadro de la revolución francesa. En pocos pueblos se ha destruido más toda idea de religión que en Francia en aquella época, y los que creen (o afectan creer) que éste sería el estado feliz de un pueblo, sin duda tienen un ejemplo que no favorece mucho su opinión. La inmoralidad, o por mejor decir, la barbarie, llegó a tal extremo, que se vieron precisados a poner en los restos de las paredes de los templos destruidos: La República reconoce la existencia de Dios y la inmortalidad del alma. Que fue decir la República reconoce que sin los principios internos es imposible el orden social y la moralidad de los pueblos. Efectivamente, luego que un hombre se persuade, si es que puede persuadirse, de que todo termina con su vida, nada le interesa sino el proporcionarse goces y sacar todo el partido posible de sus semejantes, sin atender a los medios. La idea de justicia desaparece de su vista, solo queda la de temor al castigo temporal o del descrédito, y en procurando evadir una y otra cosa, nada le contiene. Se establece, pues, una lucha oculta entre los hombres, y si todos entrasen en ella se destruirían irremediablemente. ¿Y se llamarán amantes de la humanidad los que desean verla en semejante estado? El fanatismo, en sentido contrario, produce efectos funestísimos, siendo el más notable separar de la religión a muchas personas y granjearle muchos enemigos. ¡Cuántos impíos han formado los fanáticos! Poniendo la religión en ridículo con sus necedades la hacen despreciable, y valiéndose de ella sacrílegamente como de instrumento de sus venganzas, o como un motivo de su irracional conducta, la hacen odiosa, y aun abominable a los ojos de muchos, que mejor conducidos la hubieran amado.

¡Qué recursos no busca el fanatismo para cohonestar su crueldad! Yo no me detendré en este punto, porque son bien palpables los daños producidos por esta fiera, y además confieso que me es muy sensible contemplarlos.

Los hombres, por lo regular, prescinden de las cosas, y solo ven las personas. Obsérvense todas las cuestiones sobre puntos de religión; casi todas empiezan por el desprecio mutuo de los contendientes. La burla, el sarcasmo, y aun los dicterios; éstas son las armas que se emplean. Por lo regular ignoran unos y otros el punto sobre el que se cuestiona, siendo muy frecuente ver impugnaciones de doctrinas que se suponen pertenecer a la religión, y que son diametralmente contrarias a ella, y del mismo modo se ve impugnar doctrinas impías atribuidas a autores que ni han soñado en establecerlas. Cada cual quiere encontrar lo que puede destruir, o a lo menos lo que puede dar ejercicio a sus armas. ¿Y el que empieza por injuriar, podrá nunca convencer? Véase, pues, que son las personas y no las cosas las que se toman en consideración. La rastrera pasión de la venganza, y un deseo de conseguir aura popular o de hacerse notable, dan margen a muchas de estas disputas, o mejor dicho, de estas guerras de burlas y vejaciones.

Sobre la impiedad que suele notarse en la juventud, y que alarma a muchos, yo pienso de un modo algo más favorable. La he manejado por algún tiempo, y creo conocerla. La mayor parte de los jóvenes no dejan de ser niños, y solo varían la clase de entretenimiento. El placer de contrariar, de burlar y de producir cierta clase de admiración, o llámese escándalo en las personas timoratas, éste es su objeto cuando hablan contra la religión. Si nadie les hiciera caso, seguramente tomarían otro rumbo para divertirse y hacerse notables. No quiero decir por esto que se miren con indiferencia semejantes excesos, sino que se corrijan por medios prudentes, que los conduzcan a pensar bien, y a conocer los funestos resultados que producirá, respecto de ellos mismos y de la sociedad en general, semejante delirio. Si los jóvenes por un solo momento pensaran desapasionada y tranquilamente sobre esta materia, sin duda serían ellos mismos sus correctores, pues no hay una edad en que la virtud se pierda más fácilmente por el impulso de las pasiones y la falta de reflexión; pero asimismo en ninguna vuelve tan pronto la virtud al corazón del hombre y se radica en él de un modo más firme.

¡Ojalá puedan estas lecciones contribuir de algún modo a separar a los jóvenes así del ridículo fanatismo como de la funesta irreligiosidad! Puedan ellas inspirarles amor a una religión que los hará felices, y a una patria, que en ellos... Sí en ellos, funda toda su esperanza.

Apéndice al Tratado del Hombre Frenología No admitiendo yo propagaciones al cerebro me pareció inútil tratar de la Frenología que se funda en ellas, considerándola impugnada por los mismos argumentos que he presentado contra la doctrina del sensorio común. Sin embargo, he reflexionado que es necesario indicar los inconvenientes de la Frenología, aun admitiendo el sistema común en cuanto a sensaciones para que de este modo la impugnación sea más general; y he aquí el objeto de este Apéndice en que prescindo de mi opinión particular y escribo como si creyese que el cerebro es el centro de las sensaciones, y que a él se propagan por medio de los nervios.

De la Frenología considerada anatómicamente Llámase Frenología la ciencia (para mí el delirio) de determinar las facultades y pasiones del alma por las protuberancias del cráneo. Gall es el inventor de este sistema, que ya yo había impugnado en mi obrita titulada Miscelánea Filosófica, y no trataría de él ahora si no estuviese nuevamente de moda, bien que ya va ésta pasando. El célebre profesor Smith acaba de impugnarlo de una manera victoriosa, empezando por exponerlo, con su acostumbrada precisión, en los términos siguientes: 1.º El cerebro se supone dividido en pequeñas proporciones que se llaman órganos, que se aplican exclusivamente a ciertas afecciones del alma.

2.º Estas afecciones siguen, coeteris paribus, la razón del tamaño, técnicamente el desenvolvimiento de estos órganos.

3.º Dichos órganos están en la superficie del cerebro, y el cráneo se amolda según ellos, correspondiendo exactamente sus prominencias, de modo que por éstas pueden conocerse aquéllos.

El mismo profesor presenta después ciertos datos anatómicos que deben guiarnos en esta materia. «Separado», —dice— «el cráneo se nos presenta una masa uniformemente convexa y dividida hasta cierta profundidad por fisuras longitudinales que forman dos porciones laterales e iguales llamadas hemisferios. La parte superior de éstos está cubierta por unas circunvoluciones o rollos, que no parece que siguen un curso determinado. Son distintos en diversos individuos, y los de un lado de la cabeza no corresponden exactamente con los del otro. En lenguaje anatómico el cerebro no es simétrico externamente.

El interior del cerebro está dispuesto de muy diverso modo. La mitad de la derecha es exactamente una contra parte de la de la izquierda, y advertimos una gran complejidad en la construcción combinada con una uniformidad casi invariable en las cabezas de una misma especie.

Continuando nuestras investigaciones descubrimos que los hemisferios están huecos, teniendo cada uno de ellos una cavidad que se llama ventrículo lateral. Estos son como unas cuevas extensas e irregulares cuyo techo es cóncavo y el pavimento desigual. Durante la vida contienen cierta cantidad de un líquido ácueo, que se encuentra después de la muerte, hecha la anatomía.

Si aún examinamos más prolijamente el cerebro, encontramos porciones de su materia que se extienden en todas direcciones. Algunas de ellas, que se llaman comisuras, unen las dos mitades del cerebro; otras que tienen varios nombres, pero que colectivamente podemos llamar cuerdas, están confinadas principal sino exclusivamente a un lado. El curso de estas cuerdas es muy vario en extremo. Se dirigen hacia arriba, hacia abajo, hacia atrás, hacia adelante, hacia adentro, y hacia afuera. Unas veces se extienden y otras se contraen. Ábrense otras veces como las varetas de un abanico, y después se introducen por distintas partes según su diverso destino.

Por último, la parte anterior del cerebro adquiere toda su extensión a un período muy temprano de la vida. No convienen los autores en fijarlo, y probablemente no es uniforme, aunque nunca pasa de la edad de siete años. «Después de esta época el aumento del volumen de la cabeza se debe al engrosamiento del casco, y no de su contenido.»[37] Fundado en estos preliminares pasa el profesor Smith a presentar varios argumentos que extractaré brevemente.

1.º La complicada construcción del cerebro, y las diversas ramificaciones que se notan en él, prueban que la naturaleza lo ha destinado a operar en conjunto o como un órgano general, y no como órganos parciales con operaciones aisladas, según pretenden los frenólogos.

2.º La naturaleza no varía las partes esenciales de los órganos, y sí las no influyentes. Así vemos que la figura de la oreja es distinta, mas no la construcción interna del órgano del oído; el color y tamaño de los ojos varía, mas no la construcción interna que constituye el verdadero órgano de la vista. Infiérese, pues, que en el cerebro debe considerarse como el verdadero órgano la parte que la naturaleza presenta uniforme, y no la que varía. Pero hemos observado que la parte interna del cerebro es uniforme y constante, al paso que la externa es variada; luego aquella y no ésta debe ser el órgano. Mas los frenólogos hace todo lo contrario, pues desatendiendo a la parte interna fijan los órganos en la externa. «¿Quién es inconsecuente» —pregunta el juicioso Smith—, «la naturaleza o el frenólogo?»

3.º Es observación constante que la naturaleza no desarrolla los órganos ni los perfecciona hasta que son necesarios. Mas el cerebelo, según lo ha

---

[37] *Select Discurses on the Functions of the nerous Systems*, et., J. V. Smith, M. D. Nueva York, 1840, pág. 93.

demostrado Meckel, tiene una magnitud considerable a los pocos meses, y se halla enteramente perfecto cuando aún está el hombre en la niñez. Ahora bien, el cerebelo quieren los frenólogos que sea el principio de la inclinación sexual. Tenemos, pues, unos órganos perfectos e inútiles por muchos años. ¿Habrá la naturaleza alterado sus leyes, pregunta Smith solo por complacer a los frenólogos, o se habrán equivocado estos en atribuir al cerebelo funciones imaginarias?

4.º La naturaleza, cuando destina los órganos a funciones distintas, les da siempre distinta construcción; mas observando la parte exterior del cerebro, en que colocan los frenólogos la multitud de diversos órganos que suponen, no advertimos más que una sustancia uniforme, en que ni la vista percibe diferencia ni la cuchilla del anatómico indica distinta construcción. Sin embargo, quieren los frenólogos que una pequeña porción de esta sustancia colocada en el occiput cause el amor paternal, y colocada sobre la oreja sea el órgano del asesinato; trasladada un poco más adelante se convierta en órgano del talento matemático, y elevada a la parte superior de la cabeza constituya el órgano de la veneración, e induzca al hombre a adorar a su Criador. ¿Podrá darse un absurdo semejante? Si hay alguna doctrina increíble, dice Smith, sin duda lo es la de los órganos que suponen los frenólogos.

5.º El progreso de las facultades intelectuales está, según el sistema de Gall, en razón directa del volumen, o para usar su voz técnica, el desenvolvimiento de los órganos en igualdad de circunstancias. La proposición sin la última cláusula es evidentemente falsa, y contrariada por la experiencia, pues estamos cansados de ver cabezones estúpidos. Por consiguiente se ha puesto dicha cláusula para salir del apuro cuando se presenta un caso, diciendo que no hay igualdad de circunstancias. Esta condición es la que combate y remueve con gran exactitud lógica el juicioso Smith en los términos siguientes: «La frase coeteris paribus o en igualdad de circunstancias se refiere al temperamento individual y a la construcción del cerebro. Empecemos por esta última, porque su examen nos hará descubrir varios errores en que han caído nuestros amigos frenologistas. La equivocación consiste: 1.º En suponer los hechos como verdaderos, sin probarlos, y esto es una materia en que lo que se afirma es no solo desconocido, sino inaveriguable; 2.º En variar de posición las premisas y las inferencias según conviene (de modo que lo que en un caso es antecedente, en otro es consiguiente). Me explicaré presentando algunos ejemplos.

«De resulta de una enfermedad olvida el paciente un idioma que poseyó. En el momento, dice el frenólogo: en vano se cansan los metafísicos en dar razón de este fenómeno, cuya causa es obvia, y consiste en haberse desordenado el órgano de las lenguas. He aquí una aserción deducida de la verdad o certeza de la Frenología que se da por concedida, y se constituye como premisa o antecedente. Mas cuando conviene lo contrario, nos dicen con toda gravedad, que la incapacidad de hablar un idioma en consecuencia de una enfermedad prueba la doctrina frenológica sobre los distintos órganos. De este modo el que antes era consecuente ahora se convierte en antecedente, y en lugar de ser como antes un resultado, es ya una causa y se constituye loco parentis, mientras que la muy improbable circunstancia de padecer la misma enfermedad los puntos correspondientes en los dos hemisferios del cerebro, solo se puede demostrar por la disección, que debe repetirse en muchos casos si se quiere generalizar la doctrina. Ahora bien todos confiesan que la cuchilla del anatómico nada ha demostrado sobre esta materia.[38] En cuanto al temperamento, que es la otra condición a que puede aludir la frase en igualdad de circunstancias, prueba el profesor Smith que no debe admitirse, a menos que no se admita la inutilidad de la doctrina frenológica. Esta se ha inventado para explicar las inclinaciones; y si quedan sin explicarse por los principios frenológicos, y se atribuyen al temperamento, ¿para qué sirve la Frenología? Concluye muy bien dicho profesor que la frase en igualdad de circunstancias debe abandonarse, y queda la proposición en los términos siguientes: «Las facultades del alma son mayores o menores, según el tamaño de los órganos destinados a ejercerlas.» Este, como hemos dicho, es un absurdo manifiesto, pues como observa el citado Smith, si el argumento vale respecto de cada órgano, también valdría respecto de la totalidad, y todos los cabezones tendrían mucho talento, muchas virtudes y muchos vicios, lo cual es evidentemente falso.

6.º Separado el cráneo se advierte efectivamente que sus cavidades interiores corresponden a las prominencias que presenta el cerebro, mas esto no puede conocerse por la parte exterior o convexa del cráneo, y por consiguiente no puede conocerse durante la vida; resultando de aquí que todos los

---

38 Ibíd., pág. 98 y sig.

fallos de los frenólogos fundados en el tacto de las prominencias exteriores del cráneo, son inciertos, y aun diremos ridículos. Fúndase esta aserción en un hecho conocido por todos los anatómicos; y es que el cráneo está compuesto de dos capas sólidas, entre las cuales se halla una sustancia que lo es menos, pues casi es esponjosa. Esta sustancia intermedia suele aumentarse o disminuirse, y en estas alteraciones no sigue un orden regular, de modo que las convexidades de la capa sólida exterior nunca corresponden a la convexidad que forma la otra capa sólida interna, y así estas capas nunca son paralelas. «En la juventud», dice el célebre anatómico Bell, «el casco está formado, pero con irregularidades; en la ancianidad es mucho más grueso en unos puntos que en otro, y en algunos es tan delgado que casi es transparente. Hay en un museo de Londres algunos de estos cráneos, cuyo grueso varía desde media pulgada hasta el de una hoja de papel.»[39] De aquí, concluye Smith, que en ningún caso puede decirse con certeza que las prominencias del cráneo nos indican las del cerebro, y que bien puede haber desigualdades internas de media pulgada de diferencia, sin que se puedan notar por ningún signo externo.

7.º Las dos láminas del cerebro se separan un poco arriba de las cejas, formando dos cavidades que se llaman sinus frontalis. La extensión de éstas es sumamente varia. Por lo regular son mayores en las personas de cejas prominentes, «mas ni aún esta circunstancia basta para guiarnos», dice Smith, «pues habiendo procurado en el museo algunos cráneos con que ilustrar esta materia a mis discípulos, encontré uno cuya apariencia me hizo creer que tendría muy pequeñas dichas cavidades, y examinando encontré que las tenía notablemente extensas. Algunas veces, aunque muy raras, no existen según Meckel, y en otras tienen hasta media pulgada de ancho. Mr. Combe sostiene que todos los casos de una apertura frontal algo notable son monstruosos; mas se equivoca, como el que pretendiese que son monstruosas todas las narices que excedan en tamaño a un modelo arbitrario que se quiera que sirva de gobierno».

De estos argumentos deduce el citado profesor: 1.º Que hay graves razones para negar la existencia de dichos órganos en la superficie del cerebro. 2.º Que aun cuando tuviésemos tales órganos, su acción no sería proporcional a su tamaño o desenvolvimiento. 3.º Que mientras vivimos no se puede averiguar

---

39   Bell's Anatomy, vol. 1, pág. 105. Nueva York, 1827.

la configuración del cerebro, pues no es conforme a la superficie externa del cráneo. Concluye, pues, este célebre fisiólogo, que la Frenología teóricamente es incierta, y prácticamente falsa según las demostraciones.

Según los papeles científicos de Francia Mr. Foville acaba de dar el último golpe al sistema legal, demostrando que el cuerpo calloso del cerebro está rodeado de dos órdenes de cuerpos semisólidos que él llama circunvoluciones, que vienen a ser como unos aros de una sustancia homogénea, o por lo menos sin presentar diferencia ni división alguna. Tres de estas circunvoluciones sale de un mismo punto, y las otras ocupan los huecos que éstas dejan entre sí, como si rodeásemos un cuerpo con un cordel, y después con otro que ocupase los huecos que necesariamente habría dejado entre las diversas vueltas de aquél, o mejor dicho como si pusiésemos dos órdenes de arcos en esta disposición.

Resulta, pues, que en la superficie del cerebro no hay tales órganos divididos, y falla enteramente el que Gall creía ser un hecho en anatomía, y queda por tierra toda la Frenología. La Academia de las Ciencias y Medicina de París ha aprobado como concluyentes los trabajos de este sabio. Por lo que hace el cráneo y la correspondencia de sus prominencias, el doctor Foville prueba sobre poco más o menos lo mismo que el profesor Smith.

Si a las demostraciones de tan célebres fisiólogos puede agregarse una ligera indicación de un clérigo que jamás ha visto ni quiere ver, ni podría sufrir el ver la disección de un cadáver, yo me atrevería a llamar la atención de los frenólogos sobre la poca conformidad de su doctrina con lo que nos enseñan los anatómicos sobre el sistema nervioso. Ninguno de ellos se atreverá a decir que los nervios ópticos y los auditivos se ramifican por todo el cerebro, ni tampoco por todo el cerebelo. De aquí resulta que si existiese la multitud de órganos que suponen sobre casi toda la superficie del cerebro o del cerebelo, no podrán recibir todos ellos las ramificaciones de los nervios ópticos ni de los auditivos. Luego no podrán afectarse todos por las impresiones que se propaguen hasta ellos desde los ojos, o de los oídos, pues dichas propagaciones deberían hacerse por medio de nervios. Pero es evidente que todas las pasiones y todas las facultades pueden excitarse por las impresiones de la vista y del oído; luego, es también evidente que no se excitan en semejantes órganos, o mejor dicho es evidente que no existen tales órganos. He formado este argumento conforme al sistema de propagaciones como si yo creyese en ellas, porque es la opinión común y uno de los fundamentos de la Frenología.

Aunque la analogía no puede darnos en esta materia una prueba suficiente por sí sola, nos conduce, sin embargo, a resultados que en cierto modo ratifican las pruebas principales que hemos dado. Los órganos internos que se suponen, parece que debían seguir el orden que la naturaleza observa en los externos. No vemos que la perfección de éstos dependa de su tamaño, pues hay ojos muy pequeños con vista perspicacísima, y otros muy grandes y con muy poca vista, y lo mismo diremos de los demás sentidos. ¿Por qué, pues, ha de depender la perfección de los órganos internos, de su tamaño, o según dicen desarrollo?

Comparación de la Frenología con los hechos
1.º Hay personas cuya pobreza es muy pequeña, y por consiguiente lo son los órganos frenológicos, si los tuviesen, y sin embargo, sus pasiones son muy fuertes y sus talentos brillantes. Sirva de ejemplo Voltaire, cuya cabeza era imperfecta por pequeña.

2.º También hay personas que a juzgar por las prominencias de su cráneo tienen muy desenvueltos algunos de los órganos, y están muy lejos de tener las inclinaciones a que se suponen destinados dichos órganos. Sirva también de ejemplo el mismo Voltaire, que tenía sumamente desenvuelto el órgano de la religión.

3.º Muchas personas no presentan signo alguno de poseer ciertos órganos frenológicos, y sin embargo, poseen las facultades en grado eminente; luego debemos creer que no son necesarios dichos órganos, a menos que no incurramos en un círculo vicioso, o petición de principio en nuestro discurso, dando por prueba lo mismo que se quiere probar. Quiere demostrarse que dichos órganos, lo son de tal o cual pasión, y por tanto si inferimos que existen dichos órganos, aunque no parezcan, porque se notan las pasiones, incurrimos en el defecto mencionado. Mas natural es la inferencia de que no existe el órgano cuando no aparece, pues no debemos admitir existencias sin prueba positiva, y no la hay cuando nada aparece.

Suele decirse que éstas son excepciones, pero es menester advertir que son tales, que destruyen enteramente la regla, pues equivalen a demostrar la no necesidad del órgano, y la naturaleza nunca hace cosas innecesarias. Si pudiésemos demostrar que un hombre veía sin ojos, quedaría probado que los ojos no son el órgano de la vista, a menos que ocurriésemos a nuestro sentido íntimo, que nos prueba que vemos con los ojos. Mas el sentido íntimo nada nos dice acerca de los órganos frenológicos, y así éstos quedan sin prueba alguna, cuando no la encuentran fuera de nosotros.

4.º Cuando ejercemos alguna facultad intelectual, o nos entregamos a un estudio particular, no sentimos fatiga ni dolor alguno en el órgano frenológico que se supone destinado al objeto. Además observamos que sea cual fuese la meditación, se siente un peso que termina en un dolor en la parte anterior de la cabeza o la frente, donde seguramente no están todos los órganos frenológicos. ¿Por qué no duele la parte posterior de la cabeza, y lo más que sentimos en ella, después de una gran meditación, es cierta tirantez de los nervios que está muy lejos de probar la existencia de los órganos frenológicos? ¿Por qué no siente el matemático (pregunta Debreyne en la apreciable obra que acaba de publicar), por qué no siente un dolor vivo sobre los ángulos externos de los ojos, donde, según Gall, se encuentra el órgano del cálculo matemático? ¿Por qué el poeta no sufre las sienes donde se supone el pretendido órgano de la poesía? ¿Por qué sufren todos en la frente?[40]

5.º Prueba la experiencia que muchos individuos, después de una vida entregada a las pasiones más fuertes y a los crímenes más horrendos, han pasado una vida virtuosísima sin experimentar la más ligera inclinación a sus antiguos crímenes. Por el contrario, muchos han pasado de una vida santa en que ninguna pasión los dominaba, a una vida viciosa, y han desarrollado, por decirlo así, las pasiones más fuertes. Sin embargo, en ninguno de estos casos habrá quien diga que ha habido alguna alteración en el cráneo o que ha brotado un nuevo chichón.

6.º Nadie podrá persuadirse de que siente las pasiones en el cerebro, y es claro que deben sentirse en el órgano que las excite, o en el que sea conmovido por la acción del alma luego que las sufre. La Frenología, pues, no está fundada en el sentido íntimo, que ha producido la opinión general de los hombres, y ésta en el lenguaje común que atribuye las pasiones al corazón, no porque éste las produzca, sino porque es conmovido por ellas. ¡Qué extraño sería el que uno

---

40 *Pensées d'un Croyant Catholique*, par Debreyne, pág. 224, París, 1840.

dijese que tal asesino tiene un cerebro cruel, y tal hombre caritativo lo tiene generoso!

7.º Según las observaciones de Smith se dan casos en que algunos calvos lo son en tal manera, que no solo no tienen pelo, sino que pierden las pequeñas prominencias de la cabeza que se presenta tersa como un pliego de papel. Sin embargo, bajo esta superficie quieren los frenólogos que estén sus decantados órganos, y que creamos que están porque ellos lo quieren.

No en balde, según observa Debreyne, los mismos frenólogos van ya abandonando la craneoscopía,[41] y aun también la cerebroscopía, conociendo que esta última solo puede hacerse en los cadáveres, de modo que ya no saben a qué atenerse. Es también muy notable que nunca han convenido en el número de los supuestos órganos, como sucede con todas las ficciones.

La Frenología comparada con la legislación

Algunos frenólogos han querido encontrar en su sistema el fundamento de la legislación, sin advertir: 1.º Que ellos mismos no están ciertos de lo que dicen, y otros muchos lo están en la falsedad de su doctrina, por cuyo motivo no puede servir de fundamento a la ley, que no puede tener otro que la verdad demostrada. 2.º Que en su mismo sistema de presentar una inmensa variedad en los individuos, y así no puede ser fundamento de la ley, que es una norma general, a no ser que se establezca sobre ciertas relaciones muy ligeras y casi insignificantes que pueden presentar la Frenología en todos los hombres.

---

41 Han sido tantos los chascos que se han llevado en sus sentencias frenológicas, que ya siempre las dan suponiendo ciertas condiciones que con decir que no se han verificado los saquen del empeño. No hace mucho tiempo que los papeles de este país publicaron un hecho interesante, y es que para convencer a uno de los principales frenólogos, lo llevaron a que examinase los presos de una cárcel, y entre ellos colocaron a un ministro protestante, hombre de muy buenas costumbres. Parece que tenía algunas de las prominencias que indican órganos del vicio, las cuales notadas por el frenólogo falló contra el pobre ministro, asegurando que no en balde estaba en la cárcel. Los circunstantes soltaron la risa y le dijeron: «Repara usted que este Señor es el Reverendo Mr. cuya moralidad es notoria, y en quien jamás se ha notado una inclinación al crimen». También nos ha hecho reír mucho el célebre doctor Beldford de esta ciudad, con su ocurrencia de fingirse tonto y vestirse malamente, para conseguir que uno de los corifeos de la Frenología en ésta fallase sobre sus facultades intelectuales, que declaró limitadísima; y luego que le hizo firmar un certificado, mudando de lenguaje le dijo: «Soy el doctor Beldford; ¿cree usted en su conciencia que ha acertado?» El frenólogo al advertir que hablaba con un acreditado profesor de Medicina, no supo cómo salir del compromiso.

Ha escrito muy bien el doctor Bailly, uno de los más célebres frenólogos, que «jamás debe la Frenología entrar en la legislación, como medio para absolver o condenar; y que los jueces que reclamasen tal socorro, y los médicos que consintiesen en darlo, no sabrían ni unos ni otros su verdadera misión».[42] Sería bien extraño que un juez llamase a un frenólogo para que clasificase las prominencias de la cabeza de un asesino, para averiguar si tenía desenvuelto o no el órgano del asesinato; y aun sería más ridículo que los legisladores sometiesen las leyes a semejantes exámenes, o las acomodasen... ¿pero a qué? A una multitud de variaciones que presentan los cráneos, y según los frenólogos sería menester que ellos fueran los jueces, y ya sabemos con cuánto acierto juzgarían.

La Frenología comparada con la religión

Bien sé que muchos, no solo de los frenólogos sino aun de los que no admiten la Frenología, creen que ésta no se opone a la religión. Yo no estoy muy de acuerdo con este punto, aunque sí lo estoy en creer que una parte de los frenólogos están bien lejos de ser irreligiosos y de llevar sus doctrinas hasta donde las ha llevado el materialista Broussais, quien no contento con matar el cuerpo en el estómago por falta de alimento, pasó a matar el alma en el cerebro por energía de los órganos. Dícese que la Frenología es en su línea de que los temperamentos, cuyos efectos siempre se han admitido sin perjuicio de la religión. Reflexionemos que el temperamento no es un órgano del crimen ni tampoco lo sugiere; no está formado para él; es solo una disposición del cuerpo para operar con mayor o menor facilidad, y tanto excita el amor lícito como el ilícito, o mejor dicho no excita a alguno, sino que se presta a todos; mas el órgano frenológico del asesinato es para asesinar, diciéndose lo mismo de los demás órganos de los vicios, que o no operan o producen el mal, pero el temperamento puede inducir a operar el bien. Tenemos, pues, que según los frenólogos, Dios ha formado órganos del crimen y los desenvuelve y perfecciona para el crimen. ¡Hasta aquí un Dios criminal! ¡he aquí un Dios tentator! Contra lo que nos dice Santiago: Dios no tienta los malos, y él no tienta a ninguno. (Ep. De sant. Cap. 1, v. 13).

Todos convendrán que nuestro cuerpo tiene los mismos órganos que el del primer hombre, y así en éste debió haber todos estos órganos frenológicos

---

42 *Exposé et Examen critique*, pág. 125.

destinados a los vicios, y parece que Dios le crió en estado de inocencia con unos órganos inútiles, o que le crió para que pecase y después fuese atormentado por estos órganos que ahora despliega y perfecciona; de modo que si el hombre no hubiese pecado, la creación de su cuerpo hubiera sido inútil e imperfecta, pues dichos órganos nunca hubieran podido tener ejercicio. Infiérese también que cuando peca el hombre ejerce una función natural, o llena el objeto de la naturaleza que formó los órganos para los crímenes, y quedaría frustrada si no se cometiesen. Yo no entiendo así la religión; no inculpo a los frenólogos, porque acaso no perciben toda la tendencia de su doctrina, pero no soy frenólogo.

Debemos también considerar que las pasiones no pueden tener órganos, aunque (en el sistema común) los tienen las ideas. Estas son representaciones de objetos exteriores que vienen como a visitar el alma, y así necesitan conducta u órgano para manifestarse; mas las pasiones son las tendencias o separaciones del alma respecto de los objetos percibidos, y así es necesario que empiece en el alma y por consiguiente sin órgano alguno. Salimos de nosotros mismos y nos arrojamos sobre los objetos o nos separamos de ellos cuando nos apasionamos, y por el contrario, traemos la naturaleza hacia nosotros, y la hacemos entrar en nuestra alma cuando pensamos. De aquí resulta que no solo puede haber órganos de ideas, mas no de pasiones, a no ser que las materialicemos, y he aquí en mi concepto por qué varios frenologistas han caído en el materialismo. Infiérese, pues, que o no hay órganos frenológicos, o ellos son el alma, y por consiguiente o la Frenología es falsa o es un verdadero materialismo, bien que no percibido, y menos admitido por la mayor parte de los frenólogos.

Inutilidad de la Frenología
Supongamos que existen los órganos frenológicos, y que podemos conocerlos. ¿Qué hemos avanzado? ¿Podrá el médico curarlos si están enfermos? Seguramente que no; y lo más que podrá hacer es aplicar remedios generales que indirectamente afecten el cerebro, pero si el mal es desorganización, entonces no hay remedio, ni directo ni indirecto. ¿Podremos hacer que se desenvuelva un órgano? De ninguna manera. ¿Podremos suplirlo? Esto es imposible. ¿A qué se reduce, pues, la Frenología? A conjeturar vanamente por las prominencias del cráneo las pasiones del alma. ¡Pero qué! ¿necesita el hombre

que le digan cuáles son sus pasiones? El sentido íntimo se las indica mejor que los frenólogos, y en cuanto a sus semejantes la Frenología solo puede inducirle a juicios temerarios, perjudicialísimos a la sociedad.

Error lógico en que se funda la Frenología Un abuso de la simultaneidad ha dado origen a los errores frenológicos. Observando que muchos individuos que tienen tal o cual prominencia en el cráneo son valerosos, se infirió, luego todos los que tengan tal prominencia son valerosos; y aun se pasó más adelante diciendo: luego bajo esa prominencia hay un órgano del valor. ¡Cuántos valerosos podrían haberse numerado sin la tal prominencia! ¡Cuántos con ellas cobardísimos! Aun cuando la prominencia acompañase al valor, ¿sería esta simultaneidad razón suficiente para decir que era su causa?

Cuarta parte. Miscelánea Filosófica (1819)

Tercera edición por Félix Varela
Nueva York
Imprenta de Enrique Newton 1827

> Por muchos siglos los hombres no quisieron pensar más ni hacer uso de su espíritu, halagados por una admiración supersticiosa. Muy prevenidos en favor de unos originales que las más veces no entendían, y que por lo regular no merecían entenderse, tomaron el trabajo de comentarlos, y se creían muy sabios cuando habían sondeado sus profundidades, o restituido algunos pasajes truncos. Pero al fin parece que la Europa toma una nueva vida, como un enfermo que adquiere el don de la preciosa salud que había perdido. Se ha visto que el estudio de la Filosofía no consiste en interpretar respetuosamente a los antiguos; sino en estudiar la recta razón, que los mismos antiguos habían estudiado. Está demostrado que es preciso buscar las primeras ideas de lo verdadero y lo bello, no en sus libros y en sus tratados sino en la naturaleza, en cuyo seno invariable las buscaron los antiguos, y es constante que ella paga con usura los cuidados que se toman en consultarla.
> (Deslandes. Hist. Crítica de la Filosofía, Tom. 4, pág. 173.)

Introducción[43]

A instancias de un discípulo mío,[44] cuya memoria me es tan grata como sensible su muerte, me dediqué a escribir sobre algunos de los objetos de nuestras conversaciones, y por complacerle di al público estos entretenimientos filosóficos bajo el título de MISCELÁNEA, por ser tan varios como lo fueron sus motivos. Hallábame entonces en el lugar de mi nacimiento, y el santuario de las letras, que había frecuentado desde mis primeros años, y en que tenía el honor de ocupar un puesto, para indicar a una estudiosa y amable juventud, las sendas de la razón y de la moralidad, los portentos y delicias de la naturaleza. Mientras mi espíritu se ocupaba de estas apacibles ideas, fui arrebatado por el torbellino político, que aun agita la Europa, y, más feliz que otros, lanzado a la tierra clásica de la libertad, donde reviso tranquilo estos ocios míos para presentarlos menos imperfectos.

---

43 A la tercera edición, que es la que reeditamos de modo principal.
44 Cayetano Sanfeliú, quien tuvo la bondad de servirme de amanuense.

He suprimido las dos primeras observaciones sobre el escolasticismo, y ojalá fuese tiempo de suprimir la tercera; mas por desgracia no faltan defensores de la Lógica escolástica, bien que su número sea muy reducido. Además de los artículos agregados en la edición hecha en Madrid, que fue la segunda, he escrito otro sobre las causas del atraso de la juventud en la carrera de las letras, y he insertado, a insinuación de un amigo, el del patriotismo que se halla en la última edición de mis Lecciones de Filosofía; extendiéndole algo más con las reflexiones sugeridas por una lamentable experiencia.

Parte I. Principios lógicos o coLección de hechos relativos a la inteligencia humana[45]

Capítulo I. De la lógica

¿Qué es Lógica? ¿Qué debería ser? Hasta el presente se ha tenido por el arte de sacar consecuencias de una proposición que se supone verdadera; pero las reglas que se han dado, fundadas todas en el silogismo, no pueden conducirnos a este intento. El famoso principio: dos cosas iguales a una tercera son iguales entre sí, es verdadero, pero inútil, pues si el término mayor, el menor y el medio término se igualan, resultarán idénticas las proposiciones y no tendremos un verdadero discurso, sino una proposición pronunciada tres veces. Si por el contrario la menor se supone distinta de la mayor, y ambas del consiguiente, ya no son iguales entre sí. Por tanto, todo el sistema actual de la argumentación está mal fundado.

...

Los escolásticos nunca han entendido el principio de identidad con un tercero, en términos que no haya diferencia alguna en la totalidad del objeto, sino en aquella propiedad que se compara. Cuando dicen v. g. todo el que piensa es racional, es así que el hombre piensa, luego el hombre es racional, comparan los términos pensar, racional y hombre, en solo la propiedad de pensar, y en esto no hay duda que son idénticos; pero no afirman que al hombre le conviene en todas sus partes la propiedad de pensar, pues teniendo un cuerpo, no podían afirmar un absurdo tan claro. Tampoco han dicho los escolásticos que las tres

---

45   Por M. Detutt, conde de Tracy. (Extractos por Félix Varela.)

proposiciones de un silogismo son idénticas; y por tanto la observación del autor en esta parte me parece infundada.

Se ha dicho que el término mayor de un silogismo contiene al menor, mas esto debe entenderse en cuanto al número de individuos a quienes se aplica y no en cuanto a las propiedades que representa, y así decimos que un hombre es animal, pero no que el animal es hombre. Mas en las deducciones solo se atiende a la comprensión de un término, y por eso se ha establecido mal que el término que llaman mayor comprenda al menor.

Supongamos que los principios pudieran guiarnos para formar buenas consecuencias: sin embargo, sería preciso que se comprobase la verdad de dichos principios, y es cabalmente lo que se ha omitido. Todos suponen que no debe disputarse acerca de los principios. Cada secta se ha creído autorizada para establecer los suyos, y rechazar los ajenos sin dar razón de los que establecen, ni de los que rechazan. Unos dicen que es preciso ocurrir al sentido íntimo; otros que una proposición es innegable cuando presenta un sentido claro y distinto; cuando traducida en otros términos, nunca puede ser más clara; o cuando su contradictoria envuelve un absurdo manifiesto, y otras cosas semejantes.

Todo esto es muy vago, y aun cuando sea cierto necesita alguna explicación, para poder fijar un punto en nuestro espíritu, que nos sirva de apoyo en las investigaciones. Por falta de un apoyo semejante o de un método exacto, no se ha podido refutar victoriosamente a los escépticos, y nos hemos contentado con burlarlos, porque es más fácil despreciar que responder.

Un estado tan precario podía convenir al tiempo en que las ciencias no eran más que la reunión de ciertos hechos mal encadenados, que no podían guiarnos a la primera causa de nuestra evidencia; pero en el día cuando los descubrimientos no son el fruto casual de un genio que adivina, sino los efectos de la razón que ve, la Lógica debe tener igual exactitud si quiere presidir a las demás ciencias. Ella nos debe dar las causas de nuestros errores y los medios de nuestros aciertos, y mientras no lo haga así, la miraremos como un juego despreciable y el más engañoso. Es preciso renovarla totalmente.

Capítulo II. De nuestra existencia

La conocemos porque sentimos Hemos dicho que la Lógica debe emplearse en la contemplación de nuestra inteligencia y que debe investigar un hecho que sirva como de primer paso, y como el apoyo de todos nuestros conocimientos. Cartesio ha sido el primero que estudiando el hombre, encontró esta base de sus ideas.

Sentimos y es todo lo que sabemos. Pensamos sobre estas sensaciones, e inferimos que un ser que siente y que piensa, existe. Por tanto la primera verdad conocida es nuestra existencia, y si los sucesores de Cartesio hubieran seguido sus primeros pasos, y no los extravíos en que irreflexivamente cayó este gran filósofo, nuestros progresos serían más considerables. La Lógica de los modernos ha destruido la hipótesis de las ideas innatas que Cartesio no estableció en ninguna de sus obras principales, que son los Ensayos de la Filosofía, las Meditaciones y los Principios, sino en unas notas contra un programa de Le Roy, y que por eso deben tenerse como un ensayo temerario de aquel gran talento, Sin embargo, en destruir las ideas innatas, se ha hecho un gran bien a la Ideología.

Capítulo III. Diferentes modos de nuestra sensibilidad

Nuestra sensibilidad puede afectarse de diversos modos, y es preciso reducir a algunas clases objetos tan diferentes. Observo que estoy afectado de un cierto modo a que llamo querer. Esta afección se distingue muy bien entre todas las de mi sensibilidad,[46] y a los actos que provienen de dicha afección les llamo deseos, que siempre suponen un juicio anterior, que me indica que tal cosa debe apetecerse o despreciarse. El juicio es una afección muy distinta del deseo, pues juzgar que una cosa es deseable, no es desearla, y sin embargo éstos reciben un mismo nombre llamándoseles juicio, lo cual prueba la escasez de nuestras lenguas. Esto proviene de que no desenvolviéndose exactamente dichos actos, no se han podido designar con claridad.[47]

---

46 El acto de querer no es una afección de la sensibilidad, y este empeño en deducir todo de las sensaciones transformadas, hizo que el célebre Condillac muchas veces no fuera muy exacto, según observan algunos ideólogos de mérito. En esta parte yo he extractado lo que dice el autor; pero mi sentir es diametralmente opuesto, pues creo que la sensibilidad no es del alma sino del cuerpo, según he explicado en mis *Lecciones de Filosofía*, *Tratado del Hombre*. Lec. V.

47 No percibo la razón por qué dice el autor que se han designado con un mismo nombre estos dos actos, y que se han confundido; pues al contrario la palabra deseo ha indicado siempre un afecto del ánimo, y es muy violento substituir a ella la palabra juicio.

La acción de juzgar consiste en ver que la idea de una cosa pertenece a la de otra. Afirmo que una fruta es buena porque en su idea total percibo la bondad. Es preciso para juzgar, tener antes estas dos ideas.[48]

Por tanto hay un acto de la sensibilidad que consiste en percibir simplemente una idea, y éste no es el de juzgar, ni el de desear, pues precede a ambos y podemos llamarle simplemente sentir.

Mis sensaciones pueden ser producidas por una causa actual o por una que ya ha pasado y esta circunstancia es muy interesante para distinguir la acción de sentir simplemente sin juzgar ni desear, y la de sentir lo pasado que podemos llamar memoria.

Tenemos, pues, cuatro actos de nuestra sensibilidad bien distinguidos: sentir simplemente, acordarse, juzgar y querer. Muchos observadores del hombre han distinguido otros actos como la reflexión, comparación, etc.; pero en todos éstos no se hace más que sentir y juzgar, pudiendo reducirlos a los anteriores ya clasificados.

Capítulo IV. De nuestras percepciones o ideas

Los cuerpos que nos rodean tienen una verdadera existencia; pero el modo de conocerla no nos interesa por ahora, reservándolo para otro tratado. Chocan en nuestros sentidos, y formamos la idea de una inmutación de nuestros órganos; después referimos las diversas inmutaciones a sus causas, y formamos el conocimiento que tenemos de los seres distintos del nuestro. La idea de una quemadura es diversa de la del fuego, porque aquélla solo indica lo que sentimos, y ésta es un conjunto de las ideas de color, movimiento, calor, etc., que forman una cosa distinta de nuestro cuerpo, y capaz de inmutarnos.

Todas estas ideas se refieren a un solo hecho, y son individuales; pero nosotros vamos generalizándolas, y la idea de quemadura no expresa ya una sola, sino todas las quemaduras, la de fuego todos los fuegos.

Formamos de este modo diversas clases, quitando a los objetos la individualidad, y resultan las especies, y los géneros, que son tanto más extensos cuanto

---

48 Convengo en que el juicio es percibir una propiedad en la idea total del objeto, mas por esta misma razón niego que sea preciso tener antes dichas ideas; pues el entendimiento en lo que se llama juicio no va a hacer otra cosa que percibir lo que la naturaleza ha puesto en un objeto, y el juicio no es la reunión de dos ideas, según se manifestará en otro tratado de esta Miscelánea.

menor es el número de propiedades comunes a los individuos. Así decimos: pera, árbol, vegetal, cuerpo, y en fin ser, que es el término más general de todos, porque reúne los individuos por una sola propiedad.

Estas nociones tan sencillas no han sido percibidas por la preocupación que ha obligado a los hombres a buscar distinto origen de sus conocimientos, y substituyendo las hipótesis a las realidades, llegó el delirio hasta creer que hubo un tiempo en que todas las ideas se comunicaron por la mano del Ser Supremo, y que ahora no hacemos más que renovarlas de modo que el saber es acordarse. Estas nubes han pasado; los ideólogos conocen que a las combinaciones de los actos de nuestra sensibilidad se debe la formación de nuestros pensamientos, aun los más complicados. Todo por sensaciones y nada sin ellas. Ved nuestra historia. El modo constante con que operamos es acordándonos en consecuencia de sentir, y queriendo en consecuencia de juzgar. Efectivamente el hombre, por más esfuerzos que haga, no puede pensar sin tener o fingir sensaciones.

Capítulo V. Existencia de los seres fuera de nosotros
Sabemos nuestra existencia por nuestras sensaciones y la de los cuerpos extraños, porque son sus causas; pero indaguemos de qué modo nos convencemos de esto.

Si yo fuera una virtud sensiente y nada más, no podría tener otras ideas que las de una acción, pues experimentando en mí mismo todas las sensaciones nunca las referiría a unas causas extrañas; la idea de pasión no existiría para mí. En semejante estado, si mi voluntad se cumplía yo no podría saber por qué, y si no tenía efecto tampoco adivinaría la causa. Pero este ser que siente, se halla unido a una reunión de partes y ejerce su acción sobre el sistema nervioso, en cuyo caso percibe aunque no pueda conocer los medios que producen dicha percepción.

Muy pronto innumerables experiencias me indican que el no cumplirse muchas veces mis deseos, experimentando sensaciones desagradables, y perdiendo otras que me agradan, proviene de la resistencia de ésta que llamamos materia, que por tanto debe ser una cosa distinta de mí. Este es el fundamento de la idea que tenemos de la existencia de los cuerpos. Aunque no los conociéramos de este modo, bastaría que causaran un conjunto de sensaciones, para decir que existían relativamente a nosotros, aunque no estuviéramos ciertos de su existencia. Un agregado de las sensaciones de color, figura, etc., le tendríamos por una cosa ya existente en nosotros mismos o fuera, y a la verdad los cuerpos no se ponen en relación con nuestro espíritu, sino por este conjunto de sensaciones.

Capítulo VI. De las ideas de tiempo, movimiento y extensión

Por la resistencia hemos conocido los cuerpos y sin ella serían muy vagas las ideas de tiempo, movimiento y extensión. Un ser simplemente sensitivo careciendo de órganos, pero dotado de memoria, podría formar idea de la duración; porque ésta no sería otra cosa que el conocimiento de los diversos estados en que se había hallado la virtud sensiente; pero no tendría idea de tiempo, que es la de una duración medida, o a lo menos no tendría una idea fija de un tiempo determinado, pues siendo fugitivas sus sensaciones, lo sería su memoria y su relación. Siempre medimos por algún movimiento, y así usamos el de la tierra para determinar la duración del día.

Cuando nuestra alma opera sobre los órganos corpóreos, no conoce el movimiento en el instante en que lo produce; experimenta sí una sensación cuando los miembros se mueven, pero no sabe que este movimiento consistente en pasar de un punto a otro, mientras no conoce que la propiedad que se llama extensión, consiste en poder ser recorrida por el movimiento, o que es preciso hacer un movimiento para ir de un punto a otro de dicha extensión. Cuando paso la mano por la superficie de un cuerpo, experimento siempre la sensación del movimiento de mi brazo, y de la resistencia del cuerpo, y por tanto descubro al mismo tiempo que el cuerpo es extenso, y que mi movimiento consiste en correr su extensión. Estas dos ideas son esencialmente correlativas, y así una no existe sin la otra. Inferimos que todo movimiento operado, se mide exactamente por la extensión recorrida.

El vacío no es extenso, porque no tiene resistencia que acompañar a la sensación del movimiento. Una extensión sin resistencia es solo el objeto de la geometría pura; pero no puede atribuirse a un ser particular.

Una sustancia que siente y no se mueve, no tiene idea de extensión, y un ser inextenso es imposible que ejecute un movimiento, en sí mismo, pero sí en otro.

La extensión tiene la ventaja de poderse dividir en infinitas partes siempre perceptibles, y sin confundirse, lo que no puede ejecutarse con el calor, el frío, la humedad, etc., y así es más adecuada para las medidas.

Cuando la duración se mide por un movimiento, como éste es conforme al espacio corrido, la idea de tiempo se hace más fija; pero aun tiene mucha inconstancia, pues la extensión corrida puede ser una misma, y el movimiento ser mayor por disminuirse el tiempo en que se efectúa. Para remediar este inconveniente, basta referir toda duración a un movimiento constante que nos sirve de unidad, como el día, que se forma por la revolución de la tierra sobre su eje. De este modo cuando sabemos el espacio que ha corrido un cuerpo en un tiempo dado, v. gr., veinte minutos, sabemos también la relación que tiene este espacio con el que describe un punto del ecuador terrestre en las veinticuatro horas, y así venimos a comparar espacio con espacio, quedando fijas las ideas de movimiento y de tiempo. Yo sé que una nave ha corrido veinte leguas en un tiempo dado; veo en este tiempo qué número de leguas correría un punto del ecuador terrestre, mientras no se movió dicha nave, y comparando un espacio con otro, sé cuántas contiene el espacio corrido por la nave, o si no llegó a valer la unidad; y teniendo siempre por término de comparación el movimiento de la tierra, puedo medir todos los movimientos, y todas las duraciones.

De estas observaciones podemos inferir en qué consiste la diversa exactitud y claridad de las ciencias, pues aquellas cosas que o no pueden medirse, o tienen una analogía muy remota con la extensión sensible, necesariamente han de ser menos perceptibles; y sus ideas más fugitivas, por decirlo así, pues el espíritu sin un apoyo de sensaciones claras, es preciso que lo deba todo a sus esfuerzos. Esta es la dificultad que tienen las ciencias moral y política.

Capítulo VII. De los signos de nuestras ideas
Lenguaje natural y necesario Todas nuestras ideas se revisten de un signo, y careciendo de él, serían inconstantes por no decir imposibles. La experiencia confirma esta verdad; pues no podemos pensar cosa alguna sin presentarnos un signo.

No fue éste el único origen de la invención de los signos: la necesidad de comunicarnos y de simpatizar, por decirlo así; esto es, de tener una complacencia en nuestra conformidad con los demás hombres, fue la principal causa.

Las acciones, siendo efectos de los sentimientos del alma, tienen gran ventaja para significarlos, y estos signos parece que precedieron a los convencionales; pues los hombres no podían convenir en que tal signo expresara tal idea, sin entenderse de antemano. El que experimentó un dolor, hizo un gesto, dio un suspiro, y cuando advirtió iguales efectos en su semejante, infirió iguales causas. Entendiéndose por estos signos, los hombres no pudieron establecer las palabras de un idioma. Los animales destituidos de la razón del hombre, produjeron los mismos movimientos de dolor y placer, mas no pudieron formar convenciones ni clasificar sistemas.

Capítulo VIII. Lenguaje artificial y convencional

Las acciones, como hemos dicho, expresan los pensamientos, y siendo sugeridas por unos impulsos de la naturaleza, se dio muy bien al lenguaje de acción el nombre de natural. No sucede lo mismo con las palabras: ellas son el fruto de un convenio, y forman el lenguaje artificial, que sin estar tan común a todos los hombres, es, sin embargo, más fácil y abundante que el de acciones. Todos conocen que uno experimenta una pena cuando suspira, mas no cuando la expresa con palabras españolas, latinas, etc., si no supieren todos estos idiomas, y, por tanto, el lenguaje de acciones es preferible al de palabras si atendemos a su generalidad. Pero las voces son más susceptibles de variaciones delicadas y bien distinguidas; es más fácil pronunciar veinte palabras rápidamente que no efectuar veinte acciones al mismo tiempo, y estas circunstancias han hecho que los hombres prefieran el lenguaje articulado.

Sin duda, las primeras voces del hombre fueron monosílabos, unos gritos apasionados señalando el objeto, una de las que los gramáticos llaman interjecciones. Después se sustituyeron a éstas otras más complicadas; pero si analizamos nuestro lenguaje, advertimos que muchas voces que los gramáticos no ponen entre las interjecciones pertenecen a ellas, pues producen los mismos efectos. Tales son: sí, no. Cuando digo sí, quiero decir yo afirmo esto, y cuando digo no, equivale a yo niego esto. El lenguaje, compuesto en su principio de interjecciones, puede reducirse en el día a proposiciones que llaman enunciativas, o que declaran un juicio, que no es más que la percepción de que una idea es parte de otra, y puede atribuirse a ella. Por tanto, una proposición envuelve siempre dos ideas: la del sujeto y la del atributo; mas al principio la interjección expresaba una y otra cosa.

A los primeros gritos que indicaban la pasión se agregaron otros que distinguieron su objeto, y se formaron los nombres que llaman substantivos o sujetos de las proposiciones. Una interjección contenía tácitamente el sujeto apasionado, y la especie de sentimiento que le afectaba, y que no es otra cosa sino el atributo de la proposición. Véase de qué modo una interjección viene a ser un verbo, pues éste no es más que la palabra que expresa el atributo,[49] palabra que ha embarazado a los gramáticos, y que les ha parecido tan difícil, pero que tiene un origen muy natural en el grito primitivo con que el hombre quiso expresar los objetos.

Los verbos que se llaman adjetivos expresan el ser de algún modo particular, y el que se llama substantivo (que es el que puede llamarse verbo con propiedad) lo expresa simplemente. Estos verbos adjetivos suplen el nombre de una cosa unida al verbo ser; por tanto, decimos ciervo, ligereza, es, belleza, y estos objetos los reducimos diciendo: el ciervo es ligero, es bello. Posteriormente hacemos de estos adjetivos unas proposiciones para ligar los substantivos, y unas conjunciones para unir las frases, y de algunos sustantivos hacemos los pronombres. Poco a poco vamos formando los elementos de la proposición y no los del discurso; pues éste se compone de aquélla y los gramáticos se han equivocado en esta parte. Por último se inventaron los giros elípticos y oratorios, y llegó a ser el lenguaje si no muy perfecto, a lo menos muy complicado.

Observemos que en todas estas operaciones no hay más que una serie de juicios que nos indican las distintas partes que componen una idea total; y la perfección del lenguaje se debe a la facultad que tiene nuestro espíritu de considerar aisladamente dichas partes, lo que llamamos abstraer. En esto consiste la principal diferencia entre el hombre y los brutos privados de dicha facultad, y, por consiguiente, de un lenguaje bien desenvuelto.

---

49 Yo creo que el verbo es la palabra que expresa la acción, y aunque, como dicen los gramáticos, exceptuando el verbo ser, todos los otros son adjetivos, pues indican la acción con alguna propiedad determinada a una especie; sin embargo, me parece que no puede decirse que la expresión de un atributo es un verbo, pues entonces todos los nombres adjetivos serían verbos. Bien sé que en todos puede formarse un giro de palabras que envuelvan un verbo, v. g., blanco quiere decir que tiene la propiedad de conmover la vista de un modo determinado que llamamos blanco; pero nunca se confundirá este modo con las voces de que hemos usado para expresarlo.

Como la mayor parte de las ideas que tenemos están ya generalizadas por el uso, necesitan unos signos que las fijen, y éstos son las palabras. Sin su auxilio se perdería todo el trabajo de nuestro espíritu en haber formado dichas ideas generales, que serían como fugitivas.

Las voces tienen además la ventaja de variarse por tonos, duraciones, acentos y articulaciones, lo cual es muy cómodo para representar las diversas circunstancias de los objetos, y fijar nuestras ideas desenvolviendo las diversas facultades. Es muy verosímil que al principio solo se procuró escribir los tonos; pues los hombres cantaron naturalmente, y los primeros idiomas eran muy acentuados; después se fueron modificando hasta llegar al estado en que los observamos.

Hay otros medios de manifestar nuestros pensamientos que consisten en los jeroglíficos, como los de los egipcios, los chinos y japoneses; también la Pasigrafía, que es un conjunto de bosquejos informes, que, por un carácter bien inventado, representa cada palabra del lenguaje. Siendo imposible representarlas todas por ser infinitas, se contentaron con indicar las radicales, y después por ciertas modificaciones que se hacían a estos primeros bosquejos, se expresaron las palabras derivativas. Toda esta serie de caracteres estaba fundada en la sintaxis del lenguaje articulado; pero además de que nunca podían expresarse las innumerables inflexiones delicadas que tiene cada palabra, se advierte que aquélla no era una verdadera escritura como la nuestra; pues estaba fundada en una operación muy distinta. En la Pasigrafía no se indica el sonido de una palabra, sino que un rasgo de pluma se substituye a la misma palabra, que es lo mismo que dar un nuevo signo a la idea o hacer una verdadera traducción, y una traducción a una lengua necesariamente pobre, incorrecta y confusa, que nunca puede llegar a ser usual porque nunca puede hablarse. Cuando se lee semejante escritura es preciso traducirla al lenguaje de que usamos, y éste es un principio de nuevos errores. La experiencia lo prueba, pues las naciones que se han valido de semejantes signos han progresado muy poco en sus ideas, porque se necesita la vida de un hombre para aprender imperfectamente una multitud de signos tan considerable. La imprenta no podría tener uso si se admitiera este género de escritura, y las ciencias padecerían considerables atrasos.

La ciencia de la cantidad tiene un lenguaje de esta especie, cuyas cifras o signos algebraicos son los caracteres, y las reglas del cálculo constituyen la sintaxis. Este lenguaje no solo carece de inconveniente, sino que es de una ventaja prodigiosa, que se debe a la naturaleza de las ideas que componen dicha ciencia. Todas son de un mismo orden, y se combinan con unas mismas relaciones, esto es, de cantidad; tienen una exactitud que las liberta de toda confusión, y se prestan a todo género de elipses en las fórmulas algebraicas, sustituyéndose un término a toda una cantidad.

Los efectos de los signos se hacen tan perceptibles, que no hay un hombre que no experimente que no puede pensar sin parecerle que oye o que ve algo. Siempre se entiende mejor lo que se lee, o se escribe, que lo que se habla, porque entonces nos parece que oímos, y esta sensación unida a la de la vista, fija nuestras ideas.[50] Pero aunque los signos sean muy útiles, no puede decirse, como han querido algunos, que es imposible pensar sin tener signos; pues, al contrario, éstos no podían ser signos si no hubiera ideas que significar. Nuestros signos son imperfectos no solo cuando están mal formados, pues este defecto puede corregirse, sino aun cuando se establecen con exactitud. Advertimos que expresan objetos muy complicados, y, por tanto, es como fugitiva e imperfecta la representación y la memoria que nos dan de ellos. Nuestra alma pierde alguna de las ideas elementales que formaban la idea total de una cosa, o bien la agrega alguna otra idea; de modo que nuestro conocimiento se ha variado, y, sin embargo, repetimos el mismo signo, y creemos tener las mismas ideas. Cada uno ha aprendido la significación de una palabra en ciertas circunstancias, en ciertas ocasiones, por medios diferentes y muchas veces por acaso, y así es casi imposible que podamos constituirnos, o figurarnos exactamente en circunstancias iguales, y que demos igual sentido a una misma palabra. Esto se hace muy sensible en los objetos delicados y poco conocidos.

---

50 Esto debe entenderse cuando no estamos habituados a lo contrario, pues hay sujetos que entienden mejor lo que oyen que lo que leen, y esto proviene de que sin ocupar su atención en las letras, pueden darla libremente a los objetos, y como el alma repite los signos con más ligereza que los labios, el que oye hace mil combinaciones mientras otro lee un párrafo, y por los antecedentes bien recordados aclara los consiguientes. En general es cierta la observación del autor, y el fundamento de ella.

Capítulo IX. De la deducción de nuestras ideas

Cuando nuestras ideas están bien encadenadas, tienen una evidencia de deducción, así como nuestras sensaciones tienen evidencia de sentimiento; pero el paso desde un hecho fundamental hasta sus últimas consecuencias es algo dificultoso. Examinemos el auxilio que nos dan en esta materia los lógicos: ellos nos presentan la forma silogística. Pero el daño está en el fondo; esto es, en las ideas, y no en la forma; esto es, en el modo de reunirlas. Además, todo el arte silogístico consiste en sacar una consecuencia particular de una proposición más general. Pero ¿quién nos asegura de la exactitud de esta proposición general? Aquí el arte nos abandona. Nos dice que es un axioma, que es un principio, que no se debe disputar sobre principios, que es preciso sujetarse al buen sentido, al sentido común, al sentido íntimo, y otras mil cosas de este género, que, como advierten los señores de Port-Royal, equivalen a decir que las reglas que se han dado para los raciocinios, sirven cuando no las necesitamos, y nos abandonan cuando son necesarias. A esto debe agregarse que dichas reglas están fundadas en un principio falso, y es que las proposiciones generales son la causa de la exactitud de las proposiciones particulares, y que éstas se contienen en aquéllas.

Primeramente es falso que las proposiciones generales sean la causa de la verdad de las particulares; pues al contrario, los hechos particulares bien observados, y referidos unos a otros, nos conducen a formar una proposición general, que es decir a formar un mismo juicio acerca de un número mayor de hechos, según que hemos percibido que cada uno de ellos es exacto.

En segundo lugar es falso que las ideas generales contengan a las particulares, o a lo menos esto necesita explicación. Las ideas van generalizándose porque abstraemos sucesivamente ciertas propiedades que distinguen los seres, y dejamos las que son comunes a muchos, formando así los géneros y las especies. Este número mayor de individuos a quienes conviene una idea se llama su extensión, y el número de ideas particulares, que es siempre mayor mientras se disminuye el de los objetos a quienes se aplica, se llama comprensión de dicha idea. Pero advertimos que la extensión de una idea no es la causa de poderse referir a otra, sino su comprensión, y así no podemos decir el animal es hombre y puede decirse el hombre es animal; pues aunque la palabra animal es más extensa que hombre, no contiene ni expresa las propiedades de un individuo de la especie humana; pero cuando decimos hombre, esta palabra, aunque menos general, comprende las propiedades de los animales. Debe observarse, y yo creo que nunca se ha hecho, que cuando se comparan las ideas en una proposición, tácitamente se contrae la extensión de la más general hasta igualarla con la particular. Cuando digo un hombre es un animal, expreso un animal de la especie humana, y no otro cualquiera, pues esto sería un absurdo.

Podrían hacerse otras muchas observaciones contra los lógicos silogísticos; pues si se dice que las proposiciones generales son la causa de la exactitud de las particulares, no puede decirse que el medio término es igual a los dos extremos comparados en el silogismo, y que la mayor es igual e idéntica al consiguiente. Condillac procedió bien negando que las proposiciones generales son causa de la exactitud de las particulares; pero erró admitiendo el principio de identidad que llegó a exagerar hasta decir que lo conocido y lo desconocido son una misma cosa, y ésta es la causa por qué sus últimos escritos no son los mejores según mi juicio.[51]

Es preciso colocarnos en el verdadero camino que es el contrario del que siguieron los antiguos: buscar en los hechos particulares la verdad de los generales, teniendo por guías la observación y la experiencia. Muchos siguen este buen método por mera imitación sin saber por qué, y se extravían y enojan contra los que procuran aclararlo y demostrar la causa de su bondad.

Nuestros lógicos antiguos no han sido más felices en enseñarnos a aclarar la idea que forman la base de los raciocinios. Nos dicen que definamos los términos cuando nos hallemos confundidos; este consejo no es malo, pero ellos se han extraviado: lo 1.º pretendiendo que una idea está bien definida cuando se encuentra o se cree encontrar lo que la hace pertenecer a tal género, y lo que la distingue de la especie más inmediata; 2.º distinguiendo definiciones de nombres y de cosas; 3.º cuando pretenden que las definiciones son principios.

---

51 Los verdaderos títulos de la gloria de Condillac son el tratado de las sensaciones, el de los animales, el de los sistemas, y sus bellos rasgos sobre la historia del espíritu humano. También debe colocarse en este rango, el tratado del origen de los conocimientos humanos, a pesar de sus muchas imperfecciones, porque es la primera obra en que se ha puesto la base sólida de todos nuestros conocimientos, fundándolos sobre el examen detallado de las facultades y operaciones intelectuales.

Por el contrario, debe creerse que las definiciones no son principios, y que aun cuando lo fueran, debería investigarse detenidamente si estos principios son verdaderos o falsos. Toda definición es o debe ser la explicación de una idea, y, por consecuencia, la determinación del valor del signo que la representa. Además, es inútil, y algunas veces imposible, encontrar lo que hace que una idea pertenezca precisamente a tal género o a tal especie.

Rechazadas las formas escolásticas, ¿qué substituiremos a ellas? Nada más que un buen análisis de los signos que expresan nuestras ideas, una observación del encadenamiento que guardan nuestros actos intelectuales. Cada palabra de nuestro lenguaje es, por lo regular, un signo que expresa un objeto compuesto, y muy pocas veces indican un objeto simple. Desenvolvamos, pues, un término en otros, y éstos nuevamente en otros, siguiendo este orden en cuanto nos fuere posible. Entonces advertiremos, sin necesidad de reglas mecánicas y arbitrarias, cuáles son las ideas que están contenidas en el primer pensamiento, y se advertirá si la consecuencia es legítima. La argumentación que los escolásticos llaman sorites, es la más exacta y natural para percibir las relaciones de las ideas; mas después se quiso contraer a la forma silogística, haciendo una substracción de muchos de los elementos o de las ideas intermedias de nuestros conocimientos.

Todo consiste en procurar que los signos conserven una exacta correspondencia con las ideas; pues si de nuestro espíritu se han borrado, por decirlo así, algunas de las circunstancias que acompañaban al objeto y que expresa el signo, entonces llega éste a ser mecánico, y hablamos de palabras cuando creemos hablar de ideas, según se ha advertido anteriormente. Cuando se sospeche de la exactitud de nuestras operaciones intelectuales, no se ha de tomar el recurso de substituir a los términos unas definiciones pedantescas, que anticipadamente se tienen prevenidas, sino por el contrario, es preciso empezar nuestras operaciones como si nada supiéramos, para observar detenidamente su correspondencia.

Esta observación que hemos hecho repetidas veces sobre las alteraciones de las ideas sin alterar los signos, es muy sensible en las diversas edades, costumbres, pasiones y conocimientos de los hombres; pues una misma palabra excita distintas ideas y sentimientos según estas circunstancias. La palabra Química oída por un rústico nada expresa sino una voz; un hombre vulgar, pero civilizado, forma la idea de una ciencia; el que ha estudiado algo de ella recuerda algunas relaciones; y un profesor muy ejercitado recorre prontamente en su espíritu una multitud de hechos y de observaciones.

La dificultad de repetir las ideas que contiene un signo, hace que unas ciencias sean más difíciles que otras, y causa asimismo la diversa exactitud de ellas, esto es, el menor peligro de equivocarse; pues las ciencias, conteniendo la verdad, no pueden ser por su naturaleza unas más exactas que otras. Las ciencias morales, cuyos objetos no son muy sensibles, envuelven cierta dificultad, que da margen a un gran número de opiniones contradictorias; pero en las Matemáticas es muy difícil que por limitado que sea un talento, no pueda seguir el orden de un problema geométrico, luego que lo ha aprendido, y la evidencia en estos casos, acompañada de la sensación, remueve mucho más las dudas que en otras ciencias menos sensibles.

Sin embargo, el autor sigue una opinión contraria al modo de pensar común, pues afirma que el estudio de las Matemáticas no es el más a propósito para la rectificación del espíritu, y para desenvolver sus facultades. No alega en su favor la inexactitud de la mayor parte de los matemáticos en los objetos que no pertenecen a su ciencia, y aun en muchos de ella misma, pues confiesa que en todas las facultades hay espíritus desarreglados. Él ocurre a otras pruebas, y hace observar que las que impropiamente se llaman matemáticas,[52] siempre tratan acerca de ideas de cantidades, y siempre en abstracto, y sus raciocinios son exactos porque son fáciles; pues prescindiendo de la naturaleza de las cosas, no están tan sujetos a error, cuando solo tratan de la idea clara de extensión y cantidad. Por tanto, estas ciencias no presentan ocasión para aprender a resguardarse, y aun puede decirse más: ellas no presentan medios para hacerlo. La ciencia de la cantidad tiene una monotonía absoluta porque siempre se ocupa en unas mismas relaciones, y ésta es la causa por que tiene no solo signos particulares, sino una sintaxis propia, que consiste en las reglas del cálculo que constituyen la verdadera lengua. Advertiremos de paso que lo que impropiamente se llama lengua particular de otras ciencias, es solo una nomenclatura que se funda en la sintaxis de las lenguas comunes, pero la lengua numérica y la algébrica son totalmente distintas. Yo sé muy bien

---

52 La palabra matemática significa cosa aprendida, ¿y qué cosa no se ha aprendido, a no ser las que se inventan?

que es preciso tener un buen espíritu y genio, para usar bien de todos los recursos que ella nos ofrece; es decir, para escribirla bien; pero estas reglas son tan seguras, que si se logra aprenderlas de memoria sin entenderlas, con tal que no se olviden, escribiendo la primera proposición podemos llegar a las últimas consecuencias sin saber lo que hacemos, y sin equivocarnos. Esto es lo que sucede con frecuencia.

Pero seguramente no es éste el modo de perfeccionar nuestra facultad de discurrir. Agréguese a esto que no dando lugar a ninguna observación, ni experiencias, no sabrá habituarnos la Matemática a tomar las precauciones, y a tener la sagacidad necesaria en punto a observación y a hechos. Muchos grandes calculadores han tenido cierta ligereza y una propensión a no examinar detenidamente los hechos en que debían fundarse; y por esta causa mientras más extendían sus especulaciones, más se extraviaron sin haberse equivocado en sus cálculos; pues éstos salen bien, cuando se observan las reglas.[53]

La Geometría pura está en el mismo caso por lo que hace a las observaciones y experiencias. Sus raciocinios cuando se forman por el método que impropiamente se llama sintético, y se hacen en lengua común, exigen las mismas precauciones que todo idioma, y son exactos; pero esto sucede porque son fáciles, y si llegan a fatigar es porque son largos.

En toda operación intelectual se descomponen y recomponen las ideas, y por tanto es una impropiedad decir método analítico, y método sintético.

Suele decirse análisis en lugar de Álgebra, pero ésta no es un método, es una lengua escrita, de la cual nos servimos como de todas las demás para des-

---

53 Wolfio llegó a decir que los habitantes de Júpiter tenían 14 pies franceses de alto, y para esto estableció infinitos cálculos, computando la divergencia de los rayos de la Luz del Sol, a la distancia en que está Júpiter, el diámetro de la pupila de aquellos vivientes, para que en sus ojos pudieran pintarse las imágenes con dicha cantidad de luz, la proporción del tamaño de la pupila con el del ojo, de éste con la cabeza, de ésta con el pecho, etc. Sin embargo, tantos cálculos difíciles y prolijos formaron un gran edificio sobre arena; pues la pupila no guarda en todos los animales la misma relación con el ojo, ni éste con la cabeza, habiendo algunos de ojos grandes y cabeza pequeña. Por otra parte, los hombres en el globo que habitamos tienen distinta dilatación en sus pupilas; y aunque es cierto que puede establecerse un término medio, también lo es que con cualquiera de los extremos de dicha dilatación se verifica la vista, y esto prueba la imposibilidad de decidir por este medio cuál es la estatura de los habitantes de Júpiter. Vemos, pues, que el gran matemático Wolfio trabajó mucho para hacer nada que valiera.

componer y recomponer las ideas, y, por tanto, la denominación no es exacta. Por lo regular cuando se resuelve una ecuación en sus elementos es para formar otras, y tenemos composición y descomposición. En hora buena que se diga análisis químico cuando se descompone una sustancia, y síntesis cuando se trata de formar con estas partes un nuevo compuesto; pero la ciencia consta de ambas cosas; y no puede decirse que en ella se usa más el método analítico que el sintético.

Por lo que hace al pretendido método sintético, que los geómetras creen usar cuando demuestran una nueva proposición por raciocinios en la manera acostumbrada, es un verdadero abuso de palabras. Si los geómetras parten de proposiciones probadas anteriormente, ellos hacen una deducción como todas las otras, y no constituyen nada. Si como sucede con frecuencia usan de axiomas o máximas generales, tal vez ciertas, pero que ellos no han querido tener el trabajo de probar, o de definiciones que no dan a conocer la generación de la idea definida, estos geómetras no han corrido más que la mitad del camino, nada han compuesto, no han hecho más que deducir, y no solamente debe decirse que su síntesis no es un método, sino que su modo de proceder no es riguroso como ellos creen, y aun más debe afirmarse que da al espíritu un hábito muy malo, acostumbrándole a contentarse con no empezar por el verdadero principio. En una palabra, descomponer es un acto del espíritu y recomponer otro; pero ambos son necesarios en todos los casos. No hay un método puramente analítico, ni pura mente sintético.

El estudio de las ciencias naturales, y especialmente la Química y Fisiología parece el más a propósito para rectificar nuestro espíritu, y comunicarle buenos hábitos. En la Química los hechos son numerosos y variados: esto ejercita la memoria; son implicados y a veces difíciles de desenvolver: esto produce la sagacidad y acostumbra la atención. Dicha ciencia presta materia a muchas deducciones, y esto ejercita el raciocinio. Los objetos son sensibles, se tienen entre las manos, y puede ocurrirse a la experiencia y a la observación, ya sea para no equivocarse en las deducciones, ya para cotejar y rectificar los resultados cuando se ha concluido. Esto, ciertamente, es emplear un método que no es ni puramente analítico ni sintético, pero que tiene de ambos según la necesidad que ocurra.

La Fisiología es propia para formar un buen espíritu, porque tiene como la Química la ventaja de habituarnos a observaciones delicadas, y a razonamientos sublimes comprobados frecuentemente por nuevas experiencias. Podemos agregar que es superior a la Química por el objeto de que se ocupa; pues nada es más interesante al hombre que el estudio de sí mismo. Además, comprendiendo la Fisiología en el conocimiento de nuestros órganos y de sus funciones, el del centro sensitivo, y de las funciones intelectuales, nos enseña directamente cuáles son los medios de conocer su fuerza y su debilidad, su extensión y sus límites, y el modo con que operan. Nos hace ver cómo debemos servirnos de ellos, y viene a ser ésta la primera de las ciencias, y la introducción para todas ellas.

Pero la naturaleza viviente se conoce poco y presenta muchos misterios impenetrables, tiene muchos puntos oscuros o mal aclarados, da lugar a explicaciones que no satisfacen completamente, y yo temo que si un espíritu, que no esté bien formado, se entrega a ella, en vez de habituarme al empeño en las investigaciones, y al valor en las dudas, no se acostumbrará sino a contentarse con unos conocimientos imperfectos, y a entregarse a conjeturas aventuradas. En una palabra, la Fisiología es una ciencia muy difícil para servir de preparación o de ensayo. Es preciso contentarse con saber los principales resultados para servirse de ellos como de unas guías, sin pretender dilatar los límites, dando extensión a la ciencia, sino cuando el espíritu se halla en toda su fuerza.

De todo lo dicho concluye el autor que no hay otro método sino proceder por la observación de los hechos, examinar con atención las relaciones, tener gran cuidado en formar ideas compuestas que contengan elementos exactos, y procurar que estas ideas no se alteren insensiblemente mientras hacemos nuestras deducciones.

Parte II. Cuestiones misceláneas

Capítulo I. De las obras elementales escritas en verso
Mientras se hizo un gran aprecio de la memoria de palabras, y los grandes repetidores fueron tenidos por grandes sabios, se escribió en verso para enseñar las ciencias; pero cuando la Ideología, ascendiendo hasta el origen de nuestros conocimientos y examinando sus relaciones, ha demostrado los absurdos

de una colocación de signos, afectada y contraria a la naturaleza, es preciso desterrar los versos de las obras de primera enseñanza, y reservarlos para las de recreo. El hombre apasionado usó de un lenguaje sublime a veces, y otras variado con sencillez, pero lleno de gracias, y fue poeta por naturaleza, mas no fue versificador. Los versos han sido el fruto del ingenio para halagar el oído, pero no de la naturaleza en sus sentimientos.

Estas consideraciones manifiestan claramente que no deben escribirse en verso las obras elementales donde todo debe reducirse al método más sencillo, donde el entendimiento debe ejercitarse en los objetos, y no en el modo con que se presentan, donde el autor debe dejar hablar a la naturaleza. Efectivamente, ¿qué cosa más contraria a la claridad de las ideas que una inversión de los signos, unos números y cadencias estudiados, unas supresiones y adiciones de voces, conforme a la necesidad del poeta, y no a la del objeto que explica? El espíritu, lejos de fijarse por medio de los versos, se distrae deleitado con su armonía, y respecto de los niños, la experiencia aprueba que para ellos una regla en verso es una cantinela y nada más.

Dicen algunos que se aprenden con más facilidad las reglas cuando tienen el atractivo del verso, y mezclan lo útil con lo agradable, según el consejo de Horacio. Si es aprender una regla repetir el verso en que se contiene, yo confieso que se aprenden fácilmente; pero si el saber consiste en percibir los fundamentos de la regla y sus aplicaciones, yo creo que la inversión poética de los signos y su oscuridad, no pueden ser favorables a este intento.

Muchas veces se alucinan los mismos maestros con los progresos aparentes que hacen sus discípulos; pues luego que oyen una voz de las contenidas en los versos que aprendieron, repiten la copla con exactitud, y se cree que la entienden y saben explicarla; pero un hombre reflexivo conoce que éstos son frutos de una memoria que atina, y no de un espíritu que acierta.

Los que hayan meditado sobre las relaciones de nuestras ideas, y la naturaleza de las ciencias, percibirán claramente cuánto perjudican a la verdadera enseñanza estos hábitos intelectuales viciosos que adquieren los niños acomodándose a que las palabras no presenten el cuadro de los objetos como están en la naturaleza, sino como los ha fingido el capricho del hombre. Vemos un niño de tierna edad que responde a todo lo que se le pregunta sobre la materia que se le ha enseñado, siempre que se haga en términos que su memoria dirija las respuestas, y no su entendimiento; se le alaba, y yo convengo en que lo merece por su aplicación; pero confesemos que si un ideólogo se hace cargo de continuar su enseñanza, tendrá el trabajo que un jardinero, que se ve en la precisión de cultivar un arbolito muy lozano, pero lleno de tortuosidades, y disforme por las violencias que en él hizo a la naturaleza una mano indiscreta.

Capítulo II. Diferencia y relaciones entre la ideología, la gramática general y la lógica

Nuestros conocimientos, después que estamos en perfecta relación con la naturaleza, y con la sociedad, forman unos conjuntos o sistemas ordenados los más admirables; pero cuya armonía no percibimos, y mucho menos los pasos analíticos que hemos dado para adquirir tantas riquezas. El filósofo contemplando busca el origen de éstas, medita su enlace, advierte los medios de que se ha valido para conseguirlas, y los obstáculos que debe remover para que no se perturbe el orden sabio de la naturaleza. No es otro el principio de donde han dimanado la Ideología, la Gramática general y la Lógica. Mientras observa el origen de sus ideas en los sentidos, y la influencia de estos órganos, mientras considera el modo con que sucesivamente reúne muchas ideas para formar otras más complicadas, y que pueden resolverse en las mismas de que están compuestas, procede como ideólogo. Cuando advierte las relaciones de los signos con nuestros conocimientos, que deben ser unas mismas en todos los pueblos, por ser idéntica la naturaleza que las sugiere, usa de la Gramática general, o ciencia general de los signos, a distinción de la Gramática particular de un pueblo, que usa de los signos de tal o cual idioma, pero siempre fundada en la Gramática general. Cuando forma deducciones exactas, y recorriendo la historia de los errores de los hombres procura evitarlos, le diremos un lógico.

Infiero, pues, que la Ideología es la ciencia de la adquisición y enlace de nuestras ideas, la Gramática general es la ciencia de los signos, formando un lenguaje arreglado a las ideas, y la Lógica es la ciencia de la rectificación y conservación de estos conocimientos. En una palabra: adquirir, manifestar y deducir rectificando las ideas, son las tres cosas que han dado origen a la Ideología, la Gramática general y la Lógica.

Sin embargo, es preciso confesar que la palabra Ideología lo envuelve todo, y que estas cosas se hallan tan unidas, que es imposible ser ideólogo sin ser lógico, y usar de la Gramática general. Este es el motivo por qué se suele poner indiferentemente Ideología por Lógica, aunque no suele en el uso confundirse con la Gramática general. Podemos concluir que toda la inexactitud consiste en que la palabra Ideología ha llegado a ser equívoca, pues o significa la ciencia que comprende todo el orden de nuestros conocimientos en todas sus relaciones, y entonces no se confunde con la dirección del espíritu humano, que los antiguos llaman Lógica, o se toma en un sentido más riguroso, contrayéndonos solamente a la adquisición de ideas, y le llamaremos Ideología propia o rigurosa.

En las cuestiones la práctica que debe observarse es oír cuidadosamente al que habla, y a muy pocas palabras se conoce la acepción que da a la voz Ideología, y esta misma debemos darla, pues tengo bien experimentado que a veces, por exigirse una gran exactitud, se produce un gran trastorno de ideas, y venimos a incurrir en cuestiones de voces, que han sido el origen del atraso de las ciencias.

Capítulo III. Reflexiones sobre las palabras de Bacon de Verulamio: «no conviene dar al entendimiento plumas para que vuele, sino plomo que le sirva de lastre»

Estas palabras contienen, bajo el velo de una metáfora, los documentos de la más exacta Ideología. Persuadido el insigne pensador inglés de los daños que han causado siempre a las ciencias los extravíos del entendimiento que finge nuevos seres, desatendiendo los que tienen a la vista, y que son obra de la sabiduría divina, quiso remover estos obstáculos, recordando que a veces, por elevarse mucho, suele entrar nuestro espíritu en regiones imaginarias, si no tiene el lastre de la observación, y de la experiencia que le detenga, por decirlo así, en el centro de los seres creados, indicándole lo que es verdaderamente útil, y lo que siempre será absurdo por más que pase de unas a otras generaciones, mereciendo la atención de espíritus ligeros y el aplauso de los insensatos. Semejante a un demente que con los ojos elevados al cielo, quisiese encontrar y escoger con tino las preciosas flores que cubren un prado, que recorre con pasos irregulares hollando unas, separando otras, y destruyéndolas todas, así el filósofo que entregado a sus abstracciones se pasea por el dilatado campo de las ciencias, no hace más que destruirlas, teniendo por útil lo más erróneo, y no advirtiendo las preciosidades que la misma naturaleza parece que se empeña en ponerle entre las manos.

¿Cuántos grandes hombres han cometido grandes absurdos por no haber practicado la sabia sentencia de Verulamio? Cartesio, el penetrador Cartesio, que supo horadar el denso velo que cubría las ciencias filosóficas, y que según la expresión de un sabio, parece que no contento con los estrechos límites del Peripato, y fastidiado de la uniformidad y ridiculez de los objetos que veía en él, hizo una tentativa desesperada contra sus paredes, que halló tan frágiles, que pudo arruinarlas, saliendo al campo más ameno; este Cartesio, repito, fue autor de los delirios más ridículos, que seguramente hubiera evitado teniendo un poco del lastre de Verulamio.

¿La materia sutil, la estriada y la globulosa, productos de la rotación de unos dados, en que había dividido toda la materia su Autor Supremo; la formación del Sol y de las estrellas por la materia globulosa, y la de los cuerpos opacos por la estriada, no son efectos de un gran vuelo por la región de las abstracciones? ¿Qué otro origen tienen las mónadas de Leibnitz, los puntos inflados de Boscobich, y las moléculas orgánicas de Buffon? No creamos que solo el espíritu de novedad, o el obstinado empeño de resolver los puntos más difíciles, y penetrar los arcanos de la naturaleza, han precipitado a estos ingenios superiores hasta el extremo de forjar unos sistemas, que pasan hoy entre las fábulas filosóficas. Sé muy bien que la ambición literaria suele tener parte en empresas semejantes, pero advierto igualmente que en el mismo orden con que nuestro espíritu aplica sus facultades a los objetos, puede hallarse el origen de sus errores, sin que tengan en ellos tanta parte como se cree el deseo de gloria, que tal vez agite el corazón.

Mientras la experiencia no ha presentado un número de verdades que destruyan las opiniones recibidas, el espíritu naturalmente se conduce por lo que sabe, y se recrea en lo que siempre le ha agradado. Esto sucede no menos en las doctrinas que en los métodos, y si todos dicen que las hipótesis tienen por objeto dar los primeros pasos hacia la verdad, hasta que se consiga confirmarla por la experiencia, y que pase al rango de tesis o proposición demostrada, no es culpable un entendimiento, que no habiendo podido pensar y corregir todo, sigue el camino que siempre había seguido, y que le parece más recto. Efectivamente, por mucho tiempo se creyó que convenía investigar el puede ser de las cosas, para que luego la experiencia nos condujera insensiblemente al ser. De este modo se empezaba siempre del hombre a la naturaleza, y no de ésta a aquél, y se establecían varias suposiciones como por instinto, para luego irlas aplicando hasta ver si por casualidad alguna de ellas embonada a los seres, y luego naturalmente resultaba que las pasiones ejercían todo su influjo, y cada filósofo, y aun cada secta se decidía por las doctrinas que al principio había fingido, y después creyó ver comprobadas en la naturaleza.

    El sabio Bacon de Verulamio siguiendo el método de inducciones, totalmente opuesto al que acabamos de explicar, formó la admirable obra titulada Nuevo órgano de las ciencias, para distinguirla de otra que con el mismo título había escrito Aristóteles, pero que estaba muy lejos de ser un verdadero órgano, o una guía que nos condujera a la verdad. Siempre será sensible que en los tiempos posteriores al filósofo inglés no hayan querido todos seguir sus huellas, y que por mucho tiempo la Metafísica no haya sido otra cosa que un conjunto de quimeras. ¡O si el talento de Malebranche hubiera tenido un poco del lastre de Verulamio! ¡Cuántos frutos hubiera producido! La Filosofía debe a este gran hombre muchos progresos en el conocimiento de las causas de los errores, y seguramente su Investigación de la verdad se mirará siempre con aprecio. ¿Pero qué diremos de su sistema de ver las cosas en Dios como en un espejo, pretendiendo que los sentidos no pueden demostrarnos la existencia de los cuerpos? La observación, pues, y la experiencia deben indicarnos no solo los primeros pasos, sino todos los que intentemos dar en el campo de la naturaleza. Un solo momento en que no se observe esta máxima, basta para que nuestro espíritu se distraiga, y se separe del verdadero camino, entrando después las pasiones a persuadirle que va muy bien, y que está en el caso de continuar por la nueva senda en que se halla. Si cada conocimiento que adquirimos por la combinación de otros anteriores, lo confrontamos con la naturaleza y no pasamos adelante hasta que un conjunto de observaciones exactas nos demuestre que hemos acertado, no será fácil errar; a la manera que no es fácil se extravíe el caminante que cada rato observa el camino, mira todas sus cercanías, y no da un paso adelante sin estar seguro de que va bien dirigido.

Capítulo IV. Ningún idioma puede llenar las vastas miras de la ideología

Mucho se ha trabajado para la rectificación de los idiomas, pero hasta ahora puede decirse que no se ha conseguido otra cosa que conservarles una pureza graduada por la antigüedad de las voces, y no por su exactitud; darles ciertos giros que han parecido más conformes a la razón, y a veces solo por conservar los modismos del lenguaje primitivo en cada pueblo. Pero estos trabajos, aunque utilísimos y dignos de toda alabanza, son más las prolijidades de un filólogo, que las tentativas y resultados exactos de la Ideología.

Por más que se empeñen los ideólogos en perfeccionar las voces, el coloso de la antigüedad quedará inmóvil, haciendo vanos sus esfuerzos, pues inmensos pueblos habituados a un lenguaje inexacto, y formando cada día nuevas voces e inventando nuevos modos de colocarlas sin más regla que la imitación de las prácticas antiguas, hacen imposible al corto número de buenos pensadores la total reforma de tantos abusos.

¿Cómo sería admitido un nuevo idioma que, así en las voces como en su colocación, siguiera exactamente el orden de los objetos, y el de nuestras ideas? Se han admitido ya innumerables colocaciones que agradan más, tal vez solo por el uso que hacemos de ellas, y el que hiciera la tentativa de hablar de un modo, pasaría por el hombre más ridículo. Es cosa admirable que siendo el lenguaje la expresión de nuestras ideas, hayan convenido los hombres en aumentar las dificultades siguiendo un orden contrario cuando hablan que cuando piensan. Nuestro idioma, por fortuna, no adolece tanto de esto, ¡pero el latino! El latino, repito, que fue idioma de uno de los pueblos más cultos, y que justamente causa las delicias de los amantes de la literatura. En este idioma, según advertí al considerarlo ideológicamente, se presentan las voces empezando a veces por un adverbio, siguiendo después un adjetivo, y últimamente se presenta el objeto precedido de infinitas voces, que expresaban otras tantas relaciones de él, y que no pudieron entenderse hasta no oír el signo que expresa dicho objeto.

A las observaciones hechas debo agregar que aun prescindiendo de las dificultades que ofrece el uso constante de los pueblos, ningún ideólogo creo que puede inventar un idioma que llene sus deseos. La Ideología quisiera unos signos que, expresando a la vez todas las ideas parciales que componen la total del objeto, fuera, sin embargo, preciso, demarcando entre todas, aquella relación que con especialidad quiere considerarse y que al mismo tiempo fuera breve y claro. Pero ¿cómo puede conciliarse esto? Al paso que va adquiriendo un signo exactitud, pierde su brevedad y claridad, de modo que éste es uno de aquellos puntos en que yo juzgo que hay una dificultad insuperable, por la diferencia que existe entre el orden mecánico y pausado de los sonidos, y la dignidad y prontitud de los pensamientos; en una palabra, entre el espíritu y la materia. Nuestra alma suple mucho a lo que oye, y nuestros labios no pueden pronunciar todo lo que ella ha suplido.

Capítulo V. El arte de traducir es el arte de saber
Esta máxima sacada si no a la letra, por lo menos conforme a la doctrina de Condillac, ofrece algunas dificultades, y da motivo a muchas consideraciones ideológicas. Traducir no es más que hacer una sustitución de signos, y esto parece que no puede practicarse si anticipadamente no se conocen unos y otros, para saber los que pueden sustituirse; y así a primera vista no se cree que la traducción puede enseñarnos cosa alguna, pues al contrario, es preciso saber para traducir, y no traducir para saber. No hablamos aquí precisamente de la traducción de uno a otro idioma, sino de la que se hace presentando unos signos que conocemos, en lugar de otros más oscuros, pero que tienen exacta correspondencia con los sustituidos.

Para formar juicio de la exactitud de la máxima que hemos expuesto, y de los límites a que deba reducirse su aplicación, advirtamos que en el estado actual de nuestros conocimientos, adquiridos todos por sensaciones, y ligados estrechamente a unos signos, es imposible pensar sin el auxilio de éstos. Por más esfuerzo que hagamos para excluirlos, jamás podremos conseguirlo, y la experiencia prueba que siempre que pensamos nos parece que oímos hablar, y muchas veces proferimos palabras sin advertirlo, y se dice que hablamos solos. Luego se infiere que pensar es lo mismo que usar de los signos, y pensar bien es usar bien de ellos. Pero ¿de qué modo aprenderemos a hacer un buen uso de los signos? Observando su correspondencia, el valor de cada uno, y sus diversas aplicaciones, todo lo cual constituye la gran ciencia de la traducción ideológica.

No es preciso conocer antes el objeto en todas sus relaciones, para aplicar los signos, y aun tengo por cierto que repetidas veces ignoramos la naturaleza de dicho objeto, y llegamos a investigarla por los mismos signos que vamos sustituyendo. Deben distinguirse dos casos: el uno en que nuestro entendimiento investiga por sí mismo las propiedades de los seres; el otro, en que las deducen por un signo que se le presenta. En el primer caso seguramente los signos no dan ideas, sino sirven como unas demarcaciones para fijar los pasos que vamos dando; y esto no puede hacerse si el entendimiento no percibe la propiedad del objeto, a la cual aplica el signo, pues sería lo más absurdo pretender que hacemos aplicaciones antes de advertir el objeto a quien se hacen; mas en el segundo caso, los mismos signos dan ideas, siendo innegable que la práctica de sustituirlos, facilita a nuestro entendimiento la inteligencia de alguno de ellos, que se le presentan con oscuridad. Un signo compuesto envuelve relaciones, que unas a otras se confunden, y fatigan a nuestro espíritu, por lo cual conviene separarlas; y esto no se consigue sino por medio de signos más sencillos, que por práctica sabemos que corresponden al signo complicado que nos molestaba. Repito siempre que por práctica hacemos estas sustituciones, porque es claro que una de las grandes ventajas de los signos consiste en ahorrar al entendimiento el trabajo de repetir a cada instante el análisis que hizo para conocer los objetos. Repetido el signo, ocurren prontamente a nuestro espíritu muchas nociones particulares, que todas ellas reunidas forman la idea total, o imagen del objeto, y que seguramente no recordaríamos si no tuviéramos este auxilio. Se infiere, pues, que por medio de los signos abreviamos los procedimientos intelectuales, formando unos conjuntos de innumerables nociones, que ya no pueden confundirnos, porque constituyen como unas masas separadas, quedando reducidas a un cierto número de individuos intelectuales, si puedo valerme de esta expresión, las infinitas ideas, que desenlazadas, presentarían una dificultad insuperable al entendimiento. Haciendo la sustitución de signos, la hacemos de estos conjuntos, que no son otra cosa que las imágenes de los mismos objetos; y, por consiguiente, analizados los últimos signos, que resultan de la traducción, sabemos los objetos que componen el total que queríamos conocer. Si prescindiendo de la práctica en el manejo de los signos hubiéramos querido analizar el objeto detenidamente, como si nada supiéramos acerca de él, y careciéramos de medios abreviados para analizarlo, seguramente hubiéramos tenido los mismos resultados, pero con mucho más trabajo. De esto tenemos una prueba bien clara en el Álgebra. Un profesor puede muy bien investigar la fórmula necesaria para tal o cual caso, y también el modo de aplicarla; pero, sin embargo, se tienen fórmulas conocidas, que en el momento se aplican, y queda resuelto un punto difícil a primera vista, sin que casi cueste trabajo al matemático.

Pero no está reducida toda la ciencia de la traducción ideológica a encontrar las verdaderas relaciones de los signos, y las ideas que cada uno de ellos envuelve, o, lo que es lo mismo, su valor; se necesita, además, saber el orden con que deben presentarse, no solo para que expresen los objetos como son en sí, y según están colocados en la naturaleza, sino también del modo que sea más a propósito para que el entendimiento pueda clasificarlos, y observar con exactitud toda su armonía. Esta es la razón por qué decía Condillac que una ciencia no es más que un idioma exacto, como si dijera, un idioma despojado de todas las ideas accesorias e inconducentes, que el uso de los pueblos ha querido agregar al verdadero plan de nuestros conocimientos; un idioma que no limitándose a expresar las cosas, por los resultados de las operaciones intelectuales, indica el orden con que se practicaron éstas, demuestra su origen o enlace, sus perfecciones y sus vicios; en una palabra, un idioma que pone en verdadera relación al hombre con tales o cuales objetos de la naturaleza.

Efectivamente, si observamos lo que son las ciencias para nosotros, conoceremos que se reducen a un conjunto de nuestras relaciones con una u otra clase de objetos, pues a la verdad toda la naturaleza no es para nosotros más que un conjunto de causas de innumerables sensaciones. El hombre naturalmente refiere a sí mismo todos los objetos, y dice que los conoce cuando sabe la relación que tiene con ellos, y los llama fríos, calientes, duros, blandos, etc. No hay duda que muchas veces parece que formamos nuestra ciencia, de las relaciones que tienen los objetos entre sí, y no con nosotros, como sucede al geómetra que compara la superficie de un triángulo con la de un paralelogramo de igual base y altura, deduciendo que una es la mitad de la otra, o la de una esfera con la del cilindro circunscrito, manifestando que son iguales; pero aun en estos casos el hombre no constituye su ciencia sino observando las sensaciones que le causan el triángulo, el paralelogramo, la esfera y el cilindro, y advirtiendo el orden con que su entendimiento ha ido investigando dichos objetos, y el uso que puede hacer de ellos, como si dijéramos, las relaciones de utilidad que se hallan entre estos objetos y el mismo hombre.

Se infiere, pues, que es preciso para que el arte de traducir sea el arte de saber, que la traducción ideológica se haga sin perder de vista el orden con que nuestra alma ha percibido los objetos, pues no basta presentarlos como son en sí, o mejor dicho, como creemos que son, sino se procura que el lenguaje esté conforme al orden de nuestras operaciones intelectuales.

Esta doctrina de Condillac nos conduce a observar la gran diferencia que hay entre saber y tener muchas ideas. Sabe el que es capaz, por decirlo así, de formar su conocimiento nuevamente, indicando las operaciones que había practicado para adquirirlo, y percibiendo toda la relación de ellas; pero basta para tener muchas ideas, haber oído mucho sobre una ciencia, y tener en la memoria un gran número de proposiciones exactas que pertenezcan a ella.

Capítulo VI. Preocupaciones
Así como las enfermedades tienen distinta gravedad, y producen diversos estragos según la naturaleza del cuerpo de cada individuo, aunque sean unas mismas sus causas, así también las preocupaciones, que son unos verdaderos males del espíritu, causan distintos efectos según el diverso estado de los entendimientos en que se hallan. Toca, pues, al filósofo, observar en los casos particulares qué conducta debe seguirse, para destruir, si es posible, tal o cual preocupación, en esta o en aquella persona; o desengañarse y conocer que el mal (como sucede con frecuencia) es incurable, y que el pobre que lo sufre debe mandarse al apartado de las ciencias, como suele hacerse en los hospitales con los enfermos que no dan esperanza.

Conviene, sin embargo, hacer algunas observaciones generales, que siempre serán inexactas como todas las semejantes, pues sabemos que no hay proposiciones verdaderamente universales, y que cuando éstas se han tenido como principios de las ciencias, han causado los mayores trastornos en ellas; pero con todo en el caso presente pueden ser de alguna utilidad, supuesto que solo se trata de indicar lo que sucede con más frecuencia entre los hombres, y sirve para guiarnos en la investigación de lo que es probable que acontezca según las circunstancias de las personas.

La edad, los intereses, la ilustración y el origen de las preocupaciones, son los elementos que deben entrar en el cálculo de la permanencia de ellas, y de los efectos que producen. Cuatro son las fuentes principales de la preocupación, según he manifestado en mis Lecciones de Filosofía y ahora no haré más que indicarlas: trato social, análisis imperfecto, timidez literaria e inconsideración; pues no hay duda que si nos hallamos preocupados, proviene esto, o de lo que hemos oído siempre a los demás, o de las investigaciones imperfectas que nosotros mismos hemos practicado, y que creemos exactísimas, o de la persuasión en que estamos de que una cosa es muy difícil, o últimamente del poco cuidado que hemos puesto en investigar una materia, y pasado algún tiempo, en que siempre hemos repetido las primeras ideas que adquirimos acerca de ella, llegamos a habituarnos a cierto modo de pensar, y decimos lo que siempre hemos dicho sin saber por qué lo hacemos.

Es preciso observar estas cosas con atención, y para ello reflexionemos primeramente los efectos que produce cada especie de preocupación, según su diverso origen, que acabamos de asignar, la tendencia que tienen los hombres según sus circunstancias a ciertas preocupaciones, y últimamente nos detendremos en contemplar de qué modo la ilustración sirve de contrapeso a las preocupaciones, y aun consigue vencerlas haciendo que el entendimiento se incline al lado opuesto, que es el de la razón.

La niñez, y aun la juventud, dan fácil entrada a la preocupación, que proviene del trato social, pero jamás se radica en términos que no pueda separarse de su espíritu, pues parece que el hombre en estas edades, persuadido de que empieza la carrera de su vida, y enseñado por la experiencia de los primeros años, en que todo para él era nuevo, y parece que un portento se seguía a otro en la naturaleza y en la sociedad, defiere fácilmente a lo que se le propone, aunque sea contrario a todo cuanto sabía, pues gusta en cierto modo de que continúe esta serie de novedades. Si una mano diestra se vale de la misma novedad, y sabe presentarla a la juventud de un modo interesante, logrará despreocuparla sin mucho trabajo.

Un obstáculo es el único que hay que vencer respecto de la niñez, y éste consiste en aquella natural deferencia que tienen todos los niños hacia sus padres, y demás personas que los educan, de modo que la veneración suele entenderse en ellos hasta el extremo de ligar su entendimiento; pareciéndoles un absurdo, y un atentado cuanto se dice contrario al dictamen de personas tan respetables. Mas si la razón se presenta con pasos moderados, y lleva consigo el mismo aire de respeto, la niñez es muy justa, y por consiguiente muy dócil, de modo que podremos conducirla hacia lo recto con la mayor facilidad. La juventud siempre fogosa presenta otra clase de obstáculos, que consiste en la animosidad con que se resigna un joven a defender sus ideas, como si sostuviera sus más sagrados derechos, hallando tanto placer en una victoria literaria, como si hubiera vencido al enemigo más denodado en el campo de la guerra. Por eso es máxima, cuya utilidad comprueba la experiencia, no arrostrar a la juventud en sus opiniones si queremos destruir su preocupación, ya provenga del trato social, ya sea fruto de un análisis imperfecto, o lo que es lo mismo, de una mala investigación. No hay duda que estos obstáculos se vencen fácilmente, y así es observación muy exacta que las reformas útiles en las ciencias, en la política, y en toda clase de objetos tienen cabida en la juventud primero que en cualquier otra edad, y que los jóvenes suelen ser los primeros defensores de la razón contra lo que el tiempo llega a autorizar entre los hombres, sin más fundamento que la misma antigüedad.

La mayor edad, y aun mucho más la vejez, se adhieren con más fuerza a las prácticas que siempre han oído, de modo que, entre los ancianos, vale mucho el toda la vida se ha hecho, siempre se ha dicho. Es muy difícil comprender que esta adhesión a lo que siempre se ha practicado, proviene más de un hábito que de un convencimiento; mas no por esto se crea que es fácil presentar las cosas en tales términos, que convenzan al que nunca ha querido verlas. Si algunas veces se consigue, muy pocas sucede que varíen de sistema, pues el convencimiento no destruye el hábito de operaciones contrarias, cuando la ilustración, según expondremos más adelante, no llega a ser igualmente habitual, y puede contrapesar los esfuerzos de la costumbre. ¡Difícil empresa es por cierto reformar un anciano! La preocupación que proviene de análisis imperfecto, esto es, de investigaciones inexactas, casi no produce efecto en los niños, siendo cierto que con la mayor facilidad se consigue que varíen de dictamen, pues aun no tienen deseo de rivalizar a los que creen superiores por edad y luces. Muchas veces se nota una especie de contumacia en los niños, que parece propenden a sostener de todos modos las opiniones que han tenido por algún tiempo, mas esto no proviene tanto de la preocupación como del hábito adquirido, pues nadie duda que entregada la niñez a personas poco instruidas, y siendo inevitable que sus primeras lecciones sean inexactas, se habitúan necesariamente a repetir ciertas ideas, y por una especie de instinto suelen sostenerlas. Si observamos los niños con atención, advertiremos que todo su empeño es acertar, y que en ellos la naturaleza se presenta con toda su dignidad. Los vemos desechar sus opiniones luego que están convencidos, y sostenerlas mientras se creen con razones para ello; pero ni en uno ni en otro caso tienen otro empeño que el de adquirirse conocimientos exactos. Con todo no puede negarse que los efectos de la costumbre en la niñez suelen ser tan funestos que inutilizan al hombre para toda su vida. El medio más seguro de destruir en los niños la preocupación que proviene de análisis imperfecto, y el hábito pernicioso que ella produce, es sin duda presentar los objetos de un modo enteramente nuevo, procurar que ni las voces, ni las circunstancias, presenten una relación clara, o tendencia a las ideas que ocupan su entendimiento. Si no se toman estas precauciones sucede con frecuencia en las investigaciones lo que vemos que acontece en la memoria, y es que cuando repite un niño alguna cláusula que se parece a otra de distinto asunto, pasa insensiblemente, y le oímos relatar una materia totalmente distinta, sin que él advierta la incoherencia de sus discursos, pues todo su empeño es repetir los signos, y todo cuanto hace es mecánico.

    Hemos dicho que la juventud es más celosa de su honor literario, y que forma, por decirlo así, un plan de defensa para sostener los resultados de sus investigaciones; pero sin embargo hay en ella una causa que facilita su despreocupación, pues ningún joven quiere pasar por de ideas añejas, y si prevé que su terquedad le ha de poner en ridículo, prontamente desiste de su opinión.

    No sucede lo mismo a los ancianos; éstos ya miran las cosas de un modo muy distinto, y confirmándose cada vez más en sus antiguas doctrinas, compadecen o desprecian a los que se oponen a ellas. En una cabeza cubierta de canas, rara vez ha lugar a reformas de opiniones. La prudencia pide respetar la ancianidad, y no empeñarse en reformarla, porque es vano empeño.

    La preocupación que proviene de timidez literaria, tiene lugar en los niños, y en los ancianos; pero rara vez en los jóvenes que regularmente propenden a emprenderlo todo, y a creer que nada puede resistirse a sus esfuerzos. El niño ve ciertas cosas como reservadas a edades superiores, y persuadido de la debilidad de sus fuerzas, suele anonadarse, y no dar un paso adelante creyendo que todos serán inútiles. Por esta razón, los sabios profesores que manejan la niñez con acierto, procuran presentar todas las cosas, aun las más difíciles, como si fueran fáciles, ocultando el trabajo que ha costado investigarlas, y si es posible ofrecen solamente a la contemplación de los niños, una pequeña parte de los objetos que quieren enseñarles, y evitan que prevean toda la que han de aprender. De este modo suele conducirse a un niño como al caminante, a quien se dice al principio que ha de caminar una legua, después se le suplica que camine otra, y así se le conduce a una gran distancia, cuya noticia anticipada le hubiera abatido. Uno de los inconvenientes que tiene el señalamiento de tiempo para los cursos literarios, es sin duda lo mucho que hace desmayar a los principiantes. La experiencia me ha manifestado que cuando en el colegio de San Carlos de La Habana, se empleaban tres años en el estudio de la Filosofía, según la antigua costumbre, solían decir mis discípulos al principio: ¡tres años para aprender la Filosofía! ¡tanto tiempo! ¡mucho es el trabajo! Me veía, pues, en el estrecho de manifestarles que para las nociones elementales que iban a recibir, bastaba un año para un joven de grandes luces, y que dos serán suficientes al más torpe. De lo cual inferían que iban a sacrificar un año de su carrera por mera costumbre. Posteriormente se limitó el tiempo a los dos años, y tuve la satisfacción de experimentar que los efectos correspondían a mis deseos.

En cuanto a la timidez literaria de los ancianos, es preciso considerar que después de haber empleado muchos años en la investigación de ciertos puntos sin fruto alguno, llegan a persuadirse que son incomprensibles, y por más que se les diga que se han descubierto nuevos medios para explicarlos, creen que todos son delirios, o vanos ensayos de una juventud presuntuosa. Nunca supo un anciano la causa del flujo y reflujo del mar, oyó varias veces la apócrifa anécdota de la muerte de Aristóteles que dicen se arrojó al mar pronunciando estas palabras desesperadas: non possum te capete, cape me; pensó siempre que le era imposible exceder en conocimientos al príncipe de los filósofos, y ya no hay quien le pueda hacer entrar con franqueza en el examen de los nuevos sistemas. En vano se le hablará de la atracción del Sol y de la Luna, y del movimiento de la tierra como causas de estos fenómenos; el buen viejo se reirá de todo, como si oyera la narración de una fábula. Es menester, pues, en tales casos, manejar a los viejos como a los niños, bien que esto es difícil porque son demasiado resabidos para que no prevean a dónde se les quiere conducir, y además el respeto que merece la ancianidad, es un obstáculo a ciertas tentativas que divertirían a un niño, y seguramente ofenden a un anciano.

La inconsideración es propia de los niños y los jóvenes, pero no están libres de ella los ancianos. Con todo es preciso confesar que las preocupaciones provienen de este origen; aunque son las más generales, son igualmente las más fáciles de destruir. El hombre no puede fijar su atención en todas las cosas; innumerables de ellas se pasan sin examen, y se repiten por costumbre. Mas estos conocimientos superficiales, como no son el fruto de un gran trabajo, no interesan tanto y se defienden menos, pues deseamos rectificarlos. Esta es la causa por qué se entra frecuentemente en la investigación de ciertos puntos a la primera noticia que se tiene del error en que estábamos acerca de ellos, y suele suceder con igual frecuencia que convienen los hombres en sus ideas, y dan iguales pasos en la investigación, sin que haya el menor altercado. No se creen con un derecho a las nociones anteriores, y de este modo hacen sin violencia el sacrificio de todas ellas por adquirir algunas exactas. Se nota esto más que en todos en los sabios que no han estudiado una u otra ciencia, v. gr. el matemático que nada entiende de derecho, ni jamás ha pensado en examinar estos puntos, pues vemos que fácilmente se sujetan al dictamen de un inteligente, en dichas ciencias que ignoran, y desechan las ideas que por inconsideración tenían acerca de ella.

De lo que hemos observado puede inferirse que las preocupaciones que provienen del trato social, y del análisis imperfecto, no solo separan nuestro espíritu del camino de la verdad, sino que aumentan positivamente nuestros errores, comunicándonos un gran número de nociones inexactas que se aumentan cada vez más en proporción de los esfuerzos que hacemos para sostenerlas. Es muy fértil en recursos un entendimiento preocupado, y que se decide a no perder cosa alguna de cuanto ha adquirido con mucho estudio; inventa nuevos absurdos, que le parecen nuevas verdades, porque son nuevos apoyos del edificio que antes había formado, y se implica por grados el sistema de sus ideas. Nada es más perjudicial que estas preocupaciones.

Las que provienen de timidez literaria, no hacen más que detener al espíritu y privarle de los frutos que podría recoger en el campo de las ciencias; pero la inconsideración fija los errores, aunque no del modo que el trato social y el análisis imperfecto. Para hablar con más brevedad, diremos que la timidez literaria y la inconsideración nada producen positivo, mas el trato social y el análisis imperfecto son fuentes de nuevos errores, y por esta causa son más perjudiciales, llegando a serlo en sumo grado cuando se hallan en un anciano, pues tienen ya unas raíces tan firmes y entretejidas, que es imposible arrancarlas.

Hemos considerado hasta ahora los efectos de las preocupaciones, según su diverso origen y el estado del entendimiento en que se hallan; resta que observemos de qué modo se opone la razón a ellas en todas las edades del hombre, y cuál es el fruto de esta continua lucha. No hablo de los conocimientos científicos, pues éstos a veces suelen hallarse en hombres que por otra parte son los más preocupados, ni del talento que suele emplearse con frecuencia en aprender absurdos, sino del sano juicio que consiste en cierto tino mental, para no dar a las cosas más mérito que el que en realidad tienen, y elegir siempre lo más útil, atendida la naturaleza de los objetos, sus circunstancias, los tiempos, los lugares y las personas. Este sano juicio es a veces un don de la naturaleza, o para hablar con más exactitud, es un don constante de la naturaleza, y produciría sus benéficos efectos en todos los hombres, si la sociedad no presentara innumerables obstáculos. Se debe, pues, a la exacta educación el que ciertos hombres se hallen dotados de esta sensatez, y que en todos los casos de la vida demuestren una facilidad para mudar el plan de sus ideas, sean cuales fueren sus preocupaciones anteriores; ¡cuántos ancianos vemos nivelados a la altura a que modernamente han subido las ciencias, y cuánto vemos que con más trabajo y mayor número de ideas, se hallan tres o cuatro siglos atrás! ¿De qué proviene esto? No es seguramente del poco empeño en aprender, ni del desarreglo de las pasiones, pues muchas veces advertimos estos defectos en hombres moderadísimos, y que tienen el mayor deseo de progresar. Proviene, a mi ver, de que la razón no está habituada en ellos a correr con libertad, y a reprimirse cuanto fuere necesario; no están habituados, repito, a variar sus ideas según los nuevos descubrimientos, y por más esfuerzos que hagan contra sí mismos, su espíritu no puede dejar de considerar las ideas que ha adquirido, como un tesoro que debe defender contra todos los que quieran robarle. En esto de razón y sensatez el hábito puede mucho; si éste es arreglado las preocupaciones jamás podrán radicarse; pero si es vicioso difícilmente podrá la razón vencerle, pues siempre volverá a repetir lo mismo que tantas veces ha hecho. Yo no dudo que la ancianidad de los jóvenes que cursan hoy nuestras escuelas, será algo más despreocupada que la que observamos en nuestros mayores.

No hay duda que en el espíritu se observan dos cosas muy diferentes, que son el plan de las ideas y el método, o mejor dicho, la costumbre que tiene cada uno en alterarlas, y establecer nuevo orden, o conservarlas si las cree exactas. Es muy frecuente observar dos hombres que tienen un mismo plan de ideas, y ambos las han conservado por mucho tiempo, y sin embargo, en el uno ha echado, por decirlo así, fuertes y profundas raíces la preocupación que en el otro es tan superficial, que cede al menor esfuerzo de la razón. Proviene esto de que son pocos los que en la práctica procuran despojarse de las preocupaciones, atendiendo solo al fundamento de las cosas, aunque son muchos los que afectan hacerlo, y aun predican las ventajas de semejante conducta, y los males que acarrea una obstinación de opiniones.

No debemos concluir este tratado, sin hacer algunas reflexiones interesantes sobre una preocupación muy frecuente, pero poco advertida, que consiste en preocuparse por no ser preocupados, o en el temor de la preocupación. En los jóvenes suele hallarse ésta con alguna frecuencia, pues persuadidos de que hacen un papel ridículo, si pasan por preocupados, y deseando ilustrarse por todos los medios posibles, suelen degenerar estos buenos sentimientos en una ligereza perjudicial; y le vemos variar de opiniones a cada paso sin más razón que el no tener ideas añejas. Por esta causa suelen quedarse sin una instrucción sólida, llenando sus cabezas de ideas mal digeridas, pues no han dado tiempo a que se corrijan por la meditación y por la experiencia, resultando que a veces desechan lo verdaderamente útil porque no lo conocieron, y quedan ya tan preocupados en contra, que difícilmente se consigue que retrocedan y admitan lo que una vez desecharon. La novedad es para ellos un ídolo a que sacrifican todas sus ideas, y así es preciso valerse de la misma novedad, si se quiere sacar partido de ellas.

Son innumerables los males que han sobrevenido a la sociedad por esta clase de preocupación en la juventud, pues siendo ésta la edad más fogosa, es la más animada, y sus esfuerzos regularmente son funestos en el orden moral y en el político. Lo más sagrado, lo más justo, lo más comprobado por la razón y por la experiencia, sufre ataques fortísimos, si una mano perversa presenta estos dignos objetos bajo el aspecto de la antigüedad que equivale entre ellos al de absurdo y ridículo. ¡Cuánto interesaría al género humano desterrar esta clase de preocupación!

Capítulo VII. Influencia de las pasiones en la exactitud de nuestros pensamientos

En el tratado de la Dirección del espíritu humano, que se halla en el primer tomo de mis *Lecciones de Filosofía*, he procurado manifestar los obstáculos que presentan a nuestro espíritu las pasiones, y cómo ellas mismas son el principio de todos nuestros progresos. Todo hombre se conduce por algún bien, y si trabaja por conseguirlo es por la pasión que tiene hacia él: de modo que un hombre sin pasiones quedaría reducido a un ser inerte, para el cual ni las ciencias ni las artes podrían tener el menor atractivo, ni merecer el menor estudio. Mas si las pasiones son desarregladas trastornan todas nuestras ideas, no permitiéndonos que observemos los objetos sino bajo ciertas y determinadas relaciones, fingidas las más veces a nuestro antojo.

Hay, sin embargo, un gran error en creer que todas las fuertes pasiones son contrarias a la rectitud de nuestros pensamientos. Para convencernos basta observar que un matemático que halla todo su placer en sus cálculos, y que casi delira con ellos, adquiere extensos y exactísimos conocimientos, diciéndose lo mismo del químico que pasa los días en sus ensayos; y del astrónomo que siempre está mirando al cielo. Se infiere, pues, que solo el desarreglo y no la intensidad de la pasión suele ser obstáculo de nuestros conocimientos.

Es por tanto un error creer que todo el que discurre apasionado discurre mal, y hacen una injuria a la razón los que para indicar que alguno se extravía en sus discursos, dicen que está apasionado. Esta expresión no puede aplicarse sino cuando se conoce por signos claros que las pasiones toman un giro totalmente opuesto al recto juicio, y que de tal modo han llegado a apoderarse del espíritu, que le privan de toda la libertad en contemplar los objetos. Pero ¿qué signos pueden indicarnos un estado tan deplorable del espíritu humano? Examinemos este punto detenidamente.

El acaloramiento es un signo muy equívoco, pues acompaña al justo que defiende lo recto, y al perverso que quiere cohonestar su perversidad, al filósofo que sostiene los derechos de la razón, y al preocupado que se empeña en sostener quimeras.

Sin embargo, se observa que la calma o la tranquilidad en las discusiones suelen acompañar a la despreocupación, y a la exactitud de las ideas; y esto ha conducido a muchos a creer que el hombre acalorado no discurre bien. Nunca es más fértil en grandes pensamientos; el único temor que hay es que una pasión justa produzca por desgracia otra desarreglada, quiero decir, que al laudable empeño de encontrar la verdad, se agrega el de sostener que ella se ha encontrado sin permitir nuevas reflexiones, y teniendo por una pérdida todo cuanto se destruya en las ideas adquiridas.

La capacidad en presentar las cosas, ocultando ciertas relaciones, que pueden ser contrarias al intento que alguno se propone, la incoherencia y precipitación de las ideas, el empeño en esforzar ciertos y determinados puntos, dejando otros como desamparados, o con débiles fundamentos, tales son, a mi ver, los principales signos que nos indican el dominio de las pasiones sobre la razón. Se me dirá que esto arguye más una perversidad que un trastorno de ideas: pero es preciso advertir que aunque estas estratagemas suelen ser fruto de la depravación, regularmente no tienen otro origen que el deseo de que todos piensen de un mismo modo, y el entendimiento que ha llegado a persuadirse de que ha encontrado la verdad, mira los esfuerzos contrarios como irracionales, y procura evitar todos los motivos de que se repitan. Esta es la causa por que se nota una capciosidad represible, aunque el que la use solo se proponga ilustrar a los demás. Llegan los hombres en ciertos casos a tener por locos a todos sus semejantes, y de buena fe creyendo hacerles un gran favor, los tratan como tales, ocultándoles siempre todo cuanto pueda recordarles el tema de su locura. No hay una prueba más clara de que ellos mismos están locos, si por esta expresión entendemos el trastorno del espíritu en el uso de sus facultades intelectuales.

Es innegable, con todo, que cierta clase de hombres se halla tan llena de preocupaciones, que los más sensatos se ven obligados a valerse con ellos, de ciertos recursos para traerlos a buen sentido, que a primera vista parecen irracionales, pero que en realidad son muy justos. Hablamos, pues, de aquellos delirantes, que aun tratando con hombres de ilustración y sensatez, se atreven a valerse de ciertas supercherías, que no se les pueden ocultar al entendimiento más torpe, y que ellos creen que no serán percibidas.

¿Qué prueba más clara de que su pasión les ha cegado? Hay ciertas materias que por su naturaleza dan lugar a que las pasiones impidan el uso de nuestro entendimiento; pero otras son por sí mismas tan claras y tan opuestas a todo trastorno, que por más fuertes que sean los ataques del corazón contra el entendimiento, éste quedará siempre libre y expedito. Supongamos que un matemático por adquirirse aura popular, o por oponerse a sus émulos, se propone persuadirse a sí mismo que los tres ángulos de todo triángulo no equivalen a dos rectos. ¿Lo conseguirá? Y si lo consigue ¿no será preciso concluir que está enteramente loco? No sucede lo mismo en las verdades metafísicas y morales, y en todas las abstractas, y así vemos dividirse los hombres con la mayor facilidad, aprobando unos lo que otros deprueban, y nunca faltan recursos al entendimiento para inventar sutilezas y vanos efugios cuando el corazón se halla ocupado por pasiones desarregladas, que llegan a dominar todas las facultades del espíritu. En las materias evidentes sean del orden que fueren, y en aquellas cuya demostración depende de objetos todos sensibles, no es fácil, y sucede rara vez, que las pasiones lleguen a dominar al entendimiento; pero en las materias abstractas que se deducen remotamente de las verdades demostradas, es muy fácil que el espíritu no vea las cosas sino bajo el aspecto en que quieran presentarlas sus pasiones.

Concluyamos, pues, que es necesario observar, no solamente los signos que indican el dominio de las pasiones sobre el entendimiento, sino también la naturaleza de las materias de que se trate para inferir hasta qué grado puede implicarse el plan de las ideas, y el uso de las facultades intelectuales. Pocos objetos merecen una atención tan detenida, pues la más leve falta en su examen nos expone unas veces a clasificar de inexactos los más sublimes pensamientos del hombre apasionado, y otras nos conduce insensiblemente a los más funestos errores, por no advertir los lazos que tienden las pasiones a la razón para aprisionarla.

Capítulo VIII. Sobre los argumentos sacados de la historia
Nada es más útil y aun necesario al hombre que observar en el cuadro de las generaciones pasadas el origen de los males que han afligido a los pueblos, los

errores que se han apoderado de los más grandes talentos, los progresos que en contraposición a ellos han hecho las luces en todos tiempos, las circunstancias favorables o adversas que han precedido y acompañado a cada uno de los acontecimientos; y últimamente la influencia que pueden tener en lo futuro, la conducta que debe seguirse para evitar los males que tanto le horrorizan, y proporcionar los bienes que tanto desea. La historia es sin duda la maestra de la vida, y un depósito inagotable de objetos dignos de la contemplación de un filósofo; pero al mismo tiempo suele ser principio de innumerables errores, que se establecen tanto más cuanto se creen confirmados por mayor número de hechos históricos. Naturalmente pensamos que una cosa sucederá, cuando en semejantes circunstancias siempre ha sucedido; mas aquí es donde está el escollo en que muchos han naufragado.

Casi es imposible que dos hechos tengan unas mismas circunstancias, pues el carácter de las personas, sus intereses, sus pasiones, todo muda según los diversos tiempos; y un general romano, por ejemplo, tenía ideas, sentimientos, costumbres e intereses muy diversos de los que puede tener uno de nuestros generales; de modo que aunque las circunstancias de una batalla parezcan idénticas, en realidad no lo son, y es muy inexacto el paralelo.

A muy poco que se reflexione, es fácil convencerse de que todo argumento histórico no es más que una paridad imperfecta; y que mientras más se reúnen dichos argumentos, más se multiplica el número de las diferencias, al paso que la relación única, que nos sirvió de norma para comparar los hechos, aunque se multiplica, constituye siempre una sola especie, que contrapuesta al gran número de relaciones contrarias, va perdiendo cada vez más de su valor. Esto parecerá una paradoja a muchos, porque están acostumbrados a que se aglomeren hechos históricos sobre cualquier asunto, creyendo darle el mayor comprobante, y granjeándose los que siguen esta conducta un gran crédito de sabios. Pero observemos las cosas, no como suelen presentarse, sino como las han visto siempre los hombres de juicio, y como la razón dicta que se vean, sea cual fuere la práctica establecida en esta materia.

Los argumentos históricos no tienen otro objeto que presentar causas idénticas que han producido tales o cuales efectos en la antigüedad, y que se espera produzcan los mismos en el estado presente; o bien poner a la vista las acciones virtuosas o criminales de los antiguos, cotejándolas con las costumbres de los pueblos que ahora existen, o de alguna persona particular. Pero ¿quién podrá estar seguro de esta pretendida identidad de causas? El sabio Leibnitz opinaba que no solo no existen, pero ni pueden existir en la naturaleza física dos cosas perfectamente iguales, y aunque yo jamás admitiré esta imposibilidad, no puedo negar que en los seres existentes hay pocos idénticos, y que esta observación debe extenderse igualmente al orden moral, y al político. ¿Habrá dos hechos tan iguales, que puedan clasificarse como causas idénticas? Se infiere, pues, que los argumentos históricos son los más débiles cuando se quieren presentar como prueba para establecer una norma de operaciones actuales, siempre que se pretenda arreglarse a ella absolutamente. La historia puede ser muy útil para manifestar los vicios y las virtudes de los hombres, excitando el aprecio o el odio de los actuales, porque la virtud siempre es virtud, y el vicio siempre es vicio, sean cuales fueren sus causas; pero no tiene tanta influencia como algunos creen en el orden moral y político. He dicho tanta influencia, porque jamás negaré que su estudio es absolutamente necesario para conocer a los hombres, sacando utilidad de lo pasado en favor de lo presente y lo futuro; y solo me opongo al delirio de algunos que juzguen tan sólido y convincente un argumento histórico como una demostración matemática.

Las acciones humanas son hijas de la voluntad: ésta es libre y hace ostentación de serlo, variando de tal modo sus actos, que apenas puede la imaginación seguirlos. Lo que en tales circunstancias produjo un efecto, en otras, que a primera vista parecen idénticas, produce el contrario. Aun los seres físicos van degenerando en su naturaleza, ya perdiendo su antiguo vigor, ya reproduciéndose con energía. Por todas partes se manifiestan diferencias, que cada una de ellas basta para invertir todo el orden que seguían las cosas antiguamente; de modo que estas consideraciones nos conducen a creer que el argumento histórico no puede suministrar otra cosa que una probabilidad a veces muy ligera.

Hay sin embargo algunas relaciones comunes a una multitud de hechos, que siempre producen efectos semejantes aunque no idénticos, y éstas bien observadas forman el mejor argumento histórico, aunque jamás presentan una prueba convincente. La ambición siempre ha conducido a los príncipes a cometer incursiones políticas; la avaricia en todos tiempos ha dado origen a innumerables males; en una palabra, siempre los vicios han sido el principio de las calamidades de los pueblos, así como las virtudes han sido la fuente de su felicidad. Esta observación genérica puede conducir al filósofo a sospechar que los pueblos que se hallan con los mismos vicios, o con las mismas virtudes que otros antiguos, llegan, al fin, a los mismos resultados; y que un príncipe, por ejemplo, que despliega el mismo carácter de otro que en la antigüedad fue conocido por su virtud, o por sus crímenes, probablemente seguirá sus huellas, pero todo esto no pasa de una probabilidad; y es muy extraño el gran mérito que algunos quieren dar a semejantes argumentos.

Sucede con frecuencia que por una ostentación histórica, se aglomeran los argumentos de esta especie, dejando intactos los que más podían convencer en la causa que se sostiene, pues a la verdad las razones sacadas de un análisis detenido sobre las circunstancias y naturaleza del hecho de que se trata, son las verdaderas pruebas que pueden convencer nuestro entendimiento. La historia de lo que hicieron o pensaron los hombres solo puede inclinarnos a imitarlos, porque juzgamos que tendrían razones poderosas para ello; pero no nos persuade ni de la identidad de los hechos, ni de la justicia de los procedimientos. El hombre no desea tanto saber qué hicieron otros, como qué debe hacer en el caso que se le presenta, y la imitación no es para él otra cosa que un recurso de la perplejidad de sus ideas para hallar una disculpa de sus operaciones; o para aventurar un hecho por si acaso produce los mismos resultados que antes había producido.

Observemos que no todo el que imita lo hace por un verdadero convencimiento, que es el que resulta no de la autoridad, y de la preocupación, sino del prolijo análisis que se ha hecho del objeto. Comúnmente sucede que los hombres imitan por falta de consideración, y por mera costumbre, de lo cual se infiere que aun la uniformidad de los hechos históricos, o del modo con que han operado los hombres en ciertas circunstancias, no es siempre una prueba de la solidez de las razones que los han movido, y que los argumentos sacados de esta uniformidad, no tienen tanta fuerza como algunos creen, aunque en algunos casos puedan tenerla. Para convencerse de esto, figurémonos que en nuestros días un político dudoso del éxito de las cosas actuales, se determina a imitar lo que en circunstancias a su parecer iguales practicaron otros. Es claro que este hombre no se halla convencido, y que casi va a jugar una suerte: supongamos que ésta es favorable; ya queda clasificado el hecho entre los más juiciosos, como si procediera de las reflexiones más exactas. Véase, pues, cuán inexacto es el concepto que se forma de los argumentos históricos teniéndolos como el fruto de la sensatez, o mejor dicho, de la evidencia con que en todos tiempos se han presentado las cosas.

Se recogen los hechos favorables al intento que nos proponemos, y rara vez se atiende a los adversos, esto es, a aquellos en que las mismas causas produjeron muy contrarios efectos. El deseo de encontrar en la historia innumerables pruebas de su opinión, hace que un autor se empeñe las más veces en ojear antiguos manuscritos exactos, o inexactos sacando de ellos como con pinzas cierto número de hechos que él ha visto bajo los coloridos que le inspiran su pasión; presenta después los frutos de su dilatado trabajo, enlazando estos datos por medio de reflexiones que asegura se deducen de la naturaleza de ellos mismos, y queda comprobada por la historia una opinión totalmente contraria a la que tenían los antiguos.

Además, es preciso advertir que la historia de los pueblos no es otra cosa que un conjunto de hechos principales, que aun prescindiendo de toda mala fe, no suelen tener otros comprobantes que la voz general, y las observaciones de personas que pudieron o no clasificarlos. Sea cual fuere el mérito del historiador, es imposible que todos los hechos estén a su alcance bajo todas sus relaciones, pues la distancia de los lugares, el transcurso de los tiempos, la multitud y calidad de las personas, y otras circunstancias innumerables, producen una inexactitud necesaria. De aquí se infiere que es muy probable, o por lo menos muy posible, que en las circunstancias ignoradas por el historiador esté la verdadera causa de los hechos que refiere. Mientras más interesantes son los acaecimientos, más ocultas suelen ser sus causas, principalmente en la política en que muchas veces se atribuyen a las causas manifiestas y conocidas de todo el mundo los efectos que provienen de principios muy diversos, y que pertenecen a los misterios de los gabinetes. En vista de estas reflexiones se conocerá fácilmente la gran dificultad que hay en descubrir las verdaderas fuentes de donde provienen las pruebas que suelen alegarse como evidentes, no pasando verdaderamente de una probabilidad, que disminuye en razón de los tiempos.

Debemos considerar igualmente que la ilustración no ha sido una misma en toda época, pues la habido algunas en que han reinado de tal suerte las preocupaciones, que aun las personas del mayor mérito no se han librado de ellas. En dichos tiempos se presentaron las cosas según se veían, que es decir, bajo un aspecto enteramente contrario a su naturaleza; después han querido los críticos rectificarlas, pero jamás estarán seguros de haberlo conseguido, supuesto que se omitieron o se dejaron de observar muchas circunstancias al tiempo de los acaecimientos, y después ha sido preciso casi adivinarlas. ¡Qué pocas historias habrá escritas con un tino filosófico! ¿Y sin este tino podrán ofrecer otra cosa que un conjunto de materiales propios para ejercitar la paciencia de un anticuario, pero no para convencer el espíritu de un filósofo? Si se colectaran todos los hechos, o si colectados fuera posible retenerlos ¿no tendríamos motivo para variar de opinión, aun en las cosas que juzgamos más claras en la historia? En la oratoria es donde el vicio de sobrecargar los asuntos con hechos históricos suele ser más frecuente, y a la verdad más reprensible. Se cree que es prueba de gran erudición y talento, lo que no es efecto sino de un verdadero pedantismo. El vulgo que por lo regular aplaude lo peor, y los literatos de mal gusto que no son capaces de apreciar la sencillez de los pensamientos, dan mil elogios a un orador que en un instante registra toda la historia antigua y moderna, sin que deje de salir a plaza algún héroe de la antigüedad, cuyas acciones tengan algún vislumbre de relación o semejanza con las del sujeto de quien trata. No hay cosa más despreciable para los hombres de juicio, que un discurso en que el orador se olvida de su intento que es enseñar, mover y deleitar, y se convierte en un historiador de rasgos inconexos que solo pueden agradar al que no tenga una idea de la naturaleza de una demostración, y al que juzgue del mérito de las obras por el trabajo que han costado, y de éste por el número de cosas que se dicen, entiéndanse o no se entiendan.

    Uno de los principales fines del ideólogo es aislar, por decirlo así, los pensamientos removiendo cuantos accesorios no fueren absolutamente propios de la naturaleza del asunto, y usar del menor número de signos que fuere posible. De este modo se consigue que el entendimiento sin fatigarse, perciba de pronto toda la fuerza de un raciocinio. El orador que además de esto se propone deleitar y mover, se ve precisado a usar de algunos adornos y valerse de ciertos medios, cuya utilidad se haya comprobada por la razón y la experiencia; pero en el gran tino para colocar estos agregados se distingue un orador ideólogo de un charlatán incansable. La historia amontonada distrae el espíritu con una multitud de hechos, atormenta la memoria con nombres raros, hace muy dilatadas las partes de cada raciocinio, alejando las ideas principales en términos que el entendimiento halla mucha dificultad en reunirlas, y de este modo viene a ser la más imperfecta la obra que el vulgo juzga admirable. La historia en las oraciones debe ser como la sal en los manjares, que todo exceso aun el menor hacer perder todo el mérito. El deseo de brillar en unos, y la insensatez de aplaudir en otros, han sido causa de no haber progresado en la oratoria muchos talentos que parecían formados para ella. Luego que las cosas se observan bajo su verdadera relación, desaparecen muchos fantasmas, a quienes el tiempo ha dado una realidad.

Capítulo IX. Límites que deben tener las reglas
El deseo de facilitar las operaciones, evitando varios errores en que por experiencia se sabe que suelen caer los hombres, hizo inventar las reglas; pero este mismo deseo las ha multiplicado en tales términos que no hay arte, no hay ciencia, que no tengan una multitud de principios y de normas que confunden mucho más nuestro entendimiento que la simple consideración del objeto a que se refiere. Ha habido un empeño en inventar, y creyendo entender los límites de las ciencias, no se ha hecho más que multiplicar sus dificultades, pues se ha creído ignorante a todo el que no retiene en la memoria estas normas prolijas e inútiles formadas las más veces para un caso imaginario. No me propongo hacer un análisis de ellas sino algunas reflexiones sobre la moderación que debe tenerse en establecerlas, para que ni falten permitiendo que se extravíe el entendimiento, ni sean tan numerosas y estrechas que le opriman privándole de toda libertad.

Las reglas, o se refieren al modo de discurrir sobre tal o cual materia, o al modo de agradar proponiéndolas. Observemos cuáles son sus límites en ambos casos. La naturaleza del objeto no puede ser la única base en que nos fundemos para la formación de las reglas de discurrir acerca de él, porque a la verdad, la experiencia prueba que solemos equivocarnos en clasificar la naturaleza de las cosas, aunque se tengan por bien comprobadas. Es preciso, pues, que las reglas se tomen del orden meramente ideológico, esto es, del método analítico que la ideología enseña a aplicar a todo género de conocimientos, pero no del método que se ha fingido pertenecer exclusivamente a una u otra ciencia. Si un médico, por ej., se aparta del enlace que deben tener las ideas, no forma buenas deducciones, ni percibe los pasos intermedios que une la primera verdad con la última demostrada, podrá acusársele de faltar a las reglas que dicta la sana razón, pues jamás se ha demostrado, ni creo se puede demostrar, que haya otro método de proceder bien en las ciencias; pero si su talento encuentra un nuevo orden más ventajoso que el admitido en la aplicación de la medicina, y despreciando todas las normas, y aforismos, sigue un camino totalmente distinto, no debe despreciársele, ni tenérsele como un curandero que acierta casualmente, pues dichas reglas, ni tienen, ni pueden tener el carácter de las ideológicas fundadas en la misma naturaleza, y no en la observación equívoca de algunos efectos. ¡Cuánto se han atrasado las ciencias por el miedo que han tenido los profesores de separarse de sus reglas! No pretendo que se desatiendan todas, ni que se hagan ensayos temerarios con perjuicio de las mismas ciencias; desearía, sí, que persuadidos de lo abundante que es la naturaleza, y lo variada en sus efectos, jamás se creyera que es un absurdo, abandonar una regla solo porque ha mucho tiempo que se observa con fruto. No hay duda que para abandonarlas es preciso tener datos y observaciones exactas; pero muchos no las tienen, porque ni han sospechado que pueden tenerlas, sino quedando por inalterables las reglas, desdeñan como ridícula toda investigación que se oponga a ellas. Solo para discurrir mal no hay razón, ni puede alegarse disculpa, porque la ideología en este punto suministra nociones tan claras, que reduciéndose, no a doctrinas sino al orden de las ideas, jamás puede fallar; pero en todo lo demás está facultado cualquiera, sin que incurra en la nota de ridículo, para separarse de cuantas reglas hayan inventado los hombres.

Deduzcamos de lo dicho que la conformidad con las reglas no da una prueba evidente de la exactitud de las operaciones, sino una probabilidad tanto más aproximada, cuanto más comprobadas estuvieren dichas reglas, y constaré más la conformidad con ellas. Muchos para demostrar que han acertado en sus trabajos, dicen que están conforme a las reglas, y creen que han dado cuantas razones podían desearse, porque no han reflexionado que sería preciso preguntar si las reglas en todos casos eran exactas, y si la mayor parte de ellas no son el fruto de la imaginación más que de la experiencia. En esto puede mucho la costumbre, y la casualidad de que acontezcan muchas cosas, según los deseos del que aplica sus normas anticipadas, sean o no sugeridas por la verdadera naturaleza de las cosas.

A veces las reglas se refieren, no a la verdad o exactitud de las doctrinas, sino a ciertos métodos de proceder, como sucede en las artes con las prácticas mecánicas para conseguir tales o cuales resultados. En tales casos deben ligar mucho menos nuestro entendimiento, pues lo que uno ha practicado de tal modo, puede hacerlo otro de una manera diferente, y acaso más sencilla, sin que hasta entonces hubiera ocurrido a nadie. La palabra facilidad envuelve una idea relativa a mil circunstancias, siendo cosa bien sabida que muchos encuentran gran trabajo en lo que otros hacen fácilmente, y si las reglas fueran tan sagradas que no pudieran abandonarse, impedirían a innumerables talentos todos sus progresos en el arte a que se dedican. Suele decirse: trabaja bien, pero sin reglas, para dar a entender que el trabajo, aunque es bueno, tiene ciertas imperfecciones, y que un profesor se avergonzaría de haberlo hecho. Nada hay más absurdo que decir que una cosa es buena por su naturaleza; pero que deja de serlo porque no es conforme a lo que se ha querido siempre que sea. ¡Cuántas veces un talento semejante es el inventor de una nueva regla despreciada, cuando se propone por ser contraria a las admitidas, y que con el tiempo viene a ser la admiración de los mismos que la despreciaban! ¿Qué origen tienen casi todas las reglas, sino la observación del modo de operar de ciertos genios eminentes? La oratoria y la poesía, ¿de dónde han sacado la mayor parte de las suyas? Bien sabido es que hubo poetas y oradores antes de haber ciencia de poesías y oratoria.

Las artes que tienen por objeto el recreo de los sentidos, deben ser mucho más libres en sus reglas, siendo innegable que el gusto de los pueblos está casi sujeto al capricho, o que las mismas reglas que se han tenido como propias para agradar, producirán un efecto contrario si varían las circunstancias y los gustos. No quiero decir por esto que el bello gusto no tenga sus fundamentos en la naturaleza misma de las cosas; lo contrario he manifestado en mis Lecciones de Filosofía; pero sí afirmo que la mayor parte de los preceptos de los artistas tienen por base no la observación de lo que debe ser, sino de lo que es, y que pueden y deben variar según se reformen los gustos.

Por ora parte, las reglas son ya tan conocidas que destruyen toda ilusión, y falta el gran arte, que consiste en disimular el arte. Conviene, pues, ensayar nuevos medios de agradar, y un ingenio fecundo puede abandonar todas las reglas, inventando cuanto pueda para interesar la sensibilidad. En la música es muy ridículo el empeño de algunos en demostrar que una pieza que generalmente agrada no es buena, porque no está en regla. Conseguido el intento ¿se dirá que es mala la obra, porque son distintos los medios? Tal vez a este abandono de las reglas debe la pieza toda su hermosura, pues la novedad es el principio del agrado.

Infiero, pues, que las reglas solo pueden obligar al ingenio cuando se trata del modo de discurrir, pero no cuando expresan lo admitido, en algún orden de cosas, y mucho menos en las artes de imitación, y en todas aquellas cuyo objeto sea deleitar. Toda regla que expresa alguna doctrina, puede variarse si se demuestra lo contrario, y es preciso estar siempre haciendo investigaciones para cerciorarnos de su exactitud, no dejándonos llevar de una costumbre más que de un convencimiento. En materias de buen gusto, conviene observar lo que consta por experiencia que siempre ha producido buen efecto, pero sin creer que es un crimen separarnos de ello; y por lo que hace a las reglas que han inventado los profesores según los tiempos, conviene darlas de mano siempre que se juzgue necesario, y aun no pensar en ellas, porque llegan a dificultar todas las operaciones, y muchas veces producen un gran daño, quitando toda la energía a los pensamientos.

En la enseñanza de los idiomas, ¡qué fárrago de reglas! Todo es implicado, todo es fastidioso para un joven que se dedica a semejante estudio, y mucho más al del idioma latino, en que parece que se han propuesto la mayor parte de los profesores dar una importancia al asunto, dificultando su comprensión. Solo numerar las reglas es empresa bien ardua; el aplicarlas es fruto de un trabajo muy dilatado y penoso. Pero observemos el origen de tantos inconvenientes. No es otro que haberse propuesto reducir todo a normas enteramente mecánicas, que se establecen por la mera observación de ciertos modos de hablar que tenían los romanos, y lo que fácilmente se hubiera conseguido, con presentar ciertos rasgos sacados de los mejores autores, y hacer que los jóvenes se habituasen a imitarlos; cuesta un inmenso trabajo, y la pérdida de mucho tiempo sin adelantarse cosa alguna, y aun podemos decir que atrasando; pues la experiencia aprueba que los jóvenes, después de tanto estudio, están muy distantes de saber el idioma latino, y que si no ocurren al estudio de los autores clásicos, y a la práctica, jamás salen de la línea de ramplones. Vemos un estudiante enteramente implicado y detenido, sin poder hablar una palabra.

¿Y de qué proviene? Seguramente de que su memoria quiere recordar infinitas reglas, y su entendimiento no atina, o está indeciso en la aplicación de ellas. No cree que puede hablar sin reglas para ello, o mejor dicho, sin unir el gran sistema de las sutilezas gramaticales, a la serie de palabras que por imitación y naturalmente hubiera pronunciado. De aquí resulta que dividida la atención es casi imposible que haya facilidad. Un Domine dirá que éstos son disparates. En hora buena. Todos tenemos derecho para pensar, y aun para ciertos delirios, y éstos son los míos. Reglas pocas, pocas, y si es posible ningunas, ningunas. La naturaleza lo hace todo cuando no se encadena, y si en ciertos casos pide un auxilio, jamás desea un yugo.

Capítulo X. Raciocinios por deducción y por inferencia

Siempre se ha dicho entre los lógicos que para deducir una proposición de otra, es preciso que esté contenida en ella, y a la verdad que esto a primera vista parece evidente, y por tal lo tuve por muchos años; pero ahora sospecho algo de la exactitud de esta máxima, que sin duda ha parecido innegable, por el modo con que se enuncia, pero que hubiera dejado de serlo, si siempre se observaran las cosas como pasan en nuestro espíritu, y no como suenan en las palabras. Efectivamente, deducir es lo mismo que sacar de una cosa, y mal puede sacarse lo que no se contiene; pero advirtamos que ni la palabra deducir tiene siempre esa acepción, ni nuestro entendimiento siempre que infiere, deduce bajo el sentido que suele darse a esta voz. Una línea que empieza desde un punto, se deduce de él, y no se contiene. La palabra deducir se compone de dos latinas de y ducere; la primera solo indica una relación de lugar; la segunda, un movimiento de traslación, y así, hablando rigurosamente, puede decirse que deducir no es siempre sacar lo contenido en alguna cosa. Pero conviene dar a la expresión su sentido más general y propio, y así le he conservado, diciendo raciocinios por deducción, distinguiéndolos de los que se hacen por inferencia. Nuestro entendimiento repetidas veces opera sin advertir más que cierta relación o conveniencia de los objetos, y se determina a inferir uno de otro sin observar semejante inclusión. Además, en muchos casos no la hay; de modo que solo por un capricho podría fingirla nuestro espíritu.

Para convencernos de esto, reflexionemos que las ideas generales no tienen objetos existentes en la naturaleza, sino que expresan una mera observación de cierto modo de operar común a muchos seres, y que así no puede decirse, hablando con exactitud, que de una idea general abstracta se saca una individual, que es la imagen de un objeto existente en la naturaleza, y que incluye innumerables propiedades, que jamás podrá decirse que estaban contenidas en la primera idea general. Esto lo ha comprobado hasta la evidencia el célebre Tracy, como puede verse en el extracto que he formado de sus principios lógicos, que se halla en el primer tomo de esta miscelánea.

Decimos con frecuencia: tal hombre respira, luego vive, y ¿quién no sabe que la vida es un conjunto de funciones y que una de ellas es la respiración? ¿Se dirá que el todo estaba contenido en la parte, y que cuando inferimos de la respiración la vida, hemos sacado de una de las funciones todas las otras? Formando el discurso al contrario decimos: vive, luego respira, y la inferencia es mala, sin embargo de comprender más la palabra vida que la palabra respiración. Luego esto no depende de la mayor o menor extensión ni comprensión de las ideas, sino de su dependencia o enlace.

Algunos dirán que en el caso propuesto, y en otros semejantes, se suple una proposición general, v. gr. todo el que respira vive. ¿Pero qué expresa esta proposición sino la mera dependencia de las ideas? ¿Acaso indica su inclusión? De ninguna manera, pues sería un absurdo decir que por una proposición general se ha hecho posible lo imposible, esto es, que la parte se contenga en el todo. Tal vez se creerá que la inferencia se ha hecho de esta proposición genérica, en que dicen que se incluye la individual; pero además de haberse demostrado que esta inclusión es un absurdo, observemos que nuestro entendimiento jamás piensa en tales proposiciones, y que sería preciso que hubiera formado en el acto una dilatada serie de ellas, como es fácil percibirlo si nos ponemos a formar todos los silogismos que se necesitan, para que sirvan de prueba a dicha proposición general, y a todas las que se deducen de ellas, hasta llegar a demostrar que hemos discurrido bien, cuando dijimos respira, luego vive. Y ¿quién podrá asegurar que su entendimiento ha formado al pronto ese gran número de ilaciones? Pero se dirá no las forma, porque está habituado a inferir sin ellas. Basta: luego se verifica que a la sola vista de una relación forma el espíritu una inferencia.

Dejando a un lado todas las investigaciones abstractas, atendamos a los seres, y ellos nos darán la lección más importante, supuesto que nuestras ideas deben seguir el mismo orden que la naturaleza. Pero los seres que dependen de otros, ¿siempre se incluyen en ellos? A muy poco que se observe, encontraremos infinitos ejemplos de una dependencia sin inclusión.

¿Y podrá inferirse en las ideas lo que está inferido, por decirlo así, en la naturaleza? ¿Quién lo duda? Luego habrá raciocinios por mera inferencia. Pero es innegable que los hay también por deducción rigurosa, supuesto que en la naturaleza hay muchos seres que rigurosamente incluyen a otros. Luego es claro que existen dos clases de raciocinios, unos por inferencia y otros por deducción.

Mientras las abstracciones se identifiquen en nuestro espíritu con las realidades, hallaremos mucha dificultad en persuadirnos que nuestras ideas no son fruto de una serie de operaciones, que, bien observadas, lejos de ser principios de nuestros conocimientos, debe decirse que son el resultado de ellos. Hay un sistema intelectual, sugerido por la naturaleza, y otro que han formado los hombres. Este es el abstracto que llega a ser la única norma del entendimiento humano, porque siempre es propenso a aprobar sus obras. Los ideólogos conocen nuestros defectos, advierten que lo que en su principio fue inspirado por la misma naturaleza para facilitar la combinación de las ideas y del lenguaje, llegó a ser un conjunto de combinaciones absurdas, y de sutilezas despreciables, que solo sirven para impedir los progresos del entendimiento humano. Siempre se ha dicho: deducimos lo particular de lo universal; y para confirmarlo, se han buscado varios símiles: v. gr. a la manera que cortamos un árbol sacándole de un bosque, o como una cantidad de agua se saca de un lago. Pero el bosque y el lago existen, y contienen al lago y a la porción que hemos sacado, ¿mas existen los objetos de las proposiciones generales? ¿No son éstas abstractas? ¿Incluyen o pueden incluir las verdades reales? ¡Cuánto llegan a valer las abstracciones! ¡Cuánto puede la costumbre, aun en las mismas ciencias! Cada uno es libre en sus pensamientos, y por mi parte jamás me admiro de la discordancia que suele hallarse entre los hombres. Bien sé que muchos graduarán estas ideas de metafísicas, sutiles o aventuradas sin fundamento; mas creo que estos primeros impulsos procederán del hábito, y no de la reflexión, pues estoy seguro que éste es uno de los puntos, cuyo examen se ha omitido por creerlos evidentes. Tal vez, pensando con más detención, se conocerá que no son tan demostrados.

El empeño de todos en probar que una consecuencia es buena, manifestando que la proposición deducida se incluye en las premisas, es las más veces absurdo, y vemos rechazar discursos perfectamente formados, solo porque no se manifiesta dicha inclusión que no existe. En tal estrecho se ocurre a probar que la proposición está incluida en otra genérica; y hablando de abstracciones como de realidades, suelen quedar todos muy satisfechos.

¿No sería mejor probar lo que realmente sucede, esto es, que dicha proposición, o más bien su objeto, aunque no está incluido en el otro, tiene una estrecha dependencia y relación con él? ¿No evitaría esto muchas cuestiones en que vencen las reglas, y pierde la naturaleza?

Capítulo XI. Sobre las cuestiones inútiles
Todos declaman sobre la pérdida del tiempo en las cuestiones inútiles, pero verdaderamente son pocos los que no caen en el mismo defecto que censuran. Las mismas ciencias matemáticas que puede decirse que fueron las primeras que empezaron a enseñar la elección de lo útil en los conocimientos naturales, se hallan sobrecargadas de una multitud de ellas, que más parecen los delirios de un escolástico que los ensayos de una ciencia tan sólida. Yo no me detendré en exponerlas, porque son bien conocidas, y los profesores juiciosos han procurado siempre removerlas, y no ignoran que falta mucho por corregir. En las demás facultades no puede calcularse su número, pues hubo tiempo en que parece que los hombres se empeñaban en buscar todo lo inútil para reducirlo a cuestión, y trastornar las ciencias, que por la abstracción de sus objetos presentan un dilatado campo para estos extravíos.

Investigando el origen de estos males será muy fácil persuadirse, que no dependen tanto de la dificultad de las materias como el modo de tratarlas. Por mucho tiempo se creyó que la naturaleza no abría sus arcanos, sino al pensador que más sutilizaba, y que las ciencias no eran otra cosa que el resultado de profundas meditaciones hechas de un modo muy distinto del que piensa el vulgo. En consecuencia se empeñaron los hombres en inventar sistemas y abstracciones que por su misma naturaleza debieron producir innumerables cuestiones inútiles. Desengañados después, han seguido un rumbo contrario, advirtiendo que los niños y los rústicos son sus primeros maestros en el arte de pensar. Han desaparecido prontamente muchos obstáculos que parecían insuperables, y el filósofo camina con pasos más tranquilos por la senda de la razón.

Si al tratar las materias no se propusieran los hombres una utilidad quimérica, cual es la del placer de un vano lucimiento, sería muy fácil no equivocarse y hallar el verdadero método de discurrir, e igualmente no sería difícil separar los verdaderos frutos que constituyen el caudal de las ciencias. En la práctica puede establecerse como norma que toda cuestión que resuelta, por la afirmativa y por la negativa, da iguales resultados para la explicación de los hechos, es inútil. Aclaremos esta materia con un ejemplo. Han cuestionado los físicos con el mayor interés si la materia es divisible a lo infinito, o si esta división tiene ciertos términos de los cuales no puede pasar. Resultaron de aquí varios sistemas como el de los Corpusculistas, y su contrario el de las monadas leibnizianas, el de los puntos inflados, y otros varios, que ocuparon por mucho tiempo a grandes talentos. Preguntemos ahora: si la materia es divisible a lo infinito ¿cómo se explican los fenómenos de la Física? Por la atracción de las moléculas, por su multitud y pequeñez, existentes y no imaginarias, en una palabra, por todas las relaciones que tienen los elementos conocidos de la materia. Y si no es divisible hasta lo infinito ¿de qué modo se explican? Del mismo, pues basta que existan una multitud de partículas dotadas de las circunstancias que hemos insinuado. Luego la cuestión respecto de la Física es totalmente inútil, pues tanto explica el que la resuelve por la afirmativa como por la negativa.

Al empezar toda cuestión conviene figurarnos por un momento que ya está resuelta, y ver en consecuencia qué aplicaciones daríamos a los conocimientos que ella nos suministra. Si hubieran hecho esto los escolásticos, seguramente no se hubieran atormentado tanto en cuestionar si Dios está o no en la categoría de sustancia, si la materia es pura potencia, y otras cosas semejantes, que aun resueltas nada eclipsan. Pero supongamos por el contrario que de la afirmativa resultan efectos totalmente diversos que de la negativa: en este caso aun debe hacerse otra investigación reducida a si los tales efectos producen una utilidad que indemnice el trabajo empleado en averiguarlos, pues de otra suerte sería lo más absurdo perder en cosas superficiales el tiempo que podía emplearse en otras más útiles.

No por esto se crea que toda cuestión, cuyo objeto no pueda aplicarse a alguna de las necesidades absolutas del hombre, debe rechazarse.

¿Quién dirá que es inútil la investigación del número de los satélites de Urano, y el descubrimiento de los nuevos planetas Ceres, Palas, Vesta y Juno? Sin embargo, para lo que son los usos de la vida, estos conocimientos nada valen. Mas el hombre tiene ciertas necesidades intelectuales, por decirlo así, que es preciso saciar, pues le mortifican mucho, y le retraen del número de los verdaderos observadores de la naturaleza. Conocer lo que existe en las obras más portentosas del Omnipotente, es una especie de placer que ya induce una necesidad, y si los hombres se limitasen a solo las relaciones indispensables para la vida, ésta sería desapacible.

Muchos critican como inútiles las investigaciones de las bellas artes, creyendo que los poetas, los pintores, y los demás que cultivan el bello gusto, no producen en la sociedad bienes algunos, antes bien la imperfeccionan excitándola a frívolos placeres. Este es el mayor de los errores, pues basta considerar la misma constitución de la naturaleza humana, para desengañarse que sin estos atractivos aun la palabra útil, tan aplicada a otros objetos, disminuiría mucho en su valor respecto de los hombres. La vida siempre sería amable, pues la continuación de existencia por recargada que esté de males, siempre trae consigo un bien constante, y éste, prescindiendo del orden sobrenatural, no puede ser otro que la constante observación de la naturaleza. El hombre se complace en las impresiones variadas, y aun aquellas que le son contrarias suelen causarle, por un accidente imprevisto, infinitos placeres. Luego ¿qué diremos de aquellas artes que procuran presentar la naturaleza más bella, o por lo menos recoger las bellezas, que ella tiene diseminadas, y presentarlas todas como en un cuadro a la vista del espectador? ¿Serán inútiles las investigaciones que se hallan en tales artes solo porque con la poesía v. gr. No se fabrica una casa, ni se forma un vestido? ¿Se dirá que tales profesores son gravosos a la sociedad, porque en recompensa, como dicen muchos, de sus ficciones, se les dan bienes reales, y viven de productos ajenos? Estoy muy distante de propender al sistema de Epicuro, y jamás podré persuadirme que solo los placeres de los sentidos son los que deben dirigir al hombre en sus operaciones; en la sana moral, en la religión, todo clama contra una máxima tan perniciosa; pero es preciso profundizar algo más la materia, y veremos que la palabra placer, verdaderamente, es más extensa de lo que se cree, y no está reducida a la mera sensibilidad física. Tiene el espíritu sus placeres, por decirlo así, independientes, pues el placer es producido necesariamente por la posesión de todo bien, y el que ha adquirido algo en las ciencias, o en la moral, necesariamente se complace. El mismo amor de Dios es un placer el más recto, y podemos concluir que dando a estas palabras no el sentido que muchos han querido darlas, sino el que pide la recta razón, puede decirse que el placer y la pena son los móviles de la naturaleza humana. En este sentido me parece que puede admitirse la doctrina del célebre Bentham que establece el principio de utilidad como la fuente de todas las operaciones humanas, y la base de todo derecho. Concluyamos, pues, que es cierta la utilidad de algunas materias que vulgarmente se desprecian, o por lo menos se tienen en poco valor, y que es innegable la inutilidad de muchas que han ocupado a grandes hombres, y han merecido un lugar preferente en las ciencias naturales.

Para hacernos cargo de una cuestión en cuyo examen debe entrarse necesariamente, bastará poner, por ejemplo, la célebre valuación de las fuerzas de un cuerpo en movimiento, o lo que es lo mismo, la diversidad en graduar las fuerzas vivas, según que se siga la doctrina leibniziana, o la antigua que aun en el día puede decirse que prevalece. Si un cuerpo con dos grados de masa y dos de velocidad choca en otro, asegura el leibniziano que trae ocho grados de fuerza, pues el cuadrado de dos es cuatro, que multiplicado por dos de masa da ocho; mas el físico que siga la opinión contraria, y establezca como factor para la multiplicación la simple velocidad, y no su cuadrado, diría dos por dos son cuatro, resultando una diferencia notable cual es de cuatro a ocho. Luego ésta es una de aquellas cuestiones en cuyo examen debemos detenernos, pues se trata de una cosa tan interesante en la física, como es la valuación de las fuerzas del movimiento, y de unos resultados tan diferentes si seguimos una u otra doctrina.

Capítulo XII. Observaciones sobre el sistema de Gall acerca del cerebro

No hay duda que la analogía es uno de los caminos que nos conducen a encontrar la verdad; pero muchas veces causa errores tanto más inevitables, cuanto más comprobados se juzgan, por haber reunido mayor número de hechos que tienen alguna semejanza. Yo creo que la doctrina del célebre Gall puede suministrar muchos ejemplos de esta inexactitud, en que incurren los más grandes talentos cuando no ponen freno a su animosidad en emprenderlo todo, aun por los medios más difíciles. Se propuso este sabio que había de conocer las cualidades intelectuales y morales de los hombres, solo por la estructura o configuración exterior de sus cráneos, creyendo que ciertas prominencias y cavidades eran signos de hallarse tal o cual órgano en el cerebro, que producía una pasión determinada o una propiedad intelectual más o menos ventajosa.

En consecuencia, procuró Gall hacer una gran colección de cráneos, pagando a muy alto precio los de hombres célebres, ya por sus virtudes, ya por sus vicios, ya por su talento. Además, adquirió los bustos o retratos más exactos de los héroes antiguos, y de todos aquellos hombres que se hicieron notables en tiempos más remotos. Hecho este acopio de materiales, procedió a sus investigaciones, y lo primero que observó fue que la superficie exterior de los cráneos guardaba una estrecha relación con la interna, esto es, que a una prominencia externa correspondía una convexidad interna, y al contrario. Esta observación le sirvió de base para juzgar de la figura del cerebro por la del cráneo, pues decía que eran enteramente iguales.

Empezó después a confrontar los cráneos de aquellos hombres que se habían parecido mucho en su talento, en sus virtudes, o en otra cualidad del espíritu, y advirtió que todos tenían cierta prominencia o cierta concavidad en un determinado paraje, o que en general el cráneo tenía una determinada configuración. Estos datos parecieron a Gall tan suficientes y correctos, que no dudó valerse de ellos para formar todo su sistema, y creyó que solo con palpar la cabeza de un niño podría decir si se distinguiría por su amor filial, o por su talento la de un guerrero podría indicarle si sería intrépido y valeroso en la batalla; en una palabra, opinó que era el medio de conocer a los hombres con poco trabajo, y que seguramente había descubierto la piedra filosofal en orden a las cualidades del espíritu humano.

Estoy muy distante de creer que los ensayos de Gall nos conduzcan, no digo a los exactos conocimientos que algunos pretenden; pero ni a la más ligera idea de ciertas propiedades del espíritu, que sin duda no dependen de que el cerebro tenga una pequeña prominencia por tal o cual paraje. Si la doctrina no tuviera el aparato de tantos gastos y observaciones hechas por muchos años, seguramente hubiera pasado siempre por una quimera, la más absurda en Ideología; pero este aire de importancia suele dar a las cosas un mérito de que carecen, y al fin ya no se atiende a la naturaleza de las pruebas, sino a su número, y al trabajo que han costado. Examinemos por parte los fundamentos de semejantes doctrinas, y después los inconvenientes que de ella resultan, y las pruebas positivas e innegables que la destruyen.

Dice Gall que a las prominencias del cráneo corresponden convexidades interiores exactamente proporcionales. Y ¿por qué? Porque el examen de muchos cráneos así lo ha demostrado. Pero es preciso distinguir con mucho cuidado, cuándo los efectos son y deben ser idénticos, por la identidad de causas y circunstancias; y cuándo su igualdad es, por decirlo así, casual, por muy numerosos que sean los ejemplos de ella. Las prominencias del cráneo traen su origen, o del tipo, si podemos valernos de esta expresión, que sirvió para formar cada uno de ellos (sea cual fuere el sistema que se admita sobre esta materia), o del impulso que a causa de alguna presión haga el cerebro, levantándose por unas partes, y deprimiéndose por otras, o de la mayor debilidad de alguna parte del mismo cráneo que no pueda contener con tanta firmeza el cerebro, como las demás, o últimamente de la aglomeración casual de mayor cantidad de sustancia huesosa en una parte del cráneo, que por esta razón no será de igual grueso en todos parajes.

Estas causas, principalmente la última, que tal vez no es menos frecuente, ¿pueden conciliarse con la exacta correspondencia que se pretende exista entre las prominencias exteriores y las convexidades internas del cráneo? ¿No es casi imposible que siempre suceda que el cráneo conserve un mismo grueso? ¿No será posible que procediendo la prominencia de una aglomeración de materia huesosa, no solo no corresponda a una convexidad, sino que por el respaldo tenga un plano, y a veces otra convexidad interna, formando entre ambas un sólido elíptico, y a veces un globo? Si valiera el número de cráneos presentados por Gall para determinarnos a creer que siempre se guarda esta relación de figura, sería preciso renunciar a toda demostración de causas en los efectos naturales, pues hallándose aquí tan manifiesta la imposibilidad de que se uniformen, sin embargo, se pretende que contra todo orden guarden una uniformidad prodigiosa solo porque en muchos casos así sucede. ¡Qué fácil sería hallar otros muchos cráneos que presentaran efectos contrarios! Pero demos por hecho que no se encuentran, ¿no los habrá? Solo cuando se demuestra la imposibilidad de que una cosa suceda de un modo contrario al observado, o cuando se demuestra la posibilidad de que siempre suceda así, vale el argumento sacado de la observación. En el primer caso da una certeza, en el segundo una probabilidad; pero no concurriendo ninguna de estas circunstancias, es alucinarse sacar consecuencias generales de inducciones, que por muy exactas que se supongan, nunca suministran una prueba irrefragable.

Debemos agregar a lo expuesto que si las observaciones de Gall se refieren, como deben referirse, no al cráneo desnudo y separado del cuerpo, sino a él como parte del hombre, difícilmente podrá nadie cerciorarse de la verdadera configuración por más delicado que se suponga el tacto, y solo notará las grandes diferencias; pero no unas ligeras alteraciones en que coloca Gall el asiento de tales o cuales propiedades. ¿Quién duda que la misma piel y las membranas tienen, y aun son muy frecuentes, varias diferencias en su grueso por la consolidación de los humores, o por otras infinitas causas que suelen ocurrir? Supongamos que existen las cosas como las finge Gall, y que los cráneos de todos los hombres guardan las proporciones que él dice ha observado, correspondiendo siempre una concavidad interna a la convexidad externa; ¿podría asegurarse que siempre son proporcionales, esto es, que guardando el cráneo un mismo grueso están siempre en igual razón las concavidades internas y las prominencias externas? Además, estas convexidades se ocuparían por la parte exterior del cerebro que es tosca, y puede llamarse callosa, de modo que en ella, no sé si con fundamento, se establece ningún órgano de sensibilidad, y mucho menos de operaciones que influyan decididamente en los actos intelectuales. Yo tengo por un absurdo cuanto se dice acerca del cerebro como sensorio común, o como centro de las operaciones que ejerce nuestra alma, pues los vestigios, las proporciones, y otras cosas semejantes, son para mí unas bellas teorías que no tienen más apoyo que el tiempo, ni otras pruebas que el haber creído que de este modo se salía del paso, explicando algunos fenómenos de los más difíciles de comprender. En el primer tomo de mis Lecciones de Filosofía pueden verse las razones que tengo para separarme de este modo de pensar. Por esta sola razón es para mí absurdo todo el sistema de Gall, supuesto que atribuye al cerebro aun más prerrogativas que las admitidas comúnmente, pues ya quiere que cada parte determinada sirva para unos efectos y no para otros, y adivina, por decirlo así, el acierto de cada facultad. Pero yo he querido tratar esta materia según la opinión general que establece el cerebro como órgano de que se vale el alma para su inteligencia, y aun bajo estos principios me parece dicho sistema destituido de todo fundamento.

Aun concediendo todo cuanto quiere suponer Gall en orden a los cráneos y el cerebro, ¿cuántos hombres conocemos con muy distinta configuración de cabeza, y aun con muy distinta estructura en tal o cual paraje, v. g., sobre las cejas, donde establece Gall un órgano determinado, y sin embargo tienen iguales disposiciones? ¿Cuántos con estas mismas prominencias o cavidades, se distinguen enteramente en aquella especie de pasión o de talento que Gall quiere atribuirles? A pesar de estas frecuentes observaciones la craneología de Gall ha alucinado a muchos, y acaso hay personas que aun creen que vale algo para discernir las cualidades intelectuales.

¿Qué conexión puede tener una pequeña prominencia del cerebro con una facultad del alma? Es preciso olvidar las más exactas demostraciones de la ideología para creer que una sola parte del cerebro tiene la prerrogativa de poseer tal o cual facultad con exclusión de las otras. Todas nuestras ideas conservan una estrecha dependencia, formando una armonía la más admirable. Una facultad no es otra cosa que el poder combinar dichas ideas de uno u otro modo, y estas combinaciones no se pueden hacer sin el diestro manejo de los signos. Pero ¿qué son éstos? Sin duda, se reducen a una serie de sensaciones pertenecientes a diversos sentidos, pero con especialidad a la vista y el oído, y así es que casi siempre nos figuramos que vemos u oímos. Luego, para repetir estos signos con facilidad es preciso conmover fácilmente los nervios que pertenecen a la vista y al oído, haciendo lo mismo que harían los objetos. Pero ¿hay algún pequeño paraje del cerebro, donde con particularidad se encuentren los extremos de estos nervios, de suerte que otro no tenga la misma prerrogativa? Repito que estoy muy distante de creer que en el cerebro se dan vestigios de los objetos, ni que éste sea órgano de alguna facultad del alma; pero si lo fuera operaría todo en cada facultad y no una parte exclusivamente, pues las facultades se reducen a cierto modo de manejar las ideas, y éstas parece que están ligadas a los sentidos de tal suerte que ni se reproducen sino por unos movimientos en los órganos corpóreos, siendo, por otra parte, un absurdo creer que estos órganos, para cierto modo de operar, tengan solo dependencia de una parte del cerebro, a donde tal vez no va a pasar ninguna de las ramificaciones de sus nervios.

Si las cosas no se establecieran a veces por mero capricho, distribuyéndolas como queremos que sean, y no como la naturaleza las ha dispuesto, yo estoy seguro de que éste y otros sistemas semejantes jamás hubieran hallado cabida, no digo entre grandes hombres, pero ni entre los más débiles talentos.¿No es una hermosa fábula, y nada más, la distribución ingeniosa de las pequeñas porciones del cerebro, para que en cada una de ellas quede como confinada cierta facultad, de suerte que nuestro espíritu para ejercerla se halle precisado a usar de aquel paraje y no de otro? Yo no sé qué experiencia convincente pueda alegarse en favor de este delirio, y, sin embargo, he conocido personas que le han tenido por uno de los más asombrosos descubrimientos. No puede admitirse la opinión de muchos cartesianos que encarcelaban al alma en el cerebro, pretendiendo que allí solamente ejerciera sus operaciones, ¡y será admisible la de Gall, que quiere estrecharla más, reduciéndola a una pequeña porción del mismo órgano para cada clase de operaciones! Demos por hecho que el alma se sujeta a no valerse sino de una parte determinada del cerebro para ejercer cada una de sus facultades; sin embargo, resta una gran dificultad en explicar cómo puede hacerlo. Ni la reunión de los nervios, ni la existencia de todos los vestigios o imágenes que son indispensables, se pueden suponer en cada una de las partes del cerebro, aun cuando concediéramos que se daban en todo él; y por consiguiente, el alma se hallaría sin medios para semejantes operaciones. Decir que teniendo ya la noticia de los objetos por vestigios existentes en otros parajes del cerebro, venía después a excitarse en ellos, en el órgano destinado a esta o aquella facultad, me parece un absurdo, pues no hallo una causa para semejante efecto, y sí advierto muchas contradicciones. Mas natural es, sin duda, que si el alma se gobierna por vestigios de los objetos, se ejercite observándolos en el paraje en que se encuentran, y no haciendo, por decirlo así, una abstracción para conducirlos a un pequeño lugar, donde mal puede fijarlos, ni representarlos. No se percibe cuál es la razón de unas operaciones tan inútiles, y contrarias a todo lo que tiene demostrado la recta Ideología, pues si los signos, mientras más fijos y sensibles, tanto más facilitan el manejo de nuestras ideas, seguramente una mezcla de ellos en abstracto, y una limitación a ejercerlos en el paraje en que no existen por su naturaleza, es lo más opuesto a todo plan de ideas, y lo más impropio para desenvolver las facultades intelectuales.

Cada vez estoy más persuadido de que los fisiólogos e ideólogos han concedido al cerebro más prerrogativas que las naturales a este órgano, y el empeño de constituirlo centro de las sensaciones, depósito de vestigios, o imágenes para determinar al alma a la formación de las ideas, principio de reacción para explicar los fenómenos del sistema nervioso, y otras cosas semejantes, ha sido el origen de innumerables errores. No queremos ver las cosas sino bajo el aspecto de un sistema. Nos empeñamos en que todo dependa, si es posible, de un principio; el hallazgo de un centro de operaciones es para nosotros de la mayor importancia, y la naturaleza se burla de nuestros vanos esfuerzos, tanto más ridículos cuanto más nos constituimos creadores de los seres, y distribuidores de sus funciones. ¿Por qué no hemos de guiarnos solo por la observación y la experiencia en unas materias, en que cualquier otro método no puede menos que conducirnos a innumerables absurdos, a veces difíciles de percibir? Y ¿qué experiencia ha enseñado a los hombres, que su cerebro ejerce la multitud de funciones que se le atribuyen? ¿Qué experiencia pudo enseñar a Gall que existen los infinitos órganos que supone?

Capítulo XIII. Nomenclaturas
Establecer nombres particulares que expresen con propiedad y distinción las circunstancias y naturaleza de los objetos en una ciencia o arte, sin duda produce muchas utilidades, pues se fijan las ideas, y se evitan difusiones insufribles en el lenguaje; pero el abuso en esta materia es aun más perjudicial. Seguramente no es nuevo este pensamiento, pues no hay un hombre de juicio que no reconozca su exactitud; mas, sin embargo, vemos que en la práctica se sigue un rumbo contrario, y que los mismos que declaman contra las nomenclaturas inútiles, son sus inventores. La economía política que puede decirse que es la única ciencia que ha nacido en el siglo de las luces, pues antiguamente casi era ignorada, va formando cada día nuevas voces, o dando distinto sentido a las recibidas, y estableciendo de este modo un idioma particular, que entre poco tiempo será tan abundante como el de las demás ciencias, en que casi cuesta más trabajo aprender las voces que los pensamientos, pues éstos alcanzan con un rato de meditación, y para aquellas es preciso que todo lo haga la memoria.

Desde que los griegos se hicieron dueños de las ciencias, cultivándolas más que ningún otro pueblo, su idioma se tuvo como el natural de las mismas ciencias, y los siglos posteriores, por un respeto a la antigüedad, más que por un convencimiento, han conservado unas voces, que pocos entienden, y casi todos aplican mal, porque jamás pueden serles familiares. No hay duda, que después de haber repetido mil veces un matemático las voces griegas de que abunda su ciencia, llega a saber al pronto a qué objeto se aplican, y oído el signo, forma la idea; pero si no posee el idioma griego, como ya hay pocos que lo posean, jamás sacarán ventaja alguna de la exactitud del signo, y mucho más útil le sería pronunciar otro conocido en su idioma, que expresar el objeto si no con tanta prontitud, al menos con mayor claridad; pues entendiendo la etimología de un signo compuesto, o resolviéndole en otros más simples, se adelante mucho en el conocimiento de las cosas.

Es innegable que el idioma griego y el latino tienen una gran perfección en sus composiciones, y que en pocas sílabas expresan un pensamiento, que en otro idioma exigiría tres o cuatro palabras; pero esta ventaja, que para los griegos y romanos sería de mucha consideración, para nosotros es casi nula, porque jamás podremos excusarnos de traducir a nuestro idioma el signo griego o latino, si queremos entenderlo, y cuando no, repetiremos las voces mecánicamente.

Es preciso no perder de vista lo que vale en la Ideología la facilidad de los signos, y hacerse cargo que aun cuando su número sea mayor, producen grandes bienes, que se impedirían usando de otros signos más breves, pero menos fáciles respecto de un entendimiento no habituado a usarlos. ¡Cuántos no estudian las Matemáticas o la Química solo por no tomarse el fastidiosísimo trabajo de aprender tantas palabrotas, y de repetirlas después hasta que lleguen a serles familiares! Sin duda, las ciencias adquieren una dificultad doble con este lenguaje. No hay recurso: el idioma griego ha pasado, y por más que se empeñen los sabios, en su estudio, será para ellos, y no para el común de los hombres, y las ciencias no han de ser el patrimonio de unos pocos, ni han de exigir el sacrificio de ponerse a estudiar un idioma desconocido, y difícil hasta por los distintos caracteres de que usa. Un corto trabajo en las traducciones, y algunas palabras más en una obra, ahorraría a muchos de sus lectores una mortificación incalculable, y a todos, aun los más versados en el idioma griego, serviría de mucho, evitándoles grandes equivocaciones.

Se dice comúnmente que estas voces se conservan para tener los sabios un idioma común, y que no admitiéndolas, sería preciso causar un gran trastorno en todo el plan de las ciencias. No encuentro semejantes dificultades: si una obra está escrita en francés, v. gr., todo el que no entienda este idioma, aunque sea el más célebre profesor en la ciencia de que trate dicha obra, no la entenderá; y si sabe el idioma, también podrá entender la traducción que se haga de las palabras griegas. Es un absurdo traducir a medias, dejando innumerables palabras en un idioma que tal vez apenas se entiende. Trastorno en el plan científico solo puede haberlo en verdad, cuando se altera el orden de las ideas, y la relación de las materias, pero no cuando se aclaran las voces; antes bien, esto sirve para rectificar nuestros conocimientos. ¡Qué delirio es el del lenguaje común! Los sabios se empeñaron por mucho tiempo en hacer un misterio de su sabiduría, y en distinguirse de los demás hombres. Muchos aspiraron hasta el ridículo homenaje de los ignorantes, que admiran todo lo que no entienden; y para esto nada era más propio que un fárrago de voces griegas, tan oscuras para el que las oye como para el que las pronuncia, por más aire de inteligencia que quiera afectar. Ya hace tiempo que los hombres van desengañándose sobre este punto; pero aún resta mucho pedantismo que desterrar.

Convengamos sin embargo en que ciertas voces son tan exactas, que absolutamente se puede hacer una buena traducción de ellas, por lo menos en algunos idiomas, y por esta causa convendrá siempre conservarlas, agregando, si es posible, otras voces más conocidas que de algún modo expresan el significado de las técnicas que no podemos omitir; pero la abundancia de ellas teniendo equivalentes exactísimos en el idioma que se habla, es un absurdo. Si todo español entiende con claridad lo que son lados menores del rectángulo ¿por qué se han de llamar catetos? ¿Porque es más breve la expresión? También es más oscura, y fácilmente se borra de nuestra memoria. Pero se dirá que al fin se hace familiar y no hay matemático que no la entienda. Esto es después de mucho tiempo, y no poco trabajo para acordarse. ¿Y no sería mejor haber trabajado menos, y conservar mejor la idea? En esta materia debe observarse cuidadosamente el consejo de Horacio para la poesía, y todo lenguaje noble y delicado. Cuando hay un objeto nuevo, o no se encuentra voz que lo exprese bien en un idioma, invéntese una, o recíbase de un idioma extraño, pero cuando las cosas tienen sus nombres claros, legítimos, entendidos de todo el mundo

¿para qué es esa invención caprichosa, o ese préstamo que se exige a idiomas distintos, y lo que es más, a idiomas muertos y casi desconocidos? En las ciencias naturales principalmente se ha notado un gran abuso en las nomenclaturas, porque o bien se tomaban de los inventores, o bien de los mecenas, otras veces de los lugares, otras de la mitología, y casi nunca de la naturaleza de los objetos significados. Por esta causa la nomenclatura química y farmacéutica antigua era tan confusa y difícil de retener, y seguramente fue uno de los grandes beneficios que se deben a Lavoisier, Laplace, Fourcroy y Bertollet la reforma de esta nomenclatura. Mas huyendo de un escollo no supieron evitar otro que fue el llenar la química de tantas voces griegas nuevas en su composición, que confunden a todo el que no esté muy versado en ellas. No hay duda que todas se reducen a un sistema el más correcto, y que atendiendo a ciertas claves, que sirven de norma, cuales son las terminaciones en oro, en ico, en ites, en ates, etc., es fácil traducir cualquier expresión, y en esta parte es muy ventajosa la nueva nomenclatura; pero al mismo tiempo no puede negarse que este mismo sistema recarga demasiado la mente y mucho más en los principiantes. En mis Lecciones de Filosofía procuré hacer algunas simplificaciones, como puede verse en la introducción al tomo III, valiéndome de números que siempre son conocidos, y expresan mucho mejor la naturaleza de la operación, pues diciendo v. gr. tercer ácido de azufre se forma sin duda más idea que diciendo ácido sulfúrico, y así de los demás. Yo no repetiré aquellas observaciones o ensayos, que propuse para facilitar a mis discípulos el estudio de la Física, y que ahora no son de mi objeto, pues no me he propuesto indicar reformas especiales respecto de cada ciencia, sino hacer algunas reflexiones sobre los abusos que son comunes a todas en orden a nomenclaturas.

No pretendo dictar leyes sobre el lenguaje de las ciencias, ni espero que se destruya en un instante lo que es obra de muchos años, y tiene muchos partidarios, mas sí creo que el mismo tiempo que canonizó estas nomenclaturas irá destruyéndolas, y que las ciencias llegarán a simplificarse en las voces, como ya casi lo están en las cuestiones. ¿Quién sabe si algún día los químicos españoles hablan en castellano claro y sencillo, y aun trivial, para que los entiendan hasta los más ignorantes? Muchos pasos se han dado que hubieran parecido imposibles cincuenta años antes; es de esperar que continúen mejorándose las cosas cada vez más. Un médico moderno ya casi no entiende a los rancios antiguos, aunque sabe más medicina que ellos. Ya vemos que en vez de ostentar un lenguaje misterioso, y dejar a los pobres enfermos, y a sus familias a oscuras sobre la enfermedad, procuran los sensatos profesores de la ciencia más consoladora, esparcir este consuelo, ilustrando con una claridad, hija de la sabiduría, a todo el que quiere informarse de los males que afligen a un miserable, y consternan a todos los que le rodean. ¡Qué pocos médicos hay de este carácter pero qué apreciables! Las voces que no tienen otro objeto que facilitar nuestra inteligencia, han llegado a ser una carga irresistible. Es preciso, pues, substraernos del imperio de las costumbres, y de la preocupación, desechando las que no fueren absolutamente indispensables, y sea cual fuere el juicio que se forme del mérito de una reforma tan necesaria, es menester que los sabios se dediquen a realizarla.

Capítulo XIV. Imitación de la naturaleza en las artes
Cada pueblo puede decirse que ve la naturaleza a su modo, y no hay uno que no se precie de imitarla, aún cuando todos se diferencien en sus gustos respecto a las artes. Los distintos siglos aún se diferencian mucho más, pues parece que es otro el género humano y otra la naturaleza que le causaba los placeres. ¡Cuánto se distinguen los egipcios de los griegos, y éstos de los romanos en todas las artes de imitación! ¿Los tiempos actuales y los gustos de las naciones, en qué se parecen a aquéllos? En una misma nación reciben las artes distinto giro, según los pueblos que las cultivan.

No se crea por esto que el buen gusto carece de bases fijas, o que éstas no pueden encontrarse en la naturaleza. Ciertas obras que en todos tiempos han agradado, y que en el día se tienen como norma de perfección, deben todo este mérito a su conformidad con la naturaleza, y si en ellas se notan algunos defectos, sin duda consisten en haberse separado de los modelos naturales, o de aquella belleza que con mano diestra ha esparcido el Autor Supremo de los seres.

La dificultad en esta materia no consiste en conocer estas perfecciones tan notables que a todos agradan, sino en percibir los medios de una recta imitación. Algunos, persuadidos de que la dificultad es compañera del mérito de las obras, y advirtiendo por otra parte los complicados efectos de la naturaleza, han creído que para imitarla es preciso usar gran variedad de medios, y ostentar una complicación incapaz de entenderse y mucho menos de practicarse sin trabajo y largo tiempo. El gusto de la antigüedad declinó mucho a este vicio, y así se observa que casi todas las obras antiguas son dificultosas. Llegaron los hombres al extremo de superar a la naturaleza, y olvidándose de las perfecciones que habían observado en los seres, y que debían colectar para la formación de una obra perfecta inventaron otras a su arbitrio, y produjeron unos monstruos que solo pudieron agradar a sus autores, y a unos pueblos cuyo gusto se había estragado por la costumbre de apreciar solamente lo dificultoso. El mejor artista era entre los antiguos el que presentaba una obra más rara por su extravagancia, y más difícil en su ejecución.

Siguiendo un camino totalmente opuesto han querido otros simplificar las cosas en términos de privarlas hasta de aquellos adornos más naturales y que constituyen gran parte de su mérito. Entró el prurito por la sencillez fundándose en que la naturaleza es noble y majestuosa, pero al mismo tiempo demuestra una facilidad en las operaciones y una gran economía en los medios de producirlas. Se agregó a estas consideraciones, el deseo de reformar el mal gusto que se notaba en las obras antiguas, y de este empeño resultó un sistema totalmente contrario, y muchos sabios, guiados por rivalidades más que por convencimientos, se desviaron igualmente de la naturaleza cuando acusaban a otros de este defecto.

La Arquitectura antigua abundaba en adornos complicados, que confundían la vista y necesitaban largo tiempo para analizarse, y sin embargo los egipcios, griegos y romanos creyeron ver en estas obras unas imágenes de las que nos presenta la naturaleza a cada paso, obligándonos a detenernos en su examen si queremos percibirlas con exactitud. Aun en las invenciones de cosas, que sin duda son contrarias a lo que demuestra la naturaleza, no se propusieron los antiguos más que imitarla cuando no en las obras, por lo menos en el modo de producirlas, o mejor dicho de complicarlas. El mismo vicio se nota en la poesía, música y pintura, sin que pueda inferirse que la naturaleza no fue el modelo que se propusieron los hombres aun en los siglos de peor gusto. Seguramente todo consiste en el aspecto bajo el cual se quieren observar las cosas, pues siendo casi infinitas las relaciones que comprende el gran cuadro de los seres, jamás la imaginación deja de hallar medios para variar sus obras, sin que le falte en qué fundarlas atendidos los objetos que nos rodean.

Posteriormente se ha observado más en la práctica lo que en especulativa todos admitían, esto es, que el gran arte consiste en ocultar el mismo arte, y que las obras pierden mucha parte de su mérito luego que se perciben los medios de que se han valido sus autores para formarlas. No se ha hecho más que variar, y, si se quiere, aumentar la dificultad, pero de un modo mucho más agradable, pues sorprenden nuestro ánimo unas operaciones de los hombres hechas al parecer con tanta facilidad como la ejecuta la naturaleza, y cuando alguno quiere repetir lo que ha hecho un artista moderno, y que juzga estar a su alcance, encuentra obstáculos que solo pudieron superarse con una profunda inteligencia, y una destreza admirable. Una facilidad aparente es el mayor encanto de las obras modernas.

Sin embargo, la música parece que tiene diverso carácter por lo menos en algunos países. La antigua toda era sensible, cantable, de fácil ejecución; de pasajes más conocidos, llena de imitaciones o remedios entre los diversos instrumentos o voces; en una palabra, más acomodada al gusto de la generalidad. No procedía esto como algunos creen de que el arte aún estaba en su infancia, y la imaginación no se había enriquecido y adiestrado para las invenciones, sino de que el gusto se dirigía a diverso objeto, sin duda muy agradable, aunque de distinto orden, quiero decir, a la sencillez que causan los placeres sin fatigar el oído, y a la imitación de la naturaleza humana cuando manifiesta sus pasiones tranquilas y moderadas en las que todo es claro y perceptible. De ningún modo es mi ánimo afirmar que los antiguos no expresaron en sus composiciones musicales las pasiones fuertes y desarregladas, sino que esto mismo lo hacían conservando cierta sencillez que ponía al alcance de todos el objeto que se quería expresar. Un conjunto de hombres enfurecidos pueden lanzar un grito formidable que llene de un horror repentino al espectador, mas su alma no forma idea alguna de la causa de esta furia, y la conmoción que experimenta aunque fuerte es muy vaga, y poco radicada, de modo que pasa casi con la terminación del sonido. Mas supongamos que estos mismos hombres, reprimiendo su cólera, dan lugar a que sucesivamente cada uno se dé a entender, mientras los otros animan su exposición por medio de un ruido sordo que indica los esfuerzos que hacen para deprimirse, y que de tiempo en tiempo sueltan los diques a este torrente de pasiones, y todos se expresan con una energía extraordinaria, pero confusamente; y luego se contienen de nuevo para dejar percibir mejor las expresiones de sus sentimientos. Tal es el carácter de la música antigua cuando quiere expresar fuertes pasiones. Las obras de Hayden abundan de modelos semejantes; y las de Pleyel siempre claras y sensibles comprueban cuanto acabamos de decir sobre esta materia.

La música moderna, manejada por Biotti, Romberg, Kromer, Kreutzer, Beethoven y otros célebres profesores, es mucho más implicada, tiene más rareza en los pasajes, no quiere que el que oye los adivine mucho antes de ejecutarse, la sorpresa es su delirio, y la monotonía el escollo de que huye con todo esfuerzo. Encubre el arte, y desea que el músico, a imitación de las aves, parezca que se conduce por movimientos vagos y variados de la naturaleza, y no por un orden mecánico de reglas bien sabidas. Un compás poco marcado, y si es posible, no percibido, unas pausas distribuidas como al acaso, una armonía constante en medio de la independencia con que parece operan los instrumentos entre sí, son los principales medios de que se vale para conseguir su intento. Esta es la causa por que a los principiantes, y a las personas poco acostumbradas a oír este género de música, suele no agradar mucho, o a lo menos no tanto como la de Pleyel u otro autor antiguo, pues no percibiendo la composición, ni distinguiendo fácilmente la parte que ejecuta cada instrumento, es imposible que experimenten tanto placer. La música italiana conserva mayor sencillez, y seguramente una composición de Rossini es capaz de agradar a toda clase de personas, pues los inteligentes hallan en ella lo más selecto del arte, y los que nada entienden de música, perciben, sin embargo, los pasajes con mucha claridad.

De las reflexiones que acabamos de hacer, se infiere que todos han imitado la naturaleza, y a pesar de esto, se han diferenciado considerablemente en el carácter de la composición, y en el gusto musical. Todo consiste en las diversas relaciones que se han querido imitar en la naturaleza, que puede variarse infinitamente. Para establecer una regla de imitación, es preciso conciliar la sencillez con la variedad, el artificio majestuoso y raro, la sensibilidad y distinción de los pasajes. Es necesario, pues, no olvidar la imposibilidad en que están los hombres de imitar a la naturaleza en todas las reflexiones y variedad de los sonidos, y no ostentar una aptitud de que carecen, dejarse de imitar las aves, y tomar por objeto de imitación a los hombres cuando expresan sus pasiones, y aun esto puede hacerse hasta un cierto punto, pues todo empeño en la identidad es ridículo. Cuando se dice que un profesor imita con su instrumento el canto de un pájaro, u otro sonido de la naturaleza, solo sirve para darnos una idea de su destreza, y a veces solo de su trabajo infructuoso, pues la imitación, por más que se diga, jamás será perfecta, y aunque lo fuera, para oír pájaros no se necesitan instrumentos músicos.

En todas las artes de imitación han procurado las más veces los profesores dar a conocer su habilidad por los obstáculos que superan, y la dificultad de las obras que ejecutan, más bien que arreglarse a lo que dicta la razón, y que puede llamarse la filosofía de las artes. ¿Qué importa que haya costado mucho trabajo una obra, si ella no es por sí agradable? Contrayéndonos a la música de que hablábamos, ¿qué importa que el que toca ejecute un pasaje de suma dificultad, si es de tal naturaleza que no agradaría en el momento en que supiéramos que no era difícil? Solo servirá para acreditar al profesor, mas no para deleitar a los que le oyen si tienen un gusto rectificado. Bastante dificultad hay sin buscarla en la imitación de la naturaleza, contrayéndose solo a lo que habla al corazón, que es el remedio de las pasiones, y lo que sorprende la imaginación, que es el hallazgo de modos siempre nuevos y siempre interesantes; no es preciso, no, inventar dificultades caprichosas, que solo ejercitan las manos o la voz del músico, y el entendimiento del que observa la extravagancia de semejantes composiciones.

Este deseo de ostentar destreza en vencer dificultades se notó por mucho tiempo en la poesía, dejando a un lado la verdadera imitación de la naturaleza, que miraban muchos poetas como cosa de poco momento, y que no podía distinguirlos del resto de los cultivadores del arte. De aquí tuvieron origen las tramas complicadísimas, las acciones más violentas y extraordinarias, los sucesos más portentosos, y que apenas podía fingirlos la imaginación; en una palabra, todo el arsenal de milagros poéticos en que abundaron tanto los siglos pasados. Hasta en la dicción hubo la más ridícula pedantería, escogiendo las palabras más raras y colocándolas del modo más forzado y confuso. También aparecieron los versos obligados, o que terminaban en una letra particular; en otros las letras de un nombre que servían de iniciales a los versos que a veces también concluían en otra letra del mismo nombre. En composiciones latinas (que seguramente no eran del tiempo de los romanos) he visto formar muchos círculos concéntricos, tirar varios radios, colocando después ciertas letras en los puntos en que cortaban a los círculos menores, y en los extremos de dichos radios. En consecuencia, el autor se vio obligado a usar de todas aquellas letras que debían formar parte de su composición, la más difícil por cierto; pero la más ridícula del mundo.

Todo esto prueba que, o no se imitaba la naturaleza, que es lo más probable, o que solo se quería tomar por modelo en lo portentoso de las operaciones, y que teniendo por naturaleza todo cuanto puede el hombre, trataban por diversos medios de manifestar su poder en la invención, aunque fuera de cosas frívolas, y en la ejecución de retruécanos y laberintos misteriosos. El gusto moderno está mucho más rectificado, y seguramente se haría ridículo el que presentara obras semejantes. Pero ¿qué diremos de algunos que quieren ser tenidos por poetas de gran mérito, y se atreven a versar con pie forzado, sacrificando la naturalidad del pensamiento y la libertad de la imaginación? Dicen muchos que esto se hace por complacer a algunas personas. Yo digo que por lucir entre ellas, y seguramente tan buen gusto tiene el que propone el pie como el poeta que versa, obligándose a usarlo. La materia sobre qué ha de versar es lo único que puede darse a un poeta, y si desempeña al pronto probará mucha facilidad, pero no siempre, diré mejor rara vez, perfección en su arte, pues las obras repentinas, dígase lo que se quiera, no pueden tener la delicadeza que exige una buena poesía, y si agradan a la generalidad que no percibe los ligeros defectos, no pueden merecer sino con mucha indulgencia, por las circunstancias, la aprobación de los conocedores.

Tomó después otro aspecto la poesía, y en algunos autores fue muy sencilla, de modo que se les reprende de haber declinado al prosaísmo, y de carecer de toda la fuerza de imaginación que parece absolutamente necesaria para la buena poesía. Este defecto suele ponerse a nuestro Iriarte, cuyas composiciones tienen tanta sencillez y facilidad que parece a veces que leemos una prosa muy trivial. Yo confieso que mi pasión a dicho autor me hace gustar hasta de sus defectos, pero aun los más severos en la materia conocerán que la imitación de la naturaleza debe llevarse hasta donde es preciso al fin que cada uno se propone, y que siendo el de Iriarte la instrucción sencilla de toda clase de personas, la corrección de vicios que era preciso ponerlos como de bulto, ningún estilo podía convenirle mejor, y yo creo que prueba una gran delicadeza, en lo mismo que muchos Aristarcos gradúan de afectación. Sin embargo, no es mi intento contraerme a ningún autor, ya sea defendiéndole, ya impugnándole, sino hacer unas ligeras observaciones sobre los diversos modos con que puede imitarse la naturaleza en las artes, sin que muchos de ellos, a pesar de ser contrarios, sean reprensibles. Imita Meléndez, imita Iriarte, seguramente de un modo muy distinto, pero ninguno de estos grandes hombres dejará de ser tenido como un modelo, cada cual en su género de poesía.

Es por tanto muy necesario formar una justa idea de los límites que debe tener la limitación de la naturaleza en las artes, o mejor dicho de la variedad de la extensión del campo en que puede espaciarse el artista. He dicho de la variedad, pues creo que todo depende de la materia y del género de relaciones que cada uno se propone. Se sabe muy bien que la perfección de una estatua en mármol, o en bronce, consiste en dejar percibir la materia de que está formada, y que en este caso la imitación solo puede llevarse hasta manifestar, por decirlo así, el grupo de las facciones y miembros sin más color que el de la materia, y sin otras delicadezas que las que ella misma permite y proporcionan los instrumentos que es preciso emplear para trabajarla. Si se diera color a dicha estatua y se le pusieran cristales en los ojos para fingirlos más al natural, perdería todo su mérito, aunque la imitación se llevara mucho más adelante, pues sin duda se parecería más al original de la naturaleza. Este ejemplo de que he usado en mis Lecciones de Filosofía, para aclarar la doctrina sobre el buen gusto, manifiesta muy bien la influencia que es preciso tenga siempre en el mérito de las obras humanas la dificultad que se ha vencido para ejecutarlas, y que la imitación es necesario que haga algún sacrificio para conciliarse con este modo de sorprender los ánimos por medios difíciles. Si la misma estatua se forma de cera, o de madera, nos desagrada, porque sin color natural nos parecerá siempre una en bruto que está muy lejos de su perfección. Luego si nos deleita siendo de mármol, es solo por la idea de dificultad que excita.

Dijimos que la ostentación del poder en las artes, esto es, de la capacidad de superar dificultades, era un vicio que hizo perder todo el buen gusto en artes y ciencias por muchos años, y sin embargo esto no pugna con la insinuación que hacemos ahora del cuidado que debe tener el artista para descubrir modestamente la dificultad de su trabajo. Hay dos clases de dificultades: unas que nacen de la misma naturaleza de las cosas, y que vencidas pueden manifestarse como un trofeo del arte, y que sería un gran defecto encubrirlas; otras que provienen solo de la voluntad, o mejor dicho de la extravagancia del artista, y éstas son ridículas. Para convencernos de esto advirtamos que la necesidad es quien realza el mérito de las obras difíciles, y que faltando ésta, aun las personas de peor gusto miran como frívolas dichas obras. Ha sido necesario perpetuar la memoria de un héroe, presentando su imagen a los pueblos en parajes públicos, y por consiguiente sujeta a la acción de la atmósfera en todos sus estados, y a los varios accidentes que son inevitables en tales circunstancias; en consecuencia se han buscado las materias más sólidas, y a propósito, aunque presentaran mucha dificultad en la ejecución, y el artista que la ha superado con más felices resultados ha merecido mayores elogios. Pero si es posible, separemos la idea de necesidad, y en el momento la obra no se presentará sino como una tentativa inútil e imprudente, que habiendo costado mucho trabajo, se aproximaba muy poco al fin que se había propuesto o debió proponerse el artista. De aquí se infiere que la razón es siempre la moderadora del gusto, y que por más injuria que se quiera hacer a los pueblos, aun en los más bárbaros hallamos a la naturaleza dirigiendo y proporcionando los placeres mismos, cuyos objetos forma el hombre.

Podemos inferir de lo expuesto que la imitación de la naturaleza en las artes, no solo tiene por límites los que exigen la materia, los instrumentos y el objeto del artista, sino también la necesidad de practicar tales obras de un modo y no de otro, resultando que la dificultad necesaria, y manifestada sin ostentación, da mayor mérito. Que la sencillez debe observarse hasta no incurrir en un desaliño, y uniformidad monótona e insufrible, al paso que la complicación jamás debe exigir gran trabajo en el entendimiento que contempla, pues los placeres no pueden conciliarse con el sumo trabajo, ni con la total inacción.

Capítulo XV. Reflexiones sobre algunas causas del atraso de la juventud en la carrera de las ciencias

El vehemente deseo de progresar en la carrera de las ciencias suele producir en algunos jóvenes un efecto muy contrario del que debía esperarse, pues lejos de contribuir a su adelantamiento, causa su atraso, sin disminuir, y acaso aumentando, su trabajo. Vense acometer con avidez y energía en toda clase de empresa literaria, pero ya sea por la multitud y complicación de éstas, ya por la falta de medios intelectuales para ellas, el triste resultado es la pérdida del tiempo más precioso de la vida, y de unas tareas penosísimas. La precipitación y la inconstancia suelen acompañar al laudable deseo de saber, y por una fatal desgracia inutilizan muchos talentos privilegiados.

Háblase de matemáticas en presencia de un joven entusiasmado por las ciencias, y en el momento resuelve entregarse a este estudio; la idea de los sabios matemáticos que han florecido en todos tiempos, la justa recomendación y aprecio que se hace de esa clase de conocimientos, ocupa su espíritu, y ya no ve otra cosa que figuras geométricas. Háblase algunos días después de los encantos de la literatura; y nuestro joven encuentra ya muy áridas las doctrinas de Euclides, no pierde el deseo de saberlas, pero ya no es tanto su empeño; vase resfriando por grados, y al cabo da de mano su primer estudio, o por lo menos lo continúa con tan poco empeño y tantas interrupciones, que son cuasi nulos sus progresos. No es diferente la suerte del estudio de la literatura si ocurre alguna circunstancia que llame la atención hacia la Química, la Botánica, etc. y recorriendo de este modo casi todas las ciencias, y sin haber dejado de estudiar con empeño y fatiga, se queda como suele decirse un Petrus in cunctis et nihil in totum. Diferénciase mucho un joven de esta clase, de los pedantes cuyo verdadero objeto es hacer ostentación de una multitud y universalidad de conocimientos; su ánimo no ha sido tan débil, sus intenciones han sido más elevadas, pues solo tenía por objeto la verdadera adquisición de aquella clase de conocimientos que creía más útil, o por lo menos para los cuales creía tener más aptitud; pero el resultado es el mismo. La diferencia solo está en que los unos pretenden alucinar pasando por sabios, y los otros con más juicio lamentan la pérdida de todas sus tareas.

Otros jóvenes que incurren en el mismo defecto que acabamos de indicar, tienen sin embargo más prudencia, y jamás abandonan enteramente una clase de estudios por adquirir otros, pero los multiplican en términos que apenas pueden adelantar. Se les observa formando continuamente la distribución de sus horas de estudio, y acaso no pierden pocas en distribuir; estiran el tiempo, cercenan de acá y de allá, no cuentan con la debilidad de la constitución humana, ni con los accidentes diarios de la vida, forman su idea de aprender en tal tiempo tantas materias, y se disgustan infinito cuando se ven chasqueados. De este modo fatigan su espíritu, hacen desapacible e infructuosa la carrera literaria, y suelen degenerar en una especie de misántropos, que reconcentrados en sus planes no dejan tiempo alguno a la sociedad, y a la contemplación de ella, que no es el estudio menos importante. Entre las obras de Lógica que he podido consultar solo en la de Taquier he hallado una observación semejante, sobre el cuidado que deben tener los jóvenes de no substraerse en tales términos de la sociedad que se hagan inútiles a ella, observación que acaso es lo único bueno que se encuentra en dicha Lógica.

Necesita el espíritu algunos momentos de reposo, y muchos de meditación para hacer verdaderos progresos en las ciencias, para adquirir un caudal propio y no prestado, pues no es más que un préstamo la aparente adquisición que hacemos de las ideas ajenas por medio de la lectura, si no agregamos nuestras reflexiones, si no llegamos, como decía Condillac, a ponernos en aptitud de formar nuestra ciencia. Yo no pretendo aislar a los jóvenes en una clase de estudios; muy al contrario, siempre he enseñado, siguiendo a Quintiliano, que la variedad juiciosa no solo es conveniente, sino del todo necesaria, pues ni las ciencias por sí pueden estar aisladas, ni nuestro espíritu es capaz de este aislamiento sin caer en la indiferencia y aun en el fastidio, y sin adquirir un orden mecánico de ideas, que sea cual fuere su rectitud, es inútil en su aplicación. Sin embargo, no puede negarse que en muchos jóvenes la variedad de estudios no trae origen de la necesidad, o de la utilidad de interpelarlos, sino de la sed de saber, que a veces a expensas de la prudencia, suele obligarles a emprenderlo todo sin atender ni a su posibilidad, ni a su utilidad. Nada es tan recomendable como la constante aplicación de un joven que ocupa casi todas las horas en ilustrar su entendimiento, y formar su corazón, pero suele haber mucho exceso, no solo en la multitud de materias, e inutilidad, por lo menos atendidas las circunstancias del que las aprende, sino también en el tiempo que se pretende dedicar al estudio; se pretende, repito, pues en realidad sucede lo contrario. No es estudio la lectura, lo es la comparación y meditación, ¿y quién puede sostener una meditación continua? La lectura prepara, no hay duda, y da motivo a las reflexiones, mas ella por sí misma no es un estudio, o por lo menos, no es el que forma nuestro entendimiento. Yo desearía que se hiciese siempre una distinción entre los primeros pasos de nuestro espíritu, cuando aun no está familiarizado con las ciencias, y los esfuerzos posteriores, cuando solo pretende afirmar sus ideas, o adelantar las mismas ciencias. Los jóvenes que empiezan no deben querer imitar la conducta de los entendimientos ya formados, y acaso éste es uno de los motivos de mayor atraso.

Aunque todos los conocimientos humanos se adquieren por un mismo método que es por el análisis, éste se hace de distinto modo según los signos, y éstos son varios según el estado de nuestro entendimiento. Varias veces he hecho observar, siguiendo las doctrinas de Tracy, que las palabras tienen muy distinta significación ideológica, si podemos llamarla así, según el entendimiento del que las oye, y es claro que en la lectura de un sabio que con prontitud recuerda una infinidad de ideas sugeridas por cada signo, puede y aun debe seguirse un método muy distinto que en la de un principiante.

Oye un joven decir que tal sabio dedica tantas horas a la lectura, y se propone imitarlo, sin considerar que aquel entendimiento combina, y digiere, por decirlo así, con la misma prontitud con que lee, y sin averiguar por otra parte el verdadero método que sigue dicho sabio, si su lectura como parece no está interrumpida por una multitud de meditaciones sobre un punto, aunque sobre estos pase rápidamente por serle demasiado familiares. El sabio en las materias que ignora es un principiante, pero un principiante que habituado a las combinaciones intelectuales, y, por decirlo así, habituado a saber, lleva suma ventaja sobre un entendimiento poco acostumbrado a las investigaciones. Con todo la conducta del sabio que se detiene, y acaso más de lo que algunos creen en la meditación de un punto difícil, demuestra a los jóvenes principiantes, para quienes casi todos son difíciles, cuál debe ser su detenimiento. Lo primero que suele proponerse un joven es leer una obra en el mismo tiempo, o por lo menos casi tan pronto como ha oído decir que fue leída por tal literato, y en consecuencia destina cuanto tiempo puede a la lectura, y lee con toda la rapidez posible. Logra o no su intento, en cuanto al tiempo, mas seguramente no lo logra en cuanto al aprovechamiento. Concluido su trabajo queda muy satisfecho de haber imitado a un sabio, sin advertir que solo ha imitado a sus ojos, pero no a su entendimiento.

La moderación que en todas materias es recomendable, lo es mucho más en las científicas. No debemos violentar la naturaleza sino imitarla. Los frutos prematuros casi siempre son imperfectos, y por más que quieran disimular su imperfección, ésta resalta luego que se ponen en paralelo con los producidos por un estudio regular y llevado a la madurez por los pasos que la naturaleza indica, y la razón persuade. Si el sofístico y estrafalario discurso de Rousseau contra el estudio de las ciencias puede tener alguna aplicación, sin duda es a estos jóvenes apreciables, pero poco prudentes, que malgastando el tiempo, atormentando su espíritu, y a veces perdiendo la salud, solo consiguen un caudal, que siempre llamaré prestado, de ideas superficiales e inconexas que, lejos de servirles de ornamento y utilidad, injurian, y a veces inutilizan en ellos, el talento de que les ha dotado la naturaleza. No creo ceder a nadie en el deseo de inspirar a la juventud el amor a las ciencias, y la aplicación al estudio; pero este mismo deseo me conduce al de querer que se remueva un obstáculo de tanta consideración, y se evite un escollo, que por experiencia ajena y aun propia, sé los males que causa. Lo primero que debe consultarse es la naturaleza individual, y por ella debe arreglarse el estudio para que sea fructuoso. Es el estudio para el entendimiento como el alimento para el estómago, que no todos pueden tomar una misma cantidad, y si se pretende con imprudencia se sufre con desconsuelo. Las fuerzas físicas desfallecidas debilitan en cierto modo las intelectuales, y cuando menos se espera obligan a detener la carrera con grandes pérdidas.

Vemos por lo regular que los jóvenes atareados inmoderadamente por uno o más meses, se ven precisados a suspender el trabajo por otros tantos y aun más, a causa de una enfermedad o de un desfallecimiento que la haga probable. ¿Y cuál es el resultado? Perder casi todo lo aprendido, y aun cuando esto no suceda, por lo menos quedan imposibilitados por mucho más tiempo para tareas sostenidas. Si bien se considera, es mucho mayor la pérdida de tiempo que sufren los jóvenes que se aplican con imprudencia, que la de aquellos que menos aplicados en la apariencia son más juiciosos en realidad. Podemos comparar estos últimos a un caminante que jamás se detiene, pero que sin apresurar su paso ve tranquilo que otros le pasan con esfuerzos extraordinarios para avanzar en el camino, pero al fin cansados se detienen en términos, que no solo los alcanza sino que los deja atrás, llegando sin fatiga y anticipación al fin de la jornada, y hallándose en aptitud de emprender otra, al paso que sus competidores apenas pueden moverse. Acuérdome de la juiciosa respuesta de un hombre que llamaba la atención por sus grandes conocimientos, y preguntándole un amigo cómo los había adquirido, respondió: estudiando toda la mañana, paseando toda la tarde y durmiendo toda la noche. Pero agregó que jamás había dejado de estudiar toda la mañana sino por algún motivo de gran consideración, y que esta constancia en su trabajo había suplido su ocio y descanso. No podía verdaderamente tenerse por perdido el tiempo empleado en reponer las fuerzas corpóreas e intelectuales, y en rumiar, por decirlo así, los conocimientos adquiridos.

Es innegable que a veces la necesidad y otras la conveniencia exigen un estudio sostenido sin interrupción; pero estos casos debe procurarse que no sean muy frecuentes, y jamás comprometerlos sin una necesidad. Uno de los motivos que suelen comprometer a los jóvenes a trabajos imprudentes son los exámenes públicos, o la recepción de grados, y la experiencia me ha demostrado que muy rara vez es necesario este estudio inmoderado. Sucede por lo regular que un joven se descuida algunos meses antes del examen, y deja para los días inmediatos el trabajo que con tranquilidad y perfección podría tener hecho. ¿Qué resulta? Que las ideas amontonadas más bien que colocadas en el entendimiento, no se conservan más tiempo que el que dura el examen, y pasados algunos días solo se acuerdan los jóvenes, como de un sueño, de todo lo que trabajaron. Quedan por otra parte tan cansados y aburridos, que dan de mano a todo estudio, y se contentan con recordar el lucimiento con que quedaron en su examen, la felicidad con que respondieron, y algunas veces la fortuna que tuvieron en que no les tocasen ciertas y ciertas materias que apenas habían visto superficialmente, y mientras se recrean con estas ideas se borran las de la ciencia y todo está perdido.

Hay otra causa de esta imprudencia y es el vano placer de ostentar facilidad. Muchos jóvenes pretenden que les basta un corto tiempo para lo que a otros cuesta largo estudio, y dejan hasta la víspera de un examen el instruirse en las materias o por lo menos el profundizarlas. Esto proviene no solo de orgullo, sino de ignorancia, pues no han formado idea de lo que es saber una materia, por trivial que sea, y contentándose como suele decirse con quedar bien, para lo cual basta no responder mal, renuncian las ventajas de los verdaderos conocimientos, y aun (halagando su vanidad) la ostentación de una riqueza si bien no es necesaria para resolver una duda, demuestra un gran mérito en el que la posee. Todo el que conozca la Ideología, sabrá que en la resolución de las cuestiones, como en el conocimiento de todos los objetos, hay distintos grados de perfección según que el análisis se haya llevado más al cabo, y que siendo una respuesta una verdadera definición, no comprende más que lo principal de la materia. En consecuencia, una respuesta puede ser muy buena porque en realidad comprenda estas relaciones principales, que acaso no percibe el mismo que la da; pero sería mucho mejor si explanando la materia se hiciese ver que se conocían los pasos necesarios para tales resultados, que se percibía un gran número de las relaciones del objeto, en una palabra, que se tenía la ciencia. Si un talento privilegiado es capaz de hacer con poco trabajo lo que otros hacen con gran fatiga, no se contente con tan poco, avance más, que yo aseguro que por mucho que avance, aun le queda más que saber, y haga honor a las ciencias, en vez de entregarse a una mezquina ostentación de facilidad.

Contribuye mucho a este defecto el método vicioso de los exámenes. Suelen los examinadores incurrir en dos vicios muy opuestos: en la sutileza y en la aridez. Fatigan unos con argumentos capciosos, y con una terquedad ridícula sobre dudas de ningún mérito, y otros se figuran que a la manera de los que en las clases de gramática llaman decuriones, van a cerciorarse de si los jóvenes saben su lección de memoria, y no se queda definición, división, ni terminito que no les pregunten, y si hacen alguna reflexión es tan simple que más valdría que la omitiesen. Para la primera clase de examinadores basta que un joven tenga alguna sagacidad y viveza, pues sin otras armas se defiende y juega con ellos como quien sortea un toro; para los segundos basta una buena memoria, o cuando no lo sea, basta que el día antes se haya dado un repaso al catálogo de todas esas pequeñeces. Unos y otros contribuyen sin pensarlo al atraso de la juventud haciendo que los exámenes, lejos de producir el efecto que se desea, solo sirvan para extraviar el entendimiento de los jóvenes, y alucinar a la gran parte del público, que en estas materias no sabe distinguir de colores, y para quien un joven queda perfectamente cuando no se calla, y un examinador cuando ha preguntado mucho.

No es menor obstáculo para el progreso de la juventud en la carrera de las ciencias la falsa emulación. Llámola falsa para distinguirla de aquel virtuoso deseo de imitar los buenos ejemplos y acabados modelos, que en las ciencias más que en otras materias son necesarios. Que un joven se esfuerce por aprender lo que otro ha aprendido, juzgando de la posibilidad de conseguir un conocimiento por la experiencia de haberse conseguido por otro, a quien cree en iguales circunstancias, es sin duda una virtud, y el principio del adelantamiento. Pero que roído de la envidia, desee por todos medios oscurecer a los que mira como a sus enemigos, solo porque tienen más aplicación o más talento, es no solo un crimen, sino la causa de su ignorancia. Siempre he tenido por absurdo, y hasta cierto punto por inmoral, el sistema de fomentar entre los jóvenes una rivalidad, que por más que quiera cohonestarse con el nombre de emulación, no es sino una verdadera antipatía. No han contado los maestros sino con el vano placer de una aplicación, que sin rectificar y aun extraviando al entendimiento, corrompe el corazón, y forma un carácter tan despreciable como vicioso.

El efecto casi necesario de una emulación semejante, es el empeño de ocultar la ignorancia propia y la instrucción ajena. Ignoran y no preguntan, dudan y se dan por satisfechos para evitar que se les tenga por tardos en comprender, y que sus rivales se glorien de haber entendido con más facilidad. Nada omiten para engañar si pueden a todo el mundo, empezando por sus maestros, y se habitúan a juzgar de su mérito por el aprecio que consiguen, y no del valor de éste por el de aquél. El aprecio superior al mérito es una generosidad incauta, y no una justicia circunspecta; puede agradar a la vanidad, pero jamás a la virtud. Tales son las ideas que deben inspirarse a los jóvenes, tratando por todos medios de inspirarles la justicia, la sinceridad, la generosidad y la franqueza, que deben formar el carácter de un sabio, y cuyos fundamentos deben ponerse desde los primeros años, porque después es tarde, y rara vez se consigue.

Diez años estuve dedicado a la enseñanza pública, y a una continua observación de la juventud, y puedo asegurar que casi diariamente me demostró la experiencia los inconvenientes del errado sistema de inspirar a los jóvenes una emulación mal entendida. En nada puse tanto empeño como en desterrarla, y pocas cosas me costaban tanto, por tener que luchar contra la pasión de la vanidad, que acaso es la más indócil, mayormente si se halla fomentada por la imprudencia de algunos hombres, cuya conducta sería criminal si lo fuesen sus intenciones. Elogian a un joven, hacen que se crea con más mérito del que tiene, preséntanle en paralelo con todos los de su tiempo; en fin, llenándole de viento la cabeza y de mezquinas pasiones el corazón. El resultado es que no estudia, porque confiado en su gran talento, cree que no lo necesita mucho; o si estudia es con todos los obstáculos que resultan de una pasión desarreglada; cuida poco de sus progresos, y mucho de sus victorias, y a veces llega a extraviarse enteramente. Muchos jóvenes de esta clase me han dado más tormento que los más desidiosos. Los que tributan elogios a los jóvenes aplicados hacen justicia al mérito y un bien a las ciencias y a la sociedad; pero si se hace sin precaución se produce un gran mal. Debe elogiarse a un joven dejándole entrever lo mucho que aún ignora, lo que puede esperarse de él si continúa con empeño en sus estudios, en qué consiste el verdadero mérito, y cuán fácil es perderlo. No todos pueden tener igual confianza para inculcar estas ideas a los jóvenes; pero los maestros y personas allegadas deben tenerla sin límites, y persuadirse que faltan a su obligación omitiendo estos saludables consejos.

Aun queriendo atender más al aprecio que consiguen que al verdadero mérito, debían los jóvenes evitar una emulación desarreglada. Nada es tan frecuente como que degenere en orgullo, y nada es más repugnante que un joven orgulloso. ¡Cuántos jóvenes de gran talento y aplicación se atraen el desprecio de todos los sensatos por una pasión tan rastrera! Aun los mismos que tributan elogios a sus conocimientos colman de oprobio su conducta. Por el contrario, el joven que a las luces une la generosidad y la sensatez, que jamás usa de su mérito para hacer sufrir a otros, que prodiga sus conocimientos sin hacer ostentación de ellos, y no se avergüenza de mendigar los ajenos, que ve en cada condiscípulo un hermano, y se complace en sus progresos, no solo es apreciable por su moralidad, sino porque promete infinito a las ciencias. Empieza a formarse un carácter franco y sólido, que es la base de los progresos científicos, y de la buena conducta social.

Hay otros obstáculos que costará mucho desarraigar por tener en su favor a la costumbre y a la autoridad. Hablo de los reglamentos. Gradúanse los trabajos intelectuales como los mecánicos, y el efecto es conforme a tan equivocada conducta. Tantos años se ha de estudiar para ser médico, tantos para abogado; el estudio ha de ser en clase pública autorizada. Para tal ciencia se necesitan tales estudios preparatorios, y algunos reglamentos forman una lista que solo el leerla horroriza a los jóvenes. Oblígase a estudiar el latín y a veces el griego, y otras cosas semejantes que podrán ser de ornamento, pero no de necesidad.

Una multitud de jóvenes que carecen de medios, o de tiempo para frecuentar las clases públicas, pero que harían un estudio privado con buenos maestros, se ven sin esperanza de poderse dedicar a la carrera de las ciencias. Muchos al contar tantos años creen que no deben apurarse, y que en sabiendo al fin lo suficiente para contestar en un examen todo está compuesto. Otros no pudiendo dedicarse a la multitud de estudios, que muchos de ellos solo son preliminares porque se han establecido en el reglamento, se desaniman y abandonan. Es cierto que un joven que ha frecuentado una clase pública por mucho tiempo, ha tenido ocasión y medios de instruirse, pero también lo es que por lo regular se abusa de ellos. El examen imparcial es el que decide, y rara vez lo es cuando se considera que la desaprobación obliga a un joven no a estudiar lo que ignora, sino a perder otro tanto tiempo.

Cuando las ciencias forman carrera social debe la sociedad tener una garantía de los conocimientos del individuo, pero no de los medios por donde los ha adquirido. La sociedad proporciona los suyos, pero si alguno quiere valerse de otros, y consigue el mismo efecto, no debe la ley privarle la indulgencia que podría tenerse con estos estudios privados o públicos, pero hechos en menos tiempo; la experiencia prueba que mucho más condesciende con los que presentan una certificación de haber asistido una clase, aunque no hayan hecho más que ocupar un asiento en ella.

Parte III. Apuntes filosóficos sobre la dirección del espíritu humano[54]

I. Operaciones del alma

El alma sin sentidos no conocería la naturaleza. Sus primeros conocimientos tienen por objeto las sensaciones y se llaman ideas.

Estas son individuales, pues la naturaleza solo tiene individuos.

Los objetos causan diversas sensaciones; inferimos, pues, que tienen diversa aptitud para inmutar nuestros sentidos, y estas aptitudes se llaman propiedades.

---

54 Estos apuntes que forman un compendio de las doctrinas ideológicas contenidas en mis *Lecciones de Filosofía*, sirvieron de índice para los exámenes públicos en el último curso que enseñé en el Colegio de san Carlos de La Habana. Por este motivo se notará alguna sequedad o demasiada precisión, y que en varios lugares se hace referencia a lo enseñado. He puesto como notas los fundamentos de algunas proposiciones, pues los de otras que acaso podrían desearse se hallan en otros artículos de esta Miscelánea.

Por tanto las propiedades no son cosas distintas de los cuerpos, y éstos no tienen nada semejante a nuestras sensaciones. Ellos no son verdes, fríos, calientes, ni pesados.[55]

Manifestemos que los cuerpos no tienen nada semejante a nuestras sensaciones.

Estas o se consideran en el alma[56] y son unas meras ideas, o en el cuerpo y son unos movimientos de las fibras; pero ni las ideas, ni los movimientos de las fibras, tienen semejanza con la diversa aptitud de la superficie de un cuerpo en la cual consisten sus propiedades; luego queda probada la proposición.

Esta doctrina es contraria al lenguaje común, y manifiesta que en éste se ha confundido el efecto con la causa, y que en lugar de decir, cuerpo que tiene aptitud para causar la sensación que llamamos verde, se ha abreviado diciendo cuerpo verde.

Reflexionemos que la naturaleza para nosotros existe solo en nuestras sensaciones, y que éstas forman un conjunto de realidades bien percibidas, y existentes en nosotros mismos. De aquí proviene que tenemos por cierto aquello que sentimos, y a menos que no sea un pirrónico afectado, nadie negará que existe lo que siente. En consecuencia, hemos inferido justamente que un efecto real como es la sensación, tiene unas causas verdaderas, y creyendo que éstas son de la misma naturaleza que sus efectos, se le han ido atribuyendo a las cosas una porción de realidades unidas, que todas se oponen a las ideas exactas de la Física moderna sobre las propiedades de los cuerpos. Infiero, pues, que la doctrina expuesta no solo es conforme a la buena Física, sino que es uno de los principales fundamentos de ella, y que por no haber fijado bien estas ideas, se han establecido tantas cuestiones entre los escolásticos, sobre la naturaleza y producción de las formas, ya

---

55 Todo lenguaje es un cuadro que representa nuestras ideas, y éstas se conforman a nuestras sensaciones. De aquí se infiere que los nombres se han puesto a lo que sentimos, y después se han aplicado a las causas de este sentimiento. Luego la palabra verde u otra semejante expresa nuestra sensación; pero en los cuerpos no existe nada semejante a estas sensaciones. Luego ellos no son propiamente verdes, fríos, calientes ni pesados.

[Los textos que aparecen en este trabajo con un asterisco son añadidos de Varela en posteriores ediciones. (Nota de los compiladores.)]

56 Hablo ahora acomodándome a la opinión general y no a la mía, pues juzgo que la sensación no está en el alma. Véase el *Tratado del Hombre*, lección usted

sustanciales, ya accidentales. Los filósofos han dicho que hay un sujeto que sustenta o sostiene las propiedades y por tanto le llamaron sustancia. Ellos dicen lo que piensan, y no lo que han observado.[57]

A los modernos, que a pesar de la rectificación de sus ideas, conservan en esta parte los errores del escolasticismo, podemos hacerles esta reflexión. Las propiedades no son cosas distintas de los cuerpos. En esto convenimos. Luego son los mismos cuerpos, pero ninguno está debajo de sí mismo; luego dicho sujeto que no debe ser distinto del cuerpo, no puede estar debajo de las propiedades. ¿Quién podrá figurarse que unas meras aptitudes sirvan de velo a un sujeto que nadie conoce? Dicen los filósofos modernos que se conocen las propiedades y no el sujeto; pero al mismo tiempo afirman que la figura v. gr., no es una entidad o cosa distinta del cuerpo que la tiene; luego conocido uno, se conoce otro, y este lenguaje está en contradicción consigo mismo, siendo un imposible que si un hombre se llama Juan Antonio, por ejemplo, conociendo a Juan, no se conozca a Antonio. La propiedad es un modo del fingido sujeto incógnito; pero analicemos qué quiere decir esta palabra modo. Ella no da a entender otra cosa que cierta colocación o cierta aptitud de algún sujeto, como el modo de tocar un instrumento consiste en la situación y movimiento de los dedos. Mas pregunto ahora, ¿puede conocerse este modo sin el sujeto? ¿Podrá uno conocer el modo de mover los dedos sin conocer los dedos? ¿Pues cómo dicen que se conocen las propiedades de este sujeto incógnito, que son sus modos, sin conocer el mismo sujeto? Yo creo que éste es un títere escondido con que se ha jugado al capricho.

Por el empeño de buscar en las cosas lo que no hay, se ha perdido en las ciencias mucho tiempo y trabajo. Son interminables las cuestiones que han suscitado los filósofos sobre las esencias, sobre la naturaleza, sobre la subsistencia,

---

57   Hemos manifestado que las propiedades no son cosas distintas y separables de los cuerpos a quienes se atribuyen; luego todo el fundamento de la doctrina antigua queda destruido, pues no es otro que la necesidad de una base o apoyo para sostener unas propiedades que se suponían como cosas distintas, y agregadas a los cuerpos; luego destruido el fundamento es nula la doctrina. Es inútil fingir un sujeto que sustente no habiendo cosas que sustentar, y mucho más cuando por ningún experimento se ha probado la existencia de este sujeto que le llaman incógnito, y a la verdad lo es en tales términos, que ni sé cómo han podido fingirlo. Luego los filósofos hablan de lo que no conocen, ni saben si existe. Ellos dicen lo que piensan por una tradición inveterada, y por una gran falta de análisis.

la materia prima, y otras cosas semejantes; pero si investigamos el origen de este hilo de Ariadnes, conoceremos fácilmente que todo consiste en haberse fingido, y haber dado por existente un ser distinto de lo que vemos y tocamos, y que debía formar la base de los principios de nuestras sensaciones. Es preciso que traduciendo los términos, se aclaren las ideas, y que los delirios de la imaginación pierdan una realidad que les ha dado la costumbre en un lenguaje inexacto, y la ligereza de los filósofos.

Preguntemos qué quiere decir que una cosa se da a conocer. Esto equivale a manifestársenos por algunos de los sentidos; pero el tal sujeto que impropiamente llaman incógnito ¿no está operando en todos nuestros sentidos? ¿Qué otra cosa es la extensión, la figura, el color, sino unas acciones de dicho sujeto? Luego se conoce tan claramente, como se podrá conocer otra cualquiera cosa la más evidente.

La primera propiedad de los cuerpos que conocemos en su resistencia, luego su movilidad, después su extensión, de aquí su figura, y sucesivamente las demás.

Sería conveniente distinguir la figura de los cuerpos de su forma exterior. La vista puede enseñar la figura, pero no las formas; éstas y las distancias se conocen solo por el tacto.[58]

Los individuos se hacen sensibles por un gran número de propiedades, y así las ideas que tenemos de ellos son muy compuestas. Por tanto si atendemos a

---

58   Las impresiones de la vista son muy variables, pues la más ligera circunstancia altera considerablemente la imagen de un objeto, que está sujeta a las infinitas modificaciones de la luz. Por otra parte, el sentido de la vista tiene una estructura tan delicada, y depende de tantas relaciones en la distancia del cristalino respecto de la retina, y en el estado de los humores, que es casi imposible conservar un orden constante en las representaciones. No hay dos hombres que vean de un mismo modo, y los cuerpos resultan aumentados o disminuidos, de una figura o de otra, según el ojo que los mira. El sentido del tacto está sujeto a alteraciones, pero son más ligeras y pueden despreciarse. Los hombres están seguros de lo que tocan, y este sentido tiene mucha más constancia. Por él se nos manifiesta la verdadera situación que tienen las partes exteriores de un cuerpo en la naturaleza, y por tanto sería conveniente distinguir las voces que expresan estos distintos modos de conocer los objetos, y como la palabra figura se deriva de la voz latina fingere, parece más a propósito para expresar las ficciones variables de la vista, así como la palabra forma se acomoda más a la verdadera disposición de las partes de un cuerpo. Es regla invariable de Ideología, que conviene distinguir los signos, así como se distinguen las ideas, y ésta es la razón porque el conde de Tracy ha juzgado útil llamar figura al modo inconstante con que se presentan los objetos a nuestra vista; y forma a la verdadera situación de las partes exteriores de un cuerpo en la naturaleza.

nuestro estado actual, las ideas no son conocimientos simples, según quieren los escolásticos.

Acerca de las ideas ejercemos la atención, cuando el alma se detiene en considerar un solo objeto por una propiedad; la abstracción cuando considera la propiedad como si fuera cosa distinta del objeto; y el juicio cuando se percibe o expresa un objeto por una sola propiedad que se nos hace sensible.

De aquí se infiere que formamos tantos juicios acerca de un objeto, cuantos son los modos con que inmuta nuestros sentidos, y que en toda atención hay un juicio, no distinguiéndose sino en el mayor tiempo que permanece el alma juzgando.

Se infiere igualmente que el juicio no es la reunión de dos ideas, como dicen las escuelas, o una doble sensación, según quiere Condillac; sino por el contrario, que lo que entre los escolásticos se entiende por un juicio, debía llamarse la idea más simple, o el término de la sencillez a que pueden llegar nuestras operaciones intelectuales, porque no es más que la percepción de un solo modo de los infinitos con que cada objeto inmuta nuestros sentidos[59]

También debe advertirse, que si la idea representa el objeto, como es en sí, debe representar sus propiedades. Sería un absurdo afirmar que cuando uno ve, o se imagina un hombre blanco, ha unido la idea de blancura a la idea primera que tuvo de este hombre, cuando todo fue a un tiempo, y tal vez le afectó más el color. Reflexionemos que el entendimiento nunca forma idea del hombre en general, sino individual, esto es, contraída a cierto tamaño, color, figura, etc.

Para comprender mejor esta materia, recordemos que toda proposición se reduce a un juicio, y así la proposición el hombre es racional, se reduce a este juicio: hombre racional, donde seguramente no se han unido dos ideas; pues cuando digo hombre, ya he formado la idea de racional, y no se podrá decir que ésta viene a agregar algo a la primera, sino que es una parte de ella, que

---

59 La opinión escolástica, por más que quiera explicarse, siempre supondrá que primero tiene el alma las ideas, y luego por un acto secundario las reúne o separa; pero esto es falso, pues cuando percibimos un objeto por una propiedad, ya todo está unido en la naturaleza, y esta unión no se debe a nuestro entendimiento. Si el juicio es negativo, no consiste más que en dejar de percibir un objeto, por tal o cual propiedad; pero de ningún modo se supone que hemos separado del objeto dicha propiedad, siendo así que no se separa de una cosa, lo que no existe en ella.

expresamos separada para hacerla más perceptible. Lo mismo que percibo la racionalidad en un individuo de la especie humana, percibo su color, pues siempre juzgamos, no del color en general, sino de aquel que estamos viendo.

Si examinamos detenidamente la opinión escolástica, advertiremos que se habla de abstracciones como si fueran realidades, y que se confunden los actos complicados de un entendimiento que discurre y clasifica, con los sencillos del origen de nuestras ideas. Se dice: hombre blanco es un juicio compuesto de la idea de blancura, y la de hombre; mas preguntemos, ¿qué expresa esta voz blancura? Una abstracción de nuestro entendimiento después de haber observado un modo de operar en los cuerpos o una propiedad. La voz hombre no significa un individuo de la especie, sino que es una palabra general que expresa un individuo vago e indeterminado, y que así no puede ser el fruto sino de una abstracción. Luego cuando se dice que hombre blanco es un juicio que reúne la idea de blancura y la de hombre, es lo mismo que si dijéramos que reunía dos abstracciones, o que era una cosa abstracta. ¿Pero quién no ve que este lenguaje es absurdo? En buena ideología nunca se dirá que primero se tienen las abstracciones que las realidades, y que éstas se forman de aquellas.

Contra esta doctrina se ha presentado el caso siguiente. Se dice a uno: ha llegado un hombre, y después se le dice: ha llegado un hombre sabio; sin duda ahora reúne otra idea a la primera que tenía. Sin duda, diría yo, corrige ahora su idea; pues él sin saber qué hombre era se lo había figurado en abstracto, ignorante o sabio. Si lo primero, tiene que destruir una parte de su idea, y no se puede decir que a ella (según la había formado) une otra nueva. Si lo segundo, no hace más que ratificar su idea, y nada agrega.

En esta materia no debe olvidarse, que la idea es una imagen del objeto, y así donde no hay dos objetos, no hay dos ideas. ¿Quién dirá que el árbol es un objeto, y su color es otro, después de lo que tiene demostrado la Física? Y aunque no se tenga idea de esta ciencia, ¿qué rústico cree que su entendimiento hizo al ver el árbol tres operaciones, una para conocer dicho árbol (sin conocer su color, a pesar de estarlo viendo), otra para conocer su color, y la tercera para reunir estos dos conocimientos? El empeño en dar realidad a las abstracciones, y en aumentar prodigiosamente los actos de nuestro espíritu, cuando solo aumentamos las voces de un sistema aéreo, es la causa de muchos atrasos en la Ideología.

Parece, pues, más conforme decir que el juicio consiste en suprimir o desatender las diversas propiedades del objeto, y expresarlo por una sola, y así cuando decimos hombre grande, solo pretendemos que se atienda al tamaño, con exclusión de las demás propiedades.

Cuando Condillac dice que el juicio es una doble sensación, no ha reflexionado que cuando juzgamos atendemos a una sola, y que si Dios hubiera formado un cuerpo con solo la propiedad de la blancura, diríamos cuerpo blanco, y la sensación sería una sola. Es cierto que el lenguaje expresa dos signos, porque indica la idea total, de la cual hemos observado una parte; pero es un error inferir de aquí que son dos ideas unidas o separadas. Hablando con exactitud diríamos más bien a una sola sensación, excluyendo las infinitas que nos causa el objeto, cuyo nombre recuerda para que se sepa de qué conjunto de propiedades elige la que presenta. ¿Qué es para mí un árbol, sino la causa de un conjunto de sensaciones? ¿Y qué es su color, sino una de ellas? Todo esto debe entenderse en el estado actual de nuestros conocimientos, en que por un análisis practicado desde la infancia, nuestras ideas son ya unas imágenes cabales de los objetos; pero si por idea quiere entenderse toda sensación, aunque sea de una propiedad, diremos entonces que el juicio es la idea más simple que tenemos. Adviértase cuidadosamente que no es lo mismo suponer varias sensaciones, que componerse de ellas. El juicio no solo supone dos sensaciones, sino tantas cuantas son las propiedades que se nos hacen sensibles en el objeto, mas no por esto debe decirse que consiste en la reunión de dos de ellas, pues en tal caso sería la reunión de una a otras innumerables.

Por medio de sucesivas atenciones se forma el análisis que consiste en descomponer y recomponer intelectualmente los objetos. Esta operación es la única que nos descubre las verdades, y nos da ideas exactas de los seres complicados.

La naturaleza es nuestro primer maestro en el arte de analizar, y ella es la única que nos dirige.

Por medio del análisis formamos las clasificaciones poniendo nombres generales a ciertos conjuntos de individuos; estos nombres no tienen objetos existentes en la naturaleza, pues un conjunto no es un individuo.

Una idea a proporción que va generalizándose va expresando menor número de propiedades, aunque convenga a mayor número de individuos. Las ideas son tanto más inexactas respecto de los seres, cuanto más generales. De aquí se infiere que la exactitud de las ideas generales, debe comprobarse por las ideas individuales, y no al contrario. Esto demuestra que es absurda la práctica de las escuelas.

También ejercemos las operaciones de imaginar y acordarnos, consistiendo la primera en la representación de un objeto, que actualmente no inmuta nuestros sentidos; y la segunda en el conocimiento que tenemos de haber percibido antes una cosa. Estas operaciones son muy distintas, y nosotros hemos observado repetidas veces sus diferencias. Toda reproducción de una idea no es memoria.

El raciocinio consiste en deducir una idea de otra, y para esto lejos de ser necesario que la deducida sea menos universal que su antecedente, podemos asegurar que en infinitos casos sucede lo contrario, y que siempre la comprensión de una idea es la que decide, y no su extensión.

Debe decirse igualmente que el raciocinio se hace por deducción y por inferencia. Para la deducción es preciso que una cosa se incluya en otra; para la inferencia basta que dependa, o tenga conexión con ella.

El alma repite todas sus operaciones para ver si son exactas, y entonces reflexiona; otras veces acompaña esta reflexión exacta con nuevas combinaciones inventando medios, y procurando no solo examinar lo hecho, sino percibir nuevas cosas; entonces medita. Todas las operaciones que ejerce nuestro espíritu para conocer los objetos se atribuyen a una sola facultad, que recibe el nombre genérico de entendimiento.

II. Corrección de dichas operaciones

Nuestras ideas se corrigen, corrigiendo los sentidos. Esto se ha explicado muchas veces, y parece inútil repetirlo.

No deben atenderse muchos objetos a un tiempo, ni muchas propiedades. La atención se promueve y se fija por sensaciones, interés y novedad.

Como quiera que el juicio consiste solo en simplificar la idea que tenemos de un objeto, o mejor dicho, en una idea simple, se infiere que no puede tener otras reglas para su corrección, sino una práctica racional y metódica, pues la atención bien ejercitada es la que enseña a aislar los objetos.

En todo análisis se procede de lo conocido a lo desconocido, de lo fácil a lo difícil. Las propiedades deben estar enlazadas, pues no basta observarlas si ellas no forman una gran cadena.

Hemos hecho un ensayo de estas doctrinas investigando la porosidad de dos cuerpos bajo volúmenes iguales, sin tener conocimiento de las experiencias físicas que se han practicado sobre esta materia. En el mismo ensayo indicamos los errores a que puede conducirnos un análisis mal encadenado. Se hizo ver asimismo que la verdad más comprobada cuando no se adquiere por pasos analíticos, cuando faltan algunos de los eslabones a la gran cadena, no puede tener firmeza su conocimiento en nuestro espíritu, que siempre tendrá cierta desconfianza, y creerá que ha acertado por casualidad.

Todo análisis debe acomodarse al objeto que nos proponemos, y es ridículo querer analizar todas las propiedades de cualquiera cosa que se ofrezca.

Las clasificaciones deben ser moderadas, pues su multitud, lejos de aclarar, confunde nuestras ideas. En esto debemos arreglarnos a la especie de conocimiento que queremos adquirir.

Los vicios de la imaginación se corrigen por los sentidos; sus ficciones deben tener por norma a la naturaleza.

Una continua imaginación llega a distraernos debilitando la atención; y produce además graves daños sobre nuestros actos intelectuales.

La imaginación fija nuestras ideas por sensaciones, y las aumenta presentando nuevos objetos.

La memoria de cosas es muy útil; la de palabras muy despreciable. Cuando para darnos a entender que un individuo sabe muy bien las doctrinas de un autor, nos dicen que saben su obra de memoria, debemos creer que es probable que no la entienda, y es cierto que trabajó inútilmente.

Las abstracciones deben ser moderadas, y en ellas debe tenerse a la vista la naturaleza para no abstraer cosas que no existen. Asimismo es preciso tener mucho cuidado para que en nuestras operaciones intelectuales, desviándonos insensiblemente de los primeros pasos, no le demos al objeto la existencia que presenta en su abstracción. Esto lo hemos hecho ver manifestando los errores de algunos grandes filósofos, y aplicando aquella gran sentencia de Bacon de Verulamio: al entendimiento no conviene darle plumas para que vuele, sino plomo que le sirva de lastre...

El discurso depende solamente de un buen análisis. Todas las reglas escolásticas no sirven de nada. Por ellas no se puede resolver ninguna dificultad. Sin ellas se resuelven fácilmente todos los sofismas, ora se presenten con la sencillez ideológica, ora con todos los adornos de la oratoria. No es difícil indicar todos los extravíos del entendimiento en una conversación familiar, si el que oye observa las reglas analíticas.

III. Talento, ingenio, juicio y buen gusto

Hemos observado en qué consiste el talento, y cuáles son los medios de conocerlo. Se ha demostrado que un hombre de muchos conocimientos puede no tener talento, y al contrario, un rústico puede poseerlo. El talento es don de la naturaleza; pero puede rectificarse, y aun adquirirse por el estudio.

El ingenio es la facilidad de inventar, y se distingue del talento en que éste no tiene por objeto precisamente las ficciones, antes bien versa con más frecuencia acerca de objetos reales.

En las cosas inventadas debe haber sencillez, relación de partes, y conformidad en la naturaleza de ellas. Esto debe observarse en la poesía, pintura y demás artes de imitación e invención.

Cuando se imita la naturaleza, no siempre se atiende a la belleza real de los objetos, sino a la ideal, y ésta se forma por la observación de muchas perfecciones individuales. Debe por tanto distinguirse la naturaleza física de la imitable, y la imitación de la copia.

La imitación influye más en el progreso de las bellas artes que la copia, aunque ésta en algunos ramos es indispensable.

La imitación tiene sus límites, y éstos se demarcan por la naturaleza del objeto, de la materia y del instrumento.

Lo que se llama genio para las ciencias o las artes, es cosa muy distinta del ingenio, y cuando se reúnen producen efectos admirables. Si se dejan en plena libertad suelen producir monstruos, y si se restringen mucho por reglas, pierden su energía y son estériles. Hay una línea de demarcación en estas materias, y ésta consiste en asignar lo que pertenece a la naturaleza de las cosas, y a los usos constantes de los pueblos; que es lo que puede prescribir las reglas, y lo que es fruto de una imaginación acalorada.

El juicio en este lugar lo tomamos por aquel acierto que algunos individuos tienen en elegir lo que conviene a las cosas, lugares y circunstancias. Este juicio es fruto de la continua meditación, y de la práctica de analizar bien. No tiene otras reglas.

El buen gusto literario tiene sus fundamentos en la naturaleza, y se nos da a conocer por lo que agrada generalmente a todos los hombres en todos tiempos, cuando se hallan desprendidos de toda preocupación; pero debe atenderse a las naciones ilustradas, prefiriendo siempre el dictamen de los sabios. En este gusto influye notablemente la sensibilidad física. Se adquiere y rectifica por el estudio, la práctica y la imitación de los buenos modelos, consiguiendo de este modo la delicadeza y corrección que son sus principales propiedades.

IV. Manifestación de nuestros conocimientos

Las acciones y palabras analizan nuestras ideas: el lenguaje de acción tiene ventajas sobre el de palabras, pero muchas perfecciones de éste no se hallan en aquél. Concluimos dando la preferencia al lenguaje de palabras.

En los signos hay una imperfección inevitable, y se dicen más correctos los que son menos imperfectos. Ningún idioma puede llenar las vastas miras de la Ideología.

Un mismo signo presenta diversas ideas según los individuos que lo perciben.

Todo signo que expresa un objeto compuesto es el resultado de un cálculo; y el análisis de dichos signos es el verdadero método de discurrir.

En el estado actual de los hombres, no puede darse análisis cuando no se dan signos, y la rectitud de éstos influye considerablemente en todas nuestras operaciones intelectuales.

Se ha hecho ver según las observaciones del conde de Tracy, en qué consiste que algunos entendimientos muy ejercitados en el Álgebra, y muy exactos en todas las operaciones matemáticas, no tienen igual exactitud en otras materias, antes por el contrario son muy torpes.

Asimismo se ha manifestado siguiendo a dicho autor que la Química y la Fisiología son las ciencias más adecuadas para desenvolver el espíritu humano. Con este intento hemos dado una ligera idea del objeto y operaciones de cada una de dichas ciencias, demostrando igualmente que no es preciso ser matemático, físico, ni fisiólogo para resolver esta cuestión, bastando un corto número de ideas tan sencillas, que en un cuarto de hora puede cualquiera percibirlas.

Las propiedades de un buen lenguaje son la sencillez, brevedad, claridad y precisión.

Dotados los signos de estas circunstancias, promueven el análisis luego que llegan a sernos familiares, y mientras más fácil es el uso de dichos signos, tanto más correctas son las operaciones del alma.

De aquí hemos inferido que las ciencias se aprenden más fácilmente en el idioma nativo que en otro alguno, y que es un plan anti-ideológico enseñar a los españoles en otro idioma, y mucho más si es un idioma muerto como el latín. Mientras España quiera ser Roma no será nada.

Por la naturaleza del lenguaje hemos probado que todo el que piensa bien, habla bien, y en qué consiste que muchos dicen que entienden una cosa y no pueden explicarla, siendo esto un imposible, pues todo el que tiene ideas y voces, puede hablar con claridad.

Se ha observado la relación de las palabras con los objetos de la naturaleza, manifestando que la interjección fue la primera de todas las partes del lenguaje, no siendo las otras sino una transformación o sustitución de ella.

Los gramáticos diciendo que hay nombres sustantivos y adjetivos han causado un gran perjuicio a las ciencias.[60] Se evitaría este inconveniente llamando al sustantivo nombre total, y al adjetivo nombre parcial; expresando el primero una idea o una imagen de todo el objeto existente en la naturaleza; y el segundo un juicio, que es una parte de dicha idea, según hemos advertido. En estas nociones creemos que se contienen los elementos de la Gramática general, que es una de las partes más interesantes de la dirección del espíritu humano, y con este motivo hemos hecho ver sus relaciones con la Ideología y con la Lógica, manifestando asimismo en qué se diferencian.

Por mucho que se explique el sentido de estas voces, no podrá negarse que o la idea que formamos es errónea, o el signo de ningún modo la conviene; pues si pensamos que la sustancia es un objeto escondido, y las propiedades sus velos, es un absurdo; y si no lo pensamos, y sin embargo, se conservan

---

60 La palabra substantivo se deriva de subesse, y significa un sujeto que está debajo de las propiedades, y adjetivo, que se deriva de adúcere, indica una cosa unida a otra; pero hemos hecho ver que estas ideas son erróneas en buena Física; luego el lenguaje de los gramáticos fomenta el error común, y es contrario al de la naturaleza.

dichos nombres, es mayor absurdo, porque es hacer que los signos expresen lo contrario de nuestras ideas. No necesito probar más lo que esto influye en las ciencias, y cuanto puede atrasarlas, supuesto que según demostró el célebre Condillac, una ciencia no es más que un idioma exacto. La nomenclatura gramatical se formó en tiempo en que la Física estaba en tinieblas, y no es más que un conjunto de abstracciones; se corrigieron éstas, se formó una nueva Física, y como por desgracia se ha mirado siempre con poco interés la corrección de las voces, y se ha tenido el estudio de la gramática como una cosa mecánica, que no necesita de las luces de la Filosofía; han corrido éstas y otras voces inexactas, y correrán siempre, pues tanta es la fuerza de la costumbre, que habrá maestro que juzgue que se destruye el sistema gramatical si se varían las voces.

El nombre que representa todo el objeto, puede muy bien llamarse total; y así la palabra hombre que expresa todo lo que observamos en un individuo de nuestra especie, sin duda es total; y cuando expresamos una propiedad (que es lo que significa un adjetivo), damos a entender una parte de la idea que hemos formado de dicho hombre, y puede llamarse parcial. Esta nomenclatura evitaría los errores de la común, conformándose a las nociones de una Física exacta, y por consiguiente a la naturaleza.

V. Obstáculos de nuestros conocimientos. Definiciones

Ninguna definición es exacta ni puede serlo.[61]

Es cierto que decimos que un hombre es animal racional, y es imposible que siendo animal racional, no sea hombre; pero cada uno de estos signos, es una nota genérica, con que expresamos una multitud de propiedades, que nuestro entendimiento muchas veces no ha analizado, y que aunque las hubiera observado perfectamente, no podría repetirlas, siendo así que el signo por sí solo no las da a entender. Los verdaderos ideólogos convienen en que las ideas no pueden distinguirse, sino se distinguen sus signos, y que las relaciones de

---

61 Toda definición es el resultado de un análisis; siendo pues imposible que una cosa se analice perfectamente sin que se escape la más ligera circunstancia, y comprender después en la definición todos los resultados de este prolijo análisis, se infiere claramente que ninguna definición presenta, ni puede presentar, a todo su objeto, y que por tanto, si atendemos a la naturaleza de las cosas, ninguna definición es exacta ni puede serlo.

un objeto nunca estarán bien determinadas, si el signo no puede expresarlas. De aquí se infiere la inexactitud de nuestros signos, por más correcto que sea el idioma, pues cuando es muy complicado el objeto, no es posible que el signo recuerde todas las operaciones que fueron necesarias para adquirir este conocimiento. Deduzco, pues, que están equivocados los que creen conocer las cosas, sabiendo sus definiciones. La naturaleza es más abundante en sus obras, y ha puesto mayor número de relaciones en cada objeto, que las que percibe nuestro espíritu. Esta es la razón porque he creído que ninguna definición es recíproca, pues lo que reciprocamos es el conocimiento adquirido, y no el conjunto de todas las propiedades de un objeto, porque entonces sería preciso haberlas conocido todas, lo cual es un imposible.

No hay definiciones de cosas y de nombres, esenciales y descriptivas. Todas son reales, todas descriptivas.

Atrasan nuestros conocimientos, por el abuso que se hace de ellas.

Son el término de las investigaciones, y no el principio.

Hemos manifestado lo que debe hacerse cuando se oyen las definiciones, y para qué sirven éstas.

Es un absurdo querer definir todas las cosas.

Igualmente lo es persuadirse de que no se sabe lo que no se define.

De aquí se infiere que hay cosas que si se nos pregunta qué son, de ningún modo podemos responder, y sin embargo las conocemos perfectamente.

La idea que no puede definirse es la más exacta.[62]

---

62 El objeto no se puede definir cuando es muy simple, o cuando es muy complicado, y hemos hecho un análisis prolijo de sus propiedades. En el primer caso la imposibilidad proviene de que toda definición explica o desenvuelve las diversas partes de un objeto por signos más claros; y como es imposible que una idea muy simple tenga estas partes que desenvolver, y admita mayor claridad en sus signos, no puede practicarse la definición. En el segundo caso, la multitud de propiedades bien conocidas, necesitan un número igual de signos, y algún tiempo para repetirlos, todo lo cual no conviene con la brevedad que se pretende observar en las definiciones, y por tanto el que habla se halla implicado para responder a una pregunta, y no puede definir el objeto según la costumbre escolástica. Pero advirtamos que si el objeto es simple, no tiene tantas relaciones que distraigan nuestro espíritu, y su idea es más exacta, y si el objeto es complicado, mientras más detenido sea nuestro análisis, que es decir, mientras más le conozcamos, más difícil es la definición; luego debemos deducir que la idea que no puede definirse es la más exacta.

Atendidos los objetos de una definición puede ser buena sin reciprocarse con el definido, como exigen los escolásticos; pues en la mayor parte de las definiciones, solo se reciprocan los signos de nuestras ideas, y no las cosas como son en sí. Casi nunca podemos estar seguros de que una definición se recíproca con el objeto. Por no haber hecho todas estas observaciones se han producido muchos errores.

VI. Principios

Los principios generales nunca son necesarios y muchas veces son perjudiciales. Por tanto, nada pierde el que los ignora.

Cuando se dice que uno sabe tal o cual ciencia por principios, debe entenderse que sabe los pasos necesarios para adquirir cada conocimiento.

Es un absurdo empezar por los principios generales como suele practicarse.

Es igualmente un error creer que dichos principios deben suponerse y no probarse. La Lógica de Aristóteles, superior sin duda a la de los que quieren llamarse sus discípulos, tuvo sin embargo este defecto.

La verdad de los principios generales se contiene en las ideas individuales, y no al contrario. El haberse figurado otra cosa es la causa principal de la inexactitud de la Lógica escolástica.

VII. Preocupaciones

Cuatro son sus causas principales: el trato social, la imperfección de los primeros pasos analíticos, la timidez literaria, y la inconsideración que proviene de una confianza científica.

Cartesio que nos manda empezar dudando de todo, es un apreciable maestro; sus discípulos han sido más imitadores de algunos de sus delirios, que de su método y meditaciones exactísimas; método al cual confiesa deber sus progresos este genio admirable. «Yo no creo, dice, haber sido particularmente favorecido por la naturaleza, y aun muchas veces he deseado igualar a otros, ya sea en la facilidad de retener impresiones recibidas, ya en imaginar las cosas de un modo distinto, ya en la rapidez del pensamiento. Si tengo alguna ventaja sobre el común de los hombres, la debo a mi método.»

Conviene fijar la idea de preocupación para no extraviarnos, llevándonos de encuentro todo cuanto hay de más útil.

La preocupación produce distintos efectos, según su diverso origen y las circunstancias del individuo en que se halla.

VIII. Sistemas

Un plan sistemático es un plan absurdo. La naturaleza no conoce estas normas. Inventar un sistema y buscarle pruebas, es un delirio; observar efectos y deducir causas, ésta es una ciencia.

IX. Aparato científico

La exactitud de las ideas no depende del aire magnífico y del orden con que se presentan. Afectando el rigor matemático de Euclides, soñó Cartesio, y se extravió Leibnitz. La verdad es más sencilla, ella no quiere adornos extranjeros, pues los suyos bastan para hacerla apreciable. Se ha demostrado esto con ejemplos que propone Condillac.

Las voces técnicas son un juego literario, un obstáculo de nuestros conocimientos, y unos velos que cubren la ignorancia, para que a la luz de la razón no sufran un justo desprecio.

X. Cuestiones

Su multitud prueba nuestra ignorancia, y la aumenta confundiendo nuestro espíritu.

Los que procuran suscitarlas, aun sobre las cosas que menos importan, juzgan que son útiles a las ciencias, al paso que las destruyen. Los escolásticos tienen mucho de esto.

Antes de examinar una cuestión debemos advertir si produce alguna utilidad, o si es aplicable a algún objeto, despreciando las que se llaman sutilezas, que mejor podrían llamarse torpezas intelectuales.

Una cuestión que decidida por la afirmativa o por la negativa da iguales resultados en el adelantamiento de una ciencia, debe creerse inútil. No hay regla universal, mas ésta tendrá pocas excepciones si es que tiene alguna.

Toda cuestión se resuelve traduciendo, y el arte de traducir es el arte de saber.

XI. Hábitos o costumbres

Impiden muchas veces nuestros conocimientos, aunque sirvan para rectificar sobremanera nuestras operaciones intelectuales.

Los juicios habituales son la causa principal de los defectos en orden a moralidad.[63] El error consiste unas veces en no atender a los juicios habituales, y otras en fijar la atención únicamente en ellos.

XII. Pasiones

Estas fomentan nuestro espíritu, y al mismo tiempo son el principal obstáculo de nuestros conocimientos. La observación únicamente es la que puede indicar su influencia.

¿Todo el que discurre apasionado discurre mal? ¿Qué signos hay para conocer cuando la pasión impide la exactitud de las ideas, hasta qué grado puede hacerlo, y cuáles son los medios de evitarlo? Estas preguntas nos han ocupado varias veces, y yo espero que su resolución, aunque algo prolija, estará siempre bien al alcance de mis discípulos.

XIII. Falta de disposición

Nada es más frecuente que emprender estudios sin tener las ideas que deben conducirnos por una serie bien enlazada, hasta llevar al examen del objeto de la ciencia que apetecemos; y nada es más contrario al orden científico.

XIV. Lenguaje

La mayor parte de los errores proviene de la inexactitud de las voces, por no estar bien fijada su significación, y por creer que se entiende un objeto luego

---

63 En la edición anterior continuaba este párrafo del modo siguiente: y puede decirse que ningún hombre opera contra su razón. Esto es inexacto, pues hay veces que con toda reflexión, y conociendo la injusticia de un acto, se ejecuta, y aunque puede decirse que se practica por un dictamen de razón, que indica el medio de satisfacer las pasiones, no puede tenerse como respuesta exacta, pues dictamen de razón no debe llamarse sino el que aprueba una acción como justa. Mi error antiguo es una confirmación de la doctrina. Vio mi entendimiento la cuestión bajo el aspecto del influjo de los juicios habituales, y nada más, y por mucho tiempo no me hizo fuerza una objeción tan obvia, que sin duda me ocurrió mil veces, pero que yo no creía fuerte, o por lo menos hallaba mil salidas. ¡Tanta es la influencia de ciertas ideas cuando se apoderan de nuestro entendimiento!

que se le haya puesto un nombre. Los filósofos disputan del infinito; ellos lo nombran, pero no lo entienden. El lenguaje escolástico es uno de los principales obstáculos de las ciencias.

Debemos proceder, como advierte juiciosamente Laromiguiere, de las ideas a las voces, y no de éstas a aquéllas, pues aunque comúnmente se practica así, inducidos por la costumbre y obligados por la necesidad, es preciso, sin embargo, que el ideólogo jamás olvide el origen de las cosas y busque el de los signos en las ideas.

XV. Autoridad

Las autoridades es otro de los obstáculos de nuestros conocimientos, el más conocido, pero tal vez el menos evitado. No solamente los jefes de las sectas, sino también otros genios inferiores ejercen un imperio absoluto sobre los espíritus poco ilustrados, y aun sobre aquellos que aprendieron que no se debía seguir autoridad, mas no aprendieron a no seguirla. Dios: he aquí el único Ser infalible.

XVI. Grados de nuestros conocimientos

Todas las ciencias son exactas y es un absurdo decir que alguna de ellas no lo sea. En todas puede encontrarse la evidencia, y las decantadas abstracciones metafísicas son tan fáciles y claras como la operación más mecánica, si se examinan con un buen análisis, pues se conocerá prontamente su exactitud o su repugnancia.

Hemos hecho ver las distintas aproximaciones que podemos tener a la verdad, en orden al testimonio de otros hombres, pues por lo que hace a nuestras investigaciones deben arreglarse a lo que hemos dicho anteriormente sobre el método de corregir nuestras facultades intelectuales.

Se ha manifestado el distinto valor del testimonio de los hombres, según las circunstancias de cada testigo, la naturaleza de la historia, y el valor de los monumentos con relación a ella.

Según las doctrinas de La Place, hemos considerado la probabilidad como una relación de los casos favorables a los posibles, siendo tanto mayor cuanto más se aproxime un número a otro.

Si los acaecimientos son igualmente posibles, la probabilidad se deducirá comparando la suma de los casos favorables a la de los posibles.

Si los hechos son independientes, de suerte que uno nada influya en otro, la probabilidad de que acontezcan reunidos o a un tiempo, es como el producto de los casos posibles de un hecho, multiplicado por los posibles del otro.

Siendo unas mismas las circunstancias, la probabilidad de que suceda cierto número de veces seguidas un hecho simple e independiente, disminuye según se aumenta el producto de los casos posibles por el número de las veces que se pretende que acontezca.

Para graduar la probabilidad de un hecho compuesto, esto es, que depende de dos o más acaecimientos, se valúa la probabilidad de uno de ellos, después se supone existente, y se ve la probabilidad que en tal caso tendría el otro o los otros hechos.

XVII. Observaciones sobre el estudio y el pedantismo literario

Hemos tratado de los libros, del método de estudiar, y de lo que debe evitarse en la carrera literaria.

Se han dado reglas para distinguir los libros autógrafos, apócrifos, interpolados y variados.

Reflexionamos sobre el mérito de las obras, y el abuso que suele haber en esta materia.

Se han indicado las reglas para hacer fructuosa la lectura según la naturaleza de la obra que se lee, y el estado de conocimientos en que se halle cada uno. Se ha demostrado que deben preferirse los compendios a los libros extensos y magistrales, indicando cuál es el uso que debe hacerse de estos últimos.

Se ha manifestado la utilidad de los apuntes y el método de formarlos.

Examinamos las circunstancias en que debe hallarse el que estudia y lo que debe evitarse.

Observamos el método de fijar las cuestiones o los objetos que quieren investigarse, y para esto se hizo un ensayo práctico acerca de la proposición: ¿cuáles son los estudios fundamentales de la oratoria? Se han hecho algunas advertencias sobre las materias principales de nuestros estudios y la reunión de ellas, manifestando según la doctrina de Quintiliano, que es conveniente, y algunas veces necesario, estudiar muchas cosas a un tiempo, pero que en esto puede haber algún abuso.

Se ha fijado la idea del pedantismo literario, y hemos dicho que son pedantes los sectarios obstinados, los que dan dictámenes sobre obras sin entenderlas; los que andan en pesquisa de voces raras, los que tienen un gran empeño en manifestar lo que saben, venga o no venga al caso; los consecuenciarios, los que afectan despreocupación, los decididos por todo lo antiguo, y los partidarios de lo moderno.

XVIII. Disputas literarias

Indicamos las circunstancias que deben exigirse para entrar en una disputa, y se ha hecho ver que en nuestras escuelas se ultrajan y destruyen las ciencias, echando a pelear a sus alumnos como los atletas en los pugilatos de Roma, o los competidores en los juegos olímpicos.

Se han observado detenidamente las prácticas de nuestras escuelas, manifestando que son inconducentes y contrarias a todo buen método.

Parte IV. Dos cuestiones ideológicas

Capítulo I. Carta a un amigo respondiendo a algunas dudas ideológicas

Las dudas que usted me propone sobre la conveniencia de las doctrinas ideológicas establecidas en la primera de mis *Lecciones de Filosofía*, con la proposición: la idea que no puede definirse es la más exacta, que se halla en mis Apuntes Filosóficos, y cuyos fundamentos expuse en la Miscelánea, creo que pueden resolverse con una mera ampliación de las mismas doctrinas. Para esto convendrá recordar ligeramente las bases de otra proposición, y ver si concuerdan o no con lo que posteriormente he escrito.

Una idea no puede definirse cuando su objeto es tan simple que no encontramos otros en que resolverlo, y por consiguiente no hay términos para definirlo; o cuando siendo implicado, conocemos tantas propiedades de él, que no podemos reducirlo al corto círculo de una definición. En el primer caso la idea no puede ser más clara ni más exacta, puesto que representa cuanto tiene el objeto, o por lo menos cuanto percibimos; en el segundo, tampoco puede aproximarse más a la exactitud, pues la dificultad de definir proviene de la abundancia de conocimientos, y mientras más se aumente éste, es decir, mientras más conforme es la idea con el objeto, más crece aquélla. Resulta, pues, que la imposibilidad de la definición supone o la totalidad o la mayor extensión de conocimiento, y por consiguiente, la idea, etc.

Mas esta misma doctrina cree usted que no está muy conforme con la expuesta en mi primera lección, esto es, que no existen ideas sino términos generales, porque en tal caso, dice usted, aquellas abstracciones en que se llega a una extrema sencillez, como por ejemplo el ser, no son ideas sino términos generales; de donde sacamos en claro, que no se da el caso de un objeto muy simple, pues todos son unos grupos de propiedades, y las ideas que los representan han de ser compuestas. Luego, hablando con exactitud, debía decirse: yo puedo definir el término general ser, y no la idea.

Efectivamente dice usted muy bien: todas las ideas que tenemos de los objetos de la naturaleza son compuestas, pues no hay uno que no lo sea, y la idea no es más que su imagen. Esta es la doctrina expuesta en la primera de mis lecciones, mas de ella no se infiere que no tengamos idea del ser y de todas las propiedades en abstracto, perteneciendo a ellas un objeto real, quiero decir, una parte real de un objeto existente. Jamás está el ser despojado de propiedades, y jamás se halla una propiedad aislada; pero sin embargo su conocimiento, aunque no es la imagen completa de un individuo de la naturaleza, no puede decirse que no tiene objeto. Término sin objeto sería término sin significación, lo cual es un absurdo; pero de aquí no se infiere que siendo el término general, también debe serlo su objeto como parece a primera vista, y como dedujeron muchos antiguos.

Para convencernos, basta reflexionar que cuando nuestra mente atiende al ser o a una propiedad sola, siempre se contrae a un individuo, y por más esfuerzo que haga, no puede figurarse un ser general idéntico, en la piedra, el árbol, el hombre, etc., ni un verde, o una redondez generales, sino siempre contraídas estas cosas a un individuo que se ve o se finge, y así el término que llamamos general no tiene en la naturaleza un objeto general.

¿Cómo, pues, le conviene la denominación? Porque se aplica a muchos donde no se encuentra un mismo ser, pero sí uno semejante, y entonces la universalidad es una propiedad del término que solo expresa su aplicación universal, pero no su objeto universal, porque no hay ninguno de esta clase ni puede fingirse.

Se da, pues, el caso de un objeto simple, aunque éste no exista aislado en la naturaleza, y sea preciso encontrarle siempre formando parte de un conjunto, en cuyo sentido puede decirse que no es un objeto de la naturaleza, así como una piedra no es una casa de una ciudad, ni el que tuviera conocimiento de las piedras separadamente, lo tendría de las casas, mas no por eso dejan de estar en las casas, ni de ser unos verdaderos objetos. Supongo que usted no se figurará que yo pretendo que las propiedades sean cosas separables de los objetos, y que el símil que he puesto (como todos los símiles) no debe entenderse sino en cuanto puede aclarar la materia, conservando la idea de la naturaleza de cada cosa.

Luego que se convenga en la aplicación de la palabra idea, creo que se resuelve toda la duda. Idea es imagen, y si lo es de un individuo de la naturaleza, todas nuestras ideas son compuestas; pero si esta palabra quiere aplicarse, como no puede menos de hacerse, a todo lo que tiene una realidad, aunque no forme por sí solo un objeto de la naturaleza, tendremos ideas simples. Para nosotros tiene realidad todo lo que nos produce una sensación real, prescindiendo de lo que verdaderamente fuere en la naturaleza; y la diversidad de sensaciones nos sugiere la idea de la diversidad de operaciones reales, provengan o no de un mismo principio. Creo, pues, que convendremos en que se da el caso de un objeto simple, cuya idea será igualmente simple y no podrá definirse, siendo la más exacta por esta misma razón, y que nuestras abstracciones no suponen la nulidad del objeto, sino la ficción del modo de existir.

Pero en la suposición de un objeto compuesto, dice usted que también ofrece alguna duda la proposición que nos ocupa. ¿Cuántas veces sucederá que el tener un objeto muchas propiedades facilite su definición? Si el imán no tuviese la propiedad de dirigirse a los polos, que quiere decir, si fuera menos compuesto, yo no podría definirlo. Convengo, amigo mío, pero de ahí solo puedo inferir que para la definición de un objeto compuesto, no basta conocer las propiedades en que conviene con todos si no se encuentra alguna en que se distinga, mas no que la multitud de propiedades conocidas, que quiere decir la mayor exactitud de una idea, no sea un obstáculo para la definición, cuando se quiere que ésta vaya como debe ir a la par de nuestros conocimientos. Si además de esta propiedad del imán conociésemos en él un centenar de ellas, que en todas se distinguiese absolutamente de los demás cuerpos, ¿cómo las reuniríamos todas en una definición sin que ésta se convirtiese en un tratado? Si aun conociendo esta sola pro piedad diferente, conociésemos tal número de las esenciales y comunes que su enumeración fuese dilatada ¿cómo se definiría el objeto cuando ni aun la memoria pudiese conservar sus propiedades? No basta para definir bien un objeto, decir en qué se diferencia de los demás, sino que es en sí mismo. Yo creo, pues, que en algunos casos la composición de un objeto nos facilita el definirlo; pero que en estos mismos casos, y en todos los demás, llegaría a ser imposible la definición, cuando llegase a ser muy exacto nuestro conocimiento. Cada objeto de la naturaleza es un mar inagotable de donde sacamos pequeñas porciones, que al principio contenemos en estrechos recipientes, pero que al fin nos inundan, y obligan a abandonar la empresa. Definimos mientras sabemos poco; se aumenta la ciencia, y desaparece la definición. Estas se repiten como un recurso para dar alguna seña del objeto, pero está algo atrasado el que crea que ha explicado su naturaleza.

Es cuanto puedo contestar a usted en orden a las dudas que se sirve proponerme. Es de usted, etc.

Capítulo II. El idioma latino considerado ideológicamente

Es innegable que la lengua de los romanos, sin embargo de haber perdido mucha parte de su hermosura, conserva unos atractivos y tiene una delicadeza, capaces de elevar el espíritu más frío. Nadie puede leer las obras de Cicerón, Tito Livio, y otros autores del siglo de oro, sin percibir las bellezas que proporcionaba el idioma, y que contribuyeron a realzar el mérito de estos hombres célebres. Toda traducción por buena que sea es débil, y después de haber oído a Tulio, no queremos oír a nadie. La elocuencia moderna, y el buen gusto en literatura, encuentran una fuente abundante en las obras clásicas de los romanos.

Estas ventajas que servían para halagar el espíritu, y dar pábulo a la imaginación, no eran muy favorables para rectificar las ideas. Muchos creerán que ésta es una paradoja; yo expondré sencillamente mi juicio, y cada cual pensará como gustare.

Un idioma arreglado a la exacta Ideología, debe tener claridad, brevedad y precisión. El de los romanos tenía esta última circunstancia; pero carecía de las otras, y era el más defectuoso en el modo de presentar los pensamientos. Es sabido que la principal hermosura de la lengua latina consiste en el hipérbaton o trastorno de palabras, invirtiendo todo el orden que la naturaleza prescribe. Muy rara vez hablaban los romanos coordinando las voces como lo están las ideas, y esta contradicción entre el cuadro intelectual de los pensamientos y el material de los signos, debe confundir el espíritu, y un idioma semejante nunca será conforme a la buena Ideología. La costumbre puede hacer que se entienda, pero nunca será sino con mucho trabajo del entendimiento, que va deshaciendo lo que fabrica el que habla, y lo va coordinando según el orden de la naturaleza. No es otra cosa una traducción. Los latinos es verdad que no traducían, porque era su idioma patrio, pero sí coordinaban los signos, y de otra suerte no se hubieran entendido. Un idioma que divide al hombre, y le obliga a ejercer dos actos a la par, oyendo al que habla y combinando sus voces, no puede ser claro.

Por otra parte, en la separación de las palabras y las distintas combinaciones que hacían, era muy frecuente colocarlas en términos; que era muy difícil, por no decir imposible, atinar con el verdadero orden, pues se presentaban al entendimiento dos o tres combinaciones, todas muy naturales, pero que daban diversos sentidos. Los que se han dedicado al estudio de la latinidad saben que esto es cierto, y que es el origen de las diversas traducciones que suelen darse a un pasaje de tal o cual autor clásico, sin que se pueda decidir cuál es la verdadera. Bien conocida es la anfibología del oráculo de Delfos; dico te Cesarem vincere parthos; que puede entenderse, o que los partos vencían a César, o César a los partos. Quintiliano refiere que se suscitó un pleito considerable por haber dejado uno en su testamento estas palabras: faciant mibi statuam auream hastam habentem; cuyo sentido depende de la colocación de una coma en la palabra statuam o en la palabra auream, pues en el primer caso la estatua puede ser de cualquier materia, y la vara que debía tener en sus manos debía ser de oro, mas en el segundo caso, así la estatua como la vara debían hacerse de oro. Dichas palabras no podían menos de ser confusas, al pronunciarse donde no puede ser sensible la pequeña inflexión de una coma En el idioma latino están admitidas otras varias figuras, que consisten en quitar y dividir palabras, dejando al entendimiento el gran trabajo de arreglarlas, como hemos dicho del hipérbaton; esto influye igualmente en la confusión de las ideas. Yo omito repetirlas por ser bien conocidas, y la misma dificultad que ellas presentan a los principiantes y a veces hasta a los profesores, es una prueba de lo que oscurecen el lenguaje.

Además, la armonía del idioma latino pide muchas veces un agregado de palabras superfluas, pues aunque es cierto que algo significan, sin embargo no corresponde el agregado de voces a la sencillez de las ideas, y ésta es otra de las causas que hacen poco exacta en Ideología la lengua de los romanos.

Por otra parte, muchas de sus figuras oratorias consisten en empezar de un mismo modo los períodos o en concluirlos; en conjugar un verbo, en esparcir superlativos, y otras cosas semejantes que inspiran cierta ligereza al espíritu, y es menester estar muy prevenido para no caer en el defecto de debilitar los pensamientos por adornar las palabras.

Los que han dicho que el estudio del idioma latino rectifica la Ideología, porque ejercita el entendimiento en analizar los períodos de un idioma tan trastornado, no advierten que en este caso le consideraríamos como un objeto del análisis, como podría serlo una piedra o un árbol, y un objeto muy complicado, mas no como un idioma, esto es, como una reunión de signos que sirven de medio para el análisis, pues si el mismo instrumento de que debemos valernos para hacer una cosa es más complicado, y cuesta más trabajo manejarlo que practicar lo que intentamos, es claro que de poco puede servirnos.

Parte V. Observaciones sobre el escolasticismo[64]

Observación I. Cómo se introdujo el escolasticismo

El escolasticismo, considerado en su doctrina, no es más que un conjunto de las que se le atribuyen a Aristóteles, aplicadas a los diversos objetos de las ciencias. Si se considera en su método viene a reducirse a un orden de definiciones, divisiones y principios generales, que se aplican a las diversas materias. Atendidas sus reglas, no vienen a ser otra cosa que unas observaciones prácticas del modo con que cada uno ha creído que puede dirigir el entendimiento, y por eso se observa que todas ellas se establecen, sin haber presentado antes los pasos analíticos que se dieron en su formación. Si consideramos su lenguaje, él no es de ningún idioma conocido, sino que forma una mezcla de todos, y así se forman

---

64 Dos de las observaciones (I y II) sobre el escolasticismo las hemos interpolado, por encontrarse en la segunda edición de la *Miscelánea Filosófica*, págs. 42-68. (Nota de los compiladores.).

muchas de las palabras de la escolástica. Sus cuestiones, o contienen verdades que sin estudio alguno las perciben todos, o son de materias abstractas que atormentan el entendimiento, sin adelantar un punto el verdadero estudio. Esta ligera idea del escolasticismo me parece que está tan comprobada por la experiencia, que no necesita nuevas manifestaciones. Reflexionemos de qué modo se introdujo el escolasticismo en las ciencias.

Los primeros escritores, así teólogos como juristas y médicos, no usaban otro lenguaje que el admitido legítimamente en el idioma en que escribían. Sus disertaciones eran claras, y llenas de dignidad y elocuencia, observando las reglas que habían aprendido de los retóricos. En este sentido llama Beda a Aurelio Prudencio, noble escolástico español, y san Jerónimo dice que él usaba algunas veces el adorno escolástico, y que san Pablo habló en el Areópago con cierta elegancia escolástica. Por tanto, los antiguos escritores recreaban con su lectura en vez de mortificar, y en cuanto lo permitía el estado de los conocimientos en su tiempo, esas doctrinas eran claras y exactas. Basta para desengañarse de esto, leer las obras de los Padres de la Iglesia, y con especialidad las de san Agustín.

En el siglo VI, Boecio empezó a unir la filosofía aristotélica con la teología, explicando muy sutilmente las palabras sustancia y persona, en un tratado que escribió sobre la Trinidad. Al fin del mismo siglo, escribió san Isidro Hispalense una especie de reunión o suma teológica, y algún tiempo después, Taylor, obispo de Cesárea, escribió un compendio teológico, cuya obra se cree que abrió camino a la escolástica. En el siglo siguiente escribió san Juan Damaseno, y después san Anselmo, los cuales se tienen entre los Padres como el origen de la Teología escolástica; no porque ellos hubiesen escrito en el método de nuestras escuelas, sino porque formaron un cuerpo de doctrina ordenado, siendo así que los antiguos Padres escribían según las necesidades de la Iglesia, sin guardar un método ni sistema en las materias.

En el siglo XII, Lotario II mandó explicar en las escuelas un código de las leyes romanas muy deteriorado, que por casualidad se encontró. Con este motivo se levantó una plaga de comentadores, que cada uno daba interpretaciones a dichas leyes según su capricho, y se creían más sabios cuanto más abundaban en sutilezas, capaces de esparcir las tinieblas sobre todos los conocimientos jurídicos. Habiendo llegado a ser estudio de moda la Jurisprudencia, tratada bajo este nuevo método, empezó, dice Sixto Senense, a decaer el estudio de la Teología, y se vieron precisados los profesores a enseñarla como se enseñaba la Jurisprudencia. Aquí empezó a escolastizarse la Teología, tratada hasta entonces con la mayor sencillez y dignidad por los Padres de la Iglesia.

En el siglo XIII estaba ya introducida la Filosofía peripatética, y los herejes se valían de sus armas para combatir la Religión. En este tiempo pareció uno de los hombres de mayor talento que ha tenido la Iglesia. Este fue Santo Tomás, a quien elogiaron justamente Leibnitz y Grocio; pues, como dice Fontenelle, hubiera sido otro Cartesio, si le hubieran ayudado los tiempos. Este Santo doctor se vio precisado a herir a los herejes con las mismas armas, y por los mismos filos con que aquéllos querían destruir la casa del Señor. La Filosofía peripatética, cultivada por los árabes, estaba en sumo crédito, y en el siglo XII, como escribe el cardenal Palavicinio, habían convertido a Córdoba en Atenas, y por la destreza de Averroes, se levantó la filosofía de Aristóteles, que había estado sepultada por mucho tiempo, principalmente en las provincias occidentales (Historia concilii tridentini, Lib. 7, cap. 14). De donde debe inferirse que Santo Tomás usó de la filosofía peripatética, porque era la admitida en su tiempo, y tenía autoridad entre los herejes con quienes disputaba. Después siguieron Escoto y Guillermo Ocam, dividiéndose la secta escolástica en sus tres ramas bien conocidas. Constituidos estos tres grandes hombres maestros del escolasticismo, se empeñaron todos en cultivarle, favoreciendo este intento la circunstancia de pertenecer Santo Tomás a la Orden de Santo Domingo, y los otros dos maestros a la de los franciscanos; pues esparcidas estas religiones por casi todo el orbe, en muy poco tiempo se oyó por todas partes el eco de la voz de Aristóteles, confundida y alterada según sus repetidores.

Escolastizada de este modo la filosofía, lo estuvieron por consiguiente las demás ciencias, a quienes sirve de preliminar, y el empeño de las interpretaciones, el juego de las palabras, el misterio de las autoridades y la sutileza de las cuestiones fueron los efectos de un método, que, separándose de la naturaleza, se fundaba en los hombres, y sin investigar el origen de las cosas, se contentaba con unos resultados que provenían de unos datos, cuya prueba no era otra que la autoridad de algún maestro.

No pudiendo el escolasticismo ser fecundado en doctrinas, pues no debía presentar otras que la de sus maestros, procuró serlo en voces, en fórmulas, en reglas, y en abstracciones deducidas como con pinzas del texto de los grandes hombres. Efectivamente, una esterilidad es indecorosa y mortifica; los mismos escolásticos no podían sufrirla, y los esfuerzos que han hecho para dar un nuevo aspecto a su doctrina y despojarla de aquella especie de monotonía que la caracteriza, ha sido la causa de haberse enredado en tales términos la escolástica, que ni ellos mismos se entienden, y si resucitara Santo Tomás, sería preciso que aprendiera con sus discípulos.

Contrayéndonos a la Medicina se advertirá más claramente las alteraciones que produjo en ella el escolasticismo. Al principio, esta ciencia no era más que un conjunto de observaciones sobre los remedios que debían aplicarse a unas o a otras enfermedades; pero éstas no estaban bien clasificadas, y siendo inexactas las indicaciones, lo eran los indicados. El genio de Hipócrates, digno del mayor elogio, fue el que dio pasos más sólidos en esta ciencia. Renunciando no menos al ciego empirismo que a los raciocinios sutiles y extraviados, tomó el camino que dictaba la razón y exigía la naturaleza. El lecho de los enfermos era la cátedra de su enseñanza. Es preciso, nos dice, deducir las reglas prácticas no de una serie de raciocinios anteriores, por más probables que puedan ser, sino de la experiencia dirigida por la razón. El juicio es una especie de memoria que reúne y pone en orden todas las impresiones recibidas por los sentidos; porque antes de producirse el pensamiento, experimentan los sentidos todo lo que debe formarlo, y ellos son los que hacen llevar los materiales. Por estas palabras, que cita en su elogio el sabio Cabanis, se conoce la exactitud de los pensamientos de Hipócrates y de su método. Diecisiete ascendientes suyos consagrados a la Medicina, le habían proporcionado en su familia una herencia médica, que supo fomentar y llevar a la última perfección este hombre verdaderamente digno de memoria.

Vino después Galeno para echar a perder todo, alterando las doctrinas de Hipócrates, habiéndolas mezclado con las sutilezas del Peripato (ignoradas de Aristóteles) en que se hallaba muy versado; pues le pareció que había hecho una gran cosa, inventando una cuarta figura al silogismo. Después Averroes y Avicena acabaron de completar el trastorno de la Medicina peripatetizándola enteramente; de modo que, como dice un crítico, ya no era el arte de sanar las enfermedades, sino de alterar con sofisterías.

En los tiempos posteriores, la Medicina fundada toda en una Física absurda por todas consideraciones, no pudo menos que sufrir continuos males y una rápida decadencia, porque la mayor parte de sus cuestiones han servido y sirven tanto para curar un enfermo, como servirían para fabricar una casa. Se estudió una Medicina de voces, de divisiones, de sistemas, de principios establecidos al antojo, y la experiencia, la observación, las exactas inducciones se desterraron de una ciencia que toda debe ser experimental. Se quiso decidir de la vida de los hombres por la autoridad mal entendida y peor explicada de algunos de ellos, y en muriendo uno según Galeno, muere en regla.

En vista de estos absurdos, han procurado los modernos dar un nuevo giro a las ciencias. Los teólogos se empeñan en reducir la ciencia sagrada a la sencillez y dignidad con que la enseñaron los padres de la Iglesia, pero clasificándola, y arreglándola al estado de los conocimientos actuales, por la relación que esta ciencia tiene, en muchos de sus tratados, con la Física, y en todo con la Ideología. Nuestros juristas, aunque han visto un poco más tarde, y apenas se halla una obra de Derecho, que tenga método ideológico, sin embargo, conocen estos defectos, y han dado un gran paso hacia el buen método con saber que no lo han conseguido. Los médicos han reformado su ciencia, y la medicina ha hecho grandes progresos, y promete felices resultados. Sus profesores se han puesto en la misma senda de Hipócrates, han separado de la doctrina de este sabio el escolasticismo que la trastornaba, y han dado nuevos pasos, que no pudo dar aquel genio sublime, porque en su tiempo las ciencias naturales que sirven de base a la medicina, estaban muy imperfectas.

De lo que hemos dicho sobre el modo con que el escolasticismo se fue introduciendo en las ciencias, podemos decir que la necesidad obligó a unos hombres grandes como Santo Tomás, a valerse de semejante método, aunque con mucha moderación; que muchos lo hicieron por costumbre, y porque no sabían otra cosa; últimamente, que si los hombres célebres que cuentan en su número los escolásticos vivieran en nuestro tiempo, serían los primeros en desechar las doctrinas y métodos de las escuelas, y seguir las lecciones de la razón y de la naturaleza, que es decir el plan moderno; así como en su tiempo no se obstinaron en defender la doctrina de los antiguos, sino que siguieron la que parecía más fundada o la que juzgaron más a propósito para el objeto que se proponían, como lo hizo juiciosamente Santo Tomás. Confundir a este doctor y a otros hombres célebres con la multitud de los escolásticos, es hacer una injusticia al mérito; pero es también un fanatismo literario querer conservar un método y unas doctrinas, que, siendo adaptables a aquellos tiempos, desdicen enteramente de los nuestros. Me parece, pues, que son injustas las invectivas con que muchos quieren zaherir a los maestros respetables, a quienes siguen los escolásticos; pero asimismo creo que es irracional la obstinación de nuestras escuelas en conservar lo que claramente se conoce, que es opuesto al buen método y a la verdad de las cosas.

Muchos dicen que es preciso ser escolástico para ser teólogo. Así han hecho caer la Teología en el desprecio. ¡Qué! ¿Los Padres de la Iglesia no eran teólogos? ¿Acaso eran ellos escolásticos? Pero hablemos en un orden ideológico. ¿La Teología para ser buena necesita un plan inexacto, unas cuestiones superficiales e inútiles, unos principios de ciencias naturales totalmente falsos, y un lenguaje oscuro, indeterminado, en una palabra, cuántos defectos pueden tener unos signos? La ciencia de nuestra santa Religión es más noble, es más hermosa; es preciso despojarla de un vestido que tomó por las circunstancias de los tiempos, dejarla ver con su antigua hermosura, agregándola, por una exacta Ideología y una Física experimental, nuevos adornos que la hagan más apreciable. No es por cierto marchitar la corona científica que justamente ciñe las sienes de Santo Tomás de Aquino; es dejar unos principios y un lenguaje que él tomó por la necesidad de la religión, y que él mismo dejaría si viviera, pues no puede creerse otra cosa de su gran talento.

Observación II. Causas que conservan el escolasticismo y efectos que produce
Todos los hombres procuran defender sus ideas y pretenden que los otros se avengan a ellas; pero cuando se ha llegado a formar partido y cuando éste ha dominado en las ciencias, el deseo de maestrar llega al último grado, y se sienten las más leves incursiones que se hagan contra una autoridad cimentada en los años, aunque destituida de razón. Los escolásticos, además del amor a su doctrina, y del celo por su autoridad, tienen el hábito de sutilizar y cuestionar como rivales unos entre otros desde sus primeros pasos en la carrera literaria. La gloria escolástica está en el vencimiento de un enemigo, al modo que la gloria militar. Se disputa sobre quién ha entendido mejor al príncipe de la escuela, y no

se trata de si todos, incluso el mismo maestro de la secta, han errado. De aquí proviene que se buscan textos para darles siniestras inteligencias, y truncarlos muchas veces con malicia; también se hacen preguntas capciosas, y se buscan todos los medios de enredar al contrario, para dominar el campo de la escuela, y pasar por un hombre de buenas campañas literarias. Por esta razón el espíritu de los escolásticos está exaltado habitualmente, y se enajena, por decirlo así, a la primera palabra que se habla en materias científicas, y aun en todas las cosas en que hay alguna contrariedad de opiniones. Ellos jamás pueden manifestar su juicio con serenidad, y si alguna vez afectan tenerla, les cuesta tanta violencia, que dejan traslucir el arte.

Están decididos a impugnar, y a vencer a todos los hombres que se opongan a su dictamen, jurando no rendirse jamás en la batalla, y jamás tienen un deseo de observar los progresos de que es susceptible el entendimiento humano. Estando en una región de tinieblas, creen que están en medio del día, y rehúsan los auxilios que se les proporcionan para que vean la luz. Tienen un apego a sus prácticas, su idioma y sus maestros, que se dan por agraviados en el momento en que siquiera se insinúa que pueden reformarse. Miran con un sumo aprecio a las más ligeras doctrinas que ellos mismos conocen que son inaplicables a ninguna cosa, y se irritan al ver que ciertamente son inútiles, y se exige que lo confiesen, cuando ellos quisieran que cada proposición escolástica pasara por un dogma. Sienten más que se les acuse de haber faltado a una de las fórmulas de la escuela, que si se les dijera que su doctrina es falsa. Los más moderados se convierten en furias que despedazan la reputación de cualquiera hombre de bien, aplicándole los epítetos de libertino, irreligioso y aun el de hereje.

Este furor tiene otras varias causas. La primera consiste en que, no teniendo los escolásticos doctrinas que puedan merecer el menor aprecio, se resisten y procuran preponderar, valiéndose de todos los recursos. La segunda causa es el hábito contraído desde los primeros estudios, y heredado de los más antiguos maestros, que siempre sostuvieron la autoridad y esta especie de veneración supersticiosa. ¿Cómo han de sufrir que se tenga por niñerías los trabajos de sus oráculos? Tercera: la falta de reflexión, pues jamás se han puesto a meditar libremente sobre sus doctrinas; antes al contrario, entran siempre suponiendo que son ciertas, y tratando de defenderlas. Cuarta: los intereses personales; porque si a buen escolástico le desnudan de estos vestidos, nada le queda, y ello es muy duro (como siempre he dicho a mis discípulos), perder en un momento lo que se había adquirido en muchos años, y es una dulce ilusión la que nos presenta como bueno aquello que siempre tuvimos por tal. Los escolásticos se ven en la necesidad de empezar sus estudios, y de confesar que un joven en las escuelas modernas puede ser su maestro. ¡Qué cosa tan dura! ¡Pero es cierta! En tal estrecho es preciso defender el pabellón, y valga la autoridad literaria, cuando no valgan las razones.

Todas las ciencias han adquirido, y de algún modo conservan, cierta puerilidad, que sirven solo para distinguir los profesores escolásticos, y atrasar los conocimientos científicos. Se aumenta la dificultad, en vez de allanarse; se introducen voces y doctrinas insignificantes, que aterran el ánimo más decidido a aprenderlas. Séneca dijo en su tiempo: «Deja este juego literario de los filósofos, que reduce a sílabas el asunto más grande; desalienta y atormenta el ánimo enseñando cosas mínimas, y hace que la filosofía parezca más bien difícil que grande». (Epist. 72.) Los sucesores de aquellos sofistas son nuestros escolásticos; ellos hacen que la juventud se retraiga de los estudios, y de aquí proviene la decadencia, pues no percibiendo el pueblo la utilidad de los conocimientos bien ordenados y adquiridos con exactitud, mira a los sabios como una gente misteriosa, a la cual es preciso seguir, porque dicen que saben, mas no porque su ciencia sea manifiesta. Estos son los efectos del embolismo escolástico.

Mas yo quiero hacer algunas reflexiones ideológicas que manifiesten que el escolasticismo, por una necesidad inevitable, produce estos estragos en todas las ciencias. No aprendemos sino procediendo de lo conocido a lo desconocido, y considerando por este orden sucesivo las propiedades de los objetos, que es lo que llamamos analizar. Para este análisis son indispensables los signos que van fijando cada una de las verdades encontradas para poderlas combinar después. Si dichos signos carecen de la claridad conveniente, y si no representan con exactitud el objeto a que se aplican, ellos mismos producen el trastorno y nuevas confusiones, que se hacen inevitables; porque el alma entonces tiene que entrar en el examen del objeto, y de los signos, presentándosela con este motivo mayor número de cosas que contemplar, y que al fin la abruman. De aquí procede que el hombre, rehusando al trabajo y aspirando a la gloria, repite el signo y afecta tener la ciencia. Por otra parte, en las combinaciones ideológicas, es preciso un gran manejo en dichos signos, y cuando éstos son de un idioma, que ni aprendimos en la niñez ni se oyen en otra parte que en las escuelas, y que de ningún modo pueden sernos familiares en la sociedad, resulta necesariamente que el entendimiento no es dueño de los signos, ni sabe manejarlos con facilidad; es preciso que se fije toda su atención en ellos, y que la separe de los objetos, resultando una ciencia de palabras. Me parece que ningún escolástico (a menos que no esté muy preocupado) podrá decir que percibe con claridad la naturaleza de la materia prima, de la forma sustancial, del ente de razón, del movimiento, según la definición aristotélica, y de otras cosas semejantes.

¿Pero cuántas veces hablan de estos objetos? Mejor diré: ¿cuántas veces disputan furiosamente, como si se tratara del negocio más interesante? Esto prueba claramente que toda la ciencia es de voces, y nada se entiende.

«¿Quién puede sufrir, decía el ilustrísimo Melchor Cano, aquellas disputas de los universales, de la analogía de los nombres, de primo cognito, del principio de individuación (así le llaman), de la distinción entre la cuantidad y la cosa cuanta, del máximo y el mínimo, del infinito, de la intención y remisión de las proporciones y grados, y de otras cosas innumerables, que yo, no siendo de un ingenio muy tardo, y habiendo empleado mucho tiempo y trabajo en entenderlas, nunca pude informarme de ellas? Me avergonzaría de decir que no las entiendo, si las entendieran aquellos mismos que las han tratado. ¿Para qué referir otras muchas cuestiones: si Dios puede hacer una materia sin forma, si puede crear muchos ángeles de una misma especie, si puede dividir el continuo en todas sus partes, si puede separar la relación del sujeto y otras cosas mucho más inútiles?» (De Loc. Theol. Lib. 9. Cap. 7.) Esta misma inutilidad de las doctrinas escolásticas había conocido claramente San Antonio de Florencia, cuando escribió: «¿De qué sirve pasar el tiempo en estas cosas, que no aprovechan ni en la milicia, ni en el foro, ni en el claustro, ni en la curia, ni en la iglesia, ni alguna otra parte, que en las escuelas?» (Part. 4, tit. II, cap. 4, pág. 2.) Lo más notable es que, como escribe un crítico de mérito, ninguno de estos males se deben a Aristóteles. »¡Qué batallas, dice, qué riñas, sobre quimeras, sobre la cuarta parte de la nada, del ser, del no ser, y sobre el origen, patria, padres y educación del ente de razón, de lo que no se halla ni una palabra en Aristóteles, que había aprendido de su maestro Platón que las disputas del no ente, más son negocios de ociosos sofistas que de los que siguen la verdadera sabiduría!» (Aymerich, Proluc. Filosofic. En la 3.) Para comprender mejor la causa de estos efectos tan contrarios a la verdadera ciencia producidos por el escolasticismo, advirtamos, que, según las observaciones de Destutt, conde de Tracy, el defecto de nuestros signos consiste principalmente en no representar a todos los hombres una misma idea, pues cuando se oye el signo, nuestra alma repite las operaciones que había producido cuando conoció el objeto, los sentimientos que la excitó y las circunstancias que le acompañaron. Por tanto, puede decirse, en un sentido diverso del de los platónicos y cartesianos, que el saber es acordarse. Claro está, que todos los hombres no han hecho unas mismas operaciones sobre el objeto, y así a todos no se les recuerdan unas mismas ideas; de modo que aunque la noción general del objeto sea una misma para cuatro o seis individuos que oyen el signo, las nociones particulares no son idénticas, y la exactitud del conocimiento es muy diversa. Cuando se oye la palabra Química, todo hombre de mediana instrucción forma la idea de una ciencia; el que ha estudiado algo de ella, trae rápidamente a su memoria muchos resultados, y un insigne profesor recuerda tantas cosas, que necesitaría un tiempo infinito para expresarlas. Sin embargo, todo está comprendido bajo el nombre de Química; y ese signo siendo uno mismo para todos los que le oyen, no sugiere unas mismas ideas. Por otra parte, aun el ideólogo más versado no será capaz de reproducir prontamente, cuando oye el signo, todas las operaciones intelectuales que hizo acerca de su objeto; y de aquí se infiere que los signos son unos recuerdos imperfectos, y que éste es un mal inevitable. La Ideología se aproximará a su perfección, luego que simplifique los signos, haciendo que correspondan o que envuelvan el menor número de circunstancias que sea posible. Simplificados los signos y multiplicados al mismo tiempo según los objetos y sus relaciones, el lenguaje vendrá a ser un cuadro fiel de las ideas, y éstas lo serán de la naturaleza. Talentos sublimes han esparcido en nuestro siglo una luz brillante sobre estas materias, pero ellos mismos conocen que aún faltan muchos pasos para restituir el plan sencillo de nuestras primeras ideas dictadas por la naturaleza, y disipar las tinieblas en que nos hallamos sumergidos.

Bajo estas doctrinas yo pasaré a manifestar brevemente, que los signos escolásticos presentan un obstáculo casi invencible a las ciencias. Contraigamos a un término de la escuela, y lo que se diga acerca de él, puede extenderse a otros infinitos.

Simpliciter, esta voz traducida quiere decir simplemente. Semejante signo recuerda la idea de la sencillez, y ésta la de exclusión de partes y de relaciones en cuanto fuere posible; de modo que el entendimiento hace todo esfuerzo para minorar las ideas de las relaciones, que forman la complicación contraria a la sencillez. Sin embargo, en las escuelas, este término, lejos de simplificar el objeto, lo comprende bajo todas consideraciones, y muchas veces equivale a totaliter, esto es, totalmente. Aquí tenemos que el alma se ve precisada a formar una idea contraria de la que expresa el signo, y que es muy diversa la idea que forman distintos hombres de esta voz, agregando a la imperfección natural de todos los signos, otra nueva por el mal luso de los escolásticos. También suelen confundir el simpliciter con absolute, siendo así que este último término viene de absolvere, que quiere decir desatar una cosa, y expresa el objeto separado de los demás, y prescindiendo de otras relaciones; pero no indica sencillez o simplicidad en su naturaleza como el término simpliciter.

Infiero por tanto que no está bien fijada la significación de los términos anteriores, y que el uso que se hace de ellos, es casi mecánico. Iguales reflexiones podían hacerse sobre cada una de las palabras del idioma escolástico, y concluiríamos que si el arte de discurrir, según enseña Condillac, puede reducirse al de formar un idioma exacto, nuestras escuelas están bien lejos de enseñar a los jóvenes los verdaderos elementos del arte de pensar.

Si consideramos el influjo del escolasticismo en la vida social, conoceremos más claramente que no es cosa de poca importancia desterrarlo. Apenas hay un hombre de buenas ideas que se atreva a manifestarlas en público, cuando prevé que le ha de caer encima la lluvia tempestuosa de los escolásticos, pero sin oírle ni penetrarse de sus razones le condenarán, o lo que es más, lo echarán por tierra si pueden hacerlo. Todos no se hallan en ánimo de sufrir invectivas, ni exponerse a mayores perjuicios, y así se contentan con reírse a solas; pero la sociedad se priva de muchos bienes, que disfrutaría desterrándose esta furia escolástica. Muchos padres de familia sacrifican a sus hijos, haciéndoles recibir unas ideas elementales de lo más absurdas, solo porque ellos son escolásticos, o porque siendo ignorantes oyeron hablar algún señor doctor, y va radicándose la ignorancia de unos en otros. Yo no hablo de la resistencia a las clases públicas solamente, sino también, y con especialidad, de lo que se inspira en la educación privada. Me ha sucedido muchas veces no poder meter a camino un joven por las ideas que le comunicaban sus parientes o sus amigos, y cuando yo ponía empeño en evitar las sutilezas escolásticas, me encontraba al buen joven tan metidito en ellas, que era imposible despreocuparlo, y la razón es bien clara, pues un padre, un pariente, es un maestro continuo, a quien se le tiene mucha consideración y afecto.

El carácter dominante, litigioso y reconcentrado, que inspira a los jóvenes esta furia escolástica en que se han criado, por lo regular los acompaña hasta el sepulcro, y son el tormento de la sociedad en todos los puestos que ocupan.

No hablemos de buen gusto, cuando se trate de escolástica; porque éstas son ideas que se destruyen mutuamente. El pedantismo siempre tuvo lugar en las escuelas, y se conoce prontamente en cualquiera obra, sea del género que fuere; si su autor no sabe sino lo que aprendió en el Peripato, no tiene otro gusto que el que le comunicaron los subsumos, retorqueos, y otras cosas semejantes.

El idioma latino ha perdido entre nosotros toda su dignidad, desde que lo usan las escuelas; porque es imposible tener más acierto que el que han tenido nuestros escolásticos para cometer barbarismos y solecismos. De cada veinte palabras que profieren, una es latina, y se puede oír a un escolástico media hora sin que haya formado una construcción del siglo de oro. No hablemos de los idiomas de Roma, porque cada uno de ellos es rara avis. Se habla un español en latín, mejor diremos, en griego, latín, hebreo y otro idioma, que nadie sabe cuál es, pues de todos éstos hay construcciones en las escuelas. Cuando se dice que un joven va a versarse en la latinidad con la escolástica, yo digo que ese pobrecito va a perder lo poco que le enseñó su maestro, a conseguir un idioma bárbaro, y no el de Roma, que ya no lo entiende, y mucho menos es capaz de hablarle.

El sabio Heineccio, que en materias de latinidad merece muchas consideraciones, reprueba que se ejerciten los jóvenes en hablar este idioma, hasta no tener gran posesión de él, y aun se extiende a opinar con muchos sabios de Italia (que según dice son los que en esta materia dan el tono) que convendría abstenerse de todo discurso latino hecho al pronto, porque es muy difícil que aun al más versado no se escape algún defecto y no se habitúe a un lenguaje bárbaro. ¿Qué debemos decir de nuestros escolásticos? Permítaseme que haga nuevas reflexiones sobre esta materia. Yo creo que para versarse en el idioma latino, es preciso fijar nuestra alma en él, y no distraernos en objetos de otra naturaleza; conviene, pues, practicárselo muy despacio, corrigiendo con tranquilidad los defectos, y procurando imitar los grandes modelos del siglo de oro. Para esto es necesario que el asunto de que tratamos sea bien conocido, y que no vayamos a aprenderlo, ni agitemos nuestro espíritu, pues de lo contrario éste se fijará en el objeto y no en el lenguaje. Pregunto ahora: ¿se dan ni pueden darse estas circunstancias, en medio del furor y sutileza escolásticas, que ellas por sí solas, aunque las pongan en el lenguaje más claro, son capaces de atormentar el entendimiento más penetrante? ¿No es andar a oscuras creer que en el escolasticismo adquiere perfección la lengua que habló a Tulio?

Observación III. Forma silogística
Siendo la principal de las quimeras, con que se alimenta el escolasticismo, su decantada forma silogística, nos detendremos en observarla.

Muchos confiesan que debe desecharse la Física escolástica; pero su lógica, y con especialidad su forma silogística, es para ellos la cosa más sublime y digna de aprecio. Vamos a examinar este punto.

Convendremos primeramente en que un silogismo bien formado es un buen discurso, y por tanto nunca se ha tratado de decir que el silogismo por su naturaleza es inexacto. También convendremos en que todo lo que habla el hombre puede reducirse a silogismos, siendo imposible que alguno hable sin discurrir. La cuestión, pues, no consiste en si deben o no deben hacerse silogismos; sino en si el método de los escolásticos es el que dicta la razón, e inspira la naturaleza. Sobre esta materia, yo mismo me he hecho algunas preguntas, que he contestado en el orden siguiente.

¿Necesitamos las reglas de los escolásticos? La exactitud de un conocimiento, me dije a mí mismo, consiste en que el espíritu humano haya descompuesto y vuelto a componer el objeto de que se trata. No puede tener otro origen nuestra ciencia. Discurrir no es más que sacar unas verdades de otras, o advertir que una clase menor se comprende en otra mayor, y también un individuo en una especie. ¿Mas quién me enseña todo esto? ¿No es el análisis? Si analizando percibo que en el número de unas cosas están comprendidas otras, ¿necesito reglas para conocer esto mismo? Sin duda sería como si después de haber visto claramente que en el número de diez árboles, que tengo delante, se contienen dos naranjos, me dieran reglas para ver que se contienen. Yo despreciaría semejantes reglas; pues lo mismo hago con las escolásticas. Si yo no he analizado, todas las reglas del mundo de nada pueden servirme. En consecuencia me pregunté: Las reglas escolásticas, ¿enseñan a analizar? Todas se reducen a decir que no se infiera de una proposición lo que no se contiene en ella, cosa que yo no ignoraba antes de aprender Lógica, y que equivale a decir: hágalo usted bien y ya lo hizo bien. Es verdad que agregan algunas señales para conocer cuando un silogismo es malo; pero esto no es propiamente enseñar a hacerlos buenos, y mucho menos enseñar a analizar. Sus reglas son mecánicas, y los más de los escolásticos las aplican sin entenderlas. En una conducta semejante ¿qué análisis puede haber? Esto me condujo a preguntarme: ¿Unas reglas mecánicas servirán para dirigir operaciones intelectuales? Yo me contesté muy pronto que todo mecanismo, toda forma rutinera es diametralmente opuesta a la atención y reflexión, que deben reinar en las operaciones intelectuales, y que un alma habituada a saber que una cosa debe admitirse porque es conforme a la regla, frecuentemente ignora si esta tal cosa en sí misma es buena. Consideré al punto varias de las fórmulas escolásticas, y ellas acabaron de convencerme prontamente. Me puse a formar silogismos en todas las figuras, y advertí que la verdad siempre era una misma, y que por consiguiente, yo no adelantaba un punto con saber si el silogismo era de la primera, segunda o tercera figura. No siendo, pues, la forma silogística otra cosa que la disposición del término medio en las premisas, combinado con los extremos, inferí que toda esta forma era inútil; y que mucho más lo era el que llaman modo, que es la disposición de las proposiciones. Formé varios silogismos en bárbara, y advertí que los que yo había analizado de antemano, salían buenos; pero que los otros, aunque estaban en bárbara, eran unas barbaridades. Concluí, pues, que podía pasarlo sin el bárbara, y sus dieciocho compañeros. Entonces continué preguntándome: Si las reglas escolásticas son mecánicas ¿qué más sabe un escolástico que un rústico? Yo me respondí: el escolástico sabe que el discurso es conforme a su regla, el rústico a la naturaleza; el escolástico tiene por divisa el magisterio; el rústico se distingue por la sencillez. Continué mi examen y dije: ¿Por qué se aprenden estas reglas, y cuál es el arte de discurrir? Las reglas se aprenden porque siempre se han aprendido. El arte de discurrir es el de analizar, y éste se perfecciona por la observación de la naturaleza, por la historia de los aciertos y errores del género humano, y por la rectificación práctica de cada una de nuestras operaciones intelectuales. No hay otra Lógica, no hay otras reglas.

¡Pues qué! ¿Un silogismo hecho según las reglas no es exacto? Sin duda lo es, pero no se lo debe a las reglas, que nada dicen, sino que no se infiera lo que no está contenido, pero no enseñan a hacerlo. Algunas otras formulillas son tan inexactas, que aun conformándose con ellas un discurso, puede ser malo. El que tenga alguna paciencia, podrá, como he dicho anteriormente, formar muchos silogismos inexactos, y que estén arreglados a las figuras y a las diecinueve palabras de los ridículos versillos escolásticos; pues solo se exige por las vocales que las proposiciones sean afirmativas o negativas, universales o particulares, y pueden tener todas estas circunstancias según la combinación, por ejemplo de celarent, y estar mal deducidas.

¿En caso que haya alguna dificultad en el silogismo, se puede resolver por las reglas escolásticas? Cuando hay dificultad es porque no se percibe bien si una proposición está contenida en otra, o cuando se nos escapan algunas relaciones que no podemos combinar en el discurso. ¿De qué sirven entonces las reglas? Ellas solo dicen que de lo particular no se infiere lo universal, que de dos proposiciones negativas nada se deduce, y otras cosas semejantes; pero ¿por dónde conozco que una proposición es más universal que otra? ¿Cómo sabré si son efectivamente negativas? ¿No es analizándolas? Luego el análisis es la verdadera causa de mi acierto, y no las reglas. Un escolástico lo más que puede decir es que un discurso es malo porque no está conforme a las reglas; pero si no recurre al método que la naturaleza le ha enseñado, y olvida lo que oyó en sus escuelas, si no analiza ¿podrá gloriarse de haber conocido bien el defecto de aquel discurso? Si se le ofrece manejar esas ideas en otras combinaciones, ¿podrá hacerlo con exactitud? Podemos decir con el citado conde de Tracy, que las dichosas reglas escolásticas nos ofrecen sus servicios cuando no las necesitamos, porque los defectos son de bulto, y nos abandonan en las verdaderas dificultades. Entonces la naturaleza nos recibe, destruye en nosotros lo que formó la opinión, y nos conduce a la verdad por el camino del análisis, si nosotros mismos no nos presentamos obstáculos. Estas ideas me condujeron a examinar: ¿Qué son las disputas escolásticas, y qué deberían ser? Ellas son el teatro de las pasiones más desordenadas, el cuadro de las sutilezas y capciosidades más reprensibles, el trastorno de toda la Ideología, el campo en que peligra el honor, y a veces la virtud, el estadio donde resuenan las voces de los competidores, mezcladas con un ruido sordo, que forman los aplausos ligeros, y las críticas injustas, ahuyentando a la amable y pacífica verdad, que permanece en el seno de la naturaleza, por no sufrir los desprecios de una turba descompasada, que con el nombre de filosóficos, dirige las ciencias, cuando solo está a la cabeza de las quimeras más ridículas. La razón reclama contra estas prácticas; la experiencia enseña que no han producido un solo conocimiento exacto, y sí muchos trastornos. Sin embargo, ellas subsisten y unidos los intereses individuales con los científicos, éstos fueron sacrificados en favor de aquéllos.

Las disputas literarias deben reducirse a unas reflexiones pacíficas y sin capciosidades, que puedan servir para la ilustración de la juventud y ejercicio de los profesores; mas no para proporcionarse glorias ridículas con perjuicio de otro, procurando desacreditarle, y como dicen concluirle. Ninguna cuestión pública debe juzgarse a propósito para profundizar una materia, y menos para encontrar la verdad; pues esto queda reservado a la meditación detenida a las conferencias privadas, y a un trabajo continuo y desapasionado. En el público, se van a presentar los frutos del estudio, que son las verdades demostradas, o a lo menos conducidas a un grado de probabilidad que merezca alguna atención. Por tanto, es perder el tiempo el empeñarse en ventilar un punto completamente en un acto público; pues las circunstancias no proporcionan todos los recursos necesarios para ello, y los escolásticos, que tienen o fingen tener semejante empeño, sacan el fruto de su irreflexión en la pérdida del tiempo, y el desprecio de todos los sensatos.

Asimismo deben desterrarse de las disputas las fórmulas y nomenclaturas en que ponen tanto empeño los escolásticos, reprendiendo si se dice antecedente a la menor subsumpta, y otras bagatelas semejantes, que solo sirven para retardar las disputas y comprometer a los sujetos de mejor juicio, pues se hace muy sensible que se esté corrigiendo por una nomenclatura caprichosa, y que tal vez se quiera graduar de ignorante al que no la observa. No hay cosa que más me moleste que observar en una disputa escolástica que un individuo dice v. gr.: distinguo antecedens, en lugar de distinguo maiorem, y cuando se espera la solución le interrumpen corrigiéndole distimgo maioren. La mayor es antecedente, y el antecedente es mayor; porque la una antecede al consiguiente, y el otro siempre es más extenso o mayor que el dicho consiguiente, de modo que semejante corrección en nada influye, que pertenezca a la naturaleza de las cosas, y solo prueba la rutina mecánica de la escuela. Una simpleza semejante sonroja a cualquier joven en un acto público, y tal vez le hace pasar por menos instruido que otros necios muy versaditos en todas esas formulillas.

Por lo que hace a la práctica de argumentar con una serie de silogismos, debo decir que es ridícula; pues aunque el silogismo sea muy bueno en ciertos casos, sin embargo el reducirlo todo a esta forma es sumamente fastidioso e inútil. Cuando las ideas intermedias no están bien percibidas, conviene formar un silogismo que las aclare, mas cuando son evidentes, perjudica el reducirlas a silogismo. Si decimos: el hombre debe amar a Dios, que lo ha criado, y si no le ama, es un ingrato y merece el enojo divino, la conexión de estas ideas es muy clara y presentadas con sencillez, convencen y se quedan muy impresas en el espíritu. Pero supongamos que se reducen a forma silogística, y decimos: el hombre debe amar al ser que lo ha criado, es así que Dios es el ser que ha criado al hombre, luego el hombre debe amar a Dios. Otro silogismo: el que no ama al ser que lo ha criado, es un ingrato; es así que si el hombre no ama a Dios, no ama al ser que lo ha criado; luego si el hombre no ama a Dios, es un ingrato. Otro silogismo: el hombre ingrato para con Dios, merece el enojo divino; es así que el hombre que no ama a Dios es ingrato para con Dios; luego el hombre, que no ama a Dios merece el enojo divino. ¡Qué diferencia entre aquellas expresiones tan breves, tan claras, tan convincentes, y este retruécano pesadísimo, y casi incapaz de conservarse! Una repetición necesaria, no debe omitirse; pero cuando es superflua, atormenta al espíritu. Esta cadena de silogismos derivados unos de otros sin ser necesarios, se parece al cuento de las cabras de Sancho, que no pudo sufrirlo su amo, y le mandó callar; pero a los escolásticos les mandan hablar cada vez más, y les celebran, cuando presentan una docena de silogismos, cuyas ideas se hubieran propuesto con claridad en tres o cuatro cláusulas. Por eso las disputas (prescindiendo de toda digresión) duran una eternidad, sin que se haya dicho casi nada; pues el que arguye va repitiendo los pensamientos, y el que responde, hace una nueva repetición de todo lo que le proponen. No se pudo sufrir el cuento de Sancho, sin tener repetidor, y se sufren gustosamente (a lo menos por muchos) las repeticiones escolásticas.

El silogismo se forma cuando el entendimiento ha percibido la conveniencia de las ideas, que quiere decir, cuando ha encontrado la verdad, y por tanto él no es el medio de encontrarla, y es a veces una imprudencia presentarle a uno con silogismos extensos las ideas que ya en pocas palabras tenía bien comprendidas. Llega tarde el silogismo, y solo puede servir para manifestarle a otro lo que ha hecho nuestro espíritu, y esto, como dice el sabio autor del Ensayo sobre el entendimiento humano, mejor se hace presentando sin artificio las ideas con palabras sencillas. Con todo, el que está acostumbrado a formar silogismos, si no puede entender sin este recurso, que los haga en hora buena, así como el que no puede ver sin espejuelos, debe valerse de ellos; pero que no pretenda que todos vean con este auxilio, ni que éste es el mejor modo de ver. ¿Por qué los hombres cuando tratan sus negocios, no arguyen en esa forma, y los mismos escolásticos la desechan? ¿Por qué en las juntas de estado, y en todos los asuntos de grande interés no se usa? ¿Será porque se ignora? Esto es increíble. Cuando no examina tal o cual materia a sus solas, como decimos ¿acaso forma silogismos con este encadenamiento escolástico? Pero me dirán que todo puede reducirse a silogismos; lo confieso, así como la narración más clara y sencilla puede reducirse a una imitación del cuento de Sancho, y no por eso se dirá que todos son como él.

Todas las invenciones, todos los progresos, se le deben a un método totalmente distinto del escolástico; y sin embargo el escolasticismo permanece, y se quiere decir que la decantada forma silogística es el medio de encontrar la verdad. En las probabilidades donde es preciso tener a la vista una gran multitud de relaciones expresadas con los términos más breves que sean posibles, ¿de qué utilidad son los innumerables silogismos en que pueden resolverse dichos términos? ¿Qué entendimiento no se confundirá con un fárrago semejante? Vemos que en el Álgebra se procura reducir a términos muy sencillos el valor de las cantidades, para poderlas percibir con facilidad, y de esto depende toda la ventaja y dignidad de dicha ciencia, que ha producido tantos bienes; mas los escolásticos, en un sentido opuesto, se empeñan en alargarlo todo, y hacer el análisis más difícil por una consecuencia de las más exactas observaciones ideológicas; pues la claridad de las ideas sigue la razón de la brevedad y claridad de los signos.

Los escolásticos dicen que su lenguaje es el más breve, y que la forma se ha inventado para presentar los pensamientos desnudos y perceptibles. Yo lo confieso, que si se trata de comparar la forma silogística con el lenguaje de algunos ignorantes, que hacen infinitas disgresiones, y trastornan el pensamiento principal, o con el de un pedante que tenga un estilo hinchado y difuso, conviene hacer silogismos; pero si se compara con un lenguaje exacto, según la recta Ideología, ninguna forma será tan breve, ni tan clara. Yo creo que la falta de Ideología ha obligado a los escolásticos a introducir esa forma; pues dejándola tendría un lenguaje tan redundante como el del vulgo, y así les conviene su rutina, pues el que no puede caminar sin muletas, es preciso que las use, aunque con ellas no camine tan ligero, y con tanta perfección como los que tienen sus pies sanos.

Se dice que los silogismos evitan los errores, y creo que esto sucede algunas veces; pero que por lo regular los producen lejos de evitarlos. No hay cosa más capaz de envolver falsedades que un silogismo, donde tienen cabida todos los sofismas, y también los paralogismos, en que de buena fe se cometen errores, y no se conocen por la misma persuasión en que suele estarse de la exactitud del discurso. ¿Si el silogismo es tan claro y fácil, por qué sucede que en una disputa apenas se hacen dos que sean exactos? Porque un hombre convencido, mejor dicho, aterrado por silogismos, no puede responder; mas no por eso cree que dichos silogismos prueban la verdad, y que su doctrina es falsa. Preséntense razones claras, y sin ese rejuego de voces que siempre lleva consigo la sospecha de falsedad, y veremos que el entendimiento se convence. Sucede con frecuencia que se conoce la debilidad de un pensamiento, que nada aprueba contra la doctrina que se admite, y con todo se encuentra dificultad en resolverlo por el artificio con que está puesto en forma, y esto creen los escolásticos que es una gran cosa. Dicho pensamiento puesto con claridad no hubiera merecido la más ligera atención. Véase cuál es el efecto de la forma, que sirve para confundir lejos de aclarar.

Pero me dirán: ¿y cuándo uno presenta un sofisma, no conviene conocerlo? Cuando uno presenta un sofisma, se le traduce el pensamiento a un lenguaje claro, y prontamente aparece la inconexión de las ideas, y está despachado sin forma para ello.

Concluyo, pues, que hay dos géneros de preocupaciones en este punto; unos detestan el silogismo absolutamente, y otros quieren usarlo en todos casos: los primeros no hacen bien; pero de su opinión nunca puede seguirse un mal, porque efectivamente, todo lo que se hace con un silogismo en forma, puede hacerse sin él; los segundos trastornan toda la Ideología, y causan una gran pérdida de tiempo.

Parte VI. Patriotismo[65]

Capítulo único. Patriotismo

Al amor que tiene todo hombre al país en que ha nacido, y al interés que toma en su prosperidad les llamamos patriotismo. La consideración del lugar en que por primera vez aparecimos en el gran cuadro de los seres, donde recibimos las más gratas impresiones, que son las de la infancia, por la novedad que tienen para nosotros todos los objetos, y por la serenidad con que los contemplamos cuando ningún pesar funesto agita nuestro espíritu, impresiones cuya memoria siempre nos recrea; la multitud de objetos a que estamos unidos por vínculos sagrados, de naturaleza, de gratitud y de amistad: todo esto nos inspira una irresistible inclinación, y un amor indeleble hacia nuestra patria. En cierto modo nos identificamos con ella, considerándola como nuestra madre, y nos resentimos de todo lo que pueda perjudicarla. Como el hombre no se desprecia a sí mismo, tampoco desprecia, ni sufre que se desprecie su patria que reputa, si puedo valerme de esta expresión, como parte suya. De aquí procede el empeño en defender todo lo que la pertenece, ponderar sus perfecciones y disimular sus efectos.

Aunque establecidas las grandes sociedades, la voz patria no significa un pueblo, una ciudad, ni una provincia; sin embargo, los hombres dan siempre una preferencia a los objetos más cercanos, o por mejor decir, más ligados con sus intereses individuales, y son muy pocos los que perciben las relaciones generales de la sociedad, y muchos menos los que por ellas sacrifican las utilidades inmediatas o que les son más privativas.

De aquí procede lo que suele llamarse provincialismo, esto es, el afecto hacia la provincia en que cada uno nace, llevado a un término contrario a la razón y a la justicia. Solo en este sentido podré admitir que el provincialismo sea reprensible, pues a la verdad nunca será excusable un amor patrio que conduzca a la injusticia; mas cuando se ha pretendido que el hombre porque pertenece a una

---

65 Este artículo se halla en mis *Lecciones de Filosofía*, pero deseando ampliarlo, y no pudiendo por ahora hacer otra edición de aquellas, he determinado insertarlo en esta Miscelánea.

nación toma igual interés por todos los puntos de ella, y no prefiera el suelo en que ha nacido, o a que tiene ligados sus intereses individuales, no se ha consultado el corazón del hombre, y se habla por meras teorías que no serían capaces de observar los mismos que las establecen. Para mi el provincialismo racional que no infringe los derechos de ningún país, ni los generales de la nación, es la principal de las virtudes cívicas. Su contraria, esto es, la pretendida indiferencia civil o política, es un crimen de ingratitud, que no se comete sino por intereses rastreros, por ser personalísimos, o por un estoicismo político el más ridículo y despreciable.

El hombre todo lo refiere a sí mismo, y lo aprecia según las utilidades que le produce. Después que está ligado a un pueblo teniendo en él todos sus intereses, ama los otros por el bien que pueden producir al suyo, y los tendría por enemigos si se opusiesen a la felicidad de éste, donde él tiene todos sus goces. Pensar de otra suerte es quererse engañar voluntariamente.

Suele sin embargo el desarreglo de este amor tan justo, conducir a gravísimos males en la sociedad, aun respecto de aquel mismo pueblo que se pretende favorecer. Hay un fanatismo político, que no es menos funesto que el religioso, y los hombres muchas veces, con miras al parecer las más patrióticas, destruyen su patria, encendiendo en ella la discordia civil por aspirar a injustas prerrogativas. En nada debe emplear más el filósofo todo el tino que sugiere la recta Ideología que en examinar las verdaderas relaciones de estos objetos, considerar los resultados de las operaciones, y refrenar los impulsos de una pasión que a veces conduce a un término diametralmente contrario al que apetecemos.

Muchos hacen del patriotismo un mero título de especulación, quiero decir, un instrumento aparente para obtener empleos y otras ventajas de la sociedad. Patriotas hay (de nombre) que no cesan de pedir la paga de su patriotismo, que le vociferan por todas partes, y dejan de ser patriotas cuando dejan de ser pagados. ¡Ojalá no hubiera yo tenido tantas ocasiones de observar a estos indecentes traficantes de patriotismo! ¡Cuánto cuidado debe ponerse para no confundirlos con los verdaderos patriotas! El patriotismo es una virtud cívica, que a semejanza de las morales, suele no tenerla el que dice que la tiene, y hay una hipocresía política mucho más baja que la religiosa. Nadie opera sin interés, todo patriota quiere merecer de su patria; pero cuando el interés se contrae a la persona en términos que ésta no le encuentre en el bien general de su patria, se convierte en depravación e infamia. Patriotas hay que venderían su patria si les dieran más de lo que reciben de ella. La juventud es muy fácil de alucinarse con estos cambia-colores, y de ser conducida a muchos desaciertos.

No es patriota el que no sabe hacer sacrificios en favor de su patria, o el que pide por éstos una paga, que acaso cuesta mayor sacrificio que el que se ha hecho para obtenerla, cuando no para merecerla. El deseo de conseguir el aura popular es el móvil de muchos que se tienen por patriotas, y efectivamente no hay placer para un verdadero hijo de la patria, como el de hacerse acreedor a la consideración de sus conciudadanos por sus servicios a la sociedad; más cuando el bien de ésta exige la pérdida de esa aura popular, he aquí el sacrificio más noble, y más digno de un hombre de bien, y he aquí el que desgraciadamente es muy raro. Pocos hay que sufran perder el nombre de patriotas en obsequio de la misma patria, y a veces una chusma indecente logra con sus ridículos aplausos convertir en asesinos de la patria los que podrían ser sus más fuertes apoyos. ¡Honor eterno a las almas grandes que saben hacerse superiores al vano temor y a la ridícula alabanza! El extremo opuesto no es menos perjudicial, quiero decir, el empeño temerario de muchas personas en contrariar siempre la opinión de la multitud. El pueblo tiene cierto tacto que pocas veces se equivoca, y conviene empezar siempre por creer, o a lo menos por sospechar que tiene razón.

¡Cuántas opiniones han sido contrariadas por hombres de bastante mérito, pero sumamente preocupados en esta materia, solo por ser como suelen decir las de la plebe! Entra después el orgullo a sostener lo que hizo la imprudencia, y la patria entretanto recibe ataques los más sensibles por provenir de muchos de sus más distinguidos hijos.

Otro de los obstáculos que presenta al bien público el falso patriotismo, consiste en que muchas personas, las más ineptas, y a veces las más inmorales, se escudan con él, disimulando el espíritu de especulación, y el vano deseo de figurar. No puede haber un mal más grave en el cuerpo político, y en nada debe ponerse mayor empeño, que en conocer y despreciar estos especuladores. Los verdaderos patriotas desean contribuir con sus luces y todos sus recursos al bien de su patria, pero siendo éste su verdadero objeto, no tienen la ridícula pretensión de ocupar puestos que no puedan desempeñar. Con todo, aun los mejores patriotas suelen incurrir en un defecto que causa muchos males, y es figurarse que nada está bien dirigido cuando no está conforme a su opinión. Este sentimiento es casi natural al hombre, pero debe corregirse no perdiendo de vista que el juicio en estas materias dependen de una multitud de datos que no siempre tenemos, y la opinión general, cuando no abiertamente absurda, produce siempre mejor efecto que la particular, aunque ésta sea más fundada. El deseo de encontrar lo mejor nos hace a veces perder todo lo bueno.

Suelen también equivocarse aun los hombres de más juicio en graduar por opinión general la que solo es del círculo de personas que los rodean, y procediendo con esta equivocación dan pábulo a un patriotismo imprudente que les conduce a los mayores desaciertos. Se finge a veces lo que piensa el pueblo arreglándolo a lo que debe pensar, por lo menos según las ideas de los que gradúan esta opinión, y así suele verse con frecuencia un triste desengaño, cuando se ponen en práctica opiniones que se creían generalizadas.

Es un mal funesto la preocupación de los hombres, pero aun es mayor mal su cura imprudente. La juventud suele entrar en esta descabellada empresa, y yo no podré menos que transcribir las palabras del juicioso Watts tratando esta materia.

«Si solo tuviéramos, dice, que lidiar con la razón de los hombres, y ésta no estuviera corrompida, no sería materia que exigiese gran talento ni trabajo convencerlos de sus errores comunes, o persuadirles a que asintiesen a las verdades claras y comprobadas. Pero ¡ah! el género humano está envuelto en errores y ligado por sus preocupaciones; cada uno sostiene su dictamen por algo más que por la razón. Un joven de ingenio brillante que se ha provisto de variedad de conocimientos y argumentos fuertes, pero que aun no está familiarizado con el mundo, sale de las escuelas como un caballero andante que presume denodadamente vencer las locuras de los hombres, y esparcir la luz y la verdad. Mas él encuentra enormes gigantes y castillos encantados; esto es, las fuertes preocupaciones, los hábitos, las costumbres, la educación, la autoridad, el interés, que reuniéndose todo a las varias pasiones de los hombres, los arma y obstina en defender sus opiniones, y con sorpresa se encuentra equivocado en sus generosas tentativas. Experimenta que no debe fiar solo en el buen filo de su acero y la fuerza de su brazo, sino que debe manejar las armas de su razón, con mucha destreza y artificio, con cuidado y maestría, y de lo contrario nunca será capaz de destruir los errores y convencer a los hombres.»[66] ¡Cuántos males causa en la política este imprudente patriotismo! Yo me detendré en considerarlos, y ojalá mis consideraciones no pudiesen estar apoyadas en hechos funestísimos, cuya memoria es una lección continua para mi espíritu, si bien la prudencia y la caridad me prohíben especificarlos. Hallábame afectado de estos mismos sentimientos cuando escribí este artículo en mis *Lecciones de Filosofía*; mas la delicadeza de la materia, el temor de ofender a personas determinadas, y el carácter de una obra elemental me impidieron su manifestación. Procuraré entrar en ella del modo más genérico que me sea posible, y si mi acierto no corresponde a mis intenciones, espero que éstas obtengan en mi favor la indulgencia de los verdaderos patriotas.

La injusticia con que un celo patriótico indiscreto califica de perversas las intenciones de todos los que piensan de distinto modo, es causa de que muchos se conviertan en verdaderos enemigos de la patria. El patriotismo cuando no está unido a la fortaleza (como por desgracia sucede frecuentemente) se da por agraviado, y a veces vacila a vista de la ingratitud. Frustrada la justa esperanza del aprecio público, la memoria de los sacrificios hechos para obtenerlo, la idea del ultraje por recompensa al mérito, en una palabra, un cúmulo de pensamientos desoladores se agolpan en la mente, y atormentándola sin cesar llegan muchas veces a pervertirla. Véase, pues, cuál es el resultado de la imprudencia de algunos y la malicia de muchos, en avanzar ideas poco favorables sobre el mérito de los que tienen contraria opinión. Cuando ésta no se opone a lo esencial de una causa ¿por qué se ha de suponer que proviene de una intención depravada? Yo me atrevo a asegurar que muchos que difieren totalmente, aun en cuanto a las bases de un sistema político, no tienen un ánimo antipatriótico; y que bien manejados variarían ingenuamente de opinión, y serían útiles a la patria. ¿Quién no sabe que la palabra bien público es un Proteo que toma tantas formas cuantos son los intereses, la educación, o los caprichos de los que la usan? ¿Por qué hemos de suponer depravación y no error en los que piensan de un modo contrario al nuestro? Hay casos en que claramente se conocen las intenciones perversas de algunos hombres, y para este conocimiento sirve mucho el que tenemos de su inmoralidad; pero otros muchos casos son totalmente aéreos, y nos figuramos enemigos donde no existen. ¿Cuál es el

---

66 Watts: *On the improvement of the mind.* Part II, cap. 5.

resultado? Formarlos en realidad, y quitar por lo menos el prestigio a la buena causa suponiendo que experimenta más oposición que la que verdaderamente sufre. Nada es tan interesante en un sistema político como la idea de que no tiene enemigos, y por consiguiente nada le es tan contrario como fingírselos. El verdadero político trata por todos los medios de ocultar los verdaderos ataques que experimenta la causa pública, y se contenta con impedirlos si puede en secreto. ¡Qué distinta es la conducta de algunos, cuyo patriotismo consiste en decir que no hay patriotas, y en buscar crímenes aun en las acciones más indiferentes! Sucede en lo político lo que en lo moral, que el rigorismo conduce más de una vez a la relajación.

Otro de los defectos en que suele incurrir el falso patriotismo, es el de acabar de pervertir a muchos que en realidad no están muy lejos de ello, pero cuyo mal no era incurable. Danse prisa en denunciarlos a la opinión pública, y a la denuncia sigue el descaro y la obstinación de los acusados. Hay ciertos entes perversos de que debemos servirnos unas veces para hacer el bien, y otras tolerarlos, para que no hagan mal. Principalmente cuando los hombres tienen prestigio es perjudicial desenmascararlos, porque sus partidarios juzgan siempre que se les hace injusticia y toman su defensa con indiscreción. Por otra parte, el pueblo que ve con frecuencia que le son infieles aun aquellos hombres en quienes más confiaba, duda de todos, y faltando la confianza no hay fuerza moral, expresión que se ha hecho favorita, y que efectivamente califica más que ninguna otra la verdadera acción de un gobierno, que si bien se debe momentáneamente a la fuerza física, cede al fin a la irresistible de la opinión.

En este punto desearía yo se detuviese la consideración de los patriotas, para evitar uno de los ataques más funestos, que suelen hacer a la causa pública. Procuran sus enemigos desacreditar individualmente a sus más decididos defensores, a hombres que sin duda no pueden clasificarse en el número de los enmascarados, y el objeto no es otro sino lograr que el pueblo se desaliente considerándose sin dirección, y crea que no le queda otro remedio sino mudar de sistema de gobierno, para ver si entre los partidarios del opuesto hay hombres que valgan algo más, o que por lo menos no sean perversos. ¡Véase cuánto daño causan los patriotas, o mejor dicho, antipatriotas desacreditadores! Las ignorancias de los nuestros deben callarse para no dar armas a los contrarios; el verdadero patriota debe procurar por todos medios impedir que por malicia, o por ignorancia, se haga mal a la patria; mas el vano placer de publicar faltas, no solo es un crimen en moralidad sino en política.

De esta conducta, no sé si diga equivocada o perversa, de algunos que por lo menos se denominan patriotas, resulta que muchos hombres de mérito tengan la debilidad de no querer tomar parte en ningún negocio público, y éste es, sin duda, uno de los más graves daños. Trabaja un hombre toda su vida por adquirirse la estimación de sus conciudadanos, y prevé que todo va a perderlo sin culpa suya por la perversidad o ignorancia de cuatro charlatanes, y en consecuencia trata de retraerse cuanto puede para que no se comprometan. ¿Quién puede responder de sus aciertos? Y si la más ligera falta no de intención de hacer el bien, sino de tino para conseguirlo, ha de atraerle el descrédito, y a veces el oprobio, ¿no será necesaria gran fortaleza para arrostrar tan gran peligro? Déla Dios a los verdaderos patriotas para que no quede la patria abandonada a una multitud de ignorantes y de pícaros que la sacrifiquen, que es el resultado de la separación de los buenos.

Libros a la carta

A la carta es un servicio especializado para
empresas,
librerías,
bibliotecas,
editoriales
y centros de enseñanza;
y permite confeccionar libros que, por su formato y concepción, sirven a los propósitos más específicos de estas instituciones.

Las empresas nos encargan ediciones personalizadas para marketing editorial o para regalos institucionales. Y los interesados solicitan, a título personal, ediciones antiguas, o no disponibles en el mercado; y las acompañan con notas y comentarios críticos.

Las ediciones tienen como apoyo un libro de estilo con todo tipo de referencias sobre los criterios de tratamiento tipográfico aplicados a nuestros libros que puede ser consultado en Linkgua-ediciones.com.

Linkgua edita por encargo diferentes versiones de una misma obra con distintos tratamientos ortotipográficos (actualizaciones de carácter divulgativo de un clásico, o versiones estrictamente fieles a la edición original de referencia).

Este servicio de ediciones a la carta le permitirá, si usted se dedica a la enseñanza, tener una forma de hacer pública su interpretación de un texto y, sobre una versión digitalizada «base», usted podrá introducir interpretaciones del texto fuente. Es un tópico que los profesores denuncien en clase los desmanes de una edición, o vayan comentando errores de interpretación de un texto y esta es una solución útil a esa necesidad del mundo académico.

Asimismo publicamos de manera sistemática, en un mismo catálogo, tesis doctorales y actas de congresos académicos, que son distribuidas a través de nuestra Web.

El servicio de «libros a la carta» funciona de dos formas.

1. Tenemos un fondo de libros digitalizados que usted puede personalizar en tiradas de al menos cinco ejemplares. Estas personalizaciones pueden ser de todo tipo: añadir notas de clase para uso de un grupo de estudiantes, introducir logos corporativos para uso con fines de marketing empresarial, etc. etc.

2. Buscamos libros descatalogados de otras editoriales y los reeditamos en tiradas cortas a petición de un cliente.

www.ingramcontent.com/pod-product-compliance
Lightning Source LLC
Chambersburg PA
CBHW030600230426
43661CB00053B/1785